# ROY MARTINA

# TIEFSEELEN-
# TAUCHEN

## Emotionales Gleichgewicht finden

*Aus dem Niederländischen von Andrea Fischer*

//////////////////////////////// SILBERSCHNUR ////////////////////////////////////

*Dieses Buch widme ich meinem Vater,*
*Patricio E. Martina, dem Mann,*
*der mich in meinem Leben so sehr inspiriert hat,*
*und ohne den ich nicht der wäre,*
*der ich heute bin.*

Originaltitel: "Diepzielduiken"
© Roy Martina Experience BV (RME), 2008

ISBN: 978-3-89845-215-1

1. Auflage 2009
Übersetzung: Andrea Fischer
Gestaltung & Satz: XPresentation, Boppard
Druck: Finidr s.r.o. Cesky Tesin

Verlag "Die Silberschnur" GmbH · Steinstraße 1 · D-56593 Güllesheim

www.silberschnur.de · Email: info@silberschnur.de

# Inhalt

## Teil I: Die Reise Ihrer Seele

## Teil II: Auf der Suche nach uns selbst

## Teil III: Der Weg zur Gelassenheit – der Weg nach innen

# Was ist Ihre Intention?

Dieses Buch ist der Nachfolgeband zu meinem internationalen Bestseller "Emotionale Balance. Von harter Arbeit zur Leichtigkeit: der Weg zu innerem Frieden und Heilung." Er wurde unter anderem ins Spanische, Italienische, Russische, Rumänische, Chinesische und Deutsche übersetzt, und es werden noch weitere Sprachen folgen. Ich habe ihn vor sieben Jahren geschrieben, und in diesen sieben Jahren hat dieses Buch bei vielen Menschen eine Veränderung im Leben bewirkt. Tausende von Briefen, E-Mails und Reaktionen aus der ganzen Welt bezeugen dies.

In diesen sieben Jahren ist auch viel mit mir selbst passiert, und die Idee, die ich damals schriftlich niederlegte, hat weite Kreise gezogen. In dieser Zeit habe ich auch ein neues Konzept entwickelt, das in der alternativen Heilkunde geradezu eine Revolution bedeutet. Ich habe es "Omega Health Coaching" getauft. Es ist meiner Meinung nach das erste vollständige Konzept in der Heilkunde – ein Konzept, womit alle bekannten und unbekannten Therapien erklärt werden können. In diesem Buch werde ich die Grundprinzipien des "Omega Health Coaching" erklären.

Einer der Kernpunkte dieses Konzeptes besteht darin, dass Sie Ihre Intention klar formulieren müssen, damit Sie etwas zu Wege bringen, beispielsweise um zu meditieren, zu telefonieren, Sport zu treiben, zu schlafen. Ihre Intention ist ein nicht an Raum oder Zeit gebundener Bumerang, den Sie in das so genannte Nullpunktfeld (Zero Point Field) werfen, und der früher oder später zu Ihnen zurückkehren wird – manchmal in einer Form, die Sie nicht erwarten. Ihre Intention ist die Schöpferkraft dieser Welt und des Lebens. Wenn Sie sich Ihrer Intention nicht bewusst sind, bedeutet das noch nicht, dass Sie keinerlei Intention haben. Ihr Unterbewusstsein, das durch Ihre Eltern, durch Ihre Bildung, Kultur, durch Ihr gesellschaftliches Umfeld, die Medien und noch viele andere Faktoren geprägt wird, hat ebenfalls eine eigene Intention. Wenn Sie sich der Schöpferkraft Ihres Unterbewusstseins hingeben, werden Sie viel Zeit mit Dingen verlieren, die Sie lieber nicht in Ihrem Leben haben möchten. Sie werden in den hemmenden Überzeugungen, die sich durch Ihr Umfeld in Ihr Unterbewusstsein eingeprägt haben, bestärkt werden. An Stelle des Lichts werden Sie viele Schattenseiten und dunkle Einflüsse dieser Welt erleben.

Die Forschungsjournalistin Lynne McTaggart bietet in ihrem Buch "Das Feld" ("The Field", Harper Collins, 2001) einen Überblick über die jüngsten wissenschaftlichen Entwicklungen, die darauf hindeuten, dass es ein universelles, allmächtiges Quantenfeld von Energie gibt, das Mensch, Natur und andere Dimensionen miteinander verbindet. Auf dieses Thema werde ich in diesem Buch ausführlich eingehen. Deepak Chopra bezeichnet dies als "die Quantensuppe der unendlichen Möglichkeiten". Diese "Quantensuppe der unendlichen Möglichkeiten" scheint zahlreiche bekannte und weniger bekannte Phänomene und Prozesse zu erklären, die für die Wissenschaft manchmal in Rätsel gehüllt waren. 'Etwas messen können bedeutet nicht immer zugleich auch alles zu wissen'. Diese Tatsache kann die Wissenschaft weit hinter die bekannte Materie führen - dort, wo mehr Fragen als Antworten sind. Wunder und Schwerkraft beispielsweise, sowie Themen, die von der Telepathie und Hellhörigkeit über Channeling (d.h. die Rolle eines Kommunikationskanals mit Entitäten im Jenseits) bis zu der Frage reichen, wie eine Taube wieder nach Hause findet, sind verschiedene Phänomene, die aus dieser Quantenwelt stammen. Moderne Forscher sind davon überzeugt, dass das Nullpunktfeld die Blaupause unserer Existenz enthält. Alle Informationen aller Zeiten (die in der so genannten Akasha-Chronik zu finden sind) oder auch das kristalline Gedächtnis der Erde, das alles und jeden verbindet, sind im Quantenfeld enthalten.

Wie Sie herausfinden werden, haben Sie Ihre Zukunft bereits in der Vergangenheit vorherbestimmt, basierend auf Ihrem damaligen Wissen oder Nichtwissen. Die Frage lautet: "Wünschen Sie eine Zukunft auf der Basis falscher Vorstellungen, oder wünschen Sie eine Zukunft auf der Basis dessen, was Sie für heute bewusst wählt haben?"

Ich kann diese Frage auch anders formulieren: "Möchten Sie eine Zukunft auf der Basis von Überlebensängsten, Konflikten, einem falschen Selbstbild und Emotionen schaffen – oder möchten Sie sich eine Zukunft erzeugen, die auf Ihrem eigenen Potenzial, unterstützenden neuen Glaubensüberzeugungen, Frieden und dem Wissen beruht, dass Sie alles in sich tragen und ein göttliches Wesen sind?"

Noch eine andere Variante der Frage: "Möchten Sie nach den Prinzipien des Fischezeitalters leben – harte Arbeit, Buße, Sie sind als Sünder geboren und müssen leiden, um in den Himmel zu kommen ('no pain, no gain' – 'ohne Fleiß kein Preis') – oder möchten Sie den Prinzipien des Wassermannzeitalters folgen: Leichtigkeit, alles ist möglich, Sie sind ein göttliches Wesen, das in seiner Essenz perfekt ist, und Sie sind der Schöpfer Ihres Lebens?"

Die Entscheidung liegt bei Ihnen. Ich weiß natürlich, dass Sie sich nach der Lektüre dieses Buches für die Leichtigkeit entscheiden werden, dafür, dass Sie Ihr Potenzial entfalten und Ihre Lebensaufgabe erfüllen werden.

Daher werde ich im ersten Teil dieses Buches zu Beginn eines jeden Kapitels gemeinsam mit Ihnen eine Intention setzen. Dadurch sollen Sie immer wieder aufs Neue daran erinnert werden, dass Sie die Schöpferkraft in Ihrem Leben sind. Mit jedem Kapitel erhalten Sie neue Erkenntnisse, die Ihr Leben verändern werden. Am Ende eines jeden Kapitels finden Sie eine Aufgabe. Diese müssen Sie nur dann erfüllen, wenn es Ihre Intention ist, Meister der Kraft Ihrer Intention zu werden. Wenn Sie dieses Buch einfach nur lesen, weil Sie sonst nichts anderes zu tun haben, brauchen Sie sich um diese Aufgaben nicht zu kümmern. Dann legen Sie dieses Buch beiseite, wenn Sie es gelesen haben, und leben Ihr Leben weiter, wie Sie es immer gelebt haben: im spirituellen Koma, und wehklagend, dass Ihnen das Schicksal nicht gewogen ist.

Ihre Intention bestimmt die Richtung und Qualität Ihres Lebens. Beim Lesen werden Sie mehr Synchronismus erfahren. Deepak Chopra hat dies als "Synchrodestiny" ("Synchronismus des Schicksals") bezeichnet. Ich nenne es "Synchronologie", die Wissenschaft des Synchronismus im Universum. Mit anderen Worten: dafür zu sorgen, dass der Zufall zu Ihrem Vorteil arbeitet.

Als Beispiel für diese Synchronologie werde ich die Geschichte von der Begegnung mit einem meiner Idole aus der Musikszene erzählen. Ich war gerade 19 Jahre alt und hielt mich im Zuge meines Medizinstudiums ein Jahr in Holland auf. Im ersten Jahr verbrachte ich meine Wintersemesterferien zu Hause auf der tropischen Insel Aruba. Im zweiten Jahr fehlte mir das Geld dafür. Dadurch bekam ich schrecklich Heimweh, sodass ich in eine tiefe Depression verfiel. Ich sah keinen Sinn mehr in meinem Leben und begann sogar, mit dem Gedanken an Selbstmord zu spielen. Ich lag mehr als zwei Wochen einfach im Bett und war traurig, bis einer meiner Freunde, der zu Besuch kam, angesichts der beklemmenden Stille in meinem Zimmer keinen anderen Rat mehr wusste, als das Radio anzustellen. Dort wurde in jenem Moment ein Song gespielt, der mir eine Art Schock verpasste. Die Musik berührte mich tief, und ich spürte, wie die Wolke, die mich gleichsam umhüllte, von mir weggezogen wurde. Es schien, als ob meine Depression verschwand. Ich erwachte wieder zum Leben und fragte: "Von wem ist diese Musik?" Mein Freund, der meine Metamorphose ganz erstaunt beobachtet hatte, wusste es nicht. So fuhren wir in der bitteren Kälte gemeinsam mit dem Fahrrad durch die dunkle Nacht zu einem Schallplattenladen. Nach einigem Suchen hatten wir den betreffenden Song gefunden - es war "Samba Pa Ti" von der Band 'Santana'. Ich war außer mir vor Freude und ließ die Single laufen, bis sie grau wurde. Binnen einer Woche drückte ich wieder pfeifend die Collegebank und nahm mein Studium wieder auf. Vier Wochen später, als ich mir eines Abends wieder einmal "Samba Pa Ti" anhörte, füllte sich mein Herz mit Dankbarkeit. Dankbarkeit für Carlos Santana, der diese Nummer komponiert hatte. Ich sprach den Wunsch aus (das heißt, ich entließ diese Intention in die Quantensuppe der unendlichen Möglichkeiten), dass ich einmal die Gelegenheit erhalten möge, mich bei

Carlos für meine wunderbare Heilung zu bedanken. Ich sah es deutlich vor mir: Ich würde mit Carlos essen gehen und mich dabei bei ihm persönlich bedanken. Ich sprach ein Gebet: "Wenn es einen Gott gibt, der mich hört, bitte ich ihn, meinen Wunsch in Erfüllung gehen zu lassen!" Danach drehte ich die Anlage an und hörte noch einmal das letzte Stückchen von 'Samba Pa Ti'. Ich lachte auf und sagte zu mir selbst: "Was für ein Unsinn. Die Chance, dass ich Carlos Santana begegnen werde, ist so klein – ich lasse es los. Ich hoffe auf ein Wunder, doch ich erwarte nichts." Das war es. Ich ließ es los und dachte nicht mehr weiter daran. Dies spielte sich im Jahr 1972 ab. Nun machen wir einen Zeitsprung ins Jahr 2002, also dreißig Jahre später. Ich hatte eine Ärztin und Chiropraktikerin kennen gelernt, mit der ich in den Vereinigten Staaten gemeinsam einen Workshop abhalten sollte. Sie musste jedoch leider absagen, da sie sich aufgrund der Querelen rund um ihre Scheidung depressiv fühlte. Ich bot ihr an, ihr durch diese schwierige Zeit hindurch zu helfen, und das nahm sie an. Ein paar Monate später fühlte sie sich wieder völlig munter und quietschfidel. Sie war stark beeindruckt von der Art und Weise, wie ich ihr geholfen hatte, und fragte mich, ob ich auch ihre Freundin Deborah coachen wolle, die gerade am Manuskript ihres ersten Buches saß und unter einer "Schreibblockade" litt. Ich sagte, dass ich gerade von Florida nach San Francisco fliegen müsse. Sie antwortete: "Du würdest mir einen großen Gefallen tun. Sie ist meine beste Freundin, und ich habe ihr so viel von dir erzählt. Es muss gehen." Ich murrte weiterhin dagegen, bis sie sagte: "Es ist die Frau von Carlos Santana." Ich war wie vom Blitz getroffen und konnte meinen Ohren kaum trauen. Selbstverständlich fielen all meine Ausflüchte und mein Widerstand in sich zusammen, und bald saß ich im Haus der Familie Santana, um mit Deborah und ihrer Freundin zu sprechen. Am nächsten Tag kam Carlos von einer Tournee nach Hause und lud uns zum Essen ein. Bei dieser Gelegenheit bedankte ich mich ausgiebig für seinen Song 'Samba Pa Ti'. 30 Jahre später kehrte der Bumerang zurück, und mein Wunsch ging in Erfüllung.

In diesen dreißig Jahren habe ich enorm viel über die Kraft der Intention gelernt. Ich werde Ihnen anhand vieler Beispiele aufzeigen, wie Sie dieser Kraft einen Platz in Ihrem Leben geben können, sodass der Bumerang in der Tat zu Ihnen zurückkommt und nicht in der Quantensuppe der Möglichkeiten verweilt. Der erste Schritt ist der Wurf Ihres ersten Bumerangs, nämlich das Setzen der Intention, dieses Buch zu lesen. Bevor Sie das tun, möchte ich gerne noch ein paar Bemerkungen anfügen.

Meine Intention für dieses Buch besteht darin, Ihnen Werkzeuge an die Hand zu geben, um eine Zukunft zu schaffen, in der Ihre Seele (was ich unter 'Seele' verstehe, führe ich später noch aus) immer mehr geheilt wird, sodass Sie immer offener für Ihr wahres Lebensziel werden – eine Zukunft, in der Sie alle falschen Bilder und Beschränkungen, die Sie sich selbst auferlegt haben, loslassen und ein Leben in Glück, Wohlbefinden, Vitalität, Dankbarkeit und Freude führen können. Wenn dies auch Ihre Intention ist, ist es ganz einfach: Sie brauchen die Intention nur noch mit eigenen Worten in einem Moment der Stille zu formulieren, sie in die Quantensuppe der unendlichen Möglichkeiten zu entlassen und mit der Sie durchströmenden Schöpferkraft zu segnen.

Nun zur Praxis bis ins Detail. Es funktioniert folgendermaßen: Sie haben Ihre Intention beispielsweise wie folgt formuliert: "Meine Intention bei der Lektüre dieses Buches ist es, alle erlernten und erworbenen Blockaden, die mein Kraftpotenzial beeinträchtigen, zu lösen und ein Leben in Glück, Wohlbefinden, Genuss und Gesundheit zu verwirklichen, jetzt und für alle Zeiten." Schreiben Sie dies auf ein Stück Papier, falten Sie es zusammen und schließen Sie die Augen. Sie sehen, wie Sie Ihrem Körper entsteigen und in einen Tunnel (Durchgang) gelangen, der Sie in die Zeit zurückführt, bevor Sie auf die Erde kamen (inkarnierten). Sie sehen, wie Sie dieses Stück Papier sich selbst überreichen und zu sich selbst sagen: "So lautet jetzt meine Intention. Wenn du damit einverstanden bist, dann werden wir dies in der kürzest möglichen Zeit gemeinsam realisieren. Wenn du nicht damit einverstanden bist, gib mir bitte ein Zeichen, das so deutlich ist, dass ich mir ganz sicher sein kann. Dann können wir gemeinsam daran arbeiten." Danach kehren Sie wieder in das Hier und Jetzt zurück, verbrennen das Stück Papier und sehen die Verwandlung und den Reinigungsprozess vor Ihren Augen. Dann lassen Sie los – Ihr Werk ist getan. Nun ist es an der Zeit, dass Ihr unsichtbares Helferteam (siehe Seite 359) sich an die Arbeit macht. Lesen Sie nicht weiter, bevor Sie diesen 'heiligen' Auftrag nicht ausgeführt und begonnen haben, das zu verwirklichen, was Sie gern möchten.

Ich wünsche Ihnen eine anregende Entdeckungsreise. Ich fühle mich geehrt, dass Sie mir für kurze Zeit die Aufgabe übertragen, Ihr Reisebegleiter zu sein...

*Roy Martina*
*Curacao, niederländische Antillen*

# Das ›Große Geheimnis‹

Ich möchte Ihnen ein Geheimnis enthüllen, dessen sich viele Menschen nicht bewusst sind. Ich habe es das 'Große Geheimnis' genannt. Dieses Geheimnis ist eine Antithese zur so genannten "Verschwörungstheorie", bei der man von der Annahme ausgeht, dass eine geheime, düstere Macht die Welt unter Kontrolle hält und sie nach ihrer Pfeife tanzen lässt. Dieser Theorie zufolge befindet sich diese Macht in den Händen einer kleinen Gruppe von Menschen, die die Weltwirtschaft kontrolliert.

Ich weiß nicht, ob es wahr ist, doch dieses Wissen hat wenig Einfluss auf mein Leben. Ich möchte über etwas sprechen, was einen großen Einfluss auf mein Leben hat, und auch auf das Ihre – und es ist außerordentlich wichtig, dass Sie das wissen.

Die Intention dieses Vorwortes besteht darin, Sie aufzurütteln und Ihnen bewusst zu machen, dass Sie alle Antworten in sich selbst suchen müssen. Ich komme hierauf am Ende zurück.

Wenn Sie das 'Große Geheimnis' wirklich begreifen, dann werden Sie Ihr Leben verändern. Es ist eine universelle Wahrheit, die Auswirkungen auf jeden Aspekt Ihres Lebens hat. Nicht nur auf Ihr spirituelles Wohlbefinden, sondern auch auf Ihre körperliche Gesundheit.

Die so genannten Experten, diejenigen, die es besser wissen, die zahllose Bücher schreiben und Vorträge und Workshops halten, sind im Grunde ihres Herzens ängstlich und unsicher und haben ein unstillbares Bedürfnis nach Aufmerksamkeit, Akzeptanz, Beifallsbekundung und Liebe, um einmal ein paar Dinge zu nennen. Sie verstehen es sehr gut, dies zu kaschieren, indem sie arrogant zeigen, dass sie es besser wissen, oder indem sie sich in eine Art spirituelle Bescheidenheit hüllen. Diese Menschen, die als *Autoritäten* gelten, haben große Macht und Kontrolle über das Leben vieler Menschen, doch sie fürchten sich davor, demaskiert zu werden, und haben Angst, dass ihr Geheimnis entdeckt werden könnte. Ob Sie es glauben oder nicht, sie fürchten sich allesamt. Ich habe so viele Menschen dieser Art auf Kongressen, Workshops und Vorträgen getroffen, dass mir davon die Augen aufgegangen sind.

Wer sind diese Experten? Dies gilt für Ärzte, Professoren, Wissenschaftler, Priester, Chirurgen, Kardiologen, so genannte Gurus, Trainer, Autoren, Psychiater, Millionäre, Manager, Direktoren von Weltunternehmen, Bankdirektoren und Minister. Woher ich das weiß? Ich habe in meinen 25 Jahren als Arzt, Autor und Gastredner auf Hunderten von Kongressen, als Trainer für Hunderte von Betrieben und als Coach von vielen internationalen und nationalen Berühmtheiten, Weltmeistern, Schauspielern, Sängern, Fernsehmoderatoren und Direktoren so viel gesehen und mitgemacht, dass ich darüber gut und gerne fünf Bücher schreiben könnte. Es ist fast so wie eine Art von globaler Epidemie: Politiker, medizinische Wissenschaftler, Kerntechnologieexperten und Philosophen – sie alle leiden unter dem gleichen Bedürfnis und der gleichen Unfähigkeit. Der einzige Unterschied ist, bis zu welchem Grad. Die Wahrheit ist, dass es keine Experten gibt, vor allem nicht auf dem Gebiet der Spiritualität, der anerkannten Schulmedizin und der alternativen Heilkunde. Die Experten, die am lautesten schreien, haben die größte Angst. Sie gehen jede Nacht in der Angst zu Bett, dass ihr Geheimnis nach außen dringen könnte.

Ich werde Ihnen dafür ein Beispiel aus der jüngsten Vergangenheit anführen. Ich wurde eingeladen, um für eine auserlesene Gesellschaft von Ärzten und Psychologen – allesamt 'Experten' auf dem Gebiet der so genannten 'Anti Aging Medicine' (Prävention gegen vorzeitiges Altern) – eine Vortragsreihe zu halten. Meine Vortragsreihe ging über emotionale Vergiftung, die den Alterungsprozess beschleunigt. Ich ging davon aus, dass diese Experten allesamt gut aussehen und sich in Topkondition befinden würden. Ich war der erste Redner direkt nach der Mittagspause, und es befanden sich etwa siebzig Personen im Saal. Bevor ich überhaupt mit meinem Vortrag begann, war bereits die Hälfte von ihnen eingeschlafen.

Und das war nicht alles - rund zwei Drittel sahen schlecht aus und hatten Ringe unter den Augen. Viele von ihnen hatten mit Übergewicht zu kämpfen (der größte 'Killer' unserer Zeit überhaupt), und die meisten waren übermüdet. Ich musste meine Rede auf der Stelle abändern, um sie wachzurütteln. Sie wussten wenig bis gar nichts von den Auswirkungen von Emotionen, Konflikten, Traumata, unbewussten Todesprogrammierungen und dem Geheimnis der Menschen, die am längsten leben - und dies waren die Experten auf dem Gebiet der präventiven Heilkunde.

Ich könnte noch vieles über Ärzte erzählen, die auf ihr Fachgebiet spezialisiert sind, jedoch nichts über die zugrunde liegenden Kausalfaktoren wissen, die diese Krankheiten verursachen, und die immer noch bei Virusinfektionen 'präventiv' Antibiotika verschreiben.

Das Gleiche erlebe ich bei den 'spirituellen Experten', die oft großen Unsinn verkünden - Nonsens, Behauptungen, die sie in keiner Weise untermauern können.

Ich werde regelmäßig als Gastredner zu Kongressen über Spiritualität eingeladen. Ab und zu bleibt mir angesichts des Ernstes, mit dem diese 'Experten' Halbwahrheiten verkünden, schier das Herz stehen. Wenn Sie einer Gruppe arroganter Besserwisser begegnen möchten, dann sind Sie bei diesen Propheten genau an der richtigen Adresse... Sie wissen beispielsweise, dass die Erdachse im Jahr 2012 einen Polsprung erfahren wird, und dass wir dann in einer neuen Eiszeit landen werden. Oder dass es die Erde wegspülen wird. Es wurde auch ein Film zu diesem Thema gedreht: "The Day After Tomorrow". Ich habe auf Esoterikmessen Menschen gesehen, die so schlecht und ungepflegt aussahen, dass man glauben könnte, sie seien obdachlos, wenn man ihnen auf der Straße begegnen würde.

Menschen, die sich eine Zigarette nach der anderen anstecken, die sich als Experten in Bezug auf die Prophezeiung der Zukunft hervortun, die Tarot legen, die I-Ging studieren, die Karten legen, Runen werfen und Kristalle einsetzen. Viele dieser Experten tragen eine Kleidung, die mich an die Hippie-Zeit erinnert: lila, rosa, türkis und violett sind die Farben, die sie bevorzugen, und sie hüllen sich in indisch anmutende Saris und Schals. Andere gehen ganz in weiß gekleidet - die Farbe der Reinheit. Das soll nichts bedeutend - wie man sich kleidet, hat nichts mit

Spiritualität zu tun. In diesem Buch werden Sie erfahren, dass viele Menschen in diesem Leben ein früheres Leben imitieren und nicht verstehen, warum sie eine Vorliebe für bestimmte Nahrungsmittel und bestimmte Kleidung haben oder warum sie bestimmte Sprachen schön finden.

Im Grunde läuft das 'Große Geheimnis' auf Folgendes hinaus: Die meisten Menschen leben in Angst und haben ein unstillbares Bedürfnis nach Liebe. Diejenigen, die den größten Frieden erfahren, sind die Menschen, die tief auf ihre innere, göttliche Essenz vertrauen und sich dieser bewusst sind.

Wir werden nun lernen, auf die Stimme dieser Essenz zu hören, auf unsere Intuition, denn diese führt uns immer dorthin, wo wir hingehören. Diese innere Weisheit existierte bereits vor unserer Geburt.

Das ist das Erste, was wir erkennen werden. Wenn wir uns nicht hiermit verbinden, sind wir verloren und werden uns immer isolierter fühlen. Das Schöne am 'Großen Geheimnis' ist, dass ihm niemand entrinnt. Einst werden wir lernen, wirklich auf das Universum und uns selbst zu hören. Hören Sie als erste Übung in Liebe und Andacht auf jeden Ihrer Mitmenschen. Das Universum spricht zu uns und benutzt hierfür alles und jeden um uns herum.

Heute Morgen waren meine Partnerin Mayana und ich beim Joggen. Plötzlich kroch vor uns eine Schlange über den Weg. Ich laufe diesen Weg schon seit Jahren, doch ich habe dort noch niemals eine Schlange gesehen. Mayana hatte auf diesen 'Schreiburlaub' ein Buch mit dem Titel 'Botschaft der Tiere' (geschrieben von Ted Andrews) mitgenommen. Sie schlug die Bedeutung der Schlange nach und las:

"Wiedergeburt, Auferstehung, Initiation und Weisheit. Für die Indianer Nordamerikas ist die Schlange ein Symbol für Transformation und Heilung. In Peru steht die Schlange für das Loslassen der Vergangenheit. Die Schlange symbolisiert auch das Kundalini, die sexuelle, schöpferische Lebenskraft. Schlangen sind ein Symbol für Veränderung, und man darf erwarten, dass man auf einem neuen Niveau von Kreativität und Weisheit wiedergeboren wird."

Was Mayana vorlas, war exakt das Thema, mit dem sie gerade beschäftigt war: nämlich das Verschmelzen ihrer jahrelangen Erfahrungen in Yoga, Meditation, intuitiver Persönlichkeitsentwicklung, Gesang, Tai Chi, Qi Gong, Aerobic, Visualisierungen, Mantras und Affirmationen zu einem neuen Ganzen, das sie 'Zhen Chi' genannt hat. Die Schlange gab ihr das Zeichen, das sie brauchte, um weiterzumachen.

Das Universum spricht beständig zu uns und koordiniert, wann es an der Zeit ist, dass der Bumerang zu uns zurückkehrt. Diese Theorie bezeichnet man als 'Synchronologie'. Der Kern des Ganzen besagt, dass man mit Liebe in der Welt anderen beisteht und offen ist für das Geben und Nehmen von Liebe.

Eine der größten Blockaden hierbei ist unsere Erziehung. Was beispielsweise regelmäßig bei Ärzten geschieht, ist, dass ihre Ausbildung sie wegführt von ihrer Intuition, ihrer Verbindung zu den Heilkräften in ihrem Innern und den Selbstheilungskräften ihrer Patienten. Das 'Große Geheimnis' ist, dass wir alle über unsere eigene Weisheit, unser persönliches Wissen darüber verfügen, was das Beste für uns ist. Wir brauchen dafür keine Experten.

Es ist meine Intention, Sie über dieses Buch zu Ihrer Weisheit zurück zu führen. Ich bin nicht der Experte, der Ihnen erzählen wird, wie Sie Ihr Leben führen müssen. Ich kann Sie jedoch zum Nachdenken anregen, Ihnen einen Spiegel vorhalten, Sie aus dem Koma holen, Sie aufrütteln, Ihnen Übungen anbieten, um in Ihre eigene Kraft zu kommen, Sie an etwas erinnern, was Sie eigentlich schon längst wissen, jedoch wieder vergessen oder verlernt haben, verleugnen oder nicht wissen wollen.

Wenn Sie dafür offen sind, ist es nun an der Zeit, Ihnen folgende Intention zu geben, damit Sie folgenden Bumerang in die 'Quantensuppe' werfen und loslassen. Er kommt immer wieder zu Ihnen zurück.

Formulieren Sie also eine neue Intention, beispielsweise: "Meine Intention ist es, mit meiner eigenen Weisheit voll und ganz in Kontakt zu kommen und mein Leben aus dieser Verbindung mit meiner inneren Weisheit heraus zu führen!" Sie können jede Intention verwenden, ich gebe lediglich Anregungen.

Schreiben Sie Ihre Intention auf ein Stück Papier, falten Sie es zusammen, schließen Sie die Augen und sehen Sie sich selbst, wie Sie wieder in einen Tunnel eintreten und dieses Stück Papier sich selbst überreichen, bevor Sie auf Erden inkarnierten. Sagen Sie dann zu sich selbst: "Dies ist nun meine Intention, und wenn du damit einverstanden ist, dann werden wir dies in der kürzest möglichen Zeit gemeinsam realisieren. Wenn du nicht damit einverstanden bist, gib mir bitte ein Zeichen, das so deutlich ist, dass ich mir ganz sicher sein kann. Dann können wir es gemeinsam erarbeiten." Danach kehren Sie wieder in das Hier und Jetzt zurück. Verbrennen Sie das Stück Papier, und sehen Sie die Verwandlung und den Reinigungsprozess vor Ihren Augen. Dann lassen Sie es los – Ihr Teil ist getan. Der Rest liegt in den Händen Ihres unsichtbaren Helferteams.

Lesen Sie nicht weiter, bevor Sie diesen Auftrag nicht ausgeführt haben. Jede Intention ist heilig und ein Bumerang, der in Zukunft zu Ihnen zurückkehren wird. Sie sind dabei, aus der Hypnose der Welt zu treten und das Kraftpotenzial zurückzufordern, das Sie bei Ihrer Geburt mitbekommen haben.

Im folgenden Einleitungskapitel werde ich über die Leichtigkeit sprechen.

# Was ist Leichtigkeit?

Eine Möwe schwebt schwerelos im Wind. Ein Fluss folgt spielerisch seinem Lauf. Wasserdampf steigt von selbst auf. Ein reifer Apfel fällt einfach vom Baum. Zu laufen oder zu wandern ist für uns ein ganz automatischer Prozess. Wenn wir jemanden sehen, der in irgendeinem Bereich gut ist, dann erkennen wir oft die Leichtigkeit jenes Augenblickes, wie die Anmut und Geschmeidigkeit eines Turners, der einen Salto macht. Wir beneiden oft die Leichtigkeit, mit der jemand etwas tut, und tun dann alles, um nur selbst niemals so gut zu werden... In jedem Menschen sitzt ein enormes Potenzial verborgen, das ihn zur Leichtigkeit führen

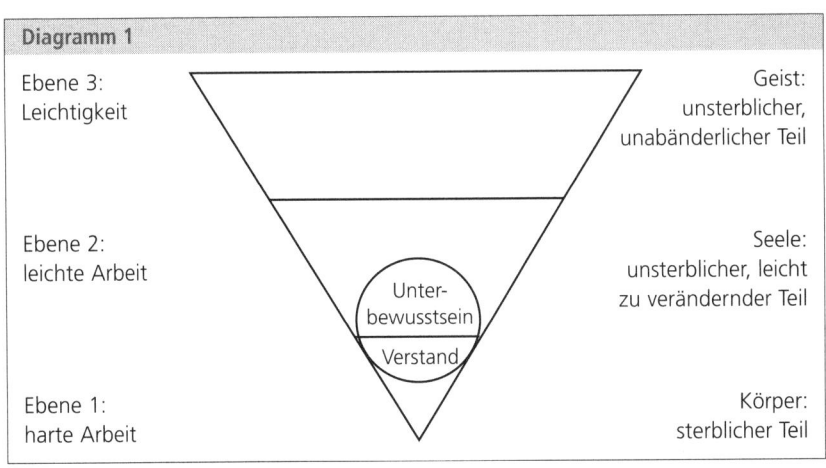

Diagramm 1

| | | |
|---|---|---|
| Ebene 3:<br>Leichtigkeit | | Geist:<br>unsterblicher,<br>unabänderlicher Teil |
| Ebene 2:<br>leichte Arbeit | Unter-<br>bewusstsein<br>Verstand | Seele:<br>unsterblicher, leicht<br>zu verändernder Teil |
| Ebene 1:<br>harte Arbeit | | Körper:<br>sterblicher Teil |

kann. Doch um Leichtigkeit zu erreichen, muss man sich hübsch viel Mühe geben. In meinem Buch 'Emotionale Balance' beschrieb ich drei Ebenen unseres Wesens, die hier in Diagramm 1 wiedergegeben sind.

Dieses Modell bildet immer noch die Grundlage für den Weg zur Leichtigkeit.

Die erste Ebene ist die materielle Ebene, mit dem 'mind' als Quantenkörper im materiellen Körper. Man könnte auch sagen: der 'mind' ist die Software, der Körper die Hardware. Was soll das heißen? (Ich benutze das englische Wort 'mind', weil es im Deutschen keine richtige Entsprechung dafür gibt. Alle Begriffe, wie etwa 'Geist', 'Denken' und 'Gehirn' decken die Bedeutung nicht ab. Sie sind Vereinfachungen eines komplexen Systems, für das es keine bessere Bezeichnung als 'mind' gibt, so wie es auch für das Wort Computer keinen entsprechenden deutschen Begriff gibt.)

■ 1. Ebene
*Harte Arbeit. Körper: sterblicher Teil*

Wir wählen einen Körper, der zu unserer Lebensabsicht passt. Dieser Körper bedarf der besonderen Aufmerksamkeit: Essen, Trinken, Training und positive Unterstützung durch schöne Gedanken. Unser Körper ist von Natur aus träge und neigt dazu, schnell aufzugeben. Er ist aufs Überleben programmiert und darauf, uns, falls nötig, durch unschöne Gefühle wissen zu lassen, was für uns nicht gut ist. Wir können ihn auf Aktivitäten trainieren, wie beispielsweise laufen, 'stubenrein' werden, sprechen und andere Kunststückchen, wie sprinten, verschiedene Sprachen sprechen, fechten, rechnen, zeichnen und noch vieles mehr. Diese Kunststückchen lernen wir, indem wir den 'mind' und unser Zentralnervensystem programmieren.

Zum Zeitpunkt unserer Geburt ist der 'mind' praktisch leer. Das vegetative Nervensystem funktioniert in diesem Augenblick rein auf dem Überlebensniveau: Bei Hunger zeigt ein Baby, dass es sich nicht wohl fühlt. Der 'mind' wird darauf trainiert, den Menschen zu motivieren, sich gemäß den momentanen Erkenntnissen der Gesellschaft und der Landeskultur zu entwickeln. Dies erfordert viel Anstrengung. Unser Körper erneuert sich in einem Zyklus von je sieben Jahren, und wir können feststellen, dass auch die Entwicklung unseres Bewusstseins parallel dazu verläuft.

Durch harte Arbeit können wir ein gutes Stück vorankommen und die Belohnungen empfangen, die die Gesellschaft bereithält, um uns in Unwissenheit zu halten. Denn in der Regel werden unsere Anstrengungen und unsere Kreativität belohnt.

Die Belohnungen können sowohl materieller als auch immaterieller Art sein. Manchmal wird das Immaterielle für wichtiger erachtet als das Materielle. Denn unser 'mind' ist darauf programmiert, ein niedriges Selbstwertgefühl zu haben, und strebt nach äußerer Bestätigung, Wertschätzung, Beifall, Respekt und Aufmerksamkeit. Diese Programmierung unseres 'minds' auf eine Bestätigung von außen wird oft als 'Ego' bezeichnet. Im Holländischen ist das Ego eine Abkürzung für 'Emotional stagnierte Person'. Mit anderen Worten: Wenn wir in den ersten sieben Jahren unserer Entwicklung emotional zu kurz kommen, werden wir uns für den Rest unseres Lebens außerhalb von uns selbst auf die Suche nach der Bestätigung machen, die wir damals nicht voll und ganz bekommen hatten, bis wir zu der Erkenntnis kommen, dass dies ein Weg der Enttäuschungen und der Fallstricke ist.

Der 'mind' lässt sich leicht mit einem falschen Selbstbild und einer negativen Interpretation des Weltbilds programmieren. Ein Beispiel finden wir in den auslösenden Faktoren von Krieg und Terrorismus. Indem sie den 'mind' mit Hass oder Habsucht programmieren und die eigenen Unzulänglichkeiten auf den Gegner projizieren, sehen beide Parteien die Gegenseite als die Ursache allen Elends, das sie in ihrem Leben erfahren. Ihre Lösung ist der Weg der harten Arbeit: die Erniedrigung des anderen. Hass ist ein Gift, das uns innerlich zerfrisst und einen Weg nach außen sucht. Er vernichtet allen Frieden, den wir von Geburt an mitbekommen haben. All unsere negativen Gefühle entspringen dem Ego, unserer 'emotional stagnierten Person' (EGO).

Das Ego zu erkennen ist kein leichtes Unterfangen. Es kann sich hinter einem Schleier von Freundlichkeit, Spiritualität und sogar Sanftmütigkeit verbergen. Viele Menschen auf dem spirituellen Weg lassen sich verleiten und glauben, lieb und artig sein zu müssen und einander nicht verurteilen und nicht schlecht übereinander sprechen zu dürfen. Ist dies ein Programm, das wir in uns implantieren, um spirituell zu sein, so *tun* wir auf artig, so *tun* wir 'auf lieb', doch wir *sind* es nicht.

Die einzige Art und Weise, um wirklich liebevoll zu werden, besteht darin, die Blockaden zu beseitigen, die uns daran hindern, in Kontakt mit unserer wirklichen Essenz der Liebe zu treten. Wir sind stets voller Liebe, doch wir können das nicht konstant und auf Dauer zeigen. Liebevoll zu sein ist kein Verhalten, das man sich antrainiert, sondern es ist die Verbindung mit unserer wahren Essenz. Artig zu *tun* ist heuchlerisch und das Unartigste, was wir einander antun können: so zu tun, als ob wir interessiert sind, während wir jedoch nur interessant sein wollen, weil wir glauben, dass wir selbst nicht interessant sind. Wohlgemerkt – zeigen Sie sich nicht interessant, sondern interessiert.

- Einem Mitmenschen gegenüber artig zu tun, ist unartig und scheinheilig.

- Machen Sie sich nicht interessant, sondern zeigen Sie sich interessiert.

Die Krankheit des Egos ist es, gesund zu werden. Die Medizin dafür ist, uns selbst so zu lieben, wie wir sind. Mit anderen Worten: uns selbst zu akzeptieren, und dann aus dieser Akzeptanz heraus Frieden in uns selbst zu finden.

Um das zu erreichen, müssen wir den 'mind' neu programmieren, mit unserem Seelencode in Übereinstimmung bringen. Wir gehen folglich auf Ebene 2 und packen die Sache nun leichter an.

Zunächst richten wir unsere Aufmerksamkeit auf unseren Körper, indem wir entdecken, was wir mit unserem Leben hier auf Erden überhaupt bezwecken. Der größte Fehler, den wir mit dem 'mind' begehen können, besteht darin, das eine Selbstbild (das durch unsere Erziehung falsch geprägt wurde) durch das nächste falsche Selbstbild, nämlich das des Erfolgs, zu ersetzen. Dies wird von vielen Motivationstrainern und Erfolgs-Coaches praktiziert. Positives Denken, bekräftigende Glaubensüberzeugungen, NLP (Neurolinguistische Programmierung), Motivation, 'Drive' (Antrieb), Passion, Fokus, Disziplin und 'Peptalk' (Gespräche mit Pfiff) sind die Werkzeuge unserer modernen 'Power-Coaches'. Die Folge davon? Noch mehr Elend, noch mehr Futter für das Ego, das besser sein will als die anderen, noch mehr Erfolgsformeln des Fischezeitalters, die zum Scheitern verurteilt sind: härter an uns selbst arbeiten, uns selbst zum Erfolg hochfüttern.

Auf diesem Sektor sind zahllose Gurus zu finden. Sie machen sich selbst reich, indem sie den Marktschreier spielen und andere aufpeppen. Manager bezahlen hierfür eine hübsche Summe Geld. *"Du kannst es! Du hast die Power!"* und noch viele weitere Varianten dieses Themas sind die Anker und Mantren dieser modernen Prediger. In den Vereinigten Staaten haben eben diese Praktiken ein neues Mäntelchen umgehängt bekommen. Die bekanntesten Anführer sind Anthony Robbins, Zig Ziglar und andere Spitzenverkäufer. Der Grund dafür, weshalb ich an dieser Stelle so vehement Gegenposition beziehe, besteht darin, weil dies zur mentalen Unterdrückung dessen führt, wer wir eigentlich sind, und uns letztendlich krank macht.

Sie brauchen nicht mit mir einer Meinung zu sein. Ich bin nicht gegen Motivation, NLP, Peptalk usw. Ich habe nichts gegen Anthony Robbins oder Zig Ziglar. Im Gegenteil – all diese Menschen haben mich inspiriert, weiter zu suchen und tiefer zu tauchen. Sie sind in den vergangenen zehn Jahren weiter gewachsen und welterfahrener geworden. Was ich an ihren Methoden freilich erkenne, ist die Tatsache, dass das Ego weiterhin mit einem Weltbild des Materialismus mit spirituellem Touch gefüttert wird, und damit habe ich als Arzt so meine Schwierigkeiten. Ich bin von Menschen umringt, die zehn Jahre oder länger bei Anthony Robbins ins Training gegangen sind, und ich sehe, wie viele Probleme und Krankheiten dies bei diesen Menschen verursacht hat.

Begeben wir uns daher auf Ebene 2 und betrachten, was dies für Sie bedeutet. Auf Ebene 2 ist die Intensität alles.

## ▪ Ebene 2
### *Leichte Arbeit. Seele: unsterblicher, leicht zu verändernder Teil*

Unser 'mind' beinhaltet nicht unsere eigenen Programme, sondern die Glaubensüberzeugungen unserer Erzieher und unserer Kultur. In den folgenden Kapiteln werde ich intensiver auf die Programmierungen unserer Seele, unserer wahren Software und Datenbank, eingehen. Die Seele ist auf der Suche nach unseren wahren Programmierungen.

Wie wir später in diesem Buch ausführlich erfahren werden, müssen wir, um die Seele zu heilen, ein ganz anderes Programm verfolgen. Ein Programm, das subtiler ist als das des 'mind' und des Körpers. Für den 'mind' ist es wichtig, wieder an sich selbst zu glauben, daran, dass wir etwas können, dass wir es wert sind. Wir müssen uns selbst jeden Tag motivieren, um unsere Aufmerksamkeit auf unser Ziel gerichtet zu halten und die einmal begonnene Strategie weiterzuverfolgen. Wenn wir konsequent sind und die Fertigkeiten, die wir bei der harten Arbeit entwickelt haben, anwenden, dann kommen wir weiter. Um unseren Körper und unseren 'mind' in Topkondition zu halten, brauchen wir beständig neue Herausforderungen, ein neues Ziel, einen neuen Fokus. Wir müssen unsere Grenzen verschieben. Die Routine arbeitet letztendlich gegen uns. Die gleiche Strategie, die uns zum Erfolg führt, kann uns den Untergang bescheren. Burn-out, chronische Müdigkeit, RSI, Verletzungen, Nervosität, die Unfähigkeit, sich zu entspannen, hormoneller Stress und Abhängigkeit von Kaffee, Zigaretten, Alkohol und Drogen sind häufig vorkommende Begleiterscheinungen von Ebene 1.

Ebene 1 ist die Ebene des Paradoxen: Je härter wir arbeiten, desto weiter kommen wir vom Ziel ab. Ebene 2 ist die Ebene von Reflexion und Meditation. Dort finden wir die Antworten in uns selbst, folgen unserer Intuition (nicht unserem Gefühl) und lassen unser Ego für uns arbeiten anstatt dass das Ego uns für seine Ziele arbeiten lässt. Unser Überlebenstrieb basiert auf Angst. Das kann man transformieren, indem man das Ego die Angst als Energie spüren lässt – Energie, die, wenn sie mit Leichtigkeit eingesetzt wird, in Liebe transformiert wird.

Wenn wir unsere Gesellschaft betrachten, erkennen wir eine ganze Reihe von Tendenzen, die uns von unserem Pfad abkommen lassen.

1. Wir haben gelernt, Wissen als Macht zu betrachten. Durch Forschung und Wissenschaft kommen wir voran. Wenn wir wirklich unseren Blick um uns herum schweifen lassen, sehen wir, dass wir weiter voneinander entfernt sind als jemals zuvor. Trotz Internet, GSM und weitgehender Automatisierung verlieren wir immer mehr den Kontakt zueinander. Der Mensch wagt es nicht, nicht ans Telefon zu gehen. Es gibt Menschen, die in Panik geraten, wenn sie ihr Handy nicht schnell genug finden können. Ich kenne sogar Menschen, die zwei Handys haben – denn stellen Sie sich einmal vor, sie würden etwas verpassen! Das Ego findet es interessant, Aufmerksamkeit zu erhalten. Doch die Seele braucht 'down time', Zeit zum Nachdenken, Zeit, um nach innen zu gehen, Zeit, auszufiltern, was wichtig ist und was nicht. Wir sollten die Stille nicht meiden, sondern – ganz im Gegenteil – die Stille aufsuchen. Wagen Sie es, Ihr Handy auszuschalten. Wagen Sie es, es zu genießen, wenn Sie für die externe Welt gerade nicht erreichbar sind, sehr wohl aber für die innere Welt.

2. Unsere Wissenschaft gewinnt derzeit tagtäglich neue Forschungserkenntnisse über die Weite der Ozeane. Wir geben Unsummen an Geld aus, um diese Erkenntnisse zu sammeln. Die medizinische Wissenschaft entfremdet sich immer mehr vom Menschen und verursacht so großen Schaden an der Gesundheit, dass ärztliche Kunstfehler nun an dritter Stelle der Liste der häufigsten Todesursachen nach Herzinfarkt und Krebs stehen. Im November 2003 startete der Arzt Joe Merida einen E-Mail-Rundbrief über den Stand der Dinge in der amerikanischen medizinischen

Versorgung mit dem Titel "Death by Medicine" ("Tod durch die Medizin"). Die meisten Informationen stammten aus einem Artikel, der im Jahr 2000 in der Zeitschrift JAMA (Journal of the American Medical Association) erschienen und von Dr. Barbara Starfield verfasst war. Die Statistiken waren beeindruckend: 225.000 Tote durch medizinische Eingriffe und Kunstfehler. Die Zahlen liegen eigentlich viel höher, weil oft aus Angst vor den Folgen andere Diagnosen als Todesursache genannt werden. Die Ursache für diese hohe Sterberate liegt darin begründet, dass die traditionelle Heilkunde auf eine tödliche Bahn abgekommen ist und die Rolle des 'mind' und der seelischen Aspekte in Bezug auf Krankheiten überhaupt nicht berücksichtigt werden. Darüber hinaus versucht sie krampfhaft, in die Hardware anstatt in die 'heartware' ('Herzensstruktur') einzugreifen. Wir sollten mehr Geld ausgeben dürfen, um den Menschen beizubringen, wie sie ihre Selbstheilungskräfte entdecken und anwenden können. Unser Wissen auf dem Gebiet der Raumschifffahrt und der Satelliten ist enorm, doch ein Wissen um unser eigenes inneres Universum würde uns mehr nützen.

3. Die Abmessungen der Fernsehbildschirme werden immer größer, doch zugleich werden die inneren Monitore unseres Geistes immer kleiner. Das kommt von unserer Egozentrik und unserer Ausrichtung auf die Materie, anstatt unserer Seele mehr Priorität einzuräumen.

4. Unsere Staubsauger sind stärker denn je zuvor und können schnell und viel aufsaugen. Doch wir haben Berge von unverarbeiteten Konflikten und andere Fallen für unseren 'mind' (Gedanken und Emotionen) auf Halde liegen, für die wir keinen Rat wissen.

5. Die medizinische Wissenschaft rettet viele Menschen mit Herzproblemen, indem sie ihnen Herzschrittmacher einpflanzt. Doch

in den meisten Fällen, wo wir Herzschrittmacher einpflanzen, sollten diese nicht nötig sein. Der einzige, wahre Herzschrittmacher besteht darin, Frieden und Freude in uns selbst zu finden, das eigene spirituelle Herz zu entdecken und unsere Seele zu heilen, denn damit könnte man viele Krankheiten heilen beziehungsweise vermeiden.

6. Die größte Entschuldigung, die wir haben, um nicht an uns selbst arbeiten zu müssen, ist Zeitmangel. Wir sind so eifrig damit beschäftigt, beschäftigt zu sein, dass wir ganz den Überblick verlieren. Wir haben uns im Labyrinth der Prioritäten verloren. Wir messen unrelevanten Dingen mehr Priorität bei als den Dingen, die für unsere innere Entwicklung wichtig sind. Die Folge davon ist, dass wir weniger leisten, mehr Stress haben und so schnell herumgaloppieren, dass wir letztendlich krank und infolgedessen gezwungen werden, innezuhalten. Unsere Gedanken sind viel zu stark darauf ausgerichtet, was wir in Zukunft tun müssen, und zu wenig auf unser Sein im Jetzt. Diese Orientierung verursacht Stress, und Stress macht krank, müde und schwach. Stellt sich uns ein Problem (eine Herausforderung), dann setzen wir alles daran, eine Lösung für das Problem zu finden, anstatt danach zu suchen, warum das Problem überhaupt entstanden ist. Solange wir nicht in die Tiefe gehen, werden wir uns weiter im Kreise drehen und versuchen, die Symptome zu bekämpfen.

Ich könnte noch ein Weilchen die großen Unterschiede zwischen der ersten und zweiten Ebene erläutern, doch das Allerwichtigste lässt sich in fünf kurzen Punkten zusammenfassen:

1. Alle Antworten auf unsere Herausforderungen finden wir in uns.

2. Alle Herausforderungen haben den Zweck, uns nach innen zu bringen.

3. In unserem Inneren finden wir die Antworten in dem Bereich, wo die Herausforderungen uns nicht berühren, sondern wo wir neutral bleiben.

4. In dieser neutralen Zone entdecken wir die Antwort auf alle Herausforderungen.

5. Die Antwort auf alle Herausforderungen lautet, dass wir den Teilen unserer Seele, die dies brauchen, noch mehr Liebe geben müssen.

Das klingt ganz simpel und esoterisch, doch später werden Sie von der Richtigkeit dieser fünf Punkte überzeugter werden und sie selbst anwenden.

Die Seele ist die Datenbank, die unsere emotionale Realität registriert und speichert. Unsere emotionale Realität ist so, wie wir das Leben erfahren. Die Seele kreiert mit uns Leben, indem sie Situationen anzieht, die uns aufs Neue die Chance geben, das, was wir in der Vergangenheit nicht aufgelöst haben, nachträglich zu lösen.

Die Seele wirkt entgegengesetzt zum Ego. Das Ego versucht, peinliche Situationen und Konflikte zu vermeiden. Die Seele schubst uns genau in Richtung Konfrontationen. Das ist das große Paradoxon. Das Ego will, dass wir unserem guten Gefühl folgen, und strebt nach so genannter Harmonie und der Erkenntnis, dass nicht alles glatt läuft. Die Seele schickt uns Signale und beeinflusst unsere Intuition, so dass wir hoffentlich unsere Konflikte angehen. Ich werde noch ausführlich hierauf zurückkommen.

Dann ist es jetzt an der Zeit für Ebene 3:

■ Ebene 3

*Leichtigkeit. Geist: unsterblicher, unabänderlicher Teil*

Die Frage lautet: Wie kreieren wir Leichtigkeit? Wie kommen wir in Fluss (buchstäblich: in Strömung), wie ein Fluss, der dahinströmt, und ein Adler, im Wind schwebt? Der Geist ist der Intellekt, der Leben schenkt, der Leben ist. Alles dreht sich um Energie. Einstein war einer der ersten Wissenschaftler, der dies erläutert hat. Er kam zu dem Schluss, dass selbst Materie abgebremste Energie ist, Intellekt in Stille, oder manchmal Intellekt in Bewegung. Was wir als 'Geist' bezeichnen, ist der Teil von uns, der nicht örtlich gebunden ist. Er lässt sich auch nicht ändern, er ist unantastbar.

Die Seele und der 'mind' sind beide jeweils unsterbliche und sterbliche Teile, die reaktiv sind. Der Geist ist Reinheit, das reine Wissen, das reine Sein. In vielen Kulturen finden wir Bezeichnungen für diese Matrix der Energie, die den Körper erschafft, ihm Form gibt und unterstützt: Qi oder Chi (China), ki (Japan), Prana (Indien), Yesod (Kabbalah), Baraki (Sofi), Wakan (Lakota), Orenda (Irokesen), Megbe (Pygmäen), Heiliger Geist (christliche Traditionen).

Die Seele ist die Datenbank all unserer Reaktionen auf der Welt. Die Seele verleiht uns, zusammen mit dem 'mind', unseren Charakter. Der Geist ist die allmächtige Schöpfungsintelligenz, die Seele ist ihre persönliche Manifestation. Die Seele ist der geistige Funke, der das Leben in den Körper bringt und dem Gehirn das Gefühl des Bewusstseins verleiht.

Um Leichtigkeit im Leben zu erfahren, dürfen wir keine Energie mehr an Emotionen und an das Leben selbst verlieren. Es bedarf des absoluten Vertrauens, damit sich unsere Intentionen in unserem Leben manifestieren. Dies bedeutet zu begreifen, dass alles, was wir mit aller Macht festhalten möchten, zu Energieverlust führt. Es bedeutet, Geduld zu haben, sodass das Universum sich 'verschwören' kann, um uns das Beste zukommen zu lassen. Es bedeutet zu wissen, wann wir aktiv werden müssen und wann wir warten müssen. Es bedeutet, einen solchen Schwebezustand zwischen Leidenschaft und Enthusiasmus einzunehmen, dass alles, was wir tun, uns Energie verleiht, und dass wir uns abends glücklicher fühlen, weil wir alles ohne Widerstand getan haben. Es bedeutet, uns ständig bewusst zu sein, wann wir Widerstand leisten und folglich diesen Widerstand angehen, bis er weg ist. Es bedeutet, uns klar zu werden, dass alles, was uns berührt oder emotional trifft, eine Verletzung der Seele bedeutet, und dass wir diese Erkenntnis dann unmittelbar angehen müssen, so dass sie uns nicht mehr dasselbe antun kann, da diese Verwundung der Seele geheilt wird. Es bedeutet, uns bewusst zu sein, dass jedes Urteil, das wir über einen anderen fällen, eine Einladung ist, unsere eigenen Schattenseiten zu betrachten, also zu schauen, was dieses Urteil über uns sagt. Es bedeutet zu durchschauen, dass das Verhalten von anderen nichts darüber aussagt, wer wir sind, jedoch alles darüber sagt, wo wir in der Entwicklung unserer Seele gerade stehen. Es bedeutet die Abmachung, dass wir alles und jedem für das vergeben, was wir meinen oder glauben, dass sie uns antun oder angetan haben, weil wir wissen, dass wir ihnen für unseren eigenen Seelenfrieden vergeben. Es bedeutet, unsere begrenzten Glaubensüberzeugungen aufzuspüren, sodass wir diese direkt in Glaubensüberzeugungen umwandeln können, die uns dienen und Kraft geben. Es bedeutet, dankbar für alle Dinge in unserem Leben zu sein: für Gesundheit, Fülle, unseren Lebensweg und alles, was wir uns nur denken können. Es bedeutet, das Gesetz der Fülle zu kennen. Es bedeutet, unsere ganze Fülle den Menschen zu schenken, die sich festgefahren haben und einen 'Tritt in den Hintern' brauchen, um aus ihrem Teufelskreis wieder herauszukommen. Es bedeutet, bedingungslos zu geben, sowohl Liebe als auch Materie, ohne dadurch unser Ego mit Aufmerksamkeit und aufgebauschtem Selbstwertgefühl zu füttern.

Dies sind die Ingredienzien der Leichtigkeit im Kuchenteig der Liebe, des Mitgefühls, des Respekts und des Selbstvertrauens. Die Torte, die wir daraus backen, soll uns ein Leben lang erfreuen. Der Weg zur Leichtigkeit besteht darin, zu fallen und immer wieder aufzustehen. Ich glaube, dass jeder diesen Weg gehen kann, wenn er nur will.

Auf dieser Ebene sind wir mit unserem Geist (dem Universum) synchronisiert. Wir erleben beständig Zufälle. Es kommt alles und noch viel mehr einfach auf uns zu. Wir vergeuden keine Energie mit Anstrengungen.

Wir wissen, dass wir für unser eigenes Leben verantwortlich sind und verwirklichen dieses mit Anmut, Genuss und Glück auf möglichst entspannte Art und Weise. Die Kunst besteht darin, das Gleichgewicht zwischen Hingabe (wörtlich: "aus den Händen geben", folglich loslassen) und dem Wissen zu finden, wann wir aktiv werden müssen. Das bedeutet, uns bewusst zu sein, dass wir auf die Signale achten müssen, wie bei der Begegnung mit der Schlange.

Betrachten wir nun, was dies bedeutet, und was wir folglich damit anfangen können. Unser Geist (das Universum) kommuniziert beständig mit uns. Die Frage lautet: Empfange ich die Zeichen? Um mehr von diesem Buch zu profitieren, sollten Sie nebenbei ein Tagebuch führen. Achten Sie darauf, was um Sie herum geschieht, und schreiben Sie alle auffälligen Dinge auf. Fragen Sie sich, was das alles zu bedeuten hat. Damit öffnen Sie sich ganz, um zum Instrument für das Universum zu werden.

Wir können mit unserem Bewusstsein auf jeder dieser Ebenen sein. Was dies für Sie bedeutet, wollen wir im Folgenden betrachten.

## • Ebene 1

Sie lenken Ihre Aufmerksamkeit voll und ganz auf das, was Sie in Ihrem Leben erreichen wollen. Sie haben Ziele. Sie wollen mehr aus Ihrem Leben machen. Erfolg ist für Sie wichtig. Sie geben etwas auf Luxus und Sicherheit: eine gute Karriere, Geld auf der Bank, ein schönes Haus und regelmäßig Urlaub. Sie haben Disziplin. Materieller Besitz, Erfolg, Ansehen und Status in der Gesellschaft dürfen es durchaus sein – da haben Sie gar nichts dagegen.

## • Ebene 2

Sie sind auf Harmonie und darauf aus, dass alles gut läuft. Für Sie sind Freundschaften und Geselligkeit wichtig. Sie sind auch mit Ihrer Persönlichkeitsentwicklung beschäftigt, lesen spirituelle Bücher, nehmen an Seminaren teil und können etwas mit Qi Gong, Tai Chi, Yoga und anderen östlichen Disziplinen anfangen. Sie möchten, dass Menschen Ihnen etwas geben, weil Sie sind, wer Sie sind. Die Liebe steht für Sie neben Harmonie, Reflexion und dem Philosophieren über das Leben an sich im Mittelpunkt.

• Ebene 3
Sie sind auf dem spirituellen Weg. Sie fühlen sich gut. Sie haben viele Fragen, doch Sie wissen: Dies ist Ihr Weg. Sie arbeiten hart daran, um sich selbst näher zu kommen. Sie schenken bedingungslos und wollen eins werden mit dem Universum. Der Weltfrieden ist für Sie wichtig, und Sie wollen gern Ihr Scherflein dazu beitragen. Im Regelfall wissen Sie, dass alles so ist, wie Sie wissen, dass es ist. Sie zweifeln nicht daran.

Es gibt noch zwei weitere Ebenen:

• Ebene 0
**Spirituelles Koma oder spirituelle Ferien**
Diese Menschen sind glücklich zu schätzen, doch sie sind oft die Unzufriedensten. Sie haben ihr Schicksal akzeptiert und wissen, dass sie, wenn sie für ein Zehncentstück geboren sind, niemals einen Euro wert sein werden. Sie gehen mit dem Navigator durchs Leben. Viele Emotionen werden weggeraucht, weggetrunken oder weggefixt. Sie meckern und klagen viel und sondern sich von den Menschen ab, die es besser haben.

• Ebene 4
**Erleuchtung**
Diese wenigen 'glücklichen Auserwählten' haben sich selbst verwirklicht und sind die Verkörperung bedingungsloser Liebe. Sie haben ihre persönliche Aufgabe erfüllt, und machen sich nun zum Diener für andere Menschen. Sie verbreiten das Wissen, wie man Erleuchtung erlangt. Wenn man bei sich ist, erfährt man reine Liebe und Mitgefühl. Sie nehmen oft viel mehr wahr, als es mit den normalen Sinnesorganen möglich ist.

Dies sind die Basisprinzipien der Ausgangspunkte oder die Vorausset-
zungen in diesem Buch. Ich sagte ja, dass dies eine lange Einleitung
werden würde. Ich bin mir sicher, dass Sie nun über alle Erkenntnisse
verfügen, die Ihr Leben verändern können. Nun liegt es an Ihnen, diese
aufzuschreiben und Ihre Intention laut auszusprechen.

Tun Sie dies also, wie Sie es bereits zweimal getan haben. Schreiben
Sie Ihre Absicht auf, beispielsweise in folgender Form: "Ich setze die Intention, dass ich in diesem Leben auf dem Gebiet der Spiritualität alles,
was mir möglich ist, verwirklichen möchte."

Falten Sie den Zettel zusammen. Schließen Sie die Augen, meditieren
Sie, kehren Sie in die Zeit zurück, bevor Sie hier auf Erden waren. Überreichen Sie das Papierstück dann mit folgenden Worten sich selbst: "So
lautet jetzt meine Absicht. Falls es nicht so ist, lass' es mich schnellstmöglich wissen."

Kehren Sie in die Gegenwart zurück, verbrennen Sie das Papier, und
lassen Sie los.

Dies war die Einleitung. Lesen Sie sie noch ein zweites Mal durch,
und markieren Sie die Dinge, die Sie tiefer in Ihrem Inneren aufnehmen
möchten!

Ganz viel Erfolg auf Ihrem Weg zur Leichtigkeit.

# Teil 1

# Die Reise Ihrer Seele

# 1. Kapitel

# Die Rückkehr nach Hause – der Übergang

Die Kernfragen des Lebens lauten:
"Was geschieht nach dem Tod?"
"Wohin gehen wir?"
"Was tun wir, wenn wir nicht auf Erden sind?"
Diese Fragen sind so alt wie die Menschheit selbst. Bis heute waren die Antworten eher vage und ausweichend als erkenntnisreich.

Ich habe sehr lange nach Büchern zu diesem Thema gesucht. Das Zuverlässigste, das ich finden konnte, war 'Journey of Souls' ('Seelenreisen') von Dr. Michael Newton, das 1994 publiziert wurde. Es ist ein fantastisches Buch und basiert auf einer speziellen Hypnosetechnik, die er entwickelt hat. Über diese Technik stellt er dem Geist Fragen, und nicht der Seele, wie es bei den herkömmlichen Hypnosesitzungen üblich ist. Die meisten Regressionstherapeuten entdecken nämlich nur Informationen über vorherige Leben und gar nichts darüber, was zwischen den Leben passiert.

Über die von mir entwickelte Methode 'Omega Health Coaching' ('Omega Gesundheitscoaching') kann ich ebenfalls diese Art von Fragen stellen und 'Ja/Nein' als Antwort erhalten. Die Erkenntnisse von Newton konnte ich mit der Omega-Methode bestätigen. Ich konnte dem Geist oder DOW ('Divine One Within': 'Das Göttliche in uns' – unser göttlicher Teil) auch neue Informationen entlocken. Bereiten Sie sich also schon einmal mental vor, denn wir werden nun tief in die Seelenhistorie eintauchen. Ich möchte nun ein Konzept aufzeigen, das für Ihr Leben weit reichende Folgen haben wird. Spüren Sie, wie in Ihnen ein Kribbeln aufsteigt, genauso, wie damals, als Sie sich auf die Reise zur Erde vorbereiteten. Sie werden in die Zeit zurückkreisen, in den Zeitraum, bevor Sie hier auf die Erde kamen.

Um dorthin zu gelangen, ist es gut, erst einmal zu dem Moment des Todes oder an den Übergang von der Zeit auf Erden ins so genannte 'Jenseits' zu gehen. Ich selbst hatte einmal eine Nahtod-Erfahrung nach einem Autounfall, als ich mit zwei gebrochenen Halswirbeln im Koma lag. Ich wurde damals unmittelbar in einen Tunnel hineingezogen, und ehe ich mich versah, war ich über dieses interdimensionale Portal auf die andere Seite gelangt und konnte mit meinen Geistführern sprechen. Diese sahen wie ganz normale Menschen aus. Sie erzählten mir, dass ich auf der Erde noch nicht fertig war und nochmals zurückkehren musste, um meine Aufgabe zu erfüllen. Das wollte ich nicht und begehrte dagegen auf. Seit meiner Jugend, als ich sehr unter Asthmaanfällen gelitten hatte, empfand ich eine Art Heimweh. Außerdem hatte ich das Gefühl, nicht auf der Erde zu Hause zu sein. Zu sterben war ein Weg aus diesem Chaos heraus.

Ich bekam von meinen Führern zu hören, dass alle feinfühligen Seelen dieses Heimweh haben und sich auf Erden nicht zu Hause fühlen. Die Erde sei ein zu kalter, zu harter Ort für sie. Doch sie hätten sich dennoch für dieses Leben entschieden und müssten es dann auch durchziehen. Ich entgegnete noch, dass ich keinen besonderen Wert darstellte, und dass es so viele andere gäbe, die meine Aufgabe übernehmen könnten. Doch meine Führer neigten zu einer anderen Meinung und sagten: "Deine Dinge kannst allein du tun. Es gibt niemanden, der deinen speziellen Platz einnehmen kann. Oft muss, wenn es schief geht, eine Alternative bedacht werden, doch das ist niemals dasselbe, es ist dann nur eine Notlösung. In deinem Fall sind es viele Menschen, die in diesem Leben eine Absprache mit dir haben. Wir haben uns sehr darum bemüht, dich vor dem Tod zu bewahren. Du bist ziemlich tollkühn." Daraufhin zeigten sie mir Bilder, die ausdrückten, was sie unter 'tollkühn' verstanden. Ich sah die Szene, als ich beinahe einmal in Marokko ertrunken wäre. Und den Augenblick, als jemand einen Spaß mit mir trieb und ich von einem Treppengeländer glitt, kopfüber drei Etagen nach unten fiel und – Wunder über Wunder – wieder auf meinen Füßen landete. Niemand verstand, wie das möglich war. Dann ließen sie mich noch sehen, wie ich an meinem vierten Geburtstag mit meinem kleinen Fahrrad auf die Schnellstraße fuhr und im letzten Augenblick gerettet wurde, als ein Fremder mich mitsamt meinem Rad direkt vor einem Lastwagen wegzog.

Als ich diese Bilder gesehen hatte, war ich ganz still und begehrte nicht mehr auf. "Was ist meine Aufgabe?", fragte ich neugierig. Sie antworteten: "Das wird dir im Lauf der Zeit von selbst deutlich werden. Wir werden dich hinführen. Du brauchst gar nichts zu tun. Folge einfach deinem Herzen. Und passe besser auf dich auf."

Auch später schwebte ich wieder über meinem Körper und sah mich selbst mit vielen Schläuchen, Infusionen und dem Beatmungsgerät an meinem Körper daliegen. Dann erwachte ich aus meinem kurzen Koma. Diese gehörte zu den Erfahrungen, die einen starken Eindruck bei mir hinterlassen haben.

Eine andere tief greifende Erfahrung war der Tod meiner Großmutter. Es war in meinem ersten Jahrsiebt. Ich lag im Bett und döste, als ich plötzlich hörte, wie jemand meinen Namen sagte. Als ich aufblickte, sah ich die Mutter meiner Mutter neben meinem Bett stehen. Sie sah wunderschön aus und schien zu schweben. Sie war prächtig in Weiß gekleidet und erschien transparent, doch sie war exakt so, wie ich sie kannte. Nur – wir wohnten auf Aruba, und meine Großmutter auf Curacao. Ich wusste, dass sie schwerkrank war, doch ich wusste nicht, wie ernst es um sie stand, und daher beschäftigte ich mich auch nicht damit. Ich war zu Hause, weil ich Bronchitis hatte; sonst war nur noch meine Mutter zu Hause. Meine Großmutter sagte zu mir: "Ich bin gekommen, um Abschied von dir zu nehmen. Ich kehre nach Hause zurück und will dich wissen lassen, dass es mir gut geht, und dass ich immer in deiner Nähe bin. Wenn du mich brauchst, brauchst du mich nur zu rufen." Danach umarmte sie mich und gab mir einen Kuss. Ich begann zu weinen, weil ich tiefen Kummer in mir aufsteigen spürte. Meine Oma war mir sehr lieb, und ich war ihr Lieblingsenkelkind. Sie hatte mich immer verwöhnt und verhätschelt.

Nach diesem Kuss löste sie sich in Nichts auf. Ich sprang hustend und weinend aus dem Bett und lief zu meiner Mutter. Sie saß im Wohnzimmer und weinte ebenfalls. Meine Großmutter war ihr ebenso erschienen und hatte auch von ihr Abschied genommen. Wir klammerten uns aneinander, in Tränen aufgelöst. In diesem Augenblick klingelte das Telefon. Es war eine der Schwestern meiner Mutter. Sie berichtete, dass meine Großmutter gestorben war.

Ich wurde also bereits in ganz jungen Jahren mit der Erfahrung konfrontiert, dass es neben der materiellen, wahrnehmbaren Welt eine zweite, unsichtbare Welt gibt. Ich konnte sogar Verstorbene sehen. Ich sah sie überall umherlaufen, oft voll und ganz in der Vorstellung, dass sie noch lebten. Sie waren auch in der Schule, und dort konnte ich auch meine Geistführer wahrnehmen. Diese Fähigkeit ist später, während meiner Pubertät, völlig verschwunden. Ich verlor diesen Kontakt zur geistigen Welt. Ich habe mich aber noch niemals wirklich vor dem Tod gefürchtet, weil ich weiß, dass es den Tod nicht gibt. Er ist nur ein Übergang in eine bessere Welt.

## Der Tod ist eine Neugeburt

Wollen wir noch einmal darauf zurückkommen, was geschieht, wenn wir sterben. Dies scheint mir eine interessante, wichtige Erfahrung zu sein.

In dem Augenblick, in dem wir sterben, verlassen wir unseren Körper. Wir befinden uns dann plötzlich außerhalb und oberhalb unseres Körpers. Wir können klar denken, obgleich bei einer jungen Seele oder einem jungen Menschen Verwirrung eintreten kann, weil diese sich dann verloren fühlt und nicht weiß, was sie tun soll. Wie wir nun wissen, gibt es auch Seelen, die mehr Erfahrung haben. Wir werden diese Seelen 'alte Seelen' nennen und weniger erfahrene Seelen als 'junge Seelen' bezeichnen.

Die alten Seelen kennen die Routine bereits. Sie kennen den Weg. Die meisten von ihnen verlassen das Erdfeld unmittelbar, schießen in den

Tunnel hinein – das Durchgangstor in die geistige Welt – und kennen auch in dieser Welt den Weg. Sie brauchen keine Freunde oder Bekannte, die sie empfangen. Sie tun genau das, was sie bereits so oft getan haben und gehen ihren eigenen Weg. Ich komme noch auf die Prozedur zurück, die wir durchlaufen werden, wenn wir wieder in die geistige Welt zurückgekehrt sind. Es gibt natürlich verschiedene Gründe, weshalb ein Geist an dem Ort, wo sich sein Körper befindet, hängen bleibt. Manchmal ist er zu stark mit dem Leben auf Erden verbunden und will es nicht loslassen. Manchmal will er auch Kontakt zu den Hinterbliebenen aufnehmen und sie wissen lassen, dass es ihm gut geht, oder er will sie trösten. In nicht wenigen Fällen, so wie auch bei mir und meiner Mutter, ist das einfach, weil es sich um Personen handelt, die die astralen Seelenkörper wie 'Hellsichtige' wahrnehmen können. Meist ist das jedoch nicht so. Dann muss je nach Fertigkeit des Geistes der Kontakt auf andere Weise hergestellt werden. Ich möchte einige dieser Methoden Revue passieren lassen.

Die größte Blockade, die bei der Kontaktaufnahme auftritt, besteht aus den Emotionen, nämlich dem Kummer der Hinterbliebenen. Diese befinden sich in einer Art Schockzustand oder sind regelrecht betäubt und somit nicht offen. Die meisten Geister werden alles daransetzen, um die Hinterbliebenen zu trösten, und das kann manchmal Tage bis Wochen dauern. Dazu zählt unter anderem, dass sie in Träumen erscheinen, dass spezielle Musik im Radio gespielt wird, die an gemeinsame Momente erinnert, dass Gerüche verbreitet werden, wie etwa der Duft ihres Lieblingsparfums, dass sich Gegenstände bewegen, das heißt, zum Beispiel ein Bilderrahmen umfällt, Fenster oder Türen aufgehen, dass sie die Hinterbliebenen berühren oder ihnen etwas zuflüstern, sie ihre Energie spüren lassen, die sich beispielsweise entspannend anfühlt. Die alten Seelen benutzen Techniken, womit sie im Gehirn bestimmte Zonen aktivieren können, die sich auf die Sinneswahrnehmung auswirken: den Hörsinn, den Tastsinn (das Fühlen), den Geschmack und den Sehsinn. Mit diesen Techniken können sie Energie konzentriert bündeln – vergleichbar mit einem Laserstrahl.

Ein Geist will erreichen, dass derjenige, der zurückbleibt, Signale empfängt, die ihm vermitteln, dass der andere noch am Leben ist. Es kann auch sein, dass er Tiere oder Kinder benutzt, um Botschaften zu überbringen, weil diese empfänglicher sind. Die Fähigkeit, Botschaften und Energie zu senden, ist eine Fertigkeit, die der Geist mit der Zeit erlernt. Diese Fertigkeit ist nicht bei allen Geistern gleich. Auch die Empfänglichkeit der Lebenden ist eine Fertigkeit, die mit der Zeit erlernt wird. Sie ist ebenso wenig für jeden gleich. Früher oder später ziehen die meisten Geister weiter und müssen sich äußern, ob sie nach Hause zurückkehren wollen.

Wenn wir im Augenblick des Todes aus dem Körper treten, lassen wir viel von unserer negativen Energie zurück. Unsere Seele nimmt natürlich einen Großteil der relevanten, nicht gelösten Konflikte mit sich, außer dies ist nicht nötig, weil es sich um eine Wiederholung früherer, nicht gelöster Konflikte handelt. Wenn der Geist in der geistigen Welt ankommt, hat er alle Emotionen und Gefühle aus der Seele losgelassen. Hass, Wut, Scham, Reue, Eifersucht, Enttäuschung, Frustration usw. sind längst aufgelöst. Diese sind irdische Emotionen, die bezwecken, uns zu unserer wahren Essenz zurückzuführen. Denn diese Emotionen zeigen uns, wer wir nicht sind, und leiten uns weg vom Frieden und der Liebe in unserer Essenz. Daher ist die Erde für uns ein perfekter Ort, um Lektionen zu lernen und uns auf Gebieten testen zu lassen, von welchen wir dachten, dass wir diese bereits gut beherrschen. Was der Geist jedoch sehr wohl fühlen kann, ist eine Art Nostalgie angesichts dessen, was er zurückließ oder angesichts der guten Zeiten, die er erleben durfte.

Die Seele ist unsterblich und nicht mehr mit dem Temperament und den Charaktereigenschaften des Körpers verbunden. Sie findet schnell wieder zur Ruhe und akzeptiert, wo sie sich nun befindet. Sie nimmt wieder völlig ihren eigenen, einzigartigen Charakter an und bleibt nicht in der Vergangenheit hängen. Was geschehen ist, ist geschehen. Worüber sie Kummer oder Reue empfinden kann, sind die tragischen Entscheidungen, die sie getroffen hat, und das kann sie eine ganze Weile lang mit sich herumtragen. Manchmal muss sie regelrecht gecoacht werden, um diesen Kummer oder dieses Bedauern loszulassen und sich weiter darin zu vertiefen, wie sie das nächste Mal anders handeln kann. Denn der einzige Grund, weshalb wir auf die Erde kommen, besteht in der Entwicklung der Seele – dem Bestreben, immer weiter zu wachsen, bis wir wieder eins werden mit dem Quell der Schöpfung. Dies ist der eingebaute Kompass für die Seele in Richtung Perfektion und die Motivation, immer wieder aufs Neue Herausforderungen zu suchen, die sie sich weiter entwickeln lassen.

Die Seele ist nicht mehr bekümmert wegen derjenigen, die zurückbleiben. Sie weiß, dass jeder seinen eigenen Weg gehen muss. Sie weiß auch, dass sie jeden, der für sie wichtig ist, im Jenseits wieder begrüßen darf. Die Seele lässt den Hinterbliebenen die Freiheit, ihr Leben zu führen, wie es am besten für sie ist. Sie freut sich, wenn die Hinterbliebenen mit ihren Entscheidungen glücklich sind. Die Seele wünscht ihnen das Beste und fühlt sich nicht an die Personen gebunden, mit welchen sie eine Beziehung gehabt hat. Alles ist nun viel deutlicher, alles wird ohne Bedauern oder Eifersucht losgelassen. Viele Hinterbliebenen wagen es nicht, eine neue Beziehung einzugehen, aus Angst, denjenigen, der gegangen ist, zu verletzen. Das ist sehr schade und entbehrt jeglicher Grundlage. Die Seelen sind dort besser als im irdischen Leben in der Lage, jemanden bedingungslos zu lieben und so zu akzeptieren, wie er ist.

Wenn eine Seele wieder in die geistige Welt kommt, ist viel von ihrem irdischen 'Leiden' wieder weg. Doch die Seele kann durchaus geschwächt sein und der Regeneration bedürfen. Die Seele wird dann auf verschiedene Art und Weise wieder mit Energie aufgeladen, sodass sie sich von den Traumata des Lebens wieder erholen kann.

Die Seele ist einzigartig und reine Schwingung intelligenter Energie. Diese reine Energie verhält sich völlig anders als Materie. Es handelt sich dabei um einen einzigartigen Intellekt, der für sich selbst denken und Entscheidungen treffen kann.

Bei unserem Übergang werden wir unter anderem von unseren Geistführern und von Mitgliedern unserer spirituellen Familie erwartet. Die Aufgabe unserer Geistführer besteht darin, dafür zu sorgen, dass wir von den irdischen Energien völlig befreit, unversehrt und energetisch nicht geschwächt sind. Die Geistführer setzen verschiedene Techniken ein, um die Seelen wieder aufzuladen und zu regenerieren:

• **Kokon**
Wir sprechen von einem Kokon, wenn wir in eine Art Energiehülle eingepackt werden. Unser Geistführer ist dann in dieser Energiewolke meist bei uns. Es ist ein herrliches Gefühl von Verjüngung, vergleichbar mit einer Art Rausch. Das erinnert an das Gefühl, das man als Baby hatte, wenn man sich in einem schönen Schaumbad so richtig wohl fühlte.

• **Heilende Strahlen**
Unsere Geistführer können uns auch mit starker Energie bestrahlen, um unseren Astralkörper an besonderen Stellen zu heilen oder zu stärken. Manchmal fühlt sich das an wie eine Art Energiemassage. Dies geschieht während unserer Reise in die geistige Welt, als Vorbereitung auf das, was uns bevorsteht. Sind die Seelen in ihrer Entwicklung weiter fortgeschritten und aus dem Kampf unversehrt hervorgegangen, dann finden sie ihren eigenen Weg.

• **Tiefe Heilung**
Ist die Seele sehr geschwächt oder traumatisiert, dann braucht sie mehr. Jemand, der beispielsweise auf traumatische Art und Weise gestorben ist, wird speziell behandelt, um den körperlichen und emotionalen Schock aus dem Astralkörper zu beseitigen.

• **Regeneration**
Die meisten Seelen erhalten die Chance, sich von ihrem intensiven irdischen Leben gleich zu erholen. Sie werden von besonderen Geistern, von Heilern, empfangen, die sie mitnehmen und sie wieder ganz herstellen, damit sie weiterreisen können. Dies ist vor allem bei Menschen wichtig, die an einer langwierigen, chronischen Krankheit gestorben sind. Die erfahreneren Seelen erholen sich auch schneller wieder und wollen oft weiter, um mit ihrem 'Leben' weiterzumachen. Die Umgebung ist eine Kreation, die den Seelen ein schönes Gefühl vermittelt und die Erholung fördert.

• Regeneration für ernsthaft geschädigte Seelen

Um manche Seelen steht es sehr ernst. Sie brauchen eine speziellere Behandlung, um ihr letztes Leben richtig zu verarbeiten. Sie sind manchmal durch den Körper, in dem sie verweilten, so stark negativ beeinflusst, dass sie diese Art von Energie nicht loswerden können. Manchmal waren sie ganz aggressiv oder (selbst-) zerstörerisch. Diese Seelen werden dann in gesonderten, isolierten Räumen gehalten und oft über längere Zeit hinweg behandelt.

Über die Omega-Methode erkennen wir immer deutlicher, dass die Seele einen Körper hat, der sie stark beeinflussen kann und manchmal sogar beherrscht. Ein Körper kann beispielsweise von aggressiven Gefühlen zerfressen werden, die die Seele nicht in den Griff bekommen kann. Dies gilt auch für einen starken Selbstzerstörungstrieb, Überaktivität, schwere Depressionen oder unüberwindbare Ängste. Kampf- oder Fluchtreaktionen im Körper sind eingebaute Überlebensmechanismen, die nichts mit der Seele zu tun haben, die Seele jedoch beherrschen können.

Vor kurzem wurde ein Teilnehmer in einem meiner Kurse während einer Atemübung von einer enormen Aggression überfallen. Er veränderte sich innerhalb des Bruchteil einer Sekunde in eine Person, die nicht unter Kontrolle gehalten werden konnte, und heulte wie ein Hund oder Wolf. Ein anderer Teilnehmer, der ihn beruhigen wollte, wurde an der Kehle gepackt und mit einer Hand in die Luft gehoben. Der Trainer, der den Kurs hielt, erntete einige Ohrfeigen und musste sich zurückziehen. Ein anderer Teilnehmer im Raum war Weltmeister im 'Free fight' (eine Kampfsportart, bei der es zwar einige Regeln gibt, jedoch fast alles erlaubt ist). Der Freefighter sprang auf den aggressiven Teilnehmer, der zwar vom Gewicht her leichter, jedoch in diesem Augenblick stärker war. Der Freefighter musste wirklich alle seine Techniken einsetzen, um die Überhand zu erringen. Gemeinsam mit einem Helfer bekam er den aggressiven Teilnehmer unter Kontrolle, und sie zwangen ihn mit einem 'Polizeigriff' auf den Boden. Inzwischen hatte man mich herbeigerufen. Ich forderte sie auf, ihn sofort loszulassen. Ich redete ruhig auf ihn ein, und es gelang mir gleich darauf, mit dem anderen Teil von ihm, den ich kannte, Kontakt aufzunehmen. Ich ließ ihn wissen, dass ich hier war, um ihm zu helfen. Er beruhigte sich, und wenige Minuten später wurde er auf sein Zimmer gebracht, um sich zu erholen. Später arbeitete ich mit der Omega-Methode an ihm. Es ergab sich, dass er als dreijähriger Junge missbraucht worden war, und zwar körperlich, geistig, emotional und sexuell. Um zu überleben, hatte er sich körperlich mit einem Wolf identifiziert. Dies stellte eine Personifizierung seiner Aggression und seiner Wut gegenüber seinen Eltern dar.

Ich weiß, dass wir mit Hilfe der obigen Methode seine Seele hier auf Erden vom erlittenen Schaden ganz heilen und seinen Körper Schritt für Schritt von diesen Emotionen, die die Seele beschmutzen, wieder befreien können. Mit Hilfe des kinesiologischen Tests ergab sich, dass er hier auf Erden war, um missbrauchte Kinder und traumatisierte Erwachsene zu coachen und zu heilen. Er würde dabei eine bedeutende Rolle spielen, daher musste er sich diesem Wandel selbst unterziehen. Es war beabsichtigt, dass er mir begegnen sollte, damit ich im weiterhelfen könne. Unsere Begegnung war von einigen besonderen Merkmalen gekennzeichnet. Er ist am gleichen Tag geboren wie ich, wenn auch 29 Jahre später. Sein zweiter Name ist der gleiche wie meiner – Michael – und er hat in Kalifornien jahrelang bei einem Ex-Schüler von mir Kampfkunst gelernt. Er hatte diesen Workshop bei mir von einem Bekannten geschenkt bekommen. Wie sehr er auch vorhatte zu warten, so konnte er es doch nicht ausschlagen. Es gab noch viele andere 'Zufälle', doch es würde zu weit führen, sie alle in diesem Buch aufzuführen.

Die Seele kann im Körper ernsthaften Schaden nehmen, besonders, wenn es sich um eine junge, unerfahrene Seele handelt. Unsere Gedanken, Gefühle, Gewohnheiten und Launen werden biochemisch im Körper als Reaktionen auf *Trigger* ('Trigger' sind Dinge, die uns berühren, und auf die wir dann reagieren) in der Umgebung verwandelt. Die Seele kann diese biologischen und emotionalen Reaktionen normalerweise gut verarbeiten, doch nicht immer. Manchmal ist der Körper zu stark und lässt sich nicht kontrollieren. Wenn die Seele den Körper nicht mehr kontrollieren kann, entsteht eine Dissoziation und eine gespaltene Persönlichkeit, wie ich es im vorangegangenen Beispiel beschrieben habe.

Beim Regenerationsprozess von ernsthaft geschädigten Seelen wird ein Teil der Erinnerungen gelöscht. So kann es vorkommen, dass Seelen durch ihre Erfahrungen so stark eingeschüchtert wurden, dass sie nicht mehr inkarnieren wollen. Diese Seelen würden sonst ganz in ihrer Vergangenheit stecken bleiben und nicht mehr in der Lage sein, heraus zu kommen. Manche Seelen werden blockiert, damit sie zurückkehren, außer sie müssen spezielle Rollen einnehmen, die vielen karmischen Prozessen ein Ende setzen. Dies sind die Diktatoren und Verbrecher, die die Welt gewaltsam beherrschen. Scheinbar ist das nötig, weil viele Menschen hierdurch ihre Lektion lernen können. Manchmal sind es auch Lektionen für die Menschheit als Kollektiv. Inwieweit gestehen wir zu, dass etwas Schlimmes passiert? Wir leben nun in einer Zeit, in der wir schneller eine höhere Ebene erreichen müssen, wenn wir dem Terrorismus Einhalt gebieten und der nachfolgenden Generation neue Chancen bieten wollen.

• Auswertung

Wir sollten die Seele als Aufzeichnungsgerät unserer emotionalen Realität betrachten – der Art und Weise, wie wir mit Ereignissen in unserem Leben umgehen. Eine schöne Metapher besteht darin, die Seele als eine Art Videokamera zu betrachten, die unsere Realität filmt. In dem Augenblick, in dem wir sterben und die Erde verlassen, unterbricht die Kamera die Aufnahme und nimmt den Geist der Kamera mit allen Videobändern mit zu sich nach Hause. Die Reise in die dritte Dimension ist damit beendet. Daher ruft die Regressionshypnose, die mit der Seele und nicht mit dem Geist kommuniziert, nur Erinnerungen an frühere Leben wach, jedoch nie an die Zeiträume zwischen den Leben, oder an unsere Zeit zu Hause in der geistigen Welt.

Bei unserer Rückkehr in die geistige Welt und während unserer gesamten Reise dorthin bewerten wir zusammen mit unseren Geistführern, wie unser Leben verlaufen ist – was ist uns gelungen, auf welche Hindernisse sind wir gestoßen, welche Eigenschaften haben wir nicht vollständig entwickelt, um unsere Absicht (oder unseren Lebensplan) zu erfüllen? Unsere Geistführer urteilen nicht. Doch sie können uns gehörig die Meinung sagen und darüber enttäuscht sein, dass wir ihre Zeichen und

Signale so ignoriert haben. Geistführer sind Wegbegleiter, die schon ein Stück weiter sind als wir. Ihre Aufgabe ist es, uns so gut wie möglich in die Richtung zu steuern, die wir bereits vorher festgelegt haben. Jeder von ihnen hat einen einzigartigen Charakter. Sie können streng, spaßig, ernst, flexibel oder steif sein, genauso wie wir. Sie bereiten uns auf die Auswertung vor, die durch den Hohen Rat oder die Gruppe der Weisen stattfinden wird.

Diese sehen wir, kurz nachdem wir in unsere geistigen Familien nach Hause zurückgekehrt sind. Dieser Rat der Weisen besteht aus so genannten Aufgestiegenen Meistern (erleuchtete Meister, die in ihrer Entwicklung ein paar Stufen weiter sind als die Geistführer). Dies sind Kontakte mit Wesen, die viel weiterentwickelt sind als wir selbst. Sie werden 'die Ältesten', 'die Weisen', 'die Heiligen oder Erleuchteten Meister' bzw. 'Rat der Meister' genannt.

Dieser 'Rat der Meister' bewertet mit uns gemeinsam, wie das Leben verlaufen ist. Bevor wir wieder inkarnieren, werden wir ihnen nochmals begegnen, um Ratschläge und einen 'Schubs' zu bekommen.

Nach unserer Rückkehr in die geistige Welt bespricht der 'Rat der Meister' mit uns die wichtigsten karmischen Entscheidungen, die wir in diesem Leben getroffen hatten, sowie, welche die Ursachen sind, weshalb wir manchmal einen anderen Weg eingeschlagen haben, als den, der abgesprochen war. Es sind zum Beispiel wichtige Aspekte, ob wir anderen Schaden oder absichtlich Schmerz zugefügt haben. Unsere Geistführer begleiten uns nach dieser Begegnung und sind oft als stille Zeugen anwesend. Häufig haben sie unsere Begegnung schon vorbereitet und alle Dinge mit dem Rat der Meister durchgesprochen. Sie sind da, um uns während oder nach der Begegnung bestimmte Dinge deutlich zu machen. Die Geistführer hatten dann ganz verschiedene vorbereitende Sitzungen mit der Seele gehabt, sodass diese sich viel besser im Klaren darüber ist, was in ihrem Leben nicht nach Plan verlaufen ist. Im Gegensatz zu dem, was die meisten Religionen und Naturvölker predigen, wird niemand bestraft, es gibt kein Fegefeuer, keine Hölle und keinen Tag des Jüngsten Gerichts.

> Es gibt kein Fegefeuer,
> keine Hölle, keine Strafe,
> keinen Tag des Jüngsten Gerichts.
> Es gibt nur Liebe,
> Mitgefühl und Heilung.

Ziel der Begegnung mit dem 'Rat der Meister' ist es, der Seele zu helfen und ihre Schwächen zu analysieren, sodass sie sich besser auf die nächste Runde der Entwicklung vorbereiten kann. Die Erleuchteten Meister erinnern an liebevolle, jedoch strenge Eltern, die das Beste für ihr Kind beabsichtigen. Gleichzeitig sind sie Coaches, Trainer, die Motivation und Inspiration bieten, und auch Psychologen, die uns mit Ratschlägen und Tipps zur Seite stehen. Wir empfinden gegenüber diesen Wesen, die uns gegenüber so viel Liebe, Weisheit und Mitgefühl ausstrahlen, Ehrfurcht und tiefen Respekt. Unsere spirituelle Familie ist um ein Vielfaches kritischer. Unsere Familienmitglieder können uns ganz lange und unangenehm an unsere Verfehlungen erinnern – oft auf lustige Weise, sodass wir lernen, die Dinge auch wieder zu relativieren. Häufig haben sie auch in unserem Leben auf Erden eine Rolle gespielt. Das Interessante an der Omega-Methode ist, dass wir testen können, ob jemand überhaupt zu unserer spirituellen Gruppe gehört oder nicht.

Ich werde ein Beispiel hierfür anführen. Ich habe zwei Söhne. Ich liebe sie beide innig, doch zu dem Jüngeren habe ich eine besondere Verbindung, die ich früher nicht erklären konnte. Nun weiß ich, dass er zu meiner spirituellen Familie gehört. Wenn er krank ist (beispielsweise, wenn er Bronchitis hat), fühlt er sich sofort besser, wenn ich nach Hause komme. Wenn ich auf Reisen bin, bleibt er viel länger krank. Wenn er wütend ist, kann ich ihn recht schnell aus seiner Wut herausholen, während seine Mutter damit viel mehr Schwierigkeiten hat. Mein jüngster Sohn und ich haben viel miteinander gemeinsam und können uns ineinander einfühlen. Wenn er krank ist, dann spüre ich das ganz oft. Habe ich viel Stress, dann wird er unruhig. Mein älterer Sohn findet es in Ordnung, dass ich zu seinem kleinen Bruder eine andere Bindung habe als zu ihm, auch mit aus dem Grunde, weil er weiß, dass ich ihn ebenfalls innig liebe.

Mein älterer Sohn ist im Jahr 2004 auf zwei meiner Workshops gewesen, die insgesamt 18 Tage und Abende gedauert hatten. Dadurch hat sich sein Verhalten geändert. Es nun offener, liebevolle und spontaner als früher. Mit der Omega-Methode haben wir ausgetestet, dass mein älterer Sohn zur spirituellen Familie seiner Mutter und mein jüngerer Sohn zu meiner Familie gehört. Mein jüngerer Sohn und ich haben miteinander verschiedene Leben gehabt und im Leben des anderen jeweils verschiedene Rollen gespielt: Vater, Sohn, Bruder, Freund, usw. Mein jüngerer Sohn inkarnierte oft gleichzeitig mit mir oder kurz vorher oder hinterher. Ich habe bis heute nur einige wenige Mitglieder meiner spirituellen Gruppe gefunden, doch ich weiß, dass ich mit der Zeit mehr von ihnen begegnen werde.

Der Grund, weshalb ich dies erzähle, besteht darin, dass unsere spirituelle Familie dazu neigt, uns zu necken. Mein jüngerer Sohn sagt manchmal Dinge, die mich auf mein Verhalten hinweisen. Doch er tut das auf eine solche Weise, dass ich darüber lachen muss. Das ist die Art und Weise, auf die mit der Vergangenheit umgegangen werden sollte – mit Humor.

Wenn wir vor den 'Rat der Meister' kommen, spüren wir augenblicklich ihre Liebe. Die Meister sind telepatisch veranlagt und können uns nicht nur spüren und durchleuchten (wir können nichts vor ihnen verbergen), sondern uns auch mit Sympathie, Liebe und Heilung bestrahlen. Anders als hier auf der Erde sind sie keine Rechtsanwälte (Verteidiger) oder Angestellte der Justiz (Kläger). Alles ist offen gelegt. Es geht nicht darum, jemanden zu bestrafen. Es geht vielmehr darum, jemanden bei der Entfaltung seiner Seele zu unterstützen.

Nun, da Sie dies wissen, können Sie beruhigt sein und Ihren Blick darauf richten, was in Ihrem Leben noch wichtig ist. An welchen Dingen möchten Sie noch arbeiten? Welche Eigenschaften möchten Sie in diesem Leben, mit diesem Verhalten, verwirklichen? Welche Konflikte vermeiden Sie? Welche Dinge haben Sie nicht abgesprochen? Was lassen Sie liegen, und wovor laufen Sie weg? Bei welchen Themen haben Sie sich noch nicht weiterentwickelt? Eigenschaften wie Geduld, Mitgefühl, Mut, Nächstenliebe, Leidenschaft, Durchsetzungsvermögen und Selbstbestimmung?

Dies sind grundlegende Dinge, auf die man achten sollte. Nehmen Sie sich für einen Augenblick die Zeit, und schreiben Sie diese auf. Sie haben nun die Gelegenheit, die Prioritäten in Ihrem Leben zu verändern. Die Tatsache, dass Sie dieses Buch lesen, bedeutet, dass Sie sich bereits ernsthaft mit der Entwicklung Ihrer Seele beschäftigen. Wie ernst ist es Ihnen damit? Wenn Sie wirklich vorwärts kommen möchten, ist es nun an der Zeit, Ihr Leben zu bewerten. Lassen Sie diese Gelegenheit nicht verstreichen. Halten Sie eben einmal inne, nehmen Sie sich einen Stift und ein Blatt Papier und beantworten Sie die Fragen, die ich Ihnen gerade gestellt habe.

Achten Sie außerdem auch auf die 'Trigger' in Ihrem Leben, auf die Situationen oder Momente, die Sie aus der Kraft holen. Was berührt Sie? Wodurch werden Sie wütend, frustriert, sorgenvoll, ängstlich, unsicher, kummervoll, emotional, eifersüchtig, gereizt? Mit welchen Personen gibt es ungeklärte Dinge? Wem müssen Sie vergeben?

Wir kommen hierauf noch zurück, doch schreiben Sie diese Dinge einstweilen schon einmal so ausführlich wie möglich auf, einschließlich der Trigger, die Sie an sich selbst beobachten. Je mehr Erkenntnisse Sie gesammelt haben, und je mehr sich Ihre Seele weiterentwickelt, desto weniger Dinge werden auf Sie Einfluss haben.

Zurück zu unserem Bewertungsgespräch mit dem Rat der Meister. Wie ich bereits sagte, können wir nichts verbergen, und wir wollen auch nichts verbergen. Jede Seele will wachsen. Wenn wir hier auf Erden sind, können wir diese Leidenschaft zeitweise loslassen, doch tief in uns nagt sie an uns. Wir wollen nicht innehalten, sondern uns stetig weiterentwickeln. Was uns durch diese Sitzungen, die wir immer nach dem Tod erleben, deutlich wird, ist die Tatsache, dass spirituelles Wachstum, die Entwicklung der Seele, in Sprüngen vor sich geht. Es handelt sich hierbei nicht um einen allmählichen Prozess, wie viele Menschen glauben. Im Gegenteil – wir können manchmal ganz lange bei einem oder mehreren Aspekten unseres Lebens stecken bleiben, sodass wir schwierig vorankommen. Manche Themen erfordern viele Inkarnationen, bevor wir sie meistern.

Ich werde ein Thema als Beispiel anführen, das für mich ein Kernthema ist – die Geduld. Ich bin in einem hyperaktiven Körper geboren, und wenn ich gegen irgendetwas allergisch bin, dann ist es Trägheit. Auf der Grund- und Oberschule konnte ich mich nicht auf den Unterricht konzentrieren, und ich fand, dass das alles viel zu langsam voranging. Meine Aufmerksamkeit verweilte auf Hirngespinsten, die mich mehr interessierten, oder ich fertigte kleine Zeichnungen an. Die Diagnose, die seinerzeit gestellt wurde, lautete: leichter Hirnschaden, 'Minimal Brain Damage' (MBD) infolge Sauerstoffmangels bei der Geburt. Heutzutage würde man dies als 'ADHS' ('Attention Deficit Hyperactivity Disorder', zu Deutsch 'Aufmerksamkeitsdefizitsyndrom') bezeichnen, und man würde mich mit Ritalin vollpumpen, um die Symptome abzuschwächen. Meine Frustration über die Trägheit der Welt, die ich in mich hineinfraß, äußerte sich in Anfällen von Aggression. Ich habe so manchen Klassenkameraden, der irgendwelche Bemerkungen über mich machte, zusammengeschlagen. Das tat ich immer nach der Schule, sodass ich nicht von der Schule verwiesen werden konnte. Das war mein erster Schritt auf dem Weg, um Geduld zu üben – meine Chance abzupassen. Ich fand die Lehrer und meine Mitschüler jedoch dumm und träge. Zu jedermanns Verblüffung waren meine Noten gut, und ich war immer Klassenbester, denn ich war auch auf Wettkampf orientiert und wollte immer gewinnen. Auf meinen Namen gibt es viele Meistertitel – eine ganze Palette, vom Schwimmen über Tennis und Tischtennis bis hin zu Leichtathletik. Wenn ich eine Sportart nicht beherrschte, dann machte ich mich fanatisch ans Üben, bis ich sie ebenfalls gut beherrschte. Auf diese Weise lernte ich Disziplin und Durchsetzungsvermögen. Ab meinem sechsten Lebensjahr ging ich ins Judo, ab dem 18. Lebensjahr zum Karate-Training. Ich habe etwa dreißig Jahre lang östliche Selbstverteidigungssportarten ausgeübt. Was habe ich dadurch gelernt? Geduld, Disziplin und Meditation, also lauter Dinge, womit ich im Leben weiterkam.

In den Schulferien las ich drei Bücher am Tag, sechs Tage in der Woche, die gesamten Ferien hindurch. So kam ich Schritt für Schritt weiter. Als Abschlussexamensprüfung habe ich zwei Söhne präsentiert bekommen, die gekommen sind, um mir im Fach 'Geduld' das Examen abzunehmen.

Sie haben hierfür spezielle Fertigkeiten entwickelt, beispielsweise eine Art Abweichung, die ich 'instant amnesia' (augenblicklicher Gedächtnisverlust) nenne. Ich werde dafür ein Beispiel anführen. Ich sage zu ihnen, dass sie ihr Zimmer aufräumen sollen. Binnen weniger Minuten haben sie den Auftrag vergessen, werden durch etwas anderes abgelenkt, sind damit beschäftigt, auf Leben und Tod miteinander zu kämpfen, spielen Computerspiele oder tun etwas anderes ganz Wichtiges. Bestrafen oder drohen hilft nichts, wohl aber Geduld und Liebe. Mein jüngster Sohn hat auch ADHS, wenn auch in etwas geringerem Maße als ich, weil ich ihn von Geburt an behandelt habe. Außerdem ist er sehr empfindlich gegenüber bestimmten Farbstoffen und Zucker. Auch das hat mich viel gelehrt. Er hält mir einen Spiegel vor und lehrt mich noch mehr über Geduld und Liebe.

Den Themen, die Sie lernen müssen, können Sie nicht entrinnen. Sie sind in Ihrem Leben präsent. Wie Sie damit umgehen, bestimmt, ob es für Sie Trigger werden oder nur 'Wachstumshormone'. Daher ist es so wichtig, bei den Dingen innezuhalten, die uns berühren (triggern), verletzen, Schmerzen verursachen, ärgern oder frustrieren. Es hat mit unseren Lebensthemen zu tun, und wir müssen lernen, diese zu meistern.

Unser Körper ist eine von uns getrennt existierende Wesenheit. Mein Körper ist sehr empfindlich auf bestimmte Nährstoffe – er reagiert dann sehr heftig. Ich vertrage viele Sachen nicht. Wenn ich mich nicht daran halte, leide ich unter Hypoglykämie (Blutunterzucker), Müdigkeit, Reizbarkeit, Verschleimung usw. Unser Körper kann unsere Seelenentwicklung durch biochemische Reaktionen und andere Programmierungen blockieren. Ich werde hierauf noch zurückkommen.

Der Rat der Meister ist sich dessen bewusst und geht all diese Dinge mit uns durch. Der Rat fragt uns, wie wir uns in Anbetracht dessen, wie es gelaufen ist, fühlen, was wir ganz anders machen würden, und welche die großen Herausforderungen für uns waren. Auf dieser Basis werden sie uns beraten, welcher Körpertypus in Zukunft für uns besser

ist. Jeder Körpertypus hat seine Vor- und Nachteile. Wofür wir uns entscheiden, kann einen starken Einfluss auf unsere Lebenserfahrungen haben.

Ich vergleiche dies einmal mit dem Ritt auf einem Pferd. Der Körper
ist das Pferd, das wir reiten sollen. Ich selbst habe mich für ein wildes, un-
berittenes Pferd mit Aggressionen entschieden, die sich seit Generationen
angestaut haben. Außerdem ist mein Pferd sehr sensibel hinsichtlich allem, was es isst, sowie gegenüber Toxinen. Es erfordert enorm viel Geduld,
Disziplin und Durchsetzungsvermögen, auf meinem Pferd reiten zu lernen. Ich glaube, dass ich mich für das Medizinstudium und später für die
alternative Heilkunde entschieden habe, um zu lernen, mein Pferd besser
zu beherrschen. Noch ist es mir nicht ganz gelungen, noch immer bin ich
am Lernen. Früher konnte ich ganz eifersüchtig auf Menschen werden, die
ein zahmes Pferdchen hatten, die ihm alles zu essen, zu trinken und zu
rauchen geben konnten, und hinterher unter keinerlei Folgeerscheinungen
leiden mussten, oder die sich selbst vollfraßen, ohne dick zu werden. Mittlerweile habe ich deutlich begriffen, dass mein Pferd mein Weg ist, dass
meine Seele sich entwickelt, und dass ich stärker werde, indem ich die Herausforderungen annehme. Ich möchte mein Pferd nicht mehr tauschen,
auch wenn ich mir oft gedacht habe, ich hätte ein anderes ausgesucht,
wenn ich das alles vorher gewusst hätte. Es ist ein schweres Stück Arbeit
für mich, mein Pferd richtig zu beherrschen. Es erfordert enorme Anstrengung, und ich war nicht immer bereit, diese zu erbringen. Nun weiß ich
es besser und gebe mein Bestes, um das Beste daraus zu machen.

Der Rat der Meister tastet ab, wie wir uns angesichts der folgenden
Inkarnation fühlen. Er wird uns Ratschläge geben, wenn unser Lebensplan komplett ist. Der Rat analysiert bis ins Detail, wie die Beziehung
zwischen unserer Seele und dem Zentralnervensystem des Pferdes (unseres
Körpers) gewesen ist. Auf dieser Grundlage kann der Rat uns Ratschläge
geben, wie wir uns am besten auf die folgende Inkarnation vorbereiten
können.

Es gibt keine wirklichen Ausflüchte. Wir bereiten uns auf jede Inkarnation gründlich vor und sind trainiert, auf dem Pferd zu reiten, das wir
auswählen. Wir wissen von vornherein ungefähr, was wir zu erwarten ha-

ben. Es nützt also nichts, die Schuld allein auf das Pferd zu schieben. Wir übernehmen die Verantwortung selbst. Das Wichtigste, worum es im Leben geht, ist, unsere Seelenkraft in schwierigen Zeiten zu manifestieren. Damit müssen wir die materielle Illusion überwinden. Wenn der Körper stärker ist als unsere Seelenkraft, können wir Schaden nehmen (durch Negativität verunreinigt werden) oder unsere Integrität verlieren (die Normen, Ideale und Werte unserer Seele). Dadurch können wir unseren unsterblichen Charakter zum Teil verlieren. Ziel ist es immer, eine Partnerschaft mit dem Körper einzugehen, zu einer Einheit zu verschmelzen, sodass die Seele sich in einer harmonischen Persönlichkeit manifestieren kann. Um nochmals die Metapher des Reitens zu verwenden: Reiter und Pferd werden zu einer Einheit, zu einem harmonischen Ganzen, das denkt und handelt wie eine einzige Person.

Wichtige Kernfragen lauten:
- Wie gingen wir mit Macht um?
- Haben wir andere Menschen missbraucht?
- Standen wir für uns selbst ein oder ließen wir uns beherrschen?
- Wie gingen wir mit Fülle um?
- Hingen wir am Geld und an der Materie, und verschlossen wir unsere Augen und unser Herz vor dem Leiden anderer?
- Konnten wir bedingungslos geben, oder missbrauchten wir unsere gute Position?
- Wurden wir durch Geld und Macht korrupt, oder hatten wir durch Mitgefühl und Teilen der Fülle positiven Einfluss?
- Wie gingen wir mit den Herausforderungen des Lebens um?
- Ließen wir uns vom Platz vertreiben und fühlten wir uns als Opfer, oder standen wir wieder auf und ließen uns nicht von unseren Vorsätzen abbringen?
- Wurden wir durch unsere Erfahrungen stärker oder schwächer?
- Blieben wir in der Vergangenheit stecken?
- Wie standen wir in unseren Beziehungen da?

- Wagten wir es, verletzbar zu sein?
- Haben wir gelernt, andere zu akzeptieren, wie sie sind, anstatt zu versuchen, sie zu verändern?
- Haben wir gelernt, unsere Liebesfähigkeit zu erhöhen, oder schotteten wir uns durch unsere Erfahrungen vielmehr ab?

Der Rat sammelt alle für uns schwierigen Momente, um uns erkennen zu lassen, welche Themen wir anpacken sollten, und wie wir uns am besten darauf vorbereiten können. Dabei geht es gewiss nicht darum, wie oft es schon schief gegangen ist, es geht darum, ob wir aus dem Kampf gestärkt hervorgegangen sind.

Je nachdem, wie wir uns weiterentwickeln, verändert sich auch die Zusammensetzung des Rats der Meister. Jüngere Seelen werden ganz anders und weniger streng behandelt als Fortgeschrittenere. Die Anzahl der Meister im Rat kann von nur zwei Mitgliedern für jüngere Seele über drei, sieben oder 12 für ältere Seelen variieren. Meist erscheinen wir während einer bestimmten Entwicklungsphase immer vor demselben Rat der Meister. Manchmal kommen Spezialisten dazu, die uns Ratschläge geben, wodurch wir ein festgefahrenes Muster ablegen können.

Betrachten wir einmal Diagramm 2. Die meisten Menschen denken, dass die Seele sich gemäß Form A entwickelt. Das ist aber nicht der Fall.

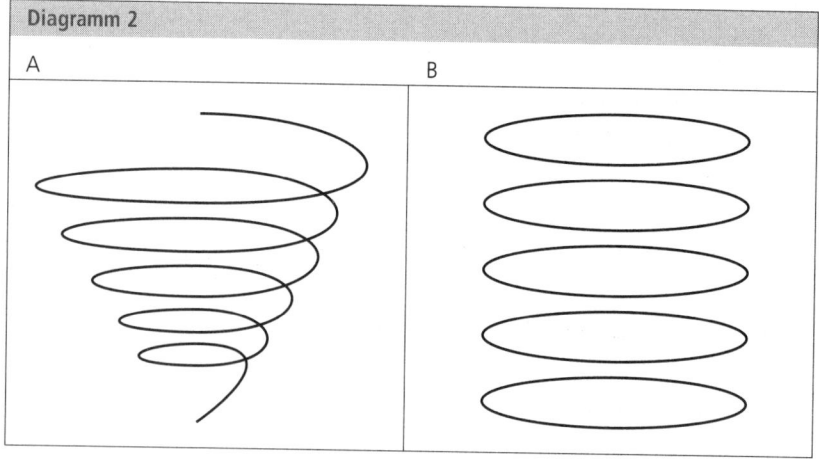

Diagramm 2

A                                    B

Die Seele entwickelt sich gemäß Diagramm 2B, in Kreisen, die voneinander isoliert sind. Wir bleiben in einem Kreis feststecken, bis wir unsere Lektion gelernt haben, eine neue Erkenntnis erhalten oder Schmerz mit Stagnation assoziiert und Vergnügen mit einem Quantensprung in Zusammenhang gebracht haben. So verläuft auch der Mutationsprozess in der Natur. Es finden stets Quantensprünge statt. Es ist wichtig zu wissen, dass wir lernen können, schneller Quantensprünge zu machen, sodass wir unseren Entwicklungsprozess beschleunigen.

Der 'Rat der Meister' konzentriert sich vor allem auf den groben Plan – wo wir stehen. Er kümmert sich nicht zu sehr um Details. Der Rat zieht Vergleiche und lässt uns die Muster erkennen, auch die Muster früherer Leben. Er weist uns den Weg zu unserem höchsten Ziel.

Die Geistführer sprechen mit uns viel mehr Einzelheiten durch. Sie lassen uns auch erkennen, dass sie ihr Bestes getan haben, um uns auf unserem Weg zu helfen. Synchronizität ('Zufälle') ist das Werk unserer Geistführer und anderer Helfer.

Nach der Bewertung durch den 'Rat der Meister' ist es an der Zeit, zu unserer spirituellen Familie zurückzukehren und mit unserem Leben und dem Leben im Jenseits fortzufahren. Wir fühlen uns inspiriert und motiviert, mit unseren Lernprozessen fortzufahren. Wir haben die Richtung gewiesen bekommen sowie Ratschläge vom Rat erhalten und kehren frischen Mutes wieder nach Hause zurück.

Diese Erkenntnisse habe ich aus den Beschreibungen von Michael Newton und Sylvia Browne sowie auf der Grundlage meiner Tests mit Hilfe der Omega-Methode gewonnen. Es vermittelt eine Vorstellung davon, was geschieht, wenn wir sterben. Ich konnte dies anhand von Tests an Hunderten von Menschen bestätigen.

Davon zu wissen beruhigt uns hinsichtlich dessen, was nach dem Tod geschieht, und motiviert uns, mehr aus unserem Leben zu machen. Ich hoffe, dass ich Sie dazu motivieren und auch beruhigen konnte.

Nun werden wir die Intention setzten und an einer Aufgabe arbeiten. Wir wollen mit der Aufgabe beginnen.

Lesen Sie dieses Kapitel nochmals durch, und machen Sie sich Notizen von den Dingen, die Ihnen nicht klar sind. Schreiben Sie auf, ob Sie im Frieden damit sind, wie es nach dem Tod sein wird. Haben Sie Angst zu sterben? Falls 'Ja', dann haben Sie Angst davor, das Bekannte loszulassen, und es empfiehlt sich, Ihre Gedanken über den Tod mittels Meditation loszulassen. Sie müssen völlig im Einklang mit der Vorstellung sein, dass es nicht vorbei ist, und dass es herrlich ist, nach Hause zurückzukehren. Der Tod ist die Auflösung unserer irdischen Beschränkungen.

Ob alles das, was in diesem Kapitel steht, wirklich stimmt, erfahren wir erst, wenn wir tot sind. Ich glaube es zu 100 Prozent, und dies hilft mir, noch mehr aus meinem Leben zu machen.

Wir wollen nun darüber sprechen, welche Intention Sie setzten sollten. Soweit ich weiß, ist die Intention die Schöpferkraft des Universums.

Eine gute Intention lautet beispielsweise: "Ich bin völlig damit einverstanden, dass nach meinem Tod beurteilt wird, wie ich mein Leben geführt habe. Von jetzt ab werde ich noch bewusster leben und die Entwicklung meiner Seele als oberste Priorität ansetzen!"

Die Routine kennen Sie ja bereits. Schreiben Sie es auf, und meditieren Sie dann in Ruhe. Sehen Sie vor sich, wie Sie das Briefchen vor Ihrer Inkarnation an sich selbst überreichen, und sagen Sie dann zu sich selbst: "So lautet jetzt meine Absicht. Falls dem nicht so ist, lass' es mich schnellstmöglich auf eine Art und Weise wissen, die für mich klar und deutlich ist."

Kehren Sie dann in die Gegenwart zurück, und verbrennen Sie das Papier anschließend im Rahmen einer kleinen Zeremonie. Nehmen Sie sich dafür Zeit. Dieses Buch kann noch warten, so spannend Sie es auch finden mögen, herauszufinden, wie man sich auf die nächste Inkarnation vorbereiten kann.

Wenn Sie die Wirkung dieses Buches noch vertiefen möchten, können Sie dies tun, indem Sie eine der vielen CDs anhören, die ich aufgenommen habe, um Sie auf diesem Gebiet persönlich zu coachen. Sie finden das Gesamtprogramm unter www.roymartina.com. Die CDs wurden erstellt, um Sie mit Hilfe von geführten Meditationen immer tiefer und näher an Ihr authentisches Selbst zu führen. Je früher Sie damit beginnen, desto mehr profitieren Sie von der Lektüre dieses Buches.

## 2. Kapitel

# Die Vorbereitung auf die nächste Inkarnation – große Aufregung

In den 25 Jahren, in denen ich mich der alternativen Heilkunde bereits widme, habe ich mich auf die Arbeit an Menschen spezialisiert, die bereits alles ausprobiert haben: Homöopathen, Akupunkteure, Chiropraktiker, Reikimeister, Hellseher, Jomanda, Bachblütentherapeuten, Kinesiologen usw. Die meisten von ihnen hatten bereits ein Vermögen ausgegeben, waren dann auch oft verarmt oder ganz pleite, auf ihrem Weg zur Genesung jedoch keinen Schritt weitergekommen. Das fand ich interessant. Was hatten meine Kollegen übersehen? Was war das fehlende Glied in der Kette bei all diesen Methoden?

1980 eröffnete ich in Maastricht eine Praxis für Akupunktur und Homöopathie. Falls es dem Patienten nach zehn Behandlungen nicht besser ging, gab es die folgenden Behandlungen gratis, bis ich herausgefunden hatte, wo der Patient blockiert war. Ich hatte in der Regel acht Therapeuten und Ärzte, die für mich arbeiteten. Daher konnte ich meine Zeit mit den schwierigen Fällen verbringen, den so genannten 'Freebies' ('Gratispatienten', sie mussten nichts bezahlen). Ich nahm mir auch Zeit dafür. Das brachte mir enorme Erfahrungen und viele Erkenntnisse darüber ein, wie Menschen bei einer Therapie blockieren. Es hat auch meinen Forschungssinn angeregt. Ich habe weltweit Kurse besucht, die von 'Experten' gehalten wurden, von welchen ich dachte, dass sie einer Lösung auf der Spur wären. Diese Studien haben mich ein Vermögen gekostet, doch ich habe auch viel daraus gelernt. Letztendlich hat es dazu geführt, dass ich im Zuge der von mir entwickelten Omega-Therapie sieben Kategorien von Blockaden hinsichtlich der Heilung oder Genesung eines Patienten entdeckt habe. Ich komme hierauf in einem der folgenden Kapitel ausführlich zurück.

Eine der sieben Heilblockaden hat mit der Seele zu tun. Es kann bei der Inkarnation auf verschiedene Art und Weise etwas schief gehen. Die Seele kann einen falschen Körper wählen, mit dem sie dann enorme Probleme hat. Die Seele kann zu wenig Energie für das Leben auf Erden haben und dadurch in eine Art permanente Form der chronischen Ermüdung geraten. Sie kann so viele traumatische Erlebnisse haben, dass sie nicht verarbeitet werden können. Dadurch bleibt sie stecken und verliert den Überblick. Die Seele kann zu empfindlich auf die irdischen Energien reagieren. Die Vorbereitung auf die Inkarnation ist also von grundlegender Bedeutung für die Erfahrungen, die wir hier auf Erden machen. Dies wird an folgendem Beispiel deutlich:

Nennen wir meine Patientin 'Jannie'. Jannie hatte an dem einwöchigen Kurs 'Tiefseelentauchen' auf den Malediven teilgenommen. Darin brachte ich den Kursteilnehmern bei, wie wir in Kontakt mit unserer Lebensintention kommen, uns für den Kontakt zu unseren Geistführern öffnen und die Engel auf unserem Lebensweg einschalten können. Es ist eines der speziellsten und esoterischsten Trainings, die ich anbiete. Jannie war eine 25-jährige Schülerin aus Deutschland, die von ihren Eltern in meinem Kurs geschickt worden war, weil sie an Depressionen litt und nicht mehr wusste, was sie mit ihrem Leben anfangen sollte. Ihre Eltern hatten mich darum gebeten, ein wachsames Auge auf sie zu werfen, da sie zeitweise unter geistiger Verwirrung litt.

Anfangs ging alles gut. Jannie machte sich prima und fühlte sich in ihrem Element. Etwa ab dem vierten Tag jedoch begann sie, sich immer mehr zu isolieren. Sie begann, mit sich selbst zu sprechen und wollte sich nicht mehr an die Gruppe anschließen. Ab und zu kam sie herein, um uns eine 'Botschaft' von der 'anderen Seite' zu überbringen, um daraufhin wieder zu verschwinden. Die Botschaften war manchmal ganz passend, beispielsweise: *Einige von euch sind zu beschäftigt mit Urlaubmachen, anstatt sich mit der göttlichen Essenz zu verbinden.* Und damit deutete sie auf einige Kursteilnehmer. Diese waren dann gewaltig schockiert, nahmen jedoch durch diesen Vorfall eine bessere Haltung ein.

Ich nahm Jannie zur Seite und testete sie mit dem Omega-Muskeltest. Dabei kommunizierten wir mit ihren unbewussten Teilen, die uns Zugang zu ihrem DOW (ihrer göttlichen Essenz) gaben. Nachdem ich damit voll und ganz verbunden war, versetzte ich sie durch eine geführte Meditation in Hypnose und führte sie in die Zeit vor ihrer Inkarnation auf Erden zurück. Dies gelingt übrigens nicht immer in einer einzigen Sitzung. Manchmal müssen etliche Blockaden beseitigt werden, bevor jemand weit genug in die Tiefe gehen kann, um eine Verbindung zu dieser Zeit herzustellen. Sie ließ sich aber leicht hypnotisieren, dadurch ging es recht schnell. Was ich nun gleich berichten werde, sind die Notizen aus drei Sitzungen, die wir insgesamt hatten.

Wie ich oben bereits gesagt habe: In diesen Sitzungen, die ich mit meinen 'Patienten' durchgeführt habe, scheint es zu 90 Prozent Übereinstimmungen mit den Ergebnissen von Michael Newton zu geben. Nach dem Tod kehren wir in unsere spirituelle Familie zurück. Dabei handelt es sich um Seelen, mit welchen wir schon ganz lange zusammen sind – unsere Seelenpartner. Wir können auch im Jenseits eine Atmosphäre schaffen, die einer Atmosphäre auf Erden oder einem Zeitraum aus einem unserer vorigen Leben gleicht.

Ich versetzte Jannie in ihre vorige Inkarnation und den damaligen Tod zurück. Es handelte sich um ein Leben, in dem sie als Sklavin verkauft und körperlich und auch sexuell missbraucht worden war. Um sich selbst zu schützen, hatte sie eine Art Schizophrenie entwickelt. Dabei konnte sie ihr Gefühl total ausschalten und in einer Art Fantasiewelt leben. Nach ihrem Tod in ziemlich jungen Jahren (sie wurde 32 Jahre alt) musste sie erst eine Zeit lang geheilt werden, bevor sie vor den Rat der Meister treten konnte. Sie hatte einen tiefen Hass gegenüber den Sklavenbesitzern aus jener Zeit entwickelt. Nun war sie als Tochter derselben Menschen inkarniert, die sie als Sklavin missbraucht hatten. Ihre Absicht war, ihnen zu vergeben und sie so zu akzeptieren, wie sie waren, sowie sich selbst die Chance zu geben, die Verletzungen des vorigen Lebens zu heilen.

Wir werden sie jetzt auf ihrer Rückkehr zu ihrer spirituellen Familie begleiten:

"Ich werde von meinen Geistführern in ein großes Gebäude gebracht, das einem Amphitheater ohne Dach ähnelt. In dem Augenblick, als ich hinein komme, sind dort mehr als 1.000 Seelen versammelt, die in Gruppen beieinander stehen." (Diese Grüppchen sind die spirituellen Familien; sie bestehen aus vier bis dreißig Seelen).

Sie spürt, wie sie immer fröhlicher wird, während sie in Begleitung ihrer Geistführer auf der Suche nach ihrer eigenen spirituellen Familie herumläuft. Als sie die Grüppchen nacheinander passieren, erkennt sie ab und zu jemanden. Sie begrüßt jemanden, der in einem ihrer vorigen Leben ihr Bruder gewesen war – sie findet es herrlich, ihn wieder zu sehen. Ein Stückchen weiter begegnet sie noch jemanden, ihrem Qi Gong-Lehrer aus der Zeit, als sie in China inkarniert hatte. Die meisten Menschen schenken ihr jedoch keinerlei Beachtung. Manche grüßen sie, andere sprechen ihre Geistführer an, die sie zu kennen scheinen. Dann beginnen ihr immer mehr Seelen zu begegnen, die sie erkennen und begrüßen oder ihr zuwinken. Eine von ihnen ist eine Schwester von ihr, und Jannie rennt auf sie zu (sie ist in all ihren Leben ihr spontanes Selbst), umarmt sie, küsst sie und fragt sie, wie es ihr ergangen ist. Ihre Geistführer brechen das Gespräch ab und sagen, dass ihnen noch genügend Zeit bleiben würde, um miteinander zu sprechen. Als sie schließlich im Bereich ihrer eigenen Gruppe angelangt, sieht sie die Seelen, die in diesem Leben ihre Eltern sind, und die sie in ihrem vorigen Leben missbraucht und misshandelt haben. Sie kommen auf sie zu, umarmen sie und erzählen ihr, wie stolz sie auf sie seien, weil sie so mutig war, so ein schweres Leben auf sich genommen zu haben, und dass sie so viel von ihr gelernt haben.

Jannie stellte verblüfft fest, dass ihr vorheriges Leben genau nach Plan verlaufen war, und dass kein Hass und keine Wut, sondern nur Liebe und Mitgefühl herrschen. Sie versteht jetzt, dass sie ihr Leben genau so gewählt hatte, um stärker zu werden und zu lernen, wie sie ihre Seele schützen kann. Sie versteht auch, dass sie darin erfreulich erfolgreich ist. Sie hat verstanden, dass ihre heutigen Eltern damals angeheuert worden waren, um für eine ganze Schar von Sklaven einen karmischen Prozess durchzuführen. Die Sklaven hatten vorher beschlossen, das Los auf sich zu nehmen, um zu lernen, wie es sich anfühlt, als Sklave zu leben und missbraucht zu werden. Die meisten Sklaven waren in einem früheren Leben Sklavenhändler und Sklavenbesitzer gewesen und hatten meist kein Mitleid und Mitgefühl gehabt. Sie hatten folglich die entgegengesetzte Rolle eingenommen, um zu erfahren, was sie anderen angetan hatten. Ihre jetzigen Eltern, die in diesem Leben ausgesprochen liebevoll sind, waren im Leben davor genau das Gegenteil gewesen. Sie versteht nun auch, warum sie sich in diesem Leben so vehement von ihren Eltern absetzt, trotz der Tatsache, dass sie so liebevoll sind und alles für sie tun. Sie empfindet eine Hass-Liebe zu ihnen. Dies wird ihr ganz deutlich, und sie ist sehr froh darüber, dass sie nun alles versteht. Nach dem Gespräch mit ihren Eltern ist sie endlich bei ihrer eigenen Gruppe, die sie begeistert empfängt.

Noch eine Bemerkung zwischendurch: Nicht jeder kommt in eine solch große Gruppe zurück, die übrigens in Untergruppen unterteilt ist. Manche (ungefähr die Hälfte) gehen direkt zu ihrer eigenen Gruppe, ohne die anderen überhaupt zu sehen, oder nur ganz aus der Ferne. Diejenigen, die in den großen Gruppen ankommen, sind meist Seelen, die die gleiche Situation vor sich haben.

Eine der bemerkenswertesten Entdeckungen von Michael Newton – diese lässt sich mit der Omega-Methode bestätigen – ist die Tatsache, dass man im Jenseits normalerweise wieder in die Schule geht. Im Gegensatz zur Erde, wo klassenweiser Unterricht zur Vorbereitung auf eine Karriere oder auf die Teilnahme an einem Wettkampf nur einen Teil des Lebens ausmacht, besteht im Jenseits das tägliche Leben ganz aus Lernen und zur Schule gehen, bis man wieder genug Förderung erhalten hat, um besondere Aufgaben auszuführen.

Jannie hat Folgendes über den Schulbesuch zu berichten:
"Meine Führer nehmen mich mit in eine Art Gebäude mit einer
großen Halle, die in der Mitte offen ist, und aus der acht Gänge
wegführen. In diesen Gängen befinden sich Türen zu den Studierzimmern. Die Studierzimmer sind so eingeteilt, dass die Türöffnun-
gen einander niemals genau gegenüberliegen. So stören wir einander nicht. Es gibt, so weit ich es erkennen kann, niemals mehr als
sechs Studierzimmer pro Gang. In diesen Studierzimmern sitzen
Grüppchen von sechs bis 16 Seelen, die an Pulten an der Arbeit
oder am Lernen sind. Ich werfe einen Blick in die verschiedenen
Zimmer und sehe, dass manche allein beschäftigt sind, und andere
in Paaren oder Teams zusammenarbeiten. Manchmal befindet sich
ein Lehrer in der Klasse, der einen Vortrag hält. Es erinnert mich
stark an die Schule hier auf der Erde, nur sind die Gruppen hier
kleiner. Außerdem hat jeder Spaß und ist motiviert. Das war auf
der Erde nicht so. Ich befinde mich in einem Studierzimmer hinter der zweiten Tür auf der rechten Seite. Als ich in meiner Klasse
ankomme, freut man sich, mich zu sehen. Jeder kommt und begrüßt mich. Etwas später kommt mein Lehrer herein. Er heißt 'Zun-
ni'. Er freut sich ebenfalls, mich zu sehen und sagt, dass er bereits
mit meinem Geistführer gesprochen hat und weiß, dass ich es schwer
gehabt habe. Er fragt, ob ich für die Klasse meine wichtigsten Lern-
momente erzählen möchte. Ich fühle mich sofort wieder Zuhause.
Es scheint, als sei mein Leben auf Erden meilenweit entfernt, als
sei es nur eine kleine Unterbrechung gewesen, vergleichbar mit einem schulfreien Wochenende auf der Erde."

Aus diversen Sitzungen mit verschiedenen Personen habe ich gelernt,
dass die Schulen ganz verschieden aussehen können, dass das System jedoch nahezu überall das gleiche ist. Man arbeitet meist mit seiner spirituellen Gruppe an Vorbereitungen auf das folgende Leben, entwickelt
Fähigkeiten und erwirbt neue Kenntnisse und Fertigkeiten auf dem Gebiet der Schöpfung, Heilung, Telepathie usw. Oft nehmen auch die Geistführer die Lehrerrolle ein. Sie sind aufgrund ihrer Position meist ein

wenig auf Abstand – auch um den Schülern den Raum zu geben, mit ihren Freunden ganz sie selbst sein zu können und ihrer Essenz Ausdruck zu verleihen, ohne dass man ihnen auf die Finger schaut. Diese Haltung fördert die Kameradschaft untereinander und lässt auf spielerische Weise neue Talente entdecken. Die Schulpraxis ist die gleiche wie auf der Erde. Die jüngeren Seelen sind viel verspielter, lassen sich schneller ablenken und sind oft weniger motiviert als die Älteren. Der Vorteil im Jenseits besteht darin, dass alle Lehrer unendlich viel Geduld haben und enorm liebevoll sind.

Wir kehren nun zu Jannies zweiter Sitzung mit mir zurück. Sie beschreibt nun ihre Studien nach ihrem früheren Leben eingehender. Sie erzählt, dass sie in eine Art Bibliothek geht, wo sie ihre vorigen Leben studieren kann. Dies tut sie kurz nach ihrer Rückkehr ins Jenseits. Ziel der Studie ist es, so viel wie möglich von den Erfahrungen aus den früheren Leben zu lernen. Die Bibliothek, in die Jannie geht, gleicht einer Bibliothek auf Erden, mit vollen Bücherregalen. Die Bibliotheken im Jenseits sind jedoch viel größer als auf der Erde. Es gibt Geistführer, die den Seelen beistehen und bestimmte Themen und Verhaltensmuster mit ihnen durchsprechen. Auf den Büchern, die Jannie studiert, ist ihr Name und eine Kurzbeschreibung des Zeitraums der Inkarnation vermerkt. In der Bibliothek stehen ebenfalls Pulte, an welchen jeder lernen kann. Viele Schüler kennen einander nicht und stammen aus verschiedenen Familien. Es gibt spezielle Bibliotheksführer, die alles über die Bibliothek wissen und auch Fragen über die Erdgeschichte und über Gewohnheiten beantworten können. Sie wissen, wo alle Informationen stehen, fragen beinahe nie etwas und sind normalerweise ganz still und reserviert. Manche Schüler werden von ihren eigenen Geistführern begleitet, die ihnen mit Rat und Tat zur Seite stehen. Andere kommen allein. Wenn sie etwas nicht begreifen, können sie die Bibliotheksführer fragen. Die Informationen in diesen Bibliotheken stimmen mit der Akasha-Chronik überein. Hier ist alles niedergeschrieben, was jemals auf Erden stattgefunden hat, welche die auslösende Faktoren waren, welche verpassten Gelegenheiten es gab, um, falls nötig, das Blatt zu wenden, sowie, welche die möglichen

Zukunftsszenarien sind. Dieses Wissen ist nur *zum Lernen gedacht* und soll nicht dazu dienen, uns zu bestrafen oder auf ewig zu verdammen, wie es uns viele Religionen und Doktrinen glauben lassen.

Bei ihrer Studie wird Jannie deutlich, dass sie Probleme mit dem Vergeben hatte und ganz lange einen Groll mit sich herumtragen konnte. Außerdem fiel ihr auf, dass sie an ihrem Mut arbeiten musste, sodass sie selbstständig werden konnte, und dass sie ihr Herz wieder für die Liebe öffnen musste. Sie hatte in ihrem jetzigen Leben zwei kurze Beziehungen gehabt, doch sobald der Mann ihr sich körperlich näherte, machte sie Schluss. Es wurde ihr deutlich, dass sie sich aus Angst vor der neuen Welt in ihre alten Schutzmechanismen zurückzog. Dies kommt daher, weil sie auf der Seelenebene spüren konnte, dass sie ihre Eltern vom vorigen Leben her kannte. Dieses Gefühl rief unbewusst Aggressionen in ihr hervor. Sie hatte auch Angst davor, irgendjemandem zu vertrauen.

In der dritten Sitzung sollte sie entdecken, dass ich auch öfter bei entscheidenden Momenten in ihrem Leben aufgetaucht war. Ich gab ihr dann den sanften Schubs, den sie brauchte, um weiterzugehen, so wie jetzt auch. Außerdem stellten wir fest, dass sie ganz sensibel war und gleichzeitig ihre Geistführer ohne Schwierigkeiten hören konnte. Sie brauchte nur ihre Ängste loszulassen, mehr zu meditieren und sich Zeit für sich selbst zu nehmen. Es war auch deutlich, dass sie jetzt Schritte nach vorn tun musste. Um darüber mehr zu erfahren, sind wir in der dritten Sitzung auf die Suche nach der Essenz in ihrem jetzigen Leben gegangen.

## Vorbereitung auf die Inkarnation

Der Inkarnation geht eine lange Vorbereitungsphase voraus. Wie wir lesen konnten, beginnen wir alle kurz nach unserer Rückkehr nach Hause mit der Betrachtung unseres vergangenen Lebens. Wir möchten uns so gut wie möglich vorbereiten, indem wir von unseren festgefahren Verhaltensmustern lernen. Wir möchten Fähigkeiten in uns selbst entwickeln, um sie zu durchbrechen. Mit anderen Worten, wenn wir hier zur Erde kommen, haben wir all diese Fähigkeiten bereits in uns. Wir müssen nur einen Weg finden, und diese ans Licht zu holen, oder uns an sie zu 'erinnern', sie zu 'ent-decken' oder zu 'ent-wickeln'.

Die Kunst besteht darin zu wissen, dass wir alles in uns tragen, was wir für dieses Leben brauchen. Wir haben zwischen unseren Leben ganz hart gearbeitet, um diese Fähigkeiten in unsere Seele einzubrennen. Man kommt nämlich auch erst dann zur Erde, wenn man sicher ist, dass man dies meistern kann. Einige der schwierigsten Entscheidungen, die man treffen muss, sind die Auswahl des richtigen Körpers und der entsprechenden Umstände, um seine Fertigkeiten zu testen. Dies sind Entscheidungen, die ihre Tücken haben, und es kann oft schief gehen.

Um uns dabei so gut wie möglich zu unterstützen, gibt es einen Ort (mehr darüber später), wo wir unser zukünftiges Leben betrachten und uns so weit wie möglich auf die nächste Reise zur dreidimensionalen Erdkugel vorbereiten können. Diese ist eine Art Übungsplatz für inkarnierende Seelen, aber auch ein Schulungsort, um zu entdecken, wer wir nicht sind.

In dieser Vorbereitungsphase auf das nächste Leben findet die Koordination vieler komplexer Prozesse und die Wahl, die wir treffen müssen, statt: 'perfekte' Eltern für unsere Lebensabsicht, das richtige Land, die entsprechende Kultur, Religion, die passenden Umstände, einflussreiche Menschen, Freunde, 'Feinde' (Menschen, mit welchen wir unverarbeitete Konflikte haben), Seelenpartner, zukünftige Partner, Kinder, Familie, Wegzeichen, Geistführer, die uns begleiten werden, Kreuzungspunkte in unseren Leben, Absprachen und Versprechen mit anderen Seelen, wie wir einander finden werden, und so weiter und so fort. Man kann davon richtig schwindlig, verwirrt und beinahe schon mutlos werden.

> Je weiter wir in unserer Entwicklung vorankommen oder je schneller wir weiterstreben wollen, desto größer sind die Herausforderungen auf unserem Weg.

Ich möchte noch etwas näher darauf eingehen, was ich mit dem Satz meine: 'Je weiter wir in unserer Entwicklung vorankommen oder je schneller wir weiterstreben wollen, desto größer sind die Herausforderungen auf unserem Weg.'

In meinen Seminaren und Vorträgen spreche ich jedes Jahr mit Hunderten von Menschen und beantworte Tausende von Fragen. Oft höre ich Menschen sagen, dass sie es so schwer haben, dass sie beständig mit Herausforderungen konfrontiert sind, dass es niemals aufhört, und dass sie dadurch ganz entmutigt werden.

Es ist wichtig zu wissen, dass wir diese Herausforderungen selbst mit erzeugt haben, weil:

a) wir davon überzeugt sind, dass wir alle Fertigkeiten besitzen (wir haben uns darin bereits Hunderte von Jahren geübt), um alles zu meistern, womit wir konfrontiert werden;

b ) weil wir in diesem Leben viele Quantensprünge machen möchten, um unsere Seelenentwicklung zu beschleunigen, und ein höheres Niveau der Perfektion erreichen möchten;

c) weil wir wissen, dass jede Hilfe im richtigen Moment auf uns zukommt und dass wir tief in uns selbst erkennen, dass wir nichts anderes wollen und so schnell wie möglich wachsen möchten.

Meine Schlussfolgerung ist folgende: Je größer die Herausforderungen auf unserem Weg sind, desto stärker sind wir innerlich, ansonsten hätten wir diesen Weg nicht gewählt. Unsere Herausforderung besteht darin, dass wir die körperliche Ermüdung unseres 'Pferdes' nicht bedacht und auch seine sonstigen Launen und Eigenarten nicht richtig einkalkuliert haben. Wir spüren, dass wir damit nicht zurechtkommen, wir spüren, dass es keinen Ausweg gibt.

Ich zeige den Menschen Techniken, um schneller loszulassen und weniger in der Vergangenheit und in Emotionen stecken zu bleiben. Es geht darum, dass wir die niemals enden wollenden Erkenntnisse und Lernprozesse unserer Seelenreise genießen können. Manchmal lechzen wir nach einer Pause, nach ein wenig Ruhe, und ganz oft bekommen wir diese auch, besonders, wenn wir lernen, wie wir uns mit der Stille in unserem Inneren verbinden können. Alle Menschen, die verzweifelt sind, haben (zeitweise) die Verbindung zu ihrer Essenz sowie ihren inneren Frieden verloren. Es ist wichtig zu erkennen, dass wir selbst entschieden haben, zur Erde zurückzukehren, weil wir glaubten, dass wir es meistern würden. Wir können nicht gezwungen werden, hierher zu kommen.

> Die Inkarnation auf Erden ist immer
> unsere eigene Entscheidung, ebenso wie
> die Umstände, die wir antreffen.

Wir wissen, dass wir auf unsere Schwachpunkte, Kongruenz, Willenskraft, Glaubensüberzeugungen, Durchsetzungsvermögen, Umwege, Abwege usw. hin getestet werden. Wir wählen die Lektionen, die wir lernen möchten, selbst.

Sie, und Sie ganz allein, beschließen, an welchen Aspekten Ihrer Seelenentwicklung Sie in diesem Leben arbeiten möchten. Sie können niemand anderem die Schuld zuschieben, wenn etwas in Ihrem Leben schief geht. Sie haben sich diese Herausforderungen selbst ausgesucht!

> Wir können uns auch dazu entschließen,
> an Ereignissen teilzuhaben, die Welt
> verändernd sind oder einen großen Einfluss
> auf das Leben anderer Menschen haben –
> beispielsweise der Terrorangriff auf Amerika
> am 11. September 2001.

An Stelle uns selbst als Opfer zu sehen, das den Lebensumständen ausgeliefert ist, können wir auch den Spieß umdrehen und die Überzeugung entwickeln, dass jeder Tag, selbst der schwierigste, eine neue Chance ist, um zu wachsen und stärker zu werden. Man sollte sich angewöhnen, am Ende jedes Tages sich selbst folgende Frage zu stellen: "Was habe ich hieraus gelernt?" Jede Herausforderung bringt uns näher zu unserer eigenen Kraft.

Was mir enorm geholfen hat, ist, jeden Tag mit der Intention zu beginnen, aus diesem Tag das Beste zu machen, meine Lektionen mit Dankbarkeit, Genuss und Freude zu lernen, und niemandem zuzugestehen, dass er meinen emotionalen Zustand negativ beeinträchtigt. Am Ende des Tages bewerte ich, wie viel ich von meiner Intention verwirklicht habe. Hierauf komme ich später nochmals ausführlich zurück.

Wir kehren jetzt zu den Vorbereitungen auf dieses Leben zurück, und wir werden sogleich die letzte und dritte Sitzung mit Jannie beenden.

## Der Blick in die Zukunft

Aufgrund vieler Sitzungen und der Informationen von Michael Newton scheint es im Jenseits eine Art Raum zu geben, in dem man zukünftige Leben betrachten und analysieren kann. Es handelt sich um ein Gebäude mit Bildschirmen und wird 'Zirkel der Vorbestimmung' genannt. Dort sehen Sie als Erstes Ihren Körper. Die meisten umschreiben den Raum als eine Art rundes Theater, der vom Boden bis zur Decke mit Monitoren versehen ist, die Bilder von unserem Leben und dem Ort der nächsten Inkarnation zeigen. Es herrscht dort 'full immersion' (völliges Eintauchen), das heißt, man befindet sich in einem runden Raum und ist panoramaartig von Monitoren umgeben. Man sitzt mittendrin, und vor, hinter und über einem erscheinen gleichzeitig Bilder auf lebensgroßen Schirmen. Man sieht die Menschen, die einem begegnen werden, man sieht bestimmte Situationen und mögliche Szenarien aus seinem Leben.

Um dies völlig erfassen zu können, muss ich zum Aspekt Zeit weiter ausholen. Denn die Frage ist, ob die Zukunft bereits feststeht. Wir werden nämlich viele Szenarien zu sehen bekommen, und in Abhängigkeit davon, welche Wahl wir treffen, verändert sich auch unsere Zukunft.

Im Jenseits ist Zeit unbedeutend. Bedenken wir doch, welch enorme Zeitspanne nötig ist, um unser Sonnensystem entstehen und für unsere Inkarnationen lebensreif werden zu lassen. Wir erhalten zahllose Chancen, um wieder zu inkarnieren und es endlich 'gut' zu machen.

Man könnte es am besten so betrachten, dass im Universum alle Ereignisse gleichzeitig geschehen. Es gibt im Jenseits gleichzeitig Zugang zu allem – zur Vergangenheit, zur Gegenwart und zur Zukunft. Andererseits stellen wir fest, dass es einen Evolutionsprozess (das Heute), ein kontinuierliches Protokoll der Vergangenheit und ein zukünftiges Potenzial gibt.

In diesem Vorführraum gibt es verschiedene Möglichkeiten. Die Bilder, die wir sehen, können auf allen Bildschirmen identisch sein oder aus verschiedenen Abschnitten unseres Lebens stammen, wie etwa aus der frühen Kindheit und aus der Pubertät. Ebenso wie in der Bibliothek kann man auch hier selbst beschließen, ob man nur Beobachter bleibt oder in die Szene aktiv mit einsteigt und herausfindet, wie es sich anfühlt, wenn man beispielsweise einen menschlichen Körper hat. Dies trägt zur Entscheidungsfindung bei. Die Szenen können in Zeitlupe abgespielt oder gestoppt werden, sodass man die Szenarien besser studieren kann. Man bekommt natürlich nicht alles zu sehen. Man bekommt vor allem viel über die Anfangsphase gezeigt, sodass man sich auf diesen Teil gut vorbereiten kann. Außerdem sieht man Momentaufnahmen aus späteren Jahren.

Eines der Gesetze des Universums lautet: Wenn es beabsichtigt ist, etwas zu erfahren, dann wird man es auch erfahren. Man muss natürlich Verständnis dafür haben, dass man einige Dinge nicht wissen darf – nicht aufgrund des Überraschungseffekts, sondern weil diese Situationen gerade die Szenen beinhalten, in welchen die bestimmte Lektion steckt. Weiß man dies alles bereits von vornherein, dann geht der Effekt des Lernprozesses verloren.

Die wichtigste Zeit, die wir ausführlich gezeigt bekommen, ist die Zeit zwischen unserem siebten und 21. Lebensjahr, wenn wir uns auf unsere spätere Lebensrichtung vorbereiten, insbesondere mit unseren Eltern. Oft bekommen wir bestimmte Episoden sehr detailliert zu sehen und andere überhaupt nicht. In dem Zeitraum, der unserer definitiven Entscheidung vorangeht, haben wir verschiedene Gespräche mit unseren Geistführern, Lehrern und dem Rat der Meister geführt. Sie stellen uns Fragen und helfen mit, den optimalen menschlichen Körper und die bestmöglichen Situationen für uns auszusuchen. Normalerweise haben wir die Auswahl zwischen mehreren Körpern und Situationen. Außerdem gibt es bestimmte Ratgeber, die auch 'Timeline-Meister' genannt werden. Sie können uns in eine bestimmte Richtung schubsen, weil sie wissen, was gut für unsere Situation ist. Was unsere Leben interessant macht, ist die Tatsache, dass wir viele Möglichkeiten haben, jedoch letztendlich mit einer festen Intention antreten, nämlich der, bestimmte Themen zu meistern und bestimmte Lektionen zu lernen oder uns selbst auf verschiedenste Weisen auf die Probe zu stellen. Daher müssen wir nicht alle Details kennen lernen. Wir müssen natürlich wohl wissen, ob die frühen Kindheitsjahre und unser Umfeld die Basis für unsere Lebensabsicht bilden und ob der Körper, den wir wählen, diesem Ziel dient. Dies gilt auch für die Beziehungen zu anderen Menschen, die darauf basieren, karmische Kettenreaktionen mit zu erzeugen, um die in der Vergangenheit geschaffenen, nicht abgeschlossenen Prozesse nachträglich abzuschließen. Diese müssen unter das Gesetz des Karmas fallen – das Gesetz des Gebens und Nehmens.

Was Jannie bei ihrer dritten Sitzung entdeckte, war, dass sie im vorletzten Leben in Ägypten gelebt hatte. Sie war damals eine angesehene Frau, die mit einem einflussreichen Architekten verheiratet war. In jenem Leben war sie hochmütig, arrogant, ohne Mitgefühl und auf berechnende Weise darauf versessen, ihre Position zu verbessern. Sie hatte ein Herz aus Stein, das nur auf Macht und Einfluss aus war. Ihre Eltern von heute waren damals ihre Bediensteten, die sie verächtlich und respektlos behandelte. Als sie alt und nutzlos geworden waren, setzte sie diese ohne jegliche

Form der Entschädigung auf die Straße. In ihrem letzten Leben wurden die Rollen vertauscht, und sie wählte freiwillig ein Leben als Sklavin, um am eigenen Leib zu erfahren, wie es ist, versklavt zu sein. Sie konnte diese Erfahrung nutzen, um ihr früheres Leben zu korrigieren. Ihre Eltern von heute boten ihr an, die Rollen der Sklavenhändler zu übernehmen und sie so zu behandeln, wie sie selbst diese behandelt hatte.

Im heutigen Leben beschlossen sie alle drei, auf eine höhere Ebene der Liebe, Vergebung, Nächstenliebe, Fürsorge und des Respekts für ihre Mitmenschen und füreinander zuzustreben und zu wachsen.

Karma hat nicht nur mit Ursache und Wirkung zu tun, sondern auch mit dem Prozess der Umwandlung unserer Seele, unserer Denkweise, unserer Identität und unserer Weiterbildung in die Richtung, wie wir es wünschen. Dies ist ein Prozess vieler Leben, der uns Geduld abverlangt, weil bestimmte Charaktereigenschaften wie Hochmut, Arroganz, 'Kaltblütigkeit' und Unfreundlichkeit fest in uns verankert sind und in Demut, Milde, Mitleid und Mitgefühl verwandelt werden möchten.

## Karma und der freie Wille

Das Gesetz des Karmas ist das Gesetz des Lernens durch Liebe. Oft wird Karma als Strafe betrachtet. Wir wählen bestimmte Situationen, um etwas für ein und alle Zeiten zu lernen oder neue Fertigkeiten zu entwickeln, wie etwa Stärke zu erwerben, Abhängigkeit und Liebe zu akzeptieren, Charakterentwicklung, Willenskraft und Durchsetzungsvermögen. Der Tod ist für die Seele keine Entscheidung, die auf Ängsten basiert, denn zu sterben bedeutet ja, nach Hause zurückzukehren. Wir sind unsterblich. Für manche abenteuerlustige Seele ist es interessant, immer wieder auf andere Weise zu sterben. Diese Erfahrungen können für ihre zukünftigen Aufgaben oder Spezialisierungen nützlich sein. Eine Seele kann sich dazu entscheiden, in einem Körper in Afrika zu verhungern, zu verdursten, zu ersticken, zu ertrinken oder zu verbrennen, erschossen zu werden, zu Tode gefoltert zu werden usw.

Letztendlich ist jede Todeserfahrung nur eine Erfahrung, die wieder einem höheren Ziel dienen kann, wie etwa dem Erlernen von Lektionen, nicht mehr und nicht weniger.

Wir treffen stets Entscheidungen. Noch im Lauf unseres Lebens selbst können wir unsere Entscheidungen verändern. Jesus Christus hatte die freie Entscheidung, am Kreuz zu sterben oder seinem Schicksal zu entgehen. Er hatte sich bewusst für die Kreuzigung entschieden, weil das für ihn letztendlich einen Quantensprung bedeutet hatte – damit beendete er seinen Lebenszyklus auf Erden, sodass er andere Aufgaben übernehmen konnte. Er setzte eine Kettenreaktion karmischer Effekte in Gang, deren Auswirkungen wir noch heute spüren. Er hat Millionen von Menschen inspiriert und viele neue Wege für andere Seelen geöffnet, sodass auch sie Quantensprünge in ihrer Entwicklung machen konnten.

Freier Wille und Bestimmung (ein bereits vorher festgelegtes Ergebnis oder ein bestimmtes Ziel), auch Schicksal oder Los genannt) scheinen zwei entgegengesetzte Dinge zu sein. In Wirklichkeit ist dem nicht so. Wenn wir eine Intention haben, bevor wir ins Leben treten, wählen

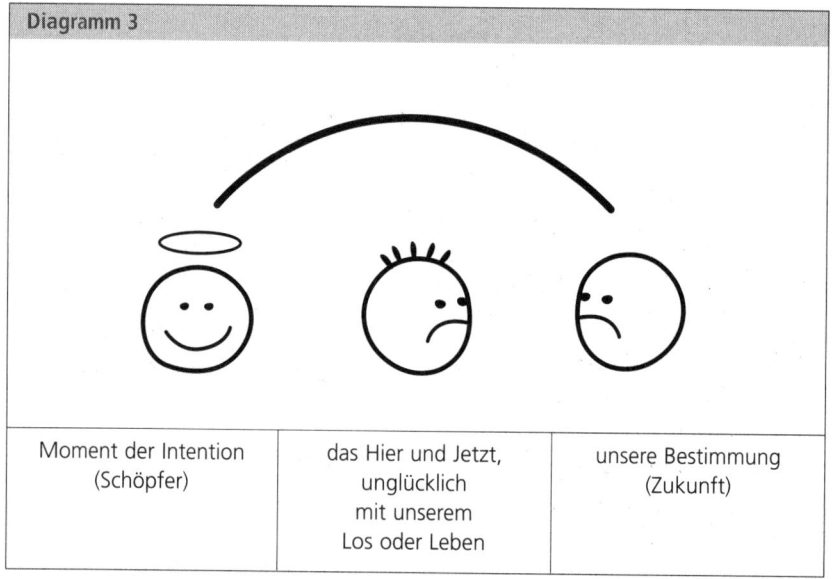

| Diagramm 3 | | |
|---|---|---|
| Moment der Intention (Schöpfer) | das Hier und Jetzt, unglücklich mit unserem Los oder Leben | unsere Bestimmung (Zukunft) |

wir unsere Bestimmung auf der Basis einer freien Willensentscheidung. Wir wollen damit etwas Bestimmtes erreichen. Wenn es wichtig für uns ist, können wir selbst alle anderen Möglichkeiten so stark minimieren, dass wir mit an Sicherheit grenzender Wahrscheinlichkeit unser Ziel erreichen. Es gibt natürlich schon Momente, wo wir unserem Los entrinnen können, wenn wir wissen, wie wir es verändern können. Es kann auch sein, dass wir neue Möglichkeiten erkennen und zwar sterben, jedoch ohne Leiden, Schmerz oder Traumata.

In Diagramm 3 sehen wir, dass wir ein Leben mit einer bestimmten Intention gewählt haben – unsere Lektionen zu lernen, karmische Prozesse abzuschließen usw. Im betreffenden Leben selbst sind wir todunglücklich.

In Diagramm 4 sehen wir jemanden, der aus dem Hier und Jetzt eine neue Zukunft mit der Intention kreiert, ein schöneres Leben zu führen. Nun haben wir im Prinzip zwei Möglichkeiten für die Zukunft. Es besteht nun, aber das Risiko, dass die ursprüngliche Kreation (das Los) um

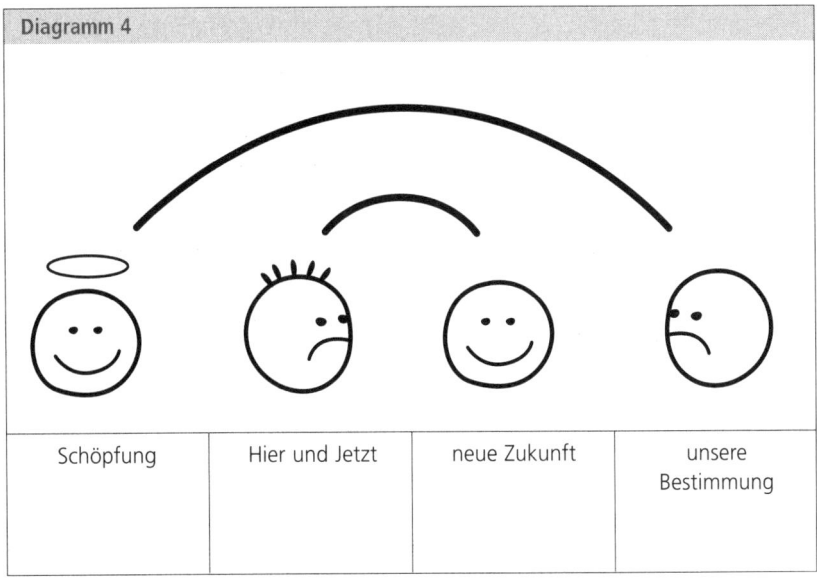

| Schöpfung | Hier und Jetzt | neue Zukunft | unsere Bestimmung |

Diagramm 4

ein Vielfaches stärker ist als die heutige Kreation. In diesem Fall werden wir merken, dass wir visualisieren und affirmieren können, so viel wir wollen, jedoch keine Veränderung verspüren werden. Wie wir die Zukunft verändern können und doch unsere Lektionen lernen, werden wir in einem der folgenden Kapitel lernen.

Kurzum, die Kräfte des Karmas und des freien Willens sind eng miteinander verbunden und machen einen Teil des Gesetzes der Harmonie aus, das besagt, dass alles letztendlich wieder ins Gleichgewicht kommt.

Unser heutiges Leben ist die Gesamtsumme aller Erfahrungen der Vergangenheit – sowohl der angenehmen, als auch der unangenehmen. Wir sind das Produkt all unserer irdischen Leben, in ein neues Szenario und einen neuen Körper gebettet, die wieder neue Chancen bieten. Unsere positiven Eigenschaften und Qualitäten nehmen wir mit, doch wir müssen diese unter einer Last wieder entdecken, die durch den neuen Körper und das neue Umfeld entstanden ist. Dies werde ich in den folgenden Kapiteln vertiefen.

Um die Geschichte von Jannie abzurunden: Nach der dritten Sitzung war für sie alles klar – warum sie Hass und Liebe zugleich spürte, ihr tiefes Misstrauen gegenüber ihren Eltern, ihre Episoden reiner Beziehungen, ihre Blockaden, die sie überwinden musste und auch ihre Angst, sich zu binden. Sie war glücklich und auch fest entschlossen, ihre Qualitäten auf dem Gebiet der Heilung und des Channelings zu erweitern und mit ihren Eltern ins Reine zu kommen.

## Zusammenfassung

Bevor wir in einer weiteren Inkarnation auf die Erde zurückkehren, durchlaufen wir eine Lernperiode, in der wir unsere vorherigen Leben studieren, um zu erkennen, weshalb wir uns immer wieder festfahren. Welche Verhaltensmuster sind unsere Fallstricke? Welche Qualitäten müssen wir vertiefen?

Anschließend lernen wir in einer Art Schulgemeinschaft weiter und arbeiten intensiv an diesen Qualitäten und den neuen Fertigkeiten, die mit unserer Schöpferkraft, unseren Heilkräften und anderen individuellen Eigenschaften zu tun haben. Danach beginnen wir mit der langen Vorbereitungsphase, in der wir unseren Körper, unsere Eltern, Freunde, Bekannten und andere Personen aussuchen, mit welchen wir Absprachen treffen, um gemeinsam ein Leben zu schaffen, das unserer Intention dienen wird. Wir begegnen den Spielern unseres Spiels des Lebens und sprechen ab, wo und wie wir einander auf Erden begegnen und wie wir einander wieder erkennen werden. Wir sehen, wie wir in jener Zeit aussehen werden, welche unsere Hobbys sein werden, in welchem Land wir leben werden. Diese Informationen prägen wir in unseren Seelencode ein, sodass sie in unser Unterbewusstsein eindringen und wir in jenem Leben Schritt für Schritt dorthin geleitet werden, wo wir hin müssen. Wir sprechen unsere Pläne mit unseren Geistführern ausführlich durch und treffen Absprachen, wie sie uns am besten ansteuern, benachrichtigen, korrigieren und zu den festgelegten Zielen führen können. Diese Dinge nehmen wir sooft durch, bis sie in unserer Seele eingraviert sind. Dann sind wir bereit, den transdimensionalen Sprung in die Leibesfrucht zu tun, die sich im Bauch der Mutter entwickelt.

Ich habe dies alles nach jahrelangen Untersuchungen und über das Testen an Hunderten von Menschen nachprüfen können. Für viele wird es ein Schock sein zu wissen, dass wir ewig lernen; dass dies eine sich immer wieder wiederholende Anbindung an die Quelle ist; dass wir einen Weg zurücklegen, der uns die Erfahrungen bietet, die zu mehr führen, als allein nur zum Wissen; dass wir verstehen, dass dem so ist; dass wir durch die vielen Fallen aus anderen Dimensionen, die uns zu einer liebevollen, standhaften Kongruenz schmieden, tiefe Weisheit erfahren; dass Liebe letztendlich alles besiegen wird, auch die tiefste Dunkelheit und die größten Fallstricke. Unser Glaube und unser Selbstvertrauen werden auf dem Weg zur völligen Selbstverwirklichung immer unerschütterlicher!

Ich erwarte, dass nach den vorangegangenen Kapiteln noch viele Fragen offen sind. Das ist gut, denn es folgt noch viel mehr. Dies ist nur der Anfang.

Welche Intention möchten Sie nun setzen? Ich möchte Ihnen einen Vorschlag machen:

"Ich sende die Intention aus, dass ich meine Lebensintention in diesem Leben finde und mit Dankbarkeit, Genuss und Glück verwirkliche, und dass ich mich für alle Hilfe, die ich dabei erhalte, öffne!"

Schreiben Sie dies auf. Überreichen Sie diesen Brief im Rahmen einer Meditation an sich selbst, bevor Sie inkarniert sind (siehe Diagramme 3 und 4). Dann sprechen Sie den Wunsch aus, dass es die Intention von beiden ist, eins zu sein oder werden zu wollen. Verbrennen Sie anschließend diesen Brief. Der Rauch ist eine Metapher für Transformation und Reinigung.

## 3. Kapitel

# Ein Zeh im Wasser –
# die Begegnung

Wann und wie wir genau inkarnieren, wirft viele Fragen auf. Ich werde es in diesem Kapitel eingehend erklären. Was Sie darüber lesen werden, basiert auf meinen eigenen Untersuchungen und auf den Tatsachen, die ich unter anderem bei Michael Newton, Sylvia Browne, bei Hellsehern, Medien und in meinen eigenen Meditationen und Hypnosesitzungen gesammelt habe.

Reinkarnation wird von vielen Religionen abgelehnt. Ich bin mir daher auch durchaus bewusst, dass jede Menge Menschen dieses Buch als Unsinn abtun werden. Jeder mag seine eigene Meinung haben, der Wahrheit können wir natürlich nicht entrinnen. Und wenn wir sterben, wird vieles klar werden.

Mein Ziel ist es, über dieses Buch mitzuteilen, dass die Erfahrungen, die ich durch Tests mit Hilfe der Omega-Methode herausgefunden habe, mir bei meiner spirituellen Entwicklung weitergeholfen haben. Nicht nur, da ich damit das eine oder andere nachprüfen konnte, sondern auch, weil ich hoffe, die Heilung von Menschen unterstützen zu können, die sich so festgefahren haben, dass alle anderen bekannten Heilmethoden nicht anschlagen. Indem ich meine jahrelangen Erfahrungen mit der Omega-Methode in Buchform gieße, hoffe ich, vielen Menschen zu neuen Erkenntnissen zu verhelfen und dadurch Krankheiten vorzubeugen oder schneller heilen zu können. Wir besitzen noch nicht alle Antworten, es bleiben noch Teile des Puzzles vor uns verborgen. Andererseits ist alles viel deutlicher als je zuvor, und dieses Wissen hat mir geholfen, auf meinem spirituellen Weg weiterzukommen, und es hat gleichzeitig Tausenden von Menschen Hoffnung geschenkt.

Nach allen Vorbereitungen, Trainings und Ratschlägen durch unsere Geistführer und Meister kommt früher oder später der Moment der Reinkarnation, die Kontaktaufnahme mit dem Gastgeber oder der Gastgeberin. Die Zeitspanne, in der dies geschieht, variiert von Zeitpunkt der Empfängnis bis zum Zeitpunkt der Geburt. In der Regel liegt dieser Moment zwischen dem dritten und siebten Schwangerschaftsmonat, je nachdem, welche Wünsche die Seele hat und wie hoch ihr Erfahrungsniveau ist. Ich werde von dieser Erfahrung sogleich verschiedene Beispiele anführen. Doch zunächst erläutere ich noch einige weitere Details über die Empfängnis durch den Gastgeber bzw. die Gastgeberin hinsichtlich der Seele als zwei verschiedene Entitäten und Wesenheiten.

Der Körper ist ein eigenständiges Wesen mit individuellem Temperament, Charakter und Willen und mit einzigartigen Eigenschaften. Manche Körper haben einen trägen Stoffwechsel, einen niedrigen Intelligenzquotienten oder wenig Bedürfnis nach Ruhe, sind jähzornig, emotional oder empfindsam für Energien, Lärm oder Mondeinflüsse. Andere können ohne Sonnenlicht, Berg- oder Meeresluft nicht leben. Wieder andere sind waghalsig, wild, vorsichtig, schnell süchtig, ängstlich veranlagt, depressiv, empfindlich für bestimmte Lebensmittel oder schnell aggressiv. Der Körper kann über die DNS bestimmte Dinge von den Vorfahren erben, wie etwa die Veranlagung für Krebs, Allergien, Migräne, Jähzorn, Emotionen, Konflikte, Empfindlichkeit auf bestimmte Stoffe oder Nahrungsmittel, usw. Es können auch bestimmte Gewohnheiten, Glaubensüberzeugungen und Charaktereigenschaften später mit einprogrammiert werden. Daneben besitzen wir auch noch das Zellgedächtnis (Miasma: Trübung des genetischen Materials durch bestimmte Energien und Intentionen), das eine bestimmte 'Klan'-Energie (Stammesenergie) mit sich bringen kann oder Flüche der Vorfahren, Familienkarma (beispielsweise immer den Tod des jeweils Erstgeborenen) und noch mehr Dinge, die ich später noch erläutern werde. Außerdem kann es auch noch um den Missbrauch von Medikamenten, Nikotin und Alkohol, die Belastung mit toxischen Stoffen und Vitamin- und Mineralienmangel während der Schwangerschaft gehen (beispielsweise ein offener Rücken durch Folsäuremangel).

Die sich entwickelnde Leibesfrucht ist auch empfindsam für die Emotionen der Mutter und dafür, ob die Schwangerschaft erwünscht ist oder nicht. Unser metaphorisches Pferd kommt folglich mit einem ganz eigenen Charakter mit eigenen Empfindsamkeiten daher.

All diese Dinge sind losgelöst von der inkarnierenden Seele. Der Körper kann auch ohne die Seele fühlen, denken und fortbestehen.

## Partner fürs Leben, Teil 1

Wie ich bereits festgestellt habe, ist die Seele nun bereit zu inkarnieren und wartet den Moment ab, in dem sie Kontakt mit dem 'Gastbaby' herstellen kann. Normalerweise wartet sie, bis das Baby voll ausgebildet ist (gegen Ende des dritten Monats), es sei denn, es handelt sich um eine erfahrenere Seele, die die DNS des Kindes beeinflussen und steuern will, um sicherzugehen, dass genau die Chromosomen aktiviert werden, die sie braucht. Wie Sie später in diesem Buch erfahren werden, können Seele und Geist die DNS beeinflussen. Dies erfolgt später im Leben und ist ein intensiverer Prozess als zu Beginn des Lebenszyklus.

Die Seele kann den Körper beeinflussen und Muttermale verursachen, die Erinnerungen an frühere Lebenstraumata sind, oder Leberflecken, Sommersprossen und andere leichte Abweichungen beispielsweise bei der Form des Gesichts, der Augen oder Ohren erzeugen.

Ein Beispiel für solche Seelenerinnerungen findet sich in der Geschichte von Maria, 72 Jahre alt, die Hämangiome (Wucherungen der Blutgefäße) an der Zunge, in der Speiseröhre, im Magen und auf der Leber hatte. Sie hatte bereits 12 Zungenoperationen sowie zwei Magenoperationen hinter sich, um die Wucherungen zu entfernen, denn sie wuchsen innerhalb weniger Jahre wieder nach. Die Ärzte wussten keinen Rat mehr und entschieden sich für eine teilweise Zungenamputation und eine Zungenplastik. Die Folge davon wäre gewesen, dass sie nicht mehr so gut hätte sprechen können. Darin sah Maria keinen Sinn, und daher war sie, als sie mit ihrem Latein am Ende war, zu mir gekommen.

Ich testete sie, und es wurde schnell deutlich, dass es sich um eine Seelenerinnerung handelte. Sie hatte in einem früheren Leben, in einer Ehe mit einem Mann, der sie ständig mit anderen Frauen betrogen hatte, ihr Leben beendet, indem sie Säure getrunken hatte, die ihre Zunge, ihre Speiseröhre und ihren Magen (und wahrscheinlich auch ihre Leber) verbrannt hatte. Es war ein sehr schmerzhafter Selbstmord gewesen.

Die Seele hatte ihre Hämangiome erzeugt, um diesen ungelösten Konflikt nachträglich sichtbar zu machen. Ihr Ehemann aus jenem Leben war zurückgekehrt – nun als ihr Sohn. Sie hatte eine schmerzhafte Beziehung zu ihrem Sohn. Er war homosexuell und verhielt sich wie 'brünstig', wie sie es bezeichnete. Einmal war er mit dem einen zusammen, dann wieder mit einem anderen. Sie wollte nichts mit ihm zu tun haben und hatte ihn bereits 20 Jahre lang nicht mehr gesprochen. Nun kam sie dahinter, dass die Hämangiome wenige Jahre, bevor sie ihn aus dem Haus geworfen und sein Verhalten missbilligt hatte, größer geworden waren und stärker zu wuchern begonnen. Wir haben zusammen daran gearbeitet. Daraufhin verzieh sie ihm sein Verhalten im vorigen Leben und akzeptierte ihn so, wie er in diesem Leben war. Ich habe sie nur ein einziges Mal gesehen, und direkt nach der Sitzung hatte sich das Hämangiom in ihrem Mund um ein Drittel verkleinert. Sie hatte mit ihrem Sohn Frieden geschlossen und seitdem keine Belastung mehr damit gehabt. Das Hämangiom war praktisch verschwunden. Sie können sich vorstellen, wie glücklich Maria über diese Sitzung und die Erkenntnisse war.


Ein weiterer Diskussionspunkt unserer Zeit ist die Abtreibung: Wann ist das o.k. und wann nicht? Die Seele weiß bereits vor der Inkarnation, wie hoch die Wahrscheinlichkeit eines vorzeitigen Schwangerschaftsabbruches ist. Um Erfahrungen zu sammeln, wie es ist, in einem Körper zu sein, wählen manche Seelen absichtlich eine Leibesfrucht aus, von der sie wissen, dass diese abgetrieben werden wird. Wir nennen dies dann eine 'Testfahrt' (wie man dies auch tut, bevor man ein Auto kauft und eine Probefahrt macht). Oft dient eine solche 'Testfahrt' nur dazu, sich an das Gefühl zu gewöhnen, in einem Körper zu bleiben. Manchmal handelt sich auch darum, neue Fertigkeiten auszuprobieren. Dies kann bei einem Kind der Fall sein, das kurz nach der Geburt stirbt (ich komme hierauf später noch zurück).

Interessant ist, dass die Partnerschaft zwischen Seele und Körper superleicht oder hyperkomplex und heftig sein kann. Jeder Körper reagiert auf die Inkarnation der Seele anders. Der Körper ist sich seiner selbst bewusst, und die Seele kann als Eindringling (Virus oder Parasit) gesehen werden. Der Körper kann sich unter Umständen heftig dagegen zur Wehr setzen. Ziel ist es, die unsterbliche Seele und den sterblichen Körper in einer gemeinsamen Teamarbeit weiter zu entwickeln. Dadurch entstehen Synergien. Wenn es schief geht, kann es passieren, dass Seele und Körper miteinander um die Kontrolle konkurrieren. Ein Körper kann so viel Aggression, Depression oder Negativität beinhalten, dass er die Seele schädigen kann. Manche Menschen spüren, dass sie gleichsam zwei Persönlichkeiten in einer sind oder zwei Seiten ausgebildet werden, die beständig in Konflikt miteinander stehen. Der Körper verfügt über seinen eigenen Intellekt und Überlebensbedürfnisse, die diametral entgegengesetzt zu den Bedürfnissen der Seele sein können.

Die Kunst des Seele besteht darin, eine Symbiose zwischen den eigenen Bedürfnissen und denen des Körpers zu schaffen, sei es, die Kontrolle zu übernehmen oder die Rollen immer wieder zu tauschen, sodass beide zum Zuge kommen. Oder auch das Gehirn so zu beeinflussen, dass es nichts anderes will. Auf der Basis seines Überlebensinstinkts filtert das Gehirn die externe Welt auf seine eigene Weise, auf der Suche nach möglichen Gefahren und Bedrohungen seines Status Quo. Veränderungen erzeugen Unsicherheit. Auch wenn der Status Quo nicht optimal ist, so wird er doch gegenüber Veränderungen bevorzugt. Dies erklärt, weshalb viele Menschen lieber in einer schlechten Beziehung, beruflichen Stellung oder häuslichen Situation bleiben, als den Sprung in die Veränderung zu wagen. Oft ist das Ego des Körpers dominant. Das primitive Gehirn (der

Teil des Gehirns, der am wenigsten entwickelt ist) hat dann die Überhand und dominiert die Seele. Das primitive Gehirn kontrolliert unsere viszeralen (die Eingeweide betreffenden) und körperlichen Reaktionen, die eher instinktiv als intellektuell oder rational sind (Primärreaktionen). Manche Reaktionen stellen auch ein angelerntes Verhalten dar und verknüpfen sich mit dem primitiven Gehirn, wie etwa eine Spinnenphobie. Interessant ist, dass diese Primärreaktionen mit bestimmten alternativen Therapien, wie etwa der Omega-Methode, der emotionalen Balance, der Instant Releasetechnik und NLP leicht zu behandeln sind.

Weiterhin laufen biologische Prozesse im Körper ab, die die Psyche beeinflussen können. Denken wir hierbei an unsere biologische innere Uhr und an die Hormone. Der Körper hat einen eingebauten Fortpflanzungstrieb. Männer mit Einfluss, Kraft oder Macht wirken auf Frauen auf Grund ihrer DNS-Programmierung anziehender. Frauen verspüren oft zu einem bestimmten Zeitpunkt des Lebens das Bedürfnis nach Kindern. Biochemische und hormonelle Veränderungen (wie etwa PMS, das prämenstruelle Symptom) können die Psyche (Seele) beeinflussen. Wie wir sehen, ist die Beziehung zwischen der Seele und dem Körper sehr komplex und wechselseitig. Es ist wichtig zu wissen, dass die Seele zum Zeitpunkt der Inkarnation niemals 100 Prozent ihrer Energie mitnimmt, sondern ein Teil bei der spirituellen Familie als eine Art Reserve zurückbleibt. Manchmal kann sich die Seele verkalkulieren und zu wenig Energie besitzen, um die Aufgabe meistern zu können. Dies kann zu Krankheit, chronischer Müdigkeit, Überempfindlichkeit und allgemeiner Schwäche führen. Doch es wird noch komplexer. Manche Gehirne sind in ihrem Intellekt beschränkt, und die 'Hardware'(wie das Gehirn funktioniert) kann zu viel Widerstand leisten. Dann verläuft alles schwierig. Die Seele hat enorm viel Mühe damit, die Prozesse gut und effizient verlaufen zu lassen. Der Körper hat sein eigenes Ego (Überlebensmechanismus), das teils durch die Ahnen und teils durch die Stammesenergie vorprogrammiert ist.

Steven Pinker, ein Psychologe an der Harvard-Universität, hat ein Buch geschrieben: 'The Blank Slate' (dies bedeutet so viel wie 'unbeschriebenes Blatt'). Dieses Buch stellt eine Revolution hinsichtlich der Vorstellung dar, die wir von der Wirkungsweise des Verstandes und der Psyche haben. Etwa alle zehn Jahre diktiert die Sozialwissenschaft das Dogma, dass der menschliche Verstand nur wenige angeborene Eigenschaften hat, verglichen mit einem Computer, der nicht programmiert ist. Pinker bestreitet gemeinsam mit anderen Forschern auf dem Gebiet der evolutionären Psychologie diese These. In einem weiteren Buch, 'The Language instinct' ('Unser Sprachinstinkt'), behauptet er, dass wir einen genetisch angelegten 'word processor' in uns haben (damit meint er einen Mechanismus, der über ein Sprachgefühl verfügt), der durch natürliche Selektion entstanden ist. Daher rühren auch andere Impulse, wie etwa Eifersucht und Rachsucht. Seine Gegner glauben, dass alles Schlechte nur von der Korruption durch 'Blankoseelen' im Umfeld entsteht. Die evolutionäre Psychologie hat auch eine positivere Kehrseite: Liebe und Mitgefühl sind gleichfalls in unseren Genen verankert. Weiter sagt Pinker: "Die Biologie ist nicht unsere endgültige Bestimmung!" Und ein Zitat von Katherine Hepburn in 'The African Queen' ('Die Königin Afrikas') lautet: "Natur und Lebensumstände existieren in dieser Welt, damit wir sie transzendieren können."

Seit etwa 50 Jahren scheint ein Wissenschaftler der Harvard-Universität eine neue Periode der Intellektualität anzukündigen. Gegen Ende des 19. Jahrhunderts, in der Zeit nach Darwin, wies William James darauf hin, wie die Natur des Verstandes funktioniert. Mitte des 20. Jahrhunderts schlug das Pendel in die Gegenrichtung aus. B. F. Skinner behauptete, dass der Verstand bei der Geburt ein 'unbeschriebenes Blatt' ist. Heute schlägt das Pendel wieder in Richtung Pinker aus, der die Theorie vertritt, dass der Verstand durch genetische Einflüsse bereits immer vorprogrammiert ist. Das Buch von Robert Wright: 'Non Zero, the Logic of Human Destiny' ('Nicht Null – die Logik des menschlichen Schicksals') ist ebenfalls interessant zu lesen. In seinem Artikel in der 'Times' vom 26. April 2004 beschrieb er Pinker als einen der einflussreichsten Wissenschaftler unserer Zeit. Aufgrund von Tests mit der Omega-Methode und aufgrund der Erkenntnisse von Michael Newton im Zuge seiner Regressionshypnose scheint Pinker Recht zu haben, wenn er sich auch des Einflusses der Seele nicht bewusst ist.

Das Ego funktioniert in 90 Prozent aller Fälle so, dass die Seele inkarnieren kann. Ego und Seele müssen zu einer Einheit verschmelzen, am besten noch im Bauch der Mutter. Man könnte es als einen Zusammenstoß zweier Egos betrachten, der in einer Partnerschaft fürs Leben enden sollte. Folglich besteht die erste Dualität der dreidimensionalen Welt in der Dualität von Seele und Körper, in der Dualität zwischen einem unsterblichen und einem sterblichen Charakter.

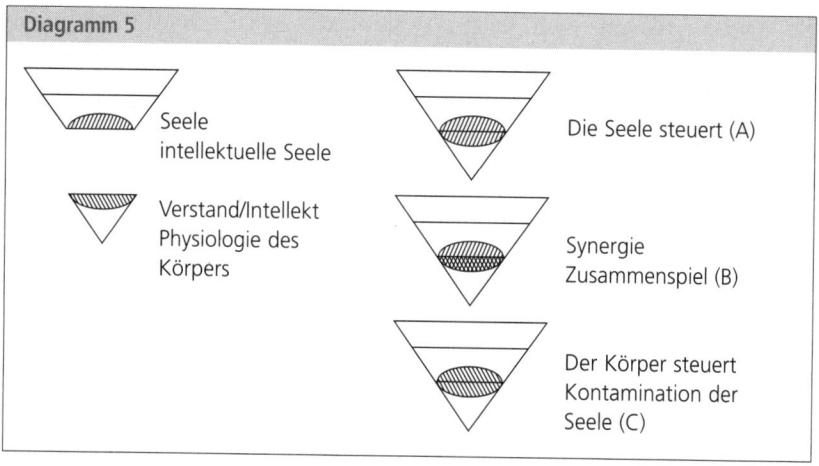

**Diagramm 5**

Seele
intellektuelle Seele

Die Seele steuert (A)

Verstand/Intellekt
Physiologie des
Körpers

Synergie
Zusammenspiel (B)

Der Körper steuert
Kontamination der
Seele (C)

Wie aus Diagramm 5 ersichtlich wird, gibt es verschiedene Möglichkeiten:

A) Die Seele übernimmt das Steuer ganz, und der Körper unterwirft sich ihr auch ohne Protest (das stellen wir bei den höher entwickelten Seelen fest).

B) Seele und Körper finden eine synergetische Symbiose. Die Seele lernt ihre Lektionen auch über Prozesse des Körpers.

C) Der Körper lässt sich nicht steuern und geht seinen eigenen Weg. Die Seele hängt daran wie ein Wasserski an einem Sportboot und wird in Abenteuer, Apathie usw. mit fortgezogen.

In den meisten Fällen finden wir Situation B vor. Hier gelingt der Seele eine sich wechselseitig stimulierende und lohnende Zusammenarbeit. Seele und Körper funktionieren wie eine einzige Persönlichkeit anstatt in Dualität. Letztendlich wird der Körper sterben, doch er hinterlässt auf der Seele immer einen tiefen Eindruck und hat diese damit beeinflusst. Die Seele wird diese Partnerschaft niemals missen mögen.

Eine der Folgen dieser neuen, revolutionären These ist die Bedeutung des Gefühls von Dankbarkeit und Liebe für den Gastkörper. Es hat einen krankmachenden Effekt, wenn jemand seinen Körper ablehnt und sich jedes Mal, wenn er in den Spiegel schaut, negative Gedanken über seinen Körper macht. Manche Menschen stecken viel Energie in äußerliche Ereignisse und setzen alles daran, um jung und gut auszusehen: Antifaltencreme, Botox-Injektionen, Facelifting, Fettabsaugung, Silikonbusen, Collagenlippen, plastische Chirurgie und teure Vitamine. Daran ist an sich nichts falsch. Wenn man sich durch diese Art von Eingriffen besser fühlt, dann muss man das tun. Es ist natürlich wichtig, nicht nur äußerlich kosmetische Chirurgie anzuwenden, sondern auch innerlich *kosmische* Heilkunde durch positive Gedanken, Gefühle und Affirmationen auf den Gastgeber zu lenken. Auf lange Sicht wird sich die innerliche, 'kosmische' Heilkunde mehr auf unser Leben auswirken als äußerliche, kosmetische Eingriffe. Gegen eine Kombination von beiden ist nichts einzuwenden. Wer ein Urteil darüber fällt, kann für sich selbst viel über die Beziehung mit dem Gastkörper erfahren...

> Liebe und Dankbarkeit in unseren Körper
> zu lenken ist wichtiger als äußerliche,
> verjüngende Eingriffe oder Vitamine.

Viele Menschen geben ein Vermögen für kosmetische und plastische Chirurgie aus und ziehen dann griesgrämig, rauchend und trinkend durchs Leben oder stopfen ihren herrlichen Körper mit 'Junkfood' voll. Oft sind es 'C-Kombinationen', wobei die Veranlagung des Körpers zur Sucht über die entwickelte Seele die Oberhand erringt.

Jeder physische Körper verfügt über eine individuelle, einzigartige Kombination und einen eigenen Bauplan und ist ein wunderbares Produkt des göttlichen, kreativen Intellekts. Die Ideen, Urteile und Kreationen des menschlichen Verstandes sind wiederum Konzepte, die aus der Kombination der Programmierung des Verstandes und der Entwicklung der Seele entspringen. Aufgabe einer jeden Seele ist es, jeden Umstand zu transzendieren (zu meistern). Die Seele hat ein eingebautes Programm (Kompass), um Perfektion (Frieden, Harmonie, Liebe usw.) zu suchen. Die einzigartige, individuelle Persönlichkeit der Seele ermöglicht es ihr, während der sterblichen Phase, die sie zur Verfügung hat, das physische Umfeld zu beeinflussen und in einer größeren Harmonie, in Frieden und in Balance zu leben. Das ist Transzendenz.

Die Seelen sind Ausdruck des Lichts, aus dem sie entstanden sind. Im Grunde ist Erleuchtung nichts anderes, als die vollständige Verwirklichung der im Kern angelegten Blaupause der Liebe, der Schönheit, der Vorstellungskraft und des Mitgefühls. Manche Seelen entscheiden sich dafür, in zwei Körpern gleichzeitig zu leben – das nennt man 'Parallelleben'. Das ist sehr außergewöhnlich, weil es komplexer ist, dies zu verwirklichen. Solche Seelen lassen, wie jede Seele, einen Teil ihrer Energie in der geistigen Welt zurück. Dieser Teil ist wichtig, weil er nicht durch das Leben verunreinigt (kontaminiert) werden kann. Er stellt die Blaupause dar, mit der das DOW (welches wir in den Diagrammen auch als 'Geist' bezeichnen) verbunden ist. Bei der Omega-Therapie setzen wir diese Blaupause zur Heilung ein.

Ebenfalls interessant ist, dass jener Teil, wenn ein geliebter Mensch aus unserem engsten Kreis stirbt, am Ende des Tunnels warten kann, um uns zu empfangen. Wenn wir eine Intention setzen, und diese auch an den Teil von uns senden, der zu Hause ist, dann verbinden wir uns immer mit der ursprünglichen Intention für dieses Leben und wirken mit diesen Intentionen zusammen (siehe Diagramme 3 und 4). Dadurch haben wir mehr Aussichten auf Erfolg.

Es ist unmöglich, mit den gesamten 100 Prozent unserer Energie zu inkarnieren. Der Körper würde das nicht vertragen und ernsthaften Schaden am Zentralnervensystem nehmen. Ein hyperaktives Kind hat einen enormen Überschuss an Energie. Stellen Sie sich aber vor, es hätte doppelt so viel Energie. Dann würde ein solches Kind auf den Händen an der Decke im Kreis laufen, und über ein zweistöckiges Haus springen, wenn es dreimal so viel Energie hätte... Ich glaube, viele Eltern würden wirklich verrückt werden, wenn ihre Kinder nur noch zwei Stunden oder weniger Schlaf bräuchten. Außerdem würde ein Körper bei einem etwas höheren Energiepegel keine Möglichkeit mehr haben, seinen eigenen Beitrag zu leisten, und es würden viele karmische Lektionen verloren gehen.

Die Herausforderung, unser Gehirn vom Körper aus zu steuern, ist ein wichtiger Teil des Lernprozesses. Außerdem würden wir, wenn wir mehr Energie mitbringen würden, mehr von unserem spirituellen Gedächtnis zur Verfügung haben. Das würde das Spiel leichter machen und dadurch wären die Lektionen zu einfach. Es wäre vergleichbar damit, wenn ein Zehnjähriger wieder zurück in die Vorschulklasse versetzt werden würde. Dieser würde sich furchtbar langweilen. Indem wir in jedem Leben mit einigen Herausforderungen mit besonderem 'Kick' konfrontiert werden, stärken wir alle Aspekte der Seele. Dadurch wird diese in ihrer Gesamtheit gestärkt. Wir können dies mit einem Diamanten vergleichen, den wir eben so lange schleifen, bis er ein harmonisches Ganzes bildet, ein echter Diamant ist.

Außerdem wird unsere Erinnerung zum großen Teil blockiert. Dadurch wird das Spiel auf einmal verwickelter, und wir erfahren mehr Herausforderungen, die im Leben immer komplexer und umfassender werden. Wir müssen dann bei unseren Qualitäten 'tiefer graben' oder uns unseres Mutes, unserer Willenskraft, unseres Vertrauens, unseres Durchsetzungsvermögens, unseres Mitgefühls usw. bewusster werden. Durch diesen Gedächtnisverlust sind wir uns zu dem nicht bewusst, wie oft wir schon versagt haben, und wie schwer wir es im vorigen Leben gehabt hatten. Wir beginnen also immer wieder mit frischem Mut und neuem Enthusiasmus.

Eine fortgeschrittene Seele dürfte höchstens 25% ihrer Gesamtkapazität mitbringen. Je weniger, desto größer die Beeinträchtigung und desto stärker das Wachstum. Weniger selbstsichere Seelen gehen auf 'Nummer

Sicher' und bringen zwischen 50 und 75% mit. Ihre Energie ist undifferenzierter, und das brauchen sie auch dringend, um zu überleben. Ein weiterer Grund, um mehr Energie zurückzulassen, besteht darin, dass wir dann in der spirituellen Welt mit unseren Lernprozessen weitergehen und andere auslassen können.

Sind wir erst einmal im Körper, so beginnt die Interaktion zwischen spirituellem Verstand (Intellekt) und physischem Verstand. Später im Leben werden diese beiden sich einander wechselseitig beeinflussen.

Emotionale, aber auch körperliche Traumata, Krankheiten, negative Menschen, Elektrosmog, Giftstoffe und schlechte Ernährung können unsere Energiereserven gehörig angreifen. Vor allem Negativität kann starke Energieverluste verursachen. Sie gehört zu den Dingen, vor welchen wir lernen sollten, uns zu schützen. Bei den verschiedenen Traditionen von Tai Chi und Qi Gong, sowie auch bei verschiedenen Formen der Meditation, des Reiki usw., lernen wir, wie wir uns mit universellem Chi (Energie und Prana) aufladen müssen.

Ich habe jahrelang Qi Gong praktiziert. Gemeinsam mit meiner Partnerin Mayana habe ich nun eine modernere, schneller aufladende Version entwickelt, die auf einer Kombination von östlichen, westlichen und esoterischen Prinzipien basiert. Mit Hilfe der Omega-Methode haben wir ihre Effekte gemessen. Dank dieser neuen Kombination gelingt es, unsere Reserven um ein Vielfaches tiefer und schneller aufzuladen und Körper und Seele zu heilen, als mit anderen Techniken. Mayana hat diese Methode "Zhen Chi" getauft – 'die Kunst des Seins'. Man kann sie zu Hause im Selbststudium Mithilfe von CDs, DVDs, Büchern und Anleitungen erlernen und umsetzen.

Wenn die Lebensenergie erschöpft ist, kann die Akupunktur beispielsweise viel weniger ausrichten. Man muss sich dann erst wieder aufladen. Wenn der Körper krank oder schwach ist bzw. im Koma liegt, kann sich die Seele im Schlaf, bei der Meditation oder in diesem Koma aufladen.

Ich habe spezielle CDs mit geführten Meditationen entwickelt, mit deren Hilfe man die Seele und den Körper wieder aufladen kann. Eine der CDs lehrt uns, wie man effizienter schlafen und mehr Heilung und Vitalität erlangen kann (die CD mit dem Titel 'Gute Nacht!'). Eine andere CD führt uns in die Stille (die CD 'Stille'). Sie tragen ihren Teil dazu bei, um die Seelenenergie zu lenken und den Körper wieder zu regenerieren.

Wir vertiefen uns nun weiter in die Fusion von Seele und Körper. Je nach Grad ihrer Entwicklung kann die inkarnierende Seele bestimmte Konflikte beim Baby heilen oder neutralisieren, beispielsweise die Ablehnung durch die Mutter. Es kommt auch vor, dass manche Körper träge und apathisch sind. Es erfordert von der betreffenden Seele mehr Energie, um sich in einem solchen Körper zu manifestieren.

Hinter der Kopplung von Seele und Körper liegt immer eine tiefere Absicht. Dahinter verbergen sich eine ganze Reihe von Lektionen. Daher ist es für uns von Interesse herauszufinden, welchen Körper wir haben und welche Herausforderungen dieser an uns stellt.

Ich will ein Beispiel anführen. Mein Körper liebt Süßes, und ich weiß, dass es schlecht für mich ist. Er hat auch Phasen (besonders wenn ich müde bin), wo er extra viel davon braucht. Ich war das dickste der neun Kinder, die meine Mutter auf die Welt gebracht hat, und wenn ich nicht aufpasse, dann schwelle ich zu einem ungeheuren Umfang an. Mein Körper speichert schnell Flüssigkeit (vor allem bei Stress, Müdigkeit, Jetlag und übermäßigem Salzverbrauch) und neigt zu hohem Blutdruck (das liegt in der Familie), zu Allergien und einem niedrigen Blutzuckergehalt (Hypoglykämie) sowie Diabetes. Mein Körper braucht viel Schlaf, und meine Prostata meldet sich seit meinem 22. Geburtstag. Außerdem reagiere ich empfindlich auf Alkohol, Farbstoffe, Vetsin (Monosodiumglutamat), Knoblauch und Lärm. Dann habe ich noch nicht meine Konzentrationsstörungen erwähnt, dass ich nicht stillsitzen kann, an Depressionen leide, mir keine Namen merken kann, und in den Knien und im Lendenbereich empfindlich bin. Und es fehlt bestimmt noch so einiges an dieser Aufzählung. Ich habe außerdem schon an Asthma, Bronchitis, Sinusitis, Arthritis, Ekzemen, Allergien, Burn-out, chronischer Müdigkeit, Hypoglykämie, Bluthochdruck, Kaffeesucht, Migräne, Schlaflosigkeit, Verdauungsstörungen, Verstopfung, Hämorrhoiden, Übergewicht, Juckreiz, Schuppen, Sehschwäche, Hörstörungen und Schwindelgefühl gelitten,

und auch hier habe ich bestimmt noch etwas vergessen. Es hat lange gedauert, bevor ich die meisten dieser Beschwerden dank meiner langjährigen Erfahrungen in der alternativen Heilkunde einigermaßen unter
Kontrolle hatte.

Was habe ich durch all diese Beschwerden gelernt, was hat es mir gebracht? Welche sind die karmischen Lektionen und Lernprozesse? Durch
mein Asthma habe ich zwölf Mal das Gefühl gehabt, ersticken zu müssen. Die Ärzte haben mir als Kind immer weitergeholfen, und so entstand in mir der Wunsch, selbst Arzt zu werden. Ich wollte anderen helfen, so, wie mir selbst geholfen worden war. Als sich herausstellte, dass
die herkömmliche Schulmedizin nicht das Wundermittel zu sein schien,
das ich von ihr erwartet hatte, landete ich bei der alternativen Heilkunde. Aufgrund meines absoluten Wunsches, Menschen und natürlich auch
mich selbst zu heilen, begann ich eine inzwischen 25 Jahre anhaltende
Suche nach der vollständigsten Form der Heilkunde, der Heilkunde, die
meinem Ideal am nächsten kommt. Dies mündete letztendlich in der
Omega-Methode, bei der alle Erkenntnisse, die Sie in diesem Buch lesen
werden, nahtlos in die zahllosen anderen Techniken integriert werden,
die ich erfolgreich anwende. Dies hat mir viele Vorteile gebracht. Ich bin
von meinen Allergien befreit und von 90 Prozent der Krankheiten völlig
geheilt, die ich oben aufgezählt habe.

Es gibt noch einige weitere Dinge, für die ich mir mehr Zeit nehmen
werde, um sie ganz zu heilen. Doch die restlichen Leiden sind nicht lästig und stören mich nicht. Darüber hinaus bin ich emotional weitaus
gestärkter als jemals zuvor. Ich befinde mich zu 98 Prozent meiner Zeit
in einem superglücklichen Zustand, und die anderen zwei Prozent in einem etwas geringeren Glücksgefühl. Auch bin ich mir stets der Tatsache
bewusst, dass die Evolution ein niemals endender Prozess ist. Ich habe
das wilde Pferd, das mein Körper ist, reiten gelernt. Wir fühlen uns meist
als eine Einheit, und ich kann mit meinem Körper viel anfangen. Ich
habe ihn etwa 40 Jahre lang sowohl körperlich als auch geistig und seit
ca. zehn Jahren auch emotional trainiert. Ich habe ihn von den meisten

'Triggern' verschont. Es ist kein leichter Weg gewesen. Doch ich habe gelernt, was Disziplin und Durchsetzungsvermögen sind. Ich habe auch gelernt, meine Aufmerksamkeit auf mein Ziel ausgerichtet zu halten. Ich fühle mich emotional, körperlich und geistig stärker das je zuvor. Mein Selbstvertrauen ist größer als je zuvor, und ich lasse mein Ego für mich arbeiten, anstatt umgekehrt (natürlich nur, soweit es mir gelingt). Ich bin mit meinem Körper zufrieden, auch wenn er nicht perfekt ist. Ich lade ihn täglich mit meiner Dankbarkeit und Liebe auf.

Folglich können selbst große Herausforderungen, die unüberwindbar scheinen, sich zu unserem Vorteil entpuppen, wenn wir nicht aufgeben, uns nicht zu schnell zufrieden geben und immer auf der Suche nach unserem (Aus-) Weg bleiben. Es ist wichtig, Prioritäten zu setzen. Wo investiere ich? Viele Menschen geben für ihre Gesundheit und ihr spirituelles Wachstum nicht gern Geld aus. Ich selbst gebe einen großen Teil meines Einkommens für diese Sachen aus. Ich gehe immer weiter und tiefer, wohlwissend, dass der Weg noch lange nicht zu Ende ist.

## Partner fürs Leben, Teil 2

Normalerweise wählt eine Seele, die schnelle Entscheidungen trifft und schnell wachsen will, einen Körper mit einem entsprechenden Temperament aus. Dies sind Kombinationen, die einander verstärken. Oft fühlt sich eine solche Seele durch einen Körper, der ruhiger und nicht so emsig ist, gehemmt. Manchmal ist dies auch gerade der Grund dafür, weshalb sie in einem solchen Körper zurechtkommt. Andere Seelen fühlen sich wiederum in einem emotional kühlen Gastgeber oder in einem analytisch ausgerichteten Körper zu Hause, wo die Priorität auf dem Intellekt liegt, oder auch in einem waghalsigen Körper, der die Schnelligkeit und die Gefahr liebt. Manche Kombinationen sind für die Seele sehr schwierig und geben Anlass zu Frustration.

Das Gehirn und das Temperament des Gehirns haben Einfluss auf die Seele. Ebenso ein Körper mit Aggressionen, Wut, Rachsucht, Übermut, Mordlust, destruktivem Verhalten und Respektlosigkeit gegenüber anderen (das Recht des Stärkeren). Manche Seelen sind dafür sehr empfänglich und lassen sich verunreinigen. Andere Körper lieben körperliche Herausforderungen oder geistige Konfrontationen, und dies kann für die Seele einen großen Wachstumsprozess bedeuten.

Der Körper, den wir bekommen, ist so ausgewählt, dass er so gut wie möglich zu unserem Lebensplan passt und letztendlich eine spezifische Persönlichkeitskombination entsteht. Einmal angekommen gibt es kein 'Zurück' mehr, und es liegt an uns, das Beste daraus zu machen, wohl wissend, dass wir nicht in einem Körper sitzen, den wir nicht meistern oder von dem wir nichts lernen können.

## ▪ Die Kopplungsphase

Einer der interessantesten Augenblicke unserer Inkarnationen ist die Begegnung mit unserem Gastgeber. Die Reaktionen des Gastkörpers variieren vom direkten Willkommen über Misstrauen bis hin zur Ablehnung. Das ist ein schwer verständliches Konzept, weil wir keine Vorstellung vom Bewusstsein des Körpers haben und davon, wann dieses einsetzt. Wir können beispielsweise einem Körper mit steifem Bewusstsein begegnen, der nicht reagiert, sodass die Seele das Gefühl hat, ein Eindringling zu sein.

Oft fühlen wir uns aber wie ein neuer Zimmergenosse, und es gibt eine Art Kennenlernphase, in der man sich aneinander gewöhnen muss. Es gibt auch apathische Gehirne, die schwerfällig arbeiten oder von Natur aus über ganz wenig Intellekt verfügen. Manche Körper kämpfen gegen jede Veränderung an, einschließlich der Ankunft einer neuen Seele. Auf Dauer jedoch finden Akzeptanz und Anpassung aneinander statt.

Die meisten Seelen inkarnieren zwischen dem dritten und sechsten Schwangerschaftsmonat. Die Seele beginnt meist sogleich zu erforschen, welche Art von Körper und Zentralnervensystem die Gastperson hat, und auch, was sie tun kann, um den Übergang so angenehm wie möglich zu gestalten, sowie, wie sie aus dieser Beziehung den größten Nutzen ziehen kann. Manche Seelen können auch Korrekturen ausführen. Außerdem können sie dem sich entwickelnden Kind viel Freude bereiten, indem sie bestimmte Gehirnzonen stimulieren.

Die Schwangerschaft ist die Zeit der Integration von Körper und Seele. Oft besteht auch eine Beziehung zur Mutter auf telepathischer Ebene. Manche Mütter sind dafür empfänglicher als andere. Die Seele bietet dem Kind eine Vertiefung seiner Persönlichkeit und seines Lebens. Ohne Seele hätte der Körper kein höheres Ziel und würde auf das animalische Niveau von Überleben und instinktiver Reaktion sinken. Außerdem bereitet die Seele den Körper auf den Geburtsschock vor und heilt negative Emotionen und Ablehnung durch die Mutter so weit wie möglich. Sie versucht auch, die Mutter zu beruhigen und zu trösten. Das ist natürlich oft sehr schwer, insbesondere bei emotional veranlagten Müttern. Die Seele spielt auch mit dem Kind und spricht mit ihm. Manchmal sieht man Kleinkinder (meist bis zum sechsten oder siebten Lebensjahr), die mit Fantasiepersonen oder mit sich selbst sprechen – oft handelt es sich dabei um die Seele. Es können jedoch auch Geistführer oder andere Wesenheiten sein. Auch bei älteren Menschen, die körperlich und geistig abbauen, beobachten wir dieses Phänomen, ebenso wie bei schizophrenen Menschen.

Ich hoffe, hiermit etwas mehr Einblick in eine wichtige Phase unseres Lebens geboten zu haben, und zwar in die Inkarnationsphase selbst. Für viele Menschen ist dies neu und vielleicht sogar verblüffend. Wir haben bisher noch nie über den Prozess der Inkarnation nachgedacht und mit Sicherheit nicht über die Tatsache, dass es sich dabei um eine Kopplung von zwei völlig verschiedenen Wesenheiten handelt. Ebenso wie über den Zeitraum zwischen den Leben gibt es hierüber ebenfalls nur ganz wenige Informationen. Der Einzige, der dies ganz gut ausgearbeitet hat, ist Michael Newton. Dort habe ich auch die meisten Forschungen gefunden. Ich habe alles mit der Omega-Diagnosetechnik überprüft. Alles, was er beschreibt, konnte ich bestätigen. Seine Bücher sind gute Hilfsquellen für jeden, der mehr darüber wissen will.

## ■ Auftrag

Wenn Sie das Optimum aus diesem Buch herausholen möchten, dann schreiben Sie die Antworten auf folgende Fragen auf:

- Welche sind für Sie die 'Aha-Effekte' im Hinblick auf die Seele und den Gastgeber?

- Was wird Ihnen nun über Ihre Beziehung zu Ihrem Körper deutlich?

- Es ist eine Tatsache, dass Sie nicht Ihr Körper sind, und dass Sie davon nur vorübergehend Gebrauch machen. Welche Eigenschaften schreiben Sie Ihrem Körper zu, und welche Ihrer Seele?

- Erkennen Sie nun, dass der Körper, den Sie zugewiesen bekommen haben, ein Geschenk ist? Und auch eines der Wunder und ein Beweis des Intellekts, der ihn letztendlich geschaffen hat?

- Inwieweit respektieren Sie dieses Geschenk und wie dankbar sind Sie dafür? Signalisieren Sie Ihrem Körper regelmäßig, dass Sie ihn schätzen? Lassen Sie ihm Liebe zukommen, sodass er sich gut fühlt?

- Inwieweit ernähren Sie Ihren wunderbaren Körper mit Nährstoffen, die gut für ihn sind? Lassen Sie ihm Körperübungen angedeihen, sodass er für ein langes Leben in guter Verfassung bleibt, oder sind Sie zu träge, um hier Energie zu investieren?

- Inwieweit hat Ihr Körper die Macht über Sie, beispielsweise durch 'Versklavung', indem er viel Ruhe braucht und Angst, Unruhe, Überaktivität, Apathie, Müdigkeit, Krankheit, Depressionen, Steifheit, Angst vor dem Unbekannten, Übergewicht, Hunger oder Appetit auf bestimmte Lebensmittel zeigt?

- Inwieweit sind Sie in Ihrer Entwicklung stecken geblieben, indem Sie in Ihren Augen oder aus Ihrer Sicht zu müde, zu träge, zu starr, zu fixiert, zu apathisch, zu krank, zu dick, zu hässlich, zu dumm, zu unwürdig, zu unattraktiv waren?

- Inwieweit kritisieren Sie Ihren eigenen Körper, inwieweit lehnen Sie ihn ab?

- Inwieweit sind Sie Ihrem Körper gegenüber undankbar, wenn Sie unter Schmerzen, Übergewicht oder Krankheit leiden und nicht mehr so gut mit ihm zurechtkommen?
- Inwieweit sind Sie mit sich und Ihrem Körper zufrieden?

Denken Sie über diese Fragen gut nach, und bewerten Sie, wo Sie gerade stehen. Denn wenn Sie dies gut zu sich durchdringen lassen, werden Sie erkennen, dass Sie an einem Wendepunkt stehen. Indem Sie die Trennung von Körper und Seele akzeptieren und daraus Ihren Nutzen ziehen, können Sie in Ihrer Persönlichkeitsentwicklung Quantensprünge machen, und Sie werden sich in Ihrem Körper viel besser fühlen. Es ist niemals zu spät, zur Einsicht zu kommen.

Die Intention, die ich Ihnen jetzt rate, lautet:

"Ich erkenne, dass mein Körper und ich zwei verschiedene Wesenheiten sind. Ich habe jetzt und für immer die Absicht, dankbar und liebevoll zu meinem Körper zu sein und bewusster darauf zu achten, was er braucht, um optimal funktionieren zu können. Ich werde mein Bestes tun, um jeden Tag besser für ihn zu sorgen, solange er nicht mit der Entwicklung meiner Seele konkurriert."

Schreiben Sie das auf. Überreichen Sie dieses Stück Papier mit diesem Text an sich selbst, zu Hause, im Jenseits. Danken Sie Ihrem Körper in einer Meditation und lassen Sie Liebe durch Ihren Körper hindurch strömen. Verbrennen Sie sodann das Stück Papier im Rahmen einer kleinen Zeremonie, wobei Sie Ihre Geistführer um Unterstützung und Kraft bitten, diese Intention zu verwirklichen.

Erinnern Sie sich täglich daran, welches Geschenk Sie erhalten haben, indem Sie hier auf Erden, auf diesem herrlichen Planeten, in diesem wunderbaren Körper, zu Besuch sind. Ganz viel Vergnügen und Freude auf dieser Reise durch Raum und Zeit...

4. Kapitel

# Die kalte Dusche – willkommen in der dritten Dimension!

In den vorangegangenen Kapiteln haben Sie Einblick in den 'Übergang' (in irdischen Worten: 'den Tod'), die Entwicklungsprozesse der Seele und in das Leben zwischen den Inkarnationen, die Vorbereitung auf das folgende Leben und die erste Begegnung mit dem Gastkörper gewonnen. Nun ist es an der Zeit, kurz darüber zu sinnieren, was in der ersten Lebensphase mit der Seele im Körper geschieht.

Eine der wichtigsten Überzeugungen, die mit der Theorie verbunden ist, dass Quantensprünge zur Seelenentwicklung führen, lautet, dass alles Sinn macht, dass wir aus jeder Herausforderung lernen können. Alle nicht abgeschlossenen oder nicht verarbeiteten Ereignisse werden uns in allen folgenden Leben verfolgen.

Wenn wir im Jenseits sind, blicken wir durch eine Art rosarote Brille ins folgende Leben. Es ist mit der Mutter zu vergleichen, die nach einer schweren Geburt ausruft: "So etwas niemals mehr – ich will keine Kinder mehr." Nach zwei oder drei Jahren ist der Schmerz vergessen, und sie will wieder ein Kind. Genau dies passiert nach jeder schmerzhaften Zeit auf Erden, weil wir so glücklich sind, wieder in die Harmonie nach Hause zurückzukehren, wo es keine Konflikte, keinen Hunger, keine Krankheit, keinen Schmerz, keinen Streit, kein Leiden und all die anderen Dinge gibt, die das Leben auf Erden so anstrengend machen. Nachdem wir aber ein Weilchen zurück sind und uns so gut wie möglich vorbereitet haben, ist das Leiden wieder abgeebbt, und wir sind erneut enthusiastisch und optimistisch, was unser nächstes Leben betrifft und vergessen ganz, wie heftig es ist, als hilfloses Menschenbaby, das von seinen Eltern völlig abhängig ist, wieder ganz von vorn zu beginnen. Außerdem ist diese Phase nicht die interessanteste für uns, denn wir sind ja schon allzu oft Baby gewesen. Wir sind mit unserer Aufmerksamkeit beim Rest der Geschichte. Und doch muss jeder von uns leider ganz von vorne anfangen. Wir können keine Phase der menschlichen Entwicklung überspringen. Wir können nur hoffen, dass manche Phasen schnell vorübergehen, oder dass wir es so viel wie möglich und so weit es möglich ist, genießen. Die Anfangsphase kann grauenhaft sein und große Auswirkung auf die Seele und den Körper haben.

Die Geburt findet unter der Leitung der Geistführer und der Seele statt. Die Geburtsstunde und der Geburtstag sind von grundlegender Bedeutung, um die richtige Prägung (die richtigen Einflüsse) durch den Planetenstand, die elektromagnetischen Felder und noch vieles mehr zu erhalten.

## Alles ist Energie – die Astrologie

Die Astrologie ist eine ganz alte Methode, die es schon lange vor den modernen, starken Teleskopen und superschnellen Computern gab. Schon in alten Zeiten wurden mit der Astrologie sehr treffende Einblicke gewonnen, die uns noch heute überraschen. Ich werde ein schönes Beispiel anführen: Der Maya-Kalender ist nach Tausenden von Jahren immer noch genauer als unser heutiger Kalender...

Derzeit können Astrologen binnen weniger Minuten unser persönliches Geburtshoroskop erstellen. Dies nahm früher Wochen in Anspruch. Die Interpretation und Analyse dieses Horoskops ist allerdings etwas zeitraubender und abhängig vom Wissen und der intuitiven Begabung des betreffenden Astrologen. Wie gesagt – das Wichtigste bei dem Ganzen ist der exakte Zeitpunkt unserer Geburt. Dieser wird von der Seele zeitlich sehr sorgfältig abgestimmt, um den maximalen Effekt für unsere Lebensabsicht zu erzielen. Es ist durchaus der Mühe wert, sich mit einem guten Astrologen zusammenzusetzen. Es ist nämlich so, dass wir mehr über unser Lebensziel erfahren können, wenn wir unser Geburtshoroskop studieren.

Unsere reinste Essenz ist Energie. Energie verbindet das ganze Universum. Alles und jeder ist Energie. Je besser wir dies verstehen, desto besser werden wir uns selbst verstehen und desto mehr können wir unsere Zukunft beeinflussen. Später werde ich in diesem Buch spezielle Übungen anbieten, um mit den elektromagnetischen und anderen subtilen Energien zu arbeiten, um uns selbst immer gesünder und vitaler zu machen. Diese subtilen Energien werden durch unsere Intention manipuliert. Sie bilden die Grundlage unserer Existenz. Sie verleihen uns Vitalität und Fitness. Im Augenblick der Geburt findet eine Art Prägung ('Abdruck') unserer Blaupause mit Energie statt, die uns für den Rest unseres Lebens für bestimmte energetische Einflüsse empfänglich macht. Diese Prägung und die anderen oben genannten Einflüsse haben mit dem Stand der Planeten, dem Magnetfeld der Erde, der Schwerkraft und vielen unsichtbaren Energien zu tun, die vom Stand der Sonne und des Mondes sowie von anderen, weniger bekannten Einflüssen abhängig sind.

Ihre persönliche innere biologische Uhr wird bei der Geburt von der Ihrer Mutter abgekoppelt und in Gang gesetzt. Ihre irdische Lebensuhr und Ihre Biorhythmen beginnen unabhängig zu ticken und nehmen Sie für den Rest Ihres Lebens in ihren Rhythmen mit. Dem kann man sich nicht entziehen. Sie müssen lernen, mit Phasen zu leben, in denen Sie sich, ohne es zu verstehen, emotionaler und empfindsamer fühlen als in anderen Momenten, obgleich sich im Außen gar nichts verändert hat – zumindest, so weit Sie das überblicken können (es sei denn, Sie haben Kenntnisse in den Bereichen Astrologie, Biorhythmen, Numerologie, Tag- und Nachtrhythmen, Mondstand, Einflüsse durch Ebbe und Flut, Sonnenaktivität, geografische Einflüsse, Schwankungen im elektromagnetischen Feld, usw.). Es ist, als kämpften wir gegen ein unsichtbares Gespenst. Der einzige Ausweg besteht darin zu lernen, mit allem umzugehen, was Ihnen in den Weg geworfen wird. Einstein formulierte es einmal folgendermaßen: "Das Schönste, was wir erleben können, ist das Mystische. Wir führen unser Leben in Dunkelheit mit dem Wissen, das wir im Licht gesammelt haben. Alle mystischen Erfahrungen stehen im Konflikt mit der 'Wirklichkeit'. Das ist das Eigenartige am Mystischen." Wir müssen lernen, nach unserem eigenen inneren Kompass zu segeln, weil die gesamte Existenz zu gewaltig ist, um sie zu begreifen.

Sie müssen Ihre Schwächen als Ihre neu zu entwickelnden Fertigkeiten verstehen. Dies allein weist Ihnen die Richtung im Leben.

## Geburtstrauma als Start

Von 100 Menschen, die ich kinesiologisch teste, haben etwa 80% eine solch traumatische Geburt gehabt, die auf den Rest ihres Lebens Einfluss hat. Das kann zu einer bestimmten emotionalen Empfindsamkeit, dem Gefühl, nicht willkommen zu sein, einem Gefühl der Unsicherheit und noch vielem mehr führen.

Ein Geburtstrauma hat vor allem eine Störung des ersten Chakras, des so genannten 'Wurzelchakras', zur Folge. Ich habe aber ein System entwickelt, um die Chakren wieder in Balance zu bringen (s. Seite 393ff.). Wir finden aufgrund dieser Disharmonie des Wurzelchakras folgende Emotionen: Ohnmacht, Angst (Überlebens- und Todesangst), Unsicherheit, Festhalten an einer vorgegebenen Struktur und am Althergebrachten, Suche nach Halt, Misstrauen, Perfektionismus, Gefühl der Unsicherheit, mangelnde Willenskraft, niedriges Selbstwertgefühl, Minderwertigkeitskomplex und Opferrolle.

Am häufigsten ist das Gefühl der Unsicherheit in dieser Welt. Dem können noch weitere Traumen zugrunde liegen, doch diese kommen fast alle nach dem Geburtstrauma, das in diesen Fällen das Urtrauma ist. Das Geburtstrauma wird noch verstärkt, wenn das Baby für kurze oder auch längere Zeit von der Mutter getrennt wird, beispielsweise, wenn es in einen Brutkasten gelegt wird, weil es eine Frühgeburt ist. In den meisten Krankenhäusern weiß man nicht, wie man mit Babys umgehen muss.

Babys lieben bedingungslos jeden, der ihre primären Bedürfnisse stillt und treffen hierbei keine Unterscheidung. Diese Grundbedürfnisse sind

Nahrung, Erfrischung (Reinigung), Berührung, Wärme und liebkosende Worte.

Vor allem die letzten drei – Berührung, Wärme und Liebkosungen – braucht ein Baby, um stark zu werden und sich sicher zu fühlen. Wenn es davon nicht genug erhält, entsteht neben der Blockade des Wurzelchakras auch eine Blockade des zweiten Chakras.

## ▪ Blockierende Prozesse bei der Geburt

Wenn das Geburtstrauma tief wirkt, dann wird der betreffende Mensch später seinen Halt in der Materie, in der Liebe und in der Anerkennung durch andere suchen. Er wird entweder sehr wettkampforientiert oder auch gar nicht, kann schwer mit anderen teilen oder gibt alles her, setzt sich an die erste Stelle oder auch auf den letzten Platz ('Geber' und 'Nehmer'), kann sich schwer lossagen und nicht loslassen, hat große Probleme mit dem Abschiednehmen und einem Neuanfang, hat niemals genug und ist stets damit beschäftigt, sich selbst zu beweisen, indem er versucht, besser zu sein als andere oder aber, indem er anderen besonders viel Liebe und Aufmerksamkeit schenkt.

Wenn Sie sich selbst in einem Teil dieser Emotionen oder stagnierenden Prozesse wieder erkennen, können Sie mit an Sicherheit grenzender Wahrscheinlichkeit annehmen, dass Sie unter einem Geburtstrauma leiden. Es gibt verschiedene Möglichkeiten, um davon wieder loszukommen. Sie können meditieren (oder visualisieren), wobei Sie visualisieren, wie Ihre ideale Geburt hätte verlaufen sollen. Wiederholen Sie dies so oft, bis in Ihrem Unterbewusstsein eine alternative Realität entsteht. Sprechen Sie dabei positive Affirmationen, die bewirken, dass Sie sich in Ihrem Körper und auf der Erde sicher fühlen.

Andere Möglichkeiten sind geführte Meditationen auf CD, beispielsweise 'Aquarius Sutras'. Von der Zhen-Chi-Serie wirkt die CD 'Erdelement' speziell bei dem Thema "Willkommen auf Erden". Diese ist eine der am besten auf Geburtstraumen zugeschnittenen Meditationen.

Sie können auch einen Coach zu Rate ziehen, der in einer der folgenden Disziplinen ausgebildet ist:

- NEI (Neuro-emotionale Integration)
- MBC (Mind Body Coaching, "Coaching von Geist und Körper")
- Omega Gesundheitscoaching
- Hypnose- oder Regressionstherapie
- Blütenessenztherapie

Wenn Sie jemand sind, der keine Hilfe suchen, sondern alles selbst tun will – und das ist leider die Mehrheit –, dann habe ich noch eine andere Lösung: Wenden Sie das Mittel '1. Chakra/Wurzelchakra' aus der Serie 'Chakra Balance Essenzen' in Kombination mit 'Polarisator' an. Dieses kombinieren Sie wiederum mit der CD 'Erdelement' oder 'Aquarius Sutras', oder Sie machen Visualisierungen Ihrer idealen Geburt. Dauer: Mindestens vier Wochen. Anzahl der Tropfen von '1. Chakra/Wurzelchakra': 4x4 Tropfen täglich, kombiniert mit der Affirmation: "Ich fühle mich hier auf Erden sicher und habe die Kontrolle über meine Lebensqualität, jetzt und für immer. Ich vertraue darauf, dass alles gut wird."

Unser Geburtstrauma hat mit vielen Faktoren zu tun. Ein Faktor ist die Geburt selbst sowie das, was danach geschah.

- Eine Zangengeburt ist immer traumatisch. Viele Menschen bleiben dadurch ihr Leben lang empfindlich gegen Berührungen am Kopf.

- Hatte man die Nabelschnur um den Hals, so kann dies ebenfalls traumatisch sein und dazu führen, dass der Mensch nichts am Hals erträgt (keine Krawatte oder keinen Schal).

- Kurz nach der Geburt bekommen manche Babys einen Klaps auf den Hintern, damit sie zu schreien beginnen. Dies ist ein Schock und kann Angst vor physischer Gewalt und Misstrauen gegenüber Ärzten und Krankenpflegern zur Folge haben.

- Das Absaugen von Mund und Nase, der Stich in die Ferse zum Blutabnehmen und andere medizinische Eingriffe können dazu führen, dass sich ein Baby unsicher fühlt.

- Grelles Licht, starker Lärm, zu viele Emotionen, der erste Eindruck von der Mutter, ein kalter Raum usw. stellen nach neun Monaten des Schutzes und der Ruhe einen zu heftigen Übergang dar.

- Auch ein Kaiserschnitt kann traumatisch sein und manchmal das Gefühl verleihen, dass man nicht normal, machtlos usw. ist.

- Eine Mutter, die emotional unnahbar, körperlich oder intellektuell eingeschränkt, depressiv, drogenabhängig, nikotinabhängig, hysterisch, unfreundlich usw. ist, hat einen absolut starken Einfluss auf das Baby.

- Auch Komplikationen wie Sauerstoffmangel, die Wirkung von Medikamenten, das Umfeld bei der Geburt, die Versorgung usw. können traumatisch sein.


■ **Nach der Geburt**

Nach dem ersten Schock über die Ankunft auf Erden beginnt die zweite Phase: das Gewöhnen an die neue Umgebung. Ein Baby ist seinen Eltern ausgeliefert. Nicht all seinen Erwartungen kann entsprochen werden. Je nach Entwicklungsstand der Seele und der Empfindsamkeit des Menschen kann die erste Lebensphase heftig sein. Das Menschenkind ist total machtlos und dem guten Willen und der Liebe der Eltern ausgeliefert.

Je mehr Aufmerksamkeit und Liebe ihm in dieser Zeit entgegengebracht werden, desto mehr Selbstwertgefühl und Selbstvertrauen hat es später im Leben. Im Folgenden erhalten Sie einige Tipps, um dies aufzubauen:

- Der Glaube, dass es gut sei, ein Baby schreien zu lassen, damit es später kräftiger wird, ist absoluter Unsinn und ein völliges Ammenmärchen. Je mehr ein Baby von den drei Primärbedürfnissen 'Berührung, Wärme und liebkosende Worte' erhält, desto stärker wird es.

- Wenn man zu einem Baby spricht, dann muss das nicht in 'Babysprache' sein. Wichtig sind Liebe, Respekt und Aufmerksamkeit. Auf der Seelenebene kann das Baby Sie verstehen und spüren. Es handelt sich um eine ewig alte Seele im Körper eines Menschenbabys. Diese Seele kann viel weiter entwickelt sein als die der Eltern, sogar bei einem Baby mit einer geistigen Behinderung.

- Es ist wichtig, dem Baby stets alles zu erklären, es zu beruhigen und auf zukünftige Ereignisse wie etwa einen Arztbesuch und Besuch von der Familie vorzubereiten. Mit Hilfe von Visualisierungen kann man mit dem Baby kommunizieren. Die Seele des Babys versucht ebenfalls, mit Ihnen zu kommunizieren. Nehmen Sie sich die Zeit, um sich zu öffnen, beispielsweise indem Sie mit dem Kind meditieren.

- Die Energien des Kindes sind für Farben, Musik, Lärm und Energien sehr empfänglich. Sorgen Sie für sanfte Farben, kein grelles Licht, beruhigende Klänge, wie etwa das Rauschen des Meeres. Legen Sie CDs mit geführten Meditationen für das Kind ein, wenn es schlafen geht. Besorgen Sie Kristalle und Halbedelsteine, die sich gut anfühlen, und legen Sie diese ins Kinderzimmer - unerreichbar für das Kind!. Hängen Sie Fotos von inspirierenden Persönlichkeiten, wie etwa Ghandi, Martin Luther King, Jesus, Mutter Maria, Erzengel Michal auf. Sie können auch schöne Landschaftsbilder und Bilder von Delfinen aufhängen.

- Sprechen Sie viel mit Ihrem Kind. Führen Sie Gespräche, und achten Sie genau darauf, worauf es reagiert. Die Seele versucht, Ihnen Hinweise zu geben. Singen Sie dem Kind Liedchen vor, nehmen Sie es oft mit in die Natur oder gehen Sie mit ihm in den Tiergarten, ans Meer, in den Park usw. Erzählen Sie alles, auch das, was in Ihrem Leben schief läuft.

- Machen Sie auch Heilsitzungen mit Ihrem Kind.

Die meisten Kinder wachsen nicht in einem so genannten idealen Umfeld auf, weil dies gar nicht das Ziel ist. All unsere Erziehungsfehler, die wir als Eltern machen, tragen natürlicherweise zu ihren Erfahrungen bei und bilden die Basis, auf der sie sich später selbst finden müssen. Doch wenn wir uns dessen bewusster sind, was wir tun können, werden wir unseren eigenen Prozess und auch den unserer Kinder beschleunigen! Letztendlich wird jede Situation der Seele bei ihren Entwicklungsprozessen dienen. Es hat keinen Sinn, wenn wir uns als Eltern für die Fehler in der Vergangenheit schuldig fühlen. Es ist jedoch relevant, was wir daraus gelernt haben.

Was begegnet uns in der Phase, in der wir aufwachsen, sonst noch?

• Verbale Gewalt, Einschüchterung

• Geistige, emotionale und psychische Demütigung

• Körperlicher und sexueller Missbrauch

• Der Einfluss durch andere Familienangehörige: Brüder, Schwestern, Vater, Mutter. Und der Einfluss der Schule: gehänselt und abgewiesen werden, Erzieher, Bekannte, Freunde, andere Kinder; Medien, Fernsehen, Bücher, Spiele usw.

**Wie unser 'mind' geformt wird:**

Glaubensüberzeugungen, Prinzipien, Unterstellungen, Gewohnheiten, was gesagt wird und was nicht, Bilder aus dem Umfeld, Familienmitglieder, Bekannte, einflussreiche Menschen, Schulbekanntschaften, Gottesdienste, Kultur, Fernsehen usw. formen unser Weltbild und die Bedeutung, die wir dem zumessen, was uns auf dieser Erdkugel widerfährt.

> Unsere emotionale Realität ist nicht das,
> was uns widerfährt, sondern die
> Interpretation dessen, was uns
> widerfährt.

Unsere emotionale Realität ist nicht das, was uns widerfährt, sondern die Interpretation dessen, was uns widerfährt, folglich, wie wir die Realität filtern.

## ■ Die Pawlow-Konditionierung auf Liebe

Wir lernen von unseren Eltern, was wir *tun* müssen, um geliebt zu *werden*: "Du darfst nicht wütend werden. Sei lieb zu deinen Mitmenschen. Lächle mal Opa zu. Iss dein Gemüse auf. Sei still, sonst findet Mama dich nicht lieb. Höre damit auf, du machst mich wütend."

So geht es tagein, tagaus. Wir werden bombardiert mit all dem, was wir tun müssen, um für lieb und artig befunden zu werden. Wir werden heuchlerisch, lernen es, unsere Emotionen zu unterdrücken und artig und lieb zu *erscheinen*. Diese enorme Unterdrückung von Energie und Emotionen kann unser ganzes Leben hindurch wirken und starken Einfluss auf uns haben, bis hin zum Entstehen von Krebs. Wir werden regelrecht abgerichtet (konditioniert), um uns an die heuchlerische Welt unserer Eltern anzupassen. Kinder erhalten so viel kontroverse und inkongruente Bilder, dass sie manchmal sogar den Verstand verlieren. Beispielsweise Eltern, die selbst Kettenraucher sind und dann ihren Kindern Dinge verbieten, weil sie schlecht für die Gesundheit sind. Eltern, die so reden und anders handeln, die ihre Versprechen nicht halten. Eltern, die einander nicht berühren, einander keine Zuneigung entgegenbringen, beständig aufeinander 'herumhacken', sarkastisch sind, negative Bemerkungen machen, tagelang wütend sind oder vorgeben, dass alles perfekt ist. Eltern in der Opfer- oder Herrscherrolle, depressive Eltern, Eltern, die dauernd klagen, meckern, lästern, hinterhältig sind, lügen, heuchlerisch sind, keine Grenzen setzen, dauernd ihre Meinung ändern, keine Zuwendung schenken, zu streng, überempfindlich, übertrieben besorgt und ängstlich sind – diese Aufzählung könnte man endlos fortsetzen.

Willkommen auf Erden, hier gibt es beständig Herausforderungen. Das Kind sitzt mittendrin und kann nicht entfliehen, verliert seine Spontaneität, seine Unschuld, seine Authentizität, seine Kreativität und seine Sicherheit. Dies geht tagein, tagaus so.

## ▪ Selbstbild

Dies alles hat enorme Auswirkungen auf das Selbstbild des Kindes. Es verliert sein Selbstwertgefühl und entwickelt negative Glaubensüberzeugungen: dass es nicht gut genug ist, dass es nicht schlau, schön und wertvoll genug ist, dass es nicht verdient hat, erfolgreich zu sein, dass Leistung wichtiger ist als das Kind selbst. Es schleichen sich viele Schattenseiten ein: Man wird getriggert, irrational, verurteilt, minderwertig, fühlt sich anderen gegenüber unterlegen. Das Selbstwertgefühl ist die Grundlage für das weitere Leben eines Menschen. Wenn dieses zu niedrig ist, wird man immer nach Möglichkeiten suchen, es zu kompensieren oder das Gegenteil zu beweisen. Oder man gibt es auf und wird apathisch.

## ▪ Disziplin

Für die meisten Menschen ist Disziplin ein Wort mit negativer Bedeutung. Es hat oft mit unserem Sauberkeitstraining zu tun. Wir 'müssen' wohl oder übel 'sauber' werden. Später im Leben haben wir eine Aversion gegen alles entwickelt, was wir müssen: Zwang, Struktur, Starrheit. Man wehrt sich gegen Autoritäten. Viele Menschen sind allein auf das Wörtchen 'müssen' allergisch. Der Zeitraum der Sauberkeitserziehung hat also große Auswirkungen auf den Rest unseres Lebens.

## ▪ Zuwendung und Krankheit

Wenn die Eltern sehr beschäftigt sind und die Kinder das Gefühl haben, nicht genügend Zuwendung zu erhalten, wenn sie krank sind, dann beginnt das Unterbewusstsein, krank zu sein mit einem positiven Gefühl zu assoziieren. Zuwendung bedeutet für Kinder Liebe. Dabei geht es nicht so sehr um die Qualität, sondern um die Quantität. Je mehr, desto besser.

Dieser Umstand kann die Ursache dafür sein, dass manche Menschen chronisch krank sind und nicht gesund werden. Denn für das Unterbewusstsein ist Krankheit die perfekte Art und Weise, um Zuwendung zu erhalten. Wenn dann auch noch mit dem Gesundsein negative

Assoziationen verbunden sind, z.B., dass das Kind nach seiner Genesung wieder in die öde Schule gehen, schwere Verantwortung tragen oder langweilige Aufgaben machen muss bzw. die Zuwendung (Liebe) wieder verliert, dann wird das Unterbewusstsein schlau und benutzt die Krankheit und die Beschwerden, um diese Zuwendung zu erhalten und den unangenehmen Begleiterscheinungen des Gesundseins zu entrinnen.

Durch solche Situationen kann die erste Lebensphase (ungefähr bis zum Eintritt ins Erwachsenenalter, bis die Kinder aus dem Haus gehen und Selbstständigkeit und Mündigkeit erlangen) eine schwere Zeit sein und sogar das Gefühl vermitteln, in der Hölle gelandet zu sein. Für junge, empfindliche Seelen kann das enorm traumatisch sein. In diesem Zeitraum wird auch der 'mind' konditioniert. All dies zusammen kann eine schwere Belastung für den Rest des Lebens sein.

## ■ Früher Tod

Der Verlust eines Kindes, in welchem Alter auch immer, ist für die Eltern traumatisch. Der Verlust eines kleinen Kindes ist ganz schwer und ruft viele Emotionen, Verwirrung, Schuldgefühle und Wut hervor. Manche Menschen denken, dass es eine karmische Schuld ist, die eingelöst werden muss.

Handelt es sich um einen Teenager oder ein älteres Kind, haben die karmischen Gesetze mehr mit dem Individuum selbst und viel weniger mit den Eltern zu tun (indirekt handelt es sich schon um einen Prozess, der in Gang gesetzt worden ist).

Oft haben die Eltern eine Absprache mit der Seele getroffen, die früh geht, um Lektionen zu lernen oder eine neue Fertigkeit zu entdecken, die in ihrem Seelencode steckt.

Hat eine Mutter vor dem vierten Monat eine (spontane) Fehlgeburt, ist mit der Leibesfrucht niemals eine Seele verbunden, da dies sinnlos ist. Das Kind ist noch nicht voll entwickelt, um Kontakt mit der Seele haben zu können. Der Fötus hat zwar seine eigene, individuelle Identität, ist jedoch noch nicht mit der unsterblichen Seelenidentität verbunden.

Der Seele sind die Chancen auf die Austragung der Schwangerschaft bekannt. Manchmal geschehen freilich auch Unglücke, und es wird eines der zukünftigen Szenarien vernichtet, beispielsweise, wenn man eine sieben Monate alte Leibesfrucht bei einem Autounfall verliert. Mit all diesen Möglichkeiten muss bei einer Inkarnation gerechnet werden.

Wenn Kindern nur ein kurzes Leben beschieden ist, so ist das auch vorher bereits bekannt. Es gibt dann immer eine Intention und einen Plan in Bezug auf dieses Ereignis. Der Verlust eines Kindes hat immer einen karmischen Bezug zu etwas, was ein Elternteil oder auch beide aus diesem Geschehen lernen müssen.

## Kurze Zusammenfassung

Das Leben auf Erden kann für die Seele wie eine kalte Dusche sein. Trotz einer guten Vorbereitung kann die dreidimensionale Welt schwer enttäuschend sein und die Seele sogar schädigen. Das Umfeld formt den 'mind', das Selbstbild und das Weltbild. Dies kann zu einer schweren Belastung führen. Man muss dann lernen, diese später im Leben zu transzendieren.

Alle negativen Ereignisse waren bereits vorher bekannt. Es ist Aufgabe der Seele, sich hiervon letztendlich zu heilen und sich auf die nächste Ebene weiterzuentwickeln. Selbst die schwerste Jugend dient einem Ziel und hat einen Nutzen.

■ Aufgabe

Schreiben Sie die Antworten auf folgende Fragen alle auf, auch, was Sie damit anzufangen gedenken.

• Wie würden Sie Ihre Jugend umschreiben, wenn Sie auf Ihr Leben zurückblicken?

• Welche sind in Ihrer Erinnerung die traumatischsten Erfahrungen, und welche die schönsten?

- Was hätten Sie in Ihrer Jugend lieber anders gesehen?
- Was nehmen Sie Ihren Eltern übel (Vater und Mutter getrennt betrachten)? Haben Sie ihnen alles vergeben, was sie Ihnen angetan haben?
- Welche negativen Glaubensüberzeugungen über sich selbst und die Welt haben Ihnen Ihre Eltern mit auf den Weg gegeben?
- Welche müssen Sie noch verändern?
- Wie steht es mit Ihrem Selbstwertgefühl und Ihrem Selbstbild? Was würden Sie besser können wollen?
- Haben Sie Probleme mit der Disziplin oder mit Dingen, die Sie tun müssen (Verantwortung)?

### ■ Intention

Eine gute Intention besteht darin, der Vergangenheit für alle Lektionen dankbar zu sein und daraus Kraft zu schöpfen. Je mehr Herausforderungen Sie hatten, desto sicherer war Ihre Seele, dass Sie dies alles meistern können.

"Ich akzeptiere alle Herausforderungen und Lektionen, mit welchen ich in der Vergangenheit konfrontiert war und bin dankbar dafür. Dies hat mich dorthin gebracht, wo ich nun stehe. Ab jetzt sende ich die Intention aus, dass ich meine Vergangenheit nur noch als Beweis für meine Kraft und Weisheit gebrauche. Ich habe aus meinen Erfahrungen gelernt und bin im Frieden damit."

Schreiben Sie dies auf, und überreichen Sie es Ihrem früheren Selbst. Verbrennen Sie den Zettel danach.

Ich wünsche Ihnen viel Weisheit und Kraft hierfür.

5. Kapitel

# Verirrt in der Illusion, die so real erscheint – das Labyrinth

Vor gar nicht so langer Zeit kam ein 42-jähriger Mann zu mir, der alle 15 Jahre unter einer Prostataentzündung litt. Der Urologe, den er zweimal jährlich zum Check-up besuchte, konnte nichts für ihn tun. Die Diagnose lautete 'nicht entzündliche Prostatitis' oder 'Prostataentzündung ohne Entzündung'. Akupunktur, Homöopathie, Blütenessenzen und noch viele andere Therapien hatten nicht geholfen. Mit der Omega-Methode kamen wir schnell hinter den ursächlichen Faktor: unterdrückte Wut gegenüber seinem Vater. Er erzählte damals, dass sein Vater ihm in der Jugend geistig, emotional und körperlich Gewalt angetan hatte, dass er seine Wut hierüber jedoch unterdrücken musste.

Nach einer Sitzung, bei der wir die Wut integrierten und Vergebung übten, waren die Beschwerden zu 90% verschwunden. Bei der zweiten Sitzung stießen wir auf einen tiefer gelegenen Vorfall, als er in seinem dritten Lebensjahr an einem Baum stand, um zu urinieren. Sein Vater hatte ihn ertappt, ihm unerwartet einen derben Klaps auf sein Hinterteil gegeben und gerufen: "Ferkel!" Seitdem litt er unter Blasenbeschwerden. Wenn er nervös war, musste er immer viel Urin lassen.

70% der Menschen, die einen Arzt besuchen, tun dies aufgrund so genannter 'funktionell bedingter' Beschwerden. Dazu zählen Kopfschmerzen, Rückenschmerzen, Menstruationsbeschwerden, Harnprobleme, Impotenz, Müdigkeit, Magenbeschwerden, Nervosität, Stress, Schlaflosigkeit, Bauchschmerzen.

Der Arzt untersucht natürlich, um alle möglichen schauerlichen Krankheiten auszuschließen. Die Quintessenz lautet meist: "Gute Neuigkeiten – wir können nichts finden. Ihnen fehlt nichts. Es muss zwischen Ihren Ohren sitzen. Wir können Ihnen jedoch etwas geben, um die Symptome zu lindern." Der Patient geht nach Hause, ohne die Ursache seiner Beschwerden erfahren zu haben. Die meisten Menschen wissen es nicht besser und schlucken brav die Medikamente, die die Beschwerden unterdrücken und früher oder später immer zu Folgen führen werden.

Wir wissen, dass es sich um eine Störung auf der energetischen Ebene handelt, die diese Beschwerden auf der körperlichen Ebene verursacht, und zwar ohne messbare, d.h. nachweisbare Ursache wie Viren, Bakterien, Schimmelpilze, Tumoren oder anatomische Veränderungen. Das Ärgerliche daran ist, dass auch das nicht die Ursache ist, selbst wenn man so etwas findet. Doch dies wird in der herkömmlichen Schulmedizin dann eben als Diagnose gestellt. Die andere, ärgerliche Neuigkeit ist, dass die Beschwerden selbst bei den Fällen von Funktionsstörungen echt sind. Man hat wirklich Kopfschmerzen, Rückenschmerzen, Prostatabeschwerden, leidet unter Schlaflosigkeit usw.

Die allgemeine Meinung der normalen Ärzte lautet, dass Menschen mit funktionellen Beschwerden es 'zwischen den Ohren sitzen haben'. Es ist entweder Stress oder eine Art und Weise, um Zuwendung zu erhalten (Hypochondrie). Das Traurige ist, dass die Diagnose 'es sitzt zwischen den Ohren' korrekt ist. Es ist unser 'mind', der dies verursacht. Unser 'mind' ist untrennbar mit unserem ganzen Körper verbunden. Wenn wir in unserem 'mind' einen Konflikt haben, so hat dies unmittelbare Auswirkungen auf den Körper. Jeder ungelöste Konflikt bedeutet, dass früher oder später eine körperliche Beschwerde oder Krankheit entsteht, die auf die Dauer fühlbar oder messbar wird. Die herkömmliche Schulmedizin steht dieser 'mind-body'-Verbindung machtlos gegenüber und verursacht oft unvorstellbare Schäden am Körper und manchmal auch an der Seele.

Unsere emotionale Realität besteht darin, wie wir interpretieren, was uns passiert. Unsere Interpretation hängt davon ab, wie unser 'mind' konditioniert ist, und was wir weglassen und hinzufügen. Unsere Art und

Weise, die Welt zu betrachten, wird durch unsere Seele und durch unser Ego oder unsere Konditionierung des 'mind' beeinflusst.

## >Mind-body<-Verbindung

Wie bereits vorher erwähnt, ist der 'mind' die Software und der Körper die Hardware (das Zentralnervensystem und das Gehirn), derer sich der 'mind' bedient, die jedoch Auswirkungen auf den Körper hat, auch über andere Kanäle wie beispielsweise die Meridiane (Energiebahnen) und die Chakren (Energiezentren). Wir sprechen intuitiv und auch in der Umgangssprache ganz deutlich die Beziehung zwischen 'mind' und Körper an: "Die Sorgen fressen uns von innen auf. Nicht das, was Sie essen, macht Ihr Magengeschwür, sondern was an Ihnen frisst. Davon wird mir schlecht. Ich kann vor Anspannung nicht schlafen."

An diesen Bemerkungen können wir ablesen, dass es allgemein anerkannt ist, dass der 'mind' den Körper stark beeinflusst. Die Ärzte hoffen, dass sie mit ihren chemischen Beruhigungsmitteln den 'mind' ruhig stellen können. Oft machen sie den Körper apathisch. Viele Mittel beeinflussen und hemmen den 'mind'. Das vegetative Nervensystem reguliert die meisten Prozesse in unserem Körper, die unserer Kontrolle nicht direkt unterstehen, wie etwa Herzschlag, Atem, Schweißbildung, Verdauung und Stoffwechsel. Der 'mind' wirkt über Neuropeptide auf das vegetative Nervensystem ein. Der 'mind' beeinflusst hierüber gleichzeitig auch unsere Emotionen und unser Immunsystem. Wenn wir also besorgt, wütend oder glücklich sind, dann bringt ein spezifisches Neuropeptid dieses Gefühl in jede Zelle unseres Körpers. Diese Neuropeptide sind die biochemischen Umsetzungen unserer Emotionen. Dadurch besteht ein psychosomatisches Kommunikationsnetzwerk, das im 'mind' Emotionen und Körper verbindet. Der 'mind' sitzt buchstäblich im ganzen Körper.

Ein anderes System, das das Gleiche bewirkt, wurde zum ersten Mal vor etwa 5.000 Jahren entdeckt – das Meridiansystem. Hierbei handelt es sich um ein unsichtbares Netzwerk von elektromagnetischen Kanälen, die durch den ganzen Körper laufen und die Organe über dieses Netzwerk miteinander verbinden. Sie sind sehr wohl mit Geräten messbar und nachweisbar, u.a. mit empfindlichen Ampèremetern (Strommessgerät). Gemäß der Vorstellung der östlichen Tradition wird alle Energie, die die Organe erweckt, durch die Meridiane in alle Gewebe und Zellen geleitet. Spezifische Emotionen haben Auswirkungen auf spezifische Organe. Wut blockiert beispielsweise die Leberfunktion, Frustration die Gallenblasenfunktion, Sorgen schlagen auf den Magen, Kummer auf die Lunge, Unsicherheit auf die Blase, Angst auf die Nieren. Im Volksmund sind hier deutliche Analogien zu finden. "Was liegt dir auf der Leber? Galle spucken. Sich vor Angst in die Hosen machen. Vor Neid ganz grün werden."

Das energetische Netzwerk funktioniert schneller als das biochemische Netzwerk, und zwar über Elektromagnetismus. Um es noch komplexer zu machen verfügen wir noch über ein weiteres System, das mit Lichtgeschwindigkeit arbeitet: das Chakrensystem. Darauf komme ich später nochmals zurück.


■ **Unser unbewusster 'mind'**

Der 'mind' ist ein komplexer Organismus mit vielen Abteilungen, die alle ihre Spezialaufgabe haben. Er wird in den bewussten und unbewussten 'mind' unterteilt. Weiter kann man den 'Seelen-mind' und das Höhere Bewusstsein hinzufügen.

Unser bewusster 'mind' ist unser Wille, unser Bewusstsein vom Hier und Jetzt. Mit ihm richten wir unsere Aufmerksamkeit auf unsere Welt und unsere Wünsche, denken über Dinge nach, rationalisieren und analysieren wir. Ihn benutzen wir, um uns auf unsere Intention zu konzentrieren.

Der Teil, zu dem wir mit unserem bewussten 'mind' nicht hingelangen, ist unser unbewusster 'mind'. Dieser funktioniert ohne unser Zutun. Dazu gehört das vegetative Nervensystem. Die Aufgabe dieses unbewussten 'mind' besteht darin, alle autonomen Körperprozesse (Herzschlag, Blutdruck, Entgiftung, Verdauung, Immunsystem, Regeneration, Kreislauf, Atmung, ausgeglichener Hormonhaushalt etc.) zu regulieren. Das muss er auch tun, denn wenn wir dies alles selbst bewusst regeln müssten, wären wir damit den ganzen Tag lang ausgelastet. Außerdem speichert unser unbewusster 'mind' (auch 'Unterbewusstsein' oder 'das Unbewusste' genannt) die Informationen, die wir uns merken müssen, verarbeitet sie oder speichert sie als Emotionen, regelt unser Verhalten, registriert Gefahren und Wissen. Alle Erfahrungen (gute und unangenehme) werden auf der Grundlage dessen registriert, wie wir diese interpretiert haben. Unsere Lebensgeschichte wird genau festgehalten. Wir können die Vergangenheit ändern, indem wir sie neu interpretieren!

> Wir können die Vergangenheit ändern,
> indem wir sie neu interpretieren!
> Dies verändert unsere Lebensqualität.

Wir tragen in uns auch die Erinnerung an unsere Vorfahren, die kollektive Menschheitsgeschichte (Erinnerungen, Bilder, Verhalten und Lektionen des Menschen). Dies wird auch als das 'kollektive Unterbewusstsein' bezeichnet. Wir sind auch mit dem kollektiven Unterbewusstsein des Westens, unseres Geburtslandes, unserer Kultur usw. verbunden.

Außerdem kontrolliert das Unterbewusstsein das Chi (die Lebensenergie), das durch die Meridiane im Körper fließt. Es reguliert die Produktion, Aufnahme und Verteilung unserer Lebensenergie.

■ Erinnerung

Bevor wir näher darauf eingehen, wie das Unterbewusstsein eine Illusion der Wirklichkeit kreiert und anschließend darauf reagiert, als sei es die Wirklichkeit, sprechen wir zunächst über die Erinnerung, um das Bild komplett zu machen.

Manche Menschen glauben, die DNS sei der Schlüssel zu allen Erinnerungen. Daher glauben sie auch, dass es keine Reinkarnation gibt. Jeder mag seine eigene Meinung haben – ob diese nun auf wissenschaftlichen Erkenntnissen beruht, religiös begründet, intuitiv oder aus der Luft gegriffen ist, ist ganz gleich. Sind Sie wirklich bestrebt, sich losgelöst von allem, was Sie derzeit denken und wissen, und frei von jeglichem religiösen Hintergrund, auf die Suche zu machen, was möglich, ja sogar sehr wahrscheinlich und oft auch noch zu beweisen ist. Wenn Sie dafür offen sind, müssen Sie alles, was Sie bereits wissen, loslassen und den neuen Entdeckungen ohne Blockaden entgegenblicken, die nun im Eiltempo auf Sie zurasen.

Alle Erinnerungen an frühere Leben stammen nicht von der DNS (lediglich die Erinnerungen an Ihre Vorfahren) und auch nicht aus dem kollektiven Unterbewusstsein des Menschen. Hier gibt es über Regressionshypnose, Lügendetektoren, bestimmte Medikamente, Nahtoderfahrungen, Channelmedien, Meditationen und noch vieles mehr bereits allzu viele Beweise. Es werden derzeit auch gerade Geräte entwickelt, mit welchen beinahe jeder, auch der 'Ungläubige', seine Erinnerungen an frühere Leben abrufen kann.

Unbewusste Erinnerungen an ein Lebenstrauma eines Körpers, der schon seit Urzeiten tot ist, können in einen neuen Körper übergehen und diesen ernsthaft beeinflussen. Dies erfolgt nicht über die DNS, kann jedoch die DNS durchaus beeinflussen. Beispiele hierfür sind Muttermale, Hämangiome, Asthma, Herzfehler und Tumore. Außerdem nehmen wir Fertigkeiten mit, die wir in der Zeit zwischen den Leben entwickelt haben.

Mein jüngster Sohn Joey leidet von Geburt an unter Asthma und asthmatischer Bronchitis. Indem wir ihn mit alternativen Methoden behandelt haben, konnten wir die Anfälle auf einen, maximal zwei pro Jahr reduzieren. In seinen zwölf Lebensjahren wurde er zweimal ins Krankenhaus eingewiesen und mehrmals mit Kortikosteroiden behandelt. Einer der Auslöser für seine Anfälle ist Kummer. Bin ich beispielsweise auf Reisen unterwegs, so bekommt er einen Anfall. Dies geschieht selten bis nie, wenn ich zu Hause bin. Ein Anfall dauert im Normalfall fünf Tage bis eine Woche. In dieser Zeit behandeln wir ihn mit einer Mischung aus alternativer und herkömmlicher Heilkunde. Wenn er anfängt zu ersticken, geht er zum Inhalator. Im Sommer 2004 ging Joey mit auf den Workshop 'Tiefseelentauchen' in der Türkei. Dort bringe ich den Teilnehmern bei, wie man mit seinen Geistführern und dem Universum kommuniziert. Bei einer der Übungen muss man sich selbst am Strand eingraben, so dass nur noch der Kopf aus dem Sand herausschaut, und sich dann mit der Erde verbinden. Joey bekam sofort Visionen, lebendig begraben zu sein. Er rang nach Atem und bekam eine Panikattacke. In jener Nacht erlitt er außerdem einen Asthmaanfall. Am folgenden Morgen begann ich, ihn mit der Omega-Methode zu behandeln. Zum ersten Mal hatten wir seinen Asthmaanfall innerhalb eines Tages ohne Heilmittel unter Kontrolle, vor allem auch, indem wir ihm halfen, seine Erinnerung an einen grausamen Erstickungstod zu verarbeiten und loszulassen. Joey wurde dadurch auch selbstsicherer. Ich habe ihn noch niemals so wachsen und vor Selbstvertrauen strahlen sehen.

Interessant ist, dass wir alle in verschiedenen Ländern, Kulturen und Rassen bereits zehn- bis hundertmal gestorben sind. Dass wir verschiedene Arten von Religionen und Glaubensrichtungen hatten und arm, reich und alles dazwischen gewesen sind. Dass wir vielerlei Leben gehabt haben, die nicht miteinander verbunden sind. Es ist wahr, dass wir über die DNS auch unverarbeitete Konflikte, unterdrückte Emotionen und andere energetische Erblasten (Miasmen) erhalten haben. Wir können auch Erinnerungen mitnehmen, die nicht von dieser Erde sind. Erinnerungen an andere intelligente Wesen, die jedoch auf anderen Planeten und in anderen Dimensionen leben. Unser Unterbewusstsein baut auch Erinnerungen an unsere unsterbliche Seele auf, die ganz viele Reisen unternommen hat, und Reiseerinnerungen mitnimmt.

Die Aufgabe der Seele ist es, neue Situationen mit denselben oder neuen Spielern herbeizuführen, die uns in den unverarbeiteten Konflikt zurückbringen, so dass wir wieder die Chance erhalten, diesen Konflikt aufzulösen und einen Quantensprung auf die nächste Bewusstseinsebene zu machen.

Es ist die Aufgabe unserer Seele, uns
immer wieder aufs Neue mit Konflikten zu
konfrontieren, die wir in der Vergangenheit
nicht meistern konnten, um uns stets
wieder neue Chancen zu geben, unsere
Lektionen zu lernen.

## Unterteilung des Gedächtnisses

### ■ 1. Das bewusste Gedächtnis

Das bewusste Gedächtnis umfasst alle Erinnerungen des Gehirns in unserem heutigen Körper. Dies sind Dinge, die für das bewusste Ego des Selbst im Hier und Jetzt wichtig sind, das unser Leben auf diesem Planeten in dieser Zeit, d.h. in diesem Leben, wahrnehmen und führen muss. Das bewusste Gedächtnis wird durch die Konditionierungen unseres 'mind' und die Wahrnehmungen über unsere physischen Sinnesorgane beeinflusst und angesteuert. Es reagiert auf der Grundlage unserer primitiven Instinkte, Glaubensüberzeugungen und emotionalen Realität, unseres Selbstbildes und unseres Weltbildes. Es kann uns – wie es oft der Fall ist – völlig durcheinander bringen und durch falsch programmierte Verteidigungsmechanismen und die begrenzten Wahrnehmungen über die Sinnesorgane Gefahren sehen lassen, die in Wirklichkeit gar nicht bestehen.

### ■ 2. Das unsterbliche Gedächtnis

Die Erinnerungen der Seele scheinen aus dem Unterbewusstsein zu kommen. Es sind Erinnerungen sowohl aus diesem als auch aus vorigen Leben. Manche Leben sind ausgeprägter, weil man speziell an unverarbeiteten Dingen und Lektionen arbeiten möchte, die damals auch relevant waren.

Das unsterbliche Gedächtnis hat großen Einfluss darauf, wie wir reagieren und bildet die Brücke zwischen dem irdischen und dem Höheren Bewusstsein. Die Seele hat zum Ziel, uns immer wieder aufs Neue die Chance zu geben, unsere alten, nicht gelernten Lektionen anzugehen. Letztendliches Ziel ist es, unsere Liebesfähigkeit Schritt für Schritt zu vergrößern.

> Die Seele bringt uns Schritt für Schritt
> dazu, unsere Liebesfähigkeit
> zu vergrößern.

Wir müssen lernen, wie wir ohne Konflikte leben können, wie wir Emotionen schnell und adäquat verarbeiten können, wie wir uns selbst immer mehr lieben und akzeptieren, wie man von Liebe, die Bedingungen stellt, zur bedingungslosen Liebe und von dort zur universellen Liebe (Liebe zur Schöpfung) gelangen kann. Dann sind wir das Instrument für göttliche Liebe, dann sind wir Meister im Öffnen anderer Menschen für die göttliche Liebe. Ein indischer Guru sagte einmal zu mir: "Es sind drei Dinge nötig, um erfolgreich oder erleuchtet zu werden: Praxis (Übung), Gelassenheit (Geduld) und Ausdauer (Durchsetzungsvermögen)."

## ◼ 3. Göttliches Gedächtnis

Das göttliche Gedächtnis umfasst die Erinnerungen, die dem Höheren Bewusstsein, dem Sitz der Seele, entspringen. Wenn wir von Intuition, Gewissen, Mitleid, Mitgefühl und Phantasie sprechen, meinen wir damit die Qualitäten des Höheren Bewusstseins. Unser ewiger Seelen-'mind' entstammt diesem göttlichen Teil von uns, als unser veränderlicher Teil, um Erfahrungen in unserem Leben zu sammeln. Das göttliche Gedächtnis und der Intellekt sind die Kontrollinstanzen der Illusion des 'mind' und der Seele. Es filtert nicht aus, es ist neutral. Unser Ziel ist es, letztendlich zu lernen, uns damit zu verbinden, denn dies ist der Ausweg aus dem Labyrinth der Illusion der Wirklichkeit. Solange wir dies nicht tun, sind wir in der Illusion voller Ablenkungen, Konflikte, Umleitungen ('mind'), Verführungen (Versklavungen) und Einleitungen (Körper) verstrickt.

Das göttliche Gedächtnis verbindet uns mit Wesen unserer unsterblichen Dimension wie Geistführer, Engel und Meister. Hier erhalten wir unsere Inspiration: Kreativität und Eingebungen. Die Kunst besteht darin zu lernen, darauf zu vertrauen und es mehr zuzulassen.

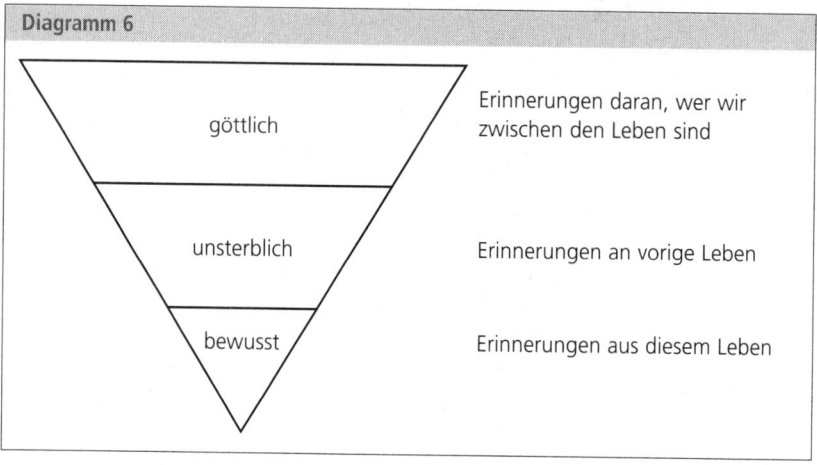

**Diagramm 6**

göttlich — Erinnerungen daran, wer wir zwischen den Leben sind

unsterblich — Erinnerungen an vorige Leben

bewusst — Erinnerungen aus diesem Leben

Das göttliche Gedächtnis ist die Erinnerung daran, wer wir wirklich zwischen den Inkarnationen sind, woher wir kommen und wohin wir gehen.

## Wie unser unbewusster ›mind‹ uns sozusagen beschützt

Der menschliche Körper hat sich über einen Zeitraum von Hunderttausenden von Jahren der Evolution entwickelt. Über unsere DNS und das kollektive Gedächtnis der Erde verfügen wir immer noch über Relikte aus unserer Vorgeschichte als Mensch. Manche dieser Rudimente sind körperlich: Behaarung an bestimmten Stellen, die uns keinerlei Schutz oder Wärme bietet, ein Blinddarm, der keine biologische Funktion hat, ein Hormonsystem, dass nur auf akuten Stress reagiert und bei chronischem Stress umgangen wird.

Viel mehr unserer Vorgeschichte findet sich in unseren geistigen und emotionalen Programmen, die mit unserem unbewussten 'mind' verbunden sind. Der 'mind' des Menschen ist genetisch darauf programmiert, uns vor jeglicher Bedrohung zu schützen und unsere Überlebenschancen zu erhöhen. Dies ist ein Relikt aus der Zeit, als unsere Vorfahren die Kampf- und Fluchtreaktionen perfekt entwickelt hatten. In dem Augenblick, als er mit einem Säbelzandtiger Auge in Auge stand, nahmen Kraft und Schnelligkeit des Menschen um den Faktor 10 zu. Weitere Relikte sind in unserem Überlebenswillen (Todesangst), unseren sexuellen Instinkten (Fortpflanzung) und unserer Fettsucht (Sammeln für magere Zeiten) zu finden.

Unser Unterbewusstsein verfügt auch über Programme, die uns beim Auftreten von negativen oder einschränkenden Glaubensüberzeugungen helfen. Diese emotionalen Überlebensmechanismen können die Ursache vieler Krankheiten und Spannungen sein, die wiederum zu destruktiven medizinischen Eingriffen führen. Das Unterbewusstsein ist ein Meister im Unterdrücken schmerzhafter Erinnerungen, so dass wir diesen Schmerz nicht nochmals erleben müssen. Dies steht dem Ziel der Seele diametral gegenüber, denn diese will den Schmerz immer wieder erfahren, bis wir den Vorfall wirklich verarbeitet haben, indem wir ihm eine andere Bedeutung zugeschrieben haben. Beim NLP nennt man das 'einen neuen Rahmen geben', d.h. die Bedeutung eines Ereignisses verändern, so dass es ein schönes Gefühl gibt. Spiritualität ist die höchste Form des neu gesetzten Rahmens. Es ist kein Zufall, dass eine Reihe moderner Gurus aus der Ecke des NLP stammen. Auch Neale Walsh, der Autor der Serie 'Gespräche mit Gott', hat neben manch anderem NLP studiert. Deepak Chopra hat jahrelang mit einem Prominenten aus der NLP-Szene gearbeitet – mit Anthony Robbins. Deepak hat die Lehre von Yogi Maharishi mit Hilfe der Quantenmechanik in einen neuen Rahmen gesetzt. Maharishi ist der große Mann der 'TM' (transzendentalen Meditation). Deepak ist der große Mann der 'Primordial Sound Meditation' (Urklangmeditation) usw.

In der Spiritualität schreibt man jeder Erfahrung und jedem Zufall eine neue Bedeutung zu und strebt stets wieder nach einer erneuten Verbindung mit dem Allerhöchsten.

Das Problem an unserer Erziehung ist, dass Emotionen in den meisten Ländern systematisch unterdrückt oder von Männern als Zeichen der Schwäche betrachtet werden. Als Kind lernt man ganz schnell, dass es nicht o.k. ist, bestimmte Emotionen zu zeigen. Vor allem Wut scheint tabu zu sein. So lernt man also ganz schnell, seine Emotionen nicht öffentlich zu zeigen, es sei denn, man erhält dadurch Aufmerksamkeit oder ein lobendes Wort, beispielsweise durch die Großmutter, die uns tröstet und ein Bonbon schenkt.

Wir empfinden alle Ablehnung – und sei es auch nicht mit lauter Stimme –, negative Beurteilungen, körperliche Strafen und Disziplinarstrafen als die schlimmsten Formen der Bestrafung. Ablehnung bedeutet Liebesentzug und ist ein Zeichen dafür, dass wir nicht gut genug sind, das Gute nicht verdienen, nicht schön, stark, klug oder wertvoll genug sind. Unser Selbstbild wird durch solche Erfahrungen immer stärker verzerrt. Unser größter Konflikt ist der Kampf zwischen dem Zeigen unserer wahren Gefühle – was Risiko in sich birgt – und einem Verhalten, das die Eltern glücklich und stolz macht und das sie uns stark, mutig, lieb, artig oder klug finden lässt.

Das Unterbewusstsein verbirgt unsere traumatischen Erfahrungen mit unseren Eltern, Brüdern, Schwestern, Lehrern, Klassenkameraden hinter einer dicken Mauer, so dass wir sie schwer meistern können, weil wir uns an unsere schmerzhaften Momente im Leben nicht erinnern. Diese funktionellen Schutzmauern verhindern nicht, dass dennoch energetische Störungen im Meridiansystem entstehen. Es kommt zu Spannungen in den Muskeln und Sehnen des Körpers. Die Meridiane sind dann nicht ganz durchlässig, weil bestimmte Zonen durch die Spannungen dem Energiestrom Widerstand leisten. Dies führt dazu, dass bestimmte Teile zu viel Energie (was zu Reizungen, Schwellungen und Schmerzen führt) und andere Zonen zu wenig Energie erhalten (die Folge: Kältegefühl, Steifheit,

Durchblutungsstörungen). Letztendlich kann dies wieder Krankheiten verursachen.

Die drei häufigsten unbewussten, emotionalen Programme, um mit
unseren schmerzhaften Gefühlen umzugehen, sind folgende:

• Unterdrückung (Weigerung, diese zu fühlen)
• Verkrampfung
• einschränkende Glaubensüberzeugung

### ▓ Unterdrückung

Keine Emotion ist positiv oder negativ. Eine Emotion ist lediglich
eine kurz anhaltende, energetische Störung, die heftige körperliche Empfindungen zur Folge haben kann. Wenn wir uns diesem Energiestrom
nicht widersetzen, sondern ihn als ein ganz normales Körperempfinden
akzeptieren, ohne diesem Bedeutung beizumessen, und dabei ganz normal atmen (ruhig und sanft), dann passiert auch nichts, und der Körper
verarbeitet diese Emotion optimal.

### Ein Beispiel

Ein Kollege macht eine Bemerkung, die Ihnen unter die Haut geht.
Sie werden wütend. Aus dieser Wut heraus reagieren Sie: Sie erwidern
etwas, Sie halten beleidigt den Mund oder Sie laufen weg. Wut ist der
Hinweis darauf, dass Sie an dem Gefühl in Ihnen hängen geblieben sind.
Benennen Sie dieses Gefühl nicht, sondern spüren Sie nur ganz normal,
was Sie fühlen, beispielsweise eine Spannung in der Brust, im Bauch oder
im Kopf. Sie spüren die Spannung, akzeptieren diese, beginnen nun ruhig zu atmen und visualisieren einen ruhigen Bach, der in Richtung eines großen Flusses fließt, der wiederum Richtung Meer strömt. Dann
werden Sie eins mit dem Meer, spüren Ruhe und Frieden und atmen bewusst ein und aus.

Wenn Sie dies tun würden, würden Sie sich innerhalb weniger Minuten
ganz wohl fühlen. Betrachten Sie den Vorfall **nun** aus dieser Neutralität

heraus. Dann erkennen Sie beispielsweise, dass Sie auf die Art und Weise, wie Ihnen jemand Kritik, Feedback, einen Kommentar oder seine Meinung entgegenbringt, überempfindlich reagieren. Darüber fällen dann wiederum Sie ein Urteil. Sie finden ihn respektlos, unverschämt, kalt, ungehobelt, arrogant.

Auch hierauf reagieren Sie wieder und landen so in einem Teufelskreis, dessen einziges Opfer ... Sie selbst sind. Mit ein wenig gutem Willen und Training bleiben Sie in Ihrer Kraft und können sich entscheiden, ob Sie neutral bleiben, sich verteidigen oder dem anderen für sein Feedback danken und sich gut fühlen. Wie Sie auf die Welt reagieren, bestimmen allein Sie selbst und niemand anders.

> Wie Sie auf die Welt reagieren, bestimmen
> allein Sie selbst und niemand anders.

Alle Emotionen sind sanft und von kurzer Dauer, außer wir unterdrücken oder verleugnen sie. Dann beginnen diese, ein Eigenleben zu führen, das auf Kosten unseres Lebens geht. Alles, was wir verleugnen oder unterdrücken, hat Auswirkungen auf unsere Meridiane und letztendlich auch darauf, wie wir uns fühlen.

Wir haben gelernt – d.h. wir sind darauf programmiert –, unsere Angst und Unsicherheit nicht zu zeigen und uns stark und stabil zu geben, eben so lange, bis wir krank geworden sind, Krebs oder chronische Krankheiten bekommen haben, ohne zu wissen warum.

Wenn die unterdrückten Emotionen wieder und wieder getriggert werden, merken wir, dass etwas nicht stimmt. Wir spüren Herzklopfen, haben einen trockenen Mund, müssen oft Wasser lassen, hüsteln und uns räuspern, verspüren ein Kribbeln in der Nase, haben Hitzewallungen und verschwitzte Hände. Dies sind Anzeichen dafür, dass die Programme zur Unterdrückung von Emotionen nicht mehr greifen und die Emotionen blockieren, sondern energetische Auswirkungen auf unseren Körper haben, beispielsweise zu Schlaflosigkeit, Kopfschmerzen und Magenbeschwerden führen. Ist es nicht merkwürdig, dass so viele Menschen sagen, dass ihr Leben bis auf ein Paar körperliche 'Zipperlein' perfekt ist? Ist es nicht merkwürdig, dass 20% der Bevölkerung unter Phobien leiden, weitere 20% unter Allergien und andere 20% unter Schlafstörungen? 20% haben Stress und nochmals 20% sind ohne erkennbare Ursache chronisch krank. Meiner Hochrechnung zufolge leben 100% der 'gesunden' Menschen in der Illusion, dass es ihnen gut geht. Die Tatsache, dass sie keine Beschwerden haben, erfüllt sie mit der Illusion, dass es ihnen gut geht.

> Die Tatsache, dass Sie keine Beschwerden haben, ist kein Beweis dafür, dass Sie gesund sind.

'Gesundheit' ist die vermeintliche Illusion, dass es uns gut geht. Wenn wir krank werden, wollen wir nur noch eines: unsere Illusion zurückhaben und mit dem weitermachen, was wir taten, bevor wir krank wurden. Die konventionellen Ärzte haben sich darauf spezialisiert, die Illusion aufrecht zu erhalten. Oft erfolgen Eingriffe, um dem Patienten die Illusion zu vermitteln, dass etwas getan wird. Unzählige Operationen, Medikamente und Untersuchungen sind unnötig, doch sie halten die Illusion am Leben, dass der Arzt weiß, was er tut. Patienten und Ärzte haben sich im Labyrinth der Wirklichkeit verirrt und halten einander stillschweigend zum Narren. Mehr als 70% der Krankheiten haben angeblich eine funktionelle Ursache. Meiner Meinung nach sind es 99%. Doch wer bin ich, dass ich so etwas behaupten kann?

## ▓ Verkrampfung

Eine zweite Methode, um unsere Konflikte und Traumata zu verbergen, besteht darin, diese in bestimmten Organen und Geweben zu speichern. Um den Versuchen unserer Seele, diese wieder in unser Bewusstsein zu bringen, zu trotzen, ruft das Unterbewusstsein Spasmen der glatten Muskulatur in den Blutgefäßen und Organen hervor. Dies ist eine Methode, um die schmerzlichen Erinnerungen nicht zu spüren. Mein Sohn Joey bekam in der Nacht, nachdem er durch eine Übung an ein Erstickungstrauma erinnert wurde, einen Asthmaanfall.

Beispiele für Verkrampfungen sind:

- Verkrampfung der Herzkranzgefäße: Herzanfall

- Verkrampfung der Lungen: Asthma

- Verkrampfung der Blase: Harnprobleme

- Verkrampfung des Darms: Spasmen, Bildung von Gasen, Reizdarm, Bauchschmerzen

- Verkrampfung der Blutgefäße im Kopf: Migräne, Kopfschmerzen, Schwindelgefühl

- Verkrampfung der Gallenblase: Gallenkolik

- Verkrampfung der Blutgefäße: Bluthochdruck

Dies sind allesamt funktionelle Beschwerden. Denken Sie außerdem auch an 'restless legs' (Krämpfe in den Beinen), Schlaflosigkeit, Muskel- und Rückenschmerzen. Dr. John Sarno, ein Professor der Physiotherapie an der Universität von New York, behandelt nur die Patienten mit den komplexesten Schmerzbildern bei Nacken-, Schulter-, Rücken- und Beinleiden, die 20 bis 30 Jahre lang keinen Therapieerfolg hatten und oft auf Röntgenaufnahmen oder Computertomografien (MRIs) deutliche anatomische Verformungen aufweisen wie Hernien, Arthritis und Verengung des Rückenmarkskanals in der Wirbelsäule. Er hat bei rund 20.000 Patienten, die er seit mehr als 25 Jahren begleitet, eine Heilquote von 88% erreicht. Darüber hinaus kann er noch eine Rate starker Besserung von 10% vorweisen. Er sagt, dass diese Art von Schmerzen durch Muskelverkrampfungen infolge von unterdrückter Wut verursacht wird. Nicht durch die Wut an sich, sondern durch deren Unterdrückung. Er sagt seinen Patienten, dass sie aufhören müssen, Medikamente einzunehmen und über sich selbst traurig zu sein, dass sie herausfinden müssen, warum sie wütend sind, dass sie ihren Widerstand gegen die Wut in Akzeptanz ihrer Wut umwandeln und damit im Frieden sein müssen. Dieser Professor

hat die Illusion durchbrochen, dass die anatomische Abweichung die Ursache des Schmerzes ist und den zugrunde liegenden Kausalfaktor für
chronische Schmerzen angepackt: Was oder wer verursacht dir Schmerzen? Wem steht es zu, dir Schmerzen zu bereiten? Oder noch besser:
Warum tust du dir selbst immer noch Schmerzen an?

Mit der Omega-Methode erreichen wir die gleichen Resultate, was die
Schmerzbehandlung betrifft. Oft gelingt es in einer Sitzung, den Schmerz
um 80-90% zu vermindern. Dies erfolgt immer über die Umprogrammierung des autonomen Nervensystems, das untrennbar mit den unbewussten Überlebensprogrammen verbunden ist.

## Einschränkende Glaubensüberzeugungen

Die meisten Glaubensüberzeugungen über uns selbst, unser so ge-
nanntes Selbstbild, haben wir von anderen. Wenn Sie Sänger werden wollten und ausgelacht wurden, als Sie laut sangen, oder jemand sagte, dass
Sie in Bezug auf Fremdsprachen oder im Rechnen nicht gut sind, oder
jemand ärgerte Sie, weil Sie dick sind, Sommersprossen, schiefe Zähne
oder rotes Haar haben, haben Sie einen Minderwertigkeitskomplex entwickelt, den Sie oft Ihr Leben lang mitschleppen.

Einschränkende Glaubensüberzeugungen bilden die Basis für unseren
inneren Kritiker, der uns beständig verurteilt, kleiner macht, abweist, kritisiert und uns vorhält, dass wir nicht gut genug sind. Außerdem bilden
sie die Filter, durch die wir in die Welt schauen. Sie bestimmen auch,
wie wir auf die Welt reagieren. Das Schlimme an alledem ist, dass es sich
stets um Projektionen, Momentaufnahmen, Ängste und Einschränkungen durch die kritisierenden Personen selbst handelt, die oft ihre Unzulänglichkeiten, Besorgtheit und Angst auf andere projizieren. Ihre Illusionen übertragen sie auf andere, die wiederum ebenfalls an die Illusion
zu glauben beginnen.

Versuche mit Katzen und Hunden zeigen, dass diese keine vertikalen
Linien wahrnehmen können, wenn sie in einem Umfeld aufwachsen, in

dem es nur horizontale Linien gibt. Ist das nicht interessant? Wenn Ihre Eltern Ihnen erzählen, dass Ihr unsichtbarer kleiner Freund, mit dem Sie seit Ihrer Geburt spielten, reine Fantasie ist, dann werden Sie das, was wahr und unwirklich ist, nicht mehr unterscheiden. Wenn Sie hören, dass Frauen nur heiraten wollen, weil sie faul sind und nichts arbeiten wollen, dann wird dies Ihre Realität sein. Wenn Sie sehen, dass Ihre Eltern niemals schmusen oder sich berühren, erhalten Sie ein falsches Bild davon, wie es sein sollte. So geht es weiter. Ihre Welt der Illusionen wird Schritt für Schritt aufgebaut, Ihnen Esslöffel für Esslöffel eingetrichtert, bis deren Illusion zu Ihrer Illusion geworden ist. Die Medien helfen dabei gewaltig nach. Die Wäsche wird immer weißer, die Farben bleiben immer frisch. Wir können alles essen und doch schlank bleiben, Rauchen ist 'stark', trinken Sie – aber in Maßen, erfolgreich zu sein bedeutet, ein schönes Auto zu fahren.

Ihre Eltern meinen es gut und wollen Ihr Bestes. Manchmal ist es in der Tat gut, doch oft behindern sie Sie in Ihrer tatsächlichen Entwicklung. Die Kehrseite der Medaille ist, dass Sie ihnen nicht umsonst begegnet sind. Sie und Ihre Geistführer glauben, dass Sie diese Einschränkungen transzendieren (überwinden) können, nachträglich Ihre falsche Identität identifizieren und sich an Ihre authentische Identität erinnern können.

Einschränkende Glaubensüberzeugungen sind wirklich hartnäckig. Es erfordert viel Geduld und Durchsetzungsvermögen, diese zu überwinden. Ihre Glaubensüberzeugungen haben wiederum Auswirkungen darauf, wie Sie auf diese Welt reagieren.

Im Folgenden einige Beispiele dafür, wie negative Glaubensüberzeugungen Probleme schaffen können:

- Wenn Sie glauben, dass Erfolg und eine gute Beziehung nicht vereinbar sind, werden Sie immer problematische Beziehungen haben, wenn Sie Ihren Zielen nachstreben. Sie können dann durch die Liebe verbittert und frustriert werden.

- Wenn Sie der Überzeugung sind, dass Sie nicht gut genug sind, werden Sie merken, dass die meisten Dinge, die Sie anpacken, misslingen: Beziehungen, Karriere, Freundschaften usw.

- Wenn Sie in Bezug auf Geld viele negative Glaubensüberzeugungen mitbekommen haben, beispielsweise, dass es die Wurzel allen Übels ist, werden Sie Ihr Leben lang Probleme mit Geld haben.

- Wenn Sie von Ihren Eltern mitbekommen haben, dass Sie in allem perfekt sein müssen, wird dies dazu führen, dass Sie bei allem, was Sie unternehmen, enorm viel Stress und Spannungen im Leben haben werden.

- Sie können aber auch glauben, dass Sie krank werden, wenn Sie bei Zugluft keinen Schal umhaben. Oder dass Sie den ganzen Tag über ausgelaugt sind, wenn Sie nicht Ihre acht Stunden Schlaf gehabt haben.

Sie müssen wissen, dass Ihr Unterbewusstsein mit neuen Glaubensüberzeugungen, die Ihre Ziele und Ihre Seelenentwicklung fördern, umprogrammiert werden kann.

> Ihr Unterbewusstsein kann umprogrammiert werden, so dass es Sie dabei unterstützt, Ihre Ziele zu erreichen.

Das Unterbewusstsein ist neutral. Es trifft selbst keine Auswahl, sondern folgt den installierten Programmen. Es liegt an der Software, die verwendet wird. Sie können Ihr Unterbewusstsein so programmieren, dass Sie gesund, erfolgreich und glücklich bleiben und ein langes, vitales Leben führen. Sie können Ihre negativen Emotionen integrieren (verarbeiten) und dafür sorgen, dass traumatische Erfahrungen nicht mehr als eine neutrale Sache sind.

## Zusammenfassung

- 70% aller Krankheiten sind funktional bedingt.

- Der 'mind' ist der Bordcomputer des Körpers, der die Hardware (das Zentralnervensystem) über Neuropeptide benutzt. Diese ist über die Meridiane - elektromagnetisch - mit allen Organen und über die Chakren mit der Seele verbunden.

- Sie können die Vergangenheit verändern, indem Sie die Bedeutung verändern, die Sie dieser zuschreiben.

- Sie haben drei Arten von Gedächtnis: ein bewusstes, ein unsterbliches (Seele) und ein göttliches (Geist). Das bewusste Gedächtnis umfasst dieses Leben, das unsterbliche die früheren Leben und das göttliche Gedächtnis, wer wir zwischen den Leben sind.

- Ihr Unterbewusstsein schützt Sie durch Unterdrückung, Verkrampfung und einschränkende Glaubensüberzeugungen.

- Ihr unterbewusster 'mind' kann neu programmiert werden, um Sie und Ihre Ziele zu unterstützen und ist von Natur aus eine neutrale Software.

■ Aufgabe

- Schreiben Sie alle einschränkenden Glaubensüberzeugungen auf, die Sie von sich selbst haben.

- Schreiben Sie Ihre positiven Glaubensüberzeugungen auf.

- Schreiben Sie auf, an welchen funktionellen Krankheiten Sie leiden.

- Welche Emotionen unterdrücken Sie in sich selbst?

- Welche traumatischen Erfahrungen haben Sie vergessen?

- Über welche Dinge in Ihrem Leben sind Sie frustriert?

■ Intention

"Ich glaube zu vollen 100%, dass ich bereit bin, meine Seele zu heilen und auf meinem Weg immer weiter voranzukommen. Ich habe die

Intention, nicht in die Komfortzone zu verfallen und wachsam darauf zu achten, dass ich stetig weiter wachse und jede Situation mit Liebe, Frieden und Harmonie immer optional verändern kann."

Sie wissen nun schon, wie Sie es anstellen müssen, um diese Intention zu setzen. Ich wünsche Ihnen viel Spaß auf Ihrem neuen Weg, so dass Sie zu Ihrem vollen Potenzial, das in Ihnen lebt, finden (siehe Teil 2).

# Teil II

# Auf der Suche
# nach uns selbst

## 6. Kapitel

# Auf der Suche nach dem Licht in der Dunkelheit – die Umkehr

Spiritualität zählt als 'Big Business' ('Das große Geschäft') und floriert enorm. Es gibt auf diesem Gebiet Tausende von verschiedenen Kursen, Workshops, Büchern, Filmen, Zeitschriften. Auch Yoga, Tai Chi, Qi Gong, alternative Heilmethoden, Blütenessenzen, Reiki, Meditation, Kurbäder, Naturkost usw. fallen darunter. Die westliche Welt ist ein Mekka für moderne, östlich gefärbte Konzepte und kommerzielle Artikel auf dem Gebiet von 'feel good, do good, be happy' und 'don't worry' ('wohlfühlen, wohltun, glücklich sein' und 'sorgenfrei leben').

Einerseits ist dies gewaltig, und wir mögen sicherlich glücklich damit sein. Andererseits ist dies auch ein Weg voller Fallen. Ich bin nicht darauf aus, irgendein bestimmtes System schlecht zu machen oder zu verurteilen, wenn dies auch den Anschein haben mag. Dies ist wirklich nicht meine Absicht. Ich heiße jedes Konzept willkommen, denn es ist für jeden etwas geboten. Ich selbst strebe weniger nach philosophischen Konzepten, als vielmehr nach zielgerichteten Techniken, die sich in der Klinik als wertvoll erwiesen haben. Ich finde Gespräche, Händchenhalten, Reiki, Blüten, Kristalle, Homöopathie und NLP gigantisch, um nur einige wenige zu benennen, und ich wende all diese Dinge auch selbst an. Doch ich bin zugleich auch Arzt. Was ich will, sind messbare Resultate, auch für die Seele. Aufgrund meines ADHS-Syndroms habe ich wenig Geduld. Daher will ich schnell Resultate sehen. Nicht erst zehn Jahre meditieren, sondern gleich Resultate. Das mag dann zwar nicht spirituell sein, doch die Patienten, die bei mir vorstellig werden, sind nicht auf der Suche nach einem Guru, der sie segnet – schon gar nicht gegen Bezahlung – und mit geweihter Asche daherkommt. Sie bezahlen mich nur für eines: für Resultate, und zwar so schnell wie möglich. Das hat dazu geführt, dass sich meine Spiritualität in eine 'praktische Spiritualität', wie ich sie bezeichne, entwickelt hat. Engel sind willkommen, doch sie müssen schon mitwirken, damit Resultate entstehen. Es geht nicht nur ums 'Wohlfühlen', wenn man das auch gerne mal eben so mitnimmt.

Dies erscheint Ihnen nun wie reine Schwarz-Weiß-Malerei. Doch es gibt präzise wieder, worauf ich achte. Ich habe zwei Strategien, die sich ergänzen: die kurzen und die langen Termine. Techniken für Kurztermine, die zu unmittelbaren Resultaten führen, und Techniken für lange Termine, die Sie Schritt für Schritt zu dem führen, was die Seele will: eins werden mit dem Allerhöchsten. Dazwischen gibt es noch den mittellangen Termin: Ihr Selbstbild verändern.

• **Bei Kurzterminen wird an folgenden Dingen gearbeitet:** Traumata, Phobien, Emotionen, Krankheiten, Funktionsstörungen, Schmerzen, Gesundheit, Vitalität, sich pudelwohl fühlen.

• **An mittellangen Terminen wird an folgenden Themen gearbeitet:** Selbstwertgefühl, Selbstbild, positive Glaubensüberzeugungen, Selbstachtung, Selbstzufriedenheit, Akzeptanz dessen, wo man steht, dem eigenen Leben einen neuen Rahmen geben, glücklich sein.

• **An langen Terminen wird an Folgendem gearbeitet:** bedingungslose Liebe, Befreiung der Seele von sämtlichen Konflikten, universelle Liebe und Erleuchtung (eins werden mit Ihren allerhöchsten Werten).

Es ist in diesem Leben möglich, die Ziele der langen Termine zu verwirklichen: von Vitalität über emotionale Balance bis hin zur Erleuchtung (siehe Diagramm 7). Erleuchtung steht für die meisten Menschen unter dem Motto: "Nicht für mich bestimmt". Man muss sich die Erleuchtung vorstellen können, um diesen Zustand realisieren zu können. Doch die meisten Menschen besitzen gar keine Vorstellung davon (göttlicher Bezugsrahmen).

Emotionale Balance ('equanimity' 'Gleichmut/Gelassenheit') ist dieser Zustand emotionaler Intelligenz, in dem man nichts mehr persönlich nimmt und sich durch nichts und niemanden aus seiner Kraft holen lässt (innerer Bezugsrahmen).

'Sich pudelwohl fühlen' ist der Zustand des Sich-Wohlfühlens, weil alles gut läuft. Es geht 'wie geschmiert'. Sie sind im Fluss (externer Bezugsrahmen).

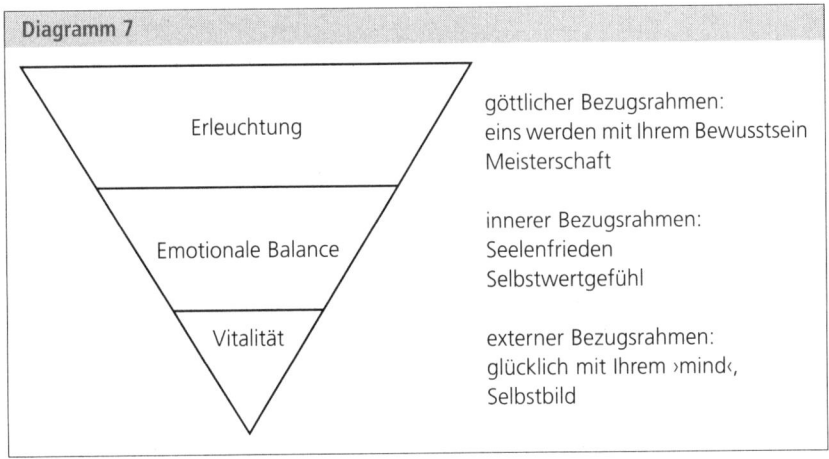

Diagramm 7

Erleuchtung — göttlicher Bezugsrahmen: eins werden mit Ihrem Bewusstsein Meisterschaft

Emotionale Balance — innerer Bezugsrahmen: Seelenfrieden Selbstwertgefühl

Vitalität — externer Bezugsrahmen: glücklich mit Ihrem ›mind‹, Selbstbild

Wenn Sie dieses Buch lesen, befinden Sie sich in der Umkehrphase. Sie sind auf der Suche nach dem Licht in Ihnen. Sie haben hierfür verschiedene Bezeichnungen gehört: Persönlichkeitsentwicklung, Bewusstwerdung, Selbstverwirklichung, Entdecken Ihres wahren Selbst, Erinnern, wer Sie sind, Spiritualität, nach innen gehen.

Wollen wir einmal gemeinsam betrachten, was hier vorangegangen. Sie sind zu der Schlussfolgerung gekommen, dass es anders gehen muss.

In einem bestimmten Augenblick haben Sie mit Ihrer 'Suchtour' begonnen.

Bei der Geburt nehmen Sie Ihr 'Gepäck' mit ins Unterbewusstsein. Wollen wir diesen Umstand einmal näher betrachten:

## Unser Gepäck zum Zeitpunkt der Geburt

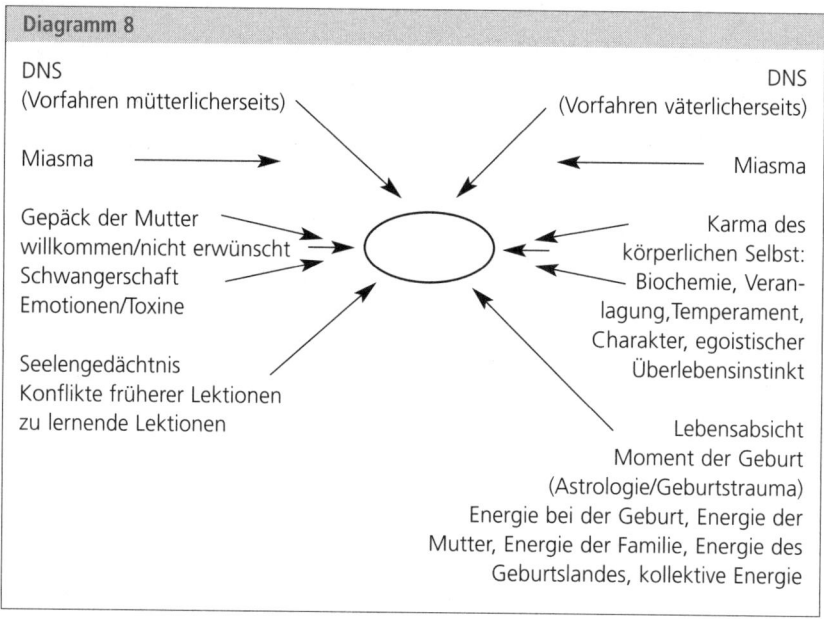

**Diagramm 8**

DNS
(Vorfahren mütterlicherseits)

Miasma

Gepäck der Mutter
willkommen/nicht erwünscht
Schwangerschaft
Emotionen/Toxine

Seelengedächtnis
Konflikte früherer Lektionen
zu lernende Lektionen

DNS
(Vorfahren väterlicherseits)

Miasma

Karma des
körperlichen Selbst:
Biochemie, Veran-
lagung, Temperament,
Charakter, egoistischer
Überlebensinstinkt

Lebensabsicht
Moment der Geburt
(Astrologie/Geburtstrauma)
Energie bei der Geburt, Energie der
Mutter, Energie der Familie, Energie des
Geburtslandes, kollektive Energie

Wie Sie sehen, haben Sie alle während und unmittelbar nach der Geburt einen ordentlichen Rucksack voll – und da hat unser Leben noch gar nicht richtig begonnen! Wenn Sie Glück haben, befindet sich einer Ihrer Elternteile am Ende des Weges und beginnt, Sie direkt zu unterstützen. Wenn Sie dagegen in eine normale Familie geboren wurden, dann wird es erst noch schlechter werden, bevor es besser wird.

Wollen wir doch einmal ganz kurz alle Gepäckstücke in Ihrem Rucksack durchsprechen, so dass deutlich wird, welchen Fehlstart Sie machen.

- DNS mütterlicherseits: potenzielle, genetische Defekte (ebenso väterlicherseits)

- Miasma mütterlicherseits: ererbte, unverarbeitete Konflikte, Emotionen, Flüche (negative Energien) (ebenso väterlicherseits)

- Gepäck der Mutter: Emotionen und Vorfälle während der Schwangerschaft

- Prägung: das Nicht-Erwünscht-Sein oder eine Schreckreaktion der Mutter beim Feststellen der Schwangerschaft

- Toxine: Nikotin, Alkohol, Medikamente, Chemikalien.

- schlechte Ernährung

- Karma des körperlichen Selbst: Allergien, Intelligenz, Funktion des Zentralnervensystems, Biochemie, Veranlagung, Temperament, Emotionen, Tempo, Charakter, egoistischer Überlebensinstinkt

- Seelengedächtnis: unverarbeitete Konflikte vorangegangener Inkarnationen, zu lernende Lektionen

- Lebensintention und Lebensthemen

- Ihre Geburtsstunde (astrologische Einflüsse)

- Geburtstrauma

- Ereignisse rund um die Geburt (Empfängnis selbbst und Versorgung rund um die Geburt)

- Energien mütterlicherseits nach der Geburt (postnatale Depression).

- Trennung von der Mutter (Brutkasten)

- mütterliche Instinkte und Versorgung nach der Geburt

- Energie der Familie

- Energie des Geburtslandes

- Energie des Kollektivs (kollektives Bewusstsein)

Dies alles kann sich bei Ihrer Geburt in Ihrem Rucksack befinden. All diese Dinge werden Sie letztendlich transzendieren müssen. Bis zu diesem Moment bilden Sie totes Gewicht. **Doch** bevor es besser wird,

wird es normalerweise immer erst schlechter. Das nenne ich 'Phase 2'. Wollen wir dies nun näher betrachten. Einen Großteil davon haben wir ja bereits abgehandelt.

Wir werden so erzogen, dass wir lernen, wie die Welt aussieht und wie wir darauf reagieren müssen. Wir finden unser persönliches Weltbild und Selbstbild dank unserer Erzieher und mit Hilfe der Medien und der kollektiven Unwissenheit. Um uns einen Überblick zu verschaffen, wenden wir uns dem nächsten Diagramm zu.

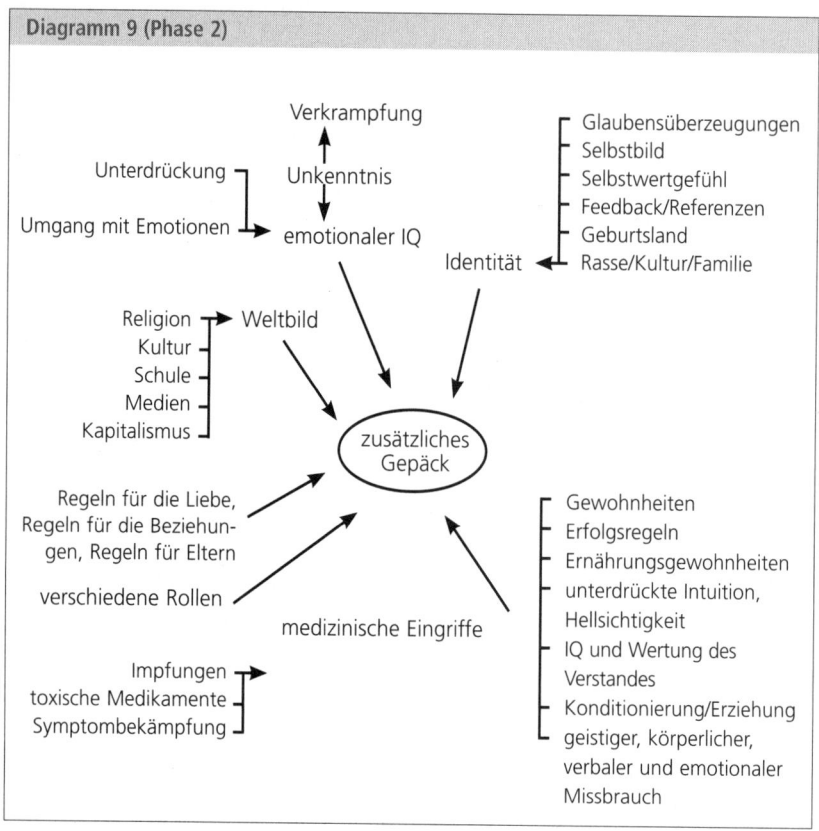

Diagramm 9 (Phase 2)

Wie wir ablesen können, wird unser 'mind' von allen Seiten mit Informationen und Bildern bombardiert, die unser Weltbild und Selbstbild (miss-)gestalten. Das ist alles zusätzlicher Ballast, den wir letztendlich wieder abwerfen müssen, um unser authentisches Selbst zu finden. Sie erkennen sehr wohl, dass das alles nicht leicht ist. Alles, was Sie über sich selbst, die Welt, die Liebe, Ihre Beziehungen, Ihre Emotionen, Ihren Erfolg glauben, stammt nicht von Ihnen selbst, sondern stellt eine Unterdrückung Ihres Selbst dar.

> Alles, was Sie über sich selbst, die Welt, die Liebe, Ihre Beziehungen, Ihre Emotionen, Ihren Erfolg glauben, stammt nicht von Ihnen selbst, sondern stellt eine Unterdrückung Ihres Selbst dar.

Ihre IDENTITÄT – wer Sie zu sein glauben und was Sie tun werden, um erfolgreich zu sein – wird Ihr Leben bestimmen.

Wollen wir nun betrachten, welche Auswirkungen unser Streben nach Akzeptanz, Respekt, Liebe, Aufmerksamkeit, Anerkennung und Wertschätzung auf unser Leben hat. Je mehr es uns an diesen Dingen gemangelt hat, desto größer wird die Wahrscheinlichkeit, dass wir versuchen, diese zu bekommen. Wenn Krankheit die Möglichkeit ist, diese primären Bedürfnisse zu stillen, dann wird das Unterbewusstsein positive Assoziationen mit Krankheit haben. Wenn Gesundheit und Vitalität negativ erlebt werden, weil wir in die Schule gehen und Hausaufgaben machen müssen, und wenn wir fehlende Zuneigung als unschön empfinden, dann ist unser Unterbewusstsein darauf programmiert, uns krank zu machen und in diesem Zustand zu halten.

Wir haben einen anderen Ausweg, und der lautet: erfolgreich sein, um Aufmerksamkeit, Respekt, Liebe, Anerkennung und Wertschätzung zu erhalten. Hier beginnt der Konflikt mit unserer Identität. Wir möchten erfolgreich sein, aber gleichzeitig sabotieren wir das und kämpfen gegen unseren eigenen Schatten. Auf Dauer gewinnt der Schatten. Weil die

Schattenseite ihres Erfolgs sie überall hin verfolgt, haben so viele Menschen Probleme mit Geld, Beziehungen, Übergewicht, körperlicher Betätigung und Meditation.

## Schattenseite des Erfolgs

Die meisten Schattenseiten des Erfolges bestehen aus Glaubensüberzeugungen, wie etwa:

### ■ 1. "Ich kann das nicht"

Viele Menschen glauben, sie könnten nicht erfolgreich sein. Sie haben so viel Kritik in ihrem Leben in Bezug auf Dinge erhalten, die sie nicht gut erledigten, oder ihre Eltern waren so auf das fixiert, was sie nicht konnten, bzw. sie erhielten nur Wertschätzung für die Dinge, die makellos waren, dass sie begannen, daran zu glauben.

In der Schule wird das bewertet, was man falsch macht, und nicht das, was man gut macht. Man beginnt zu glauben (obwohl man gut lernt): Es ist nicht gut *genug,* um etwas zu können: "Wenn ich nicht der Beste bin, dann bin ich nicht gut genug. Ich bin ein Versager. Ich bin nicht klug genug. Ich mache immer Fehler. Ich bin nicht so gut wie die anderen."

Fehler zu machen, ist ein ganz natürlicher Prozess. Eigentlich können wir keine Erfahrung machen, wenn alles aufs erste Mal perfekt ist. Die Welt ist in ihrer Unperfektheit, in den Dingen, die schief gehen, perfekt: zu viel Trockenheit, zu viel Regen, Erderschütterungen, Orkane, Kälte, Hitze, zu wenig dies, zu viel das. Letztendlich passt es immer. Man passt sich an, man lernt aus Fehlern, man erhält Feedback und geht aus einem Streit weiser hervor. So ist das Leben für jeden von uns. Wenn man alles wirklich genau betrachtet, wird man erkennen, dass man viel öfter erfolgreich gewesen ist, als nicht. Man hat gelernt zu laufen, Fahrrad zu fahren, zu schreiben, zu lesen, zu rechnen, Fremdsprachen zu sprechen, sich selbstständig im Leben zurechtzufinden, mit Messer und

Gabel zu essen, zu kochen, und eine ganze Latte mehr. Wir haben sogar gelernt, mit Computern zu arbeiten und mit Pin-Geräten umzugehen. Selbst wenn Sie dies alles nicht können, sind Sie doch erfolgreicher, als Sie denken. Die Tatsache, dass Sie dieses Buch lesen und bis hierher gelangt sind, ist ebenfalls ein Erfolg.

Ihre Erfahrung kann Ihnen niemand absprechen. Von jetzt ab werden Sie die falschen Vorstellungen der Welt durchschauen, denn Sie verstehen nun wie kein anderer, dass es um Erfahrungen geht: was Sie lernen, um Ihre Seele zu heilen, Ihren Rucksack bei jedem Schritt mehr vom Ballast befreien, sich darauf zu konzentrieren, stets mehr Liebe und Akzeptanz zu erfahren, sowie die Tatsache anzuerkennen, dass materieller Erfolg nicht das höchste Ziel ist, sondern eine Möglichkeit, um Erfahrungen zu machen, um die eigene Kreativität und Flexibilität zu testen.

Sie tragen alles in sich, um erfolgreich zu sein. Sie brauchen es nur zuzulassen.


■ 2. "Erfolg erfordert zu viel Anstrengung"

Viele Menschen fürchten, alles aufgeben zu müssen, um erfolgreich zu sein, oft aus dem Grund, weil sie schlechte Erfahrungen gemacht haben. Sie erfuhren beispielsweise, dass das Familienleben auf Kosten der Arbeit ging, dass Vater stapelweise Arbeit mit nach Hause brachte, oder dass Absprachen nicht eingehalten wurden, weil die Arbeit Vorrang hatte. Oder man schaute zu, wie erfolgreiche Menschen derartiges leisteten.

Man ist auch ein Stück weit über die Schule konditioniert worden: Dort musste man sich knallhart anstrengen, um erfolgreich zu sein (viel Hausaufgaben, weniger Zeit zum Spielen). Darüber hinaus gibt es auch noch die Konditionierung durch das Fischezeitalter, das durch Buße, viel Aufopferung, um in den Himmel zu kommen, Karma abarbeiten, usw. gekennzeichnet ist. In Amerika wird es in der Sportwelt kurz und bündig unter dem Motto 'no pain, no gain' – 'ohne Fleiß kein Preis' zusammengefasst. Folglich lernen Sie, schwere Strapazen auf sich zu nehmen, Durchhaltevermögen, Durchsetzungsvermögen, Disziplin, Willenskraft, unendlichen Weitblick, etwas durchzustehen, nicht aufzugeben, sich durchzubeißen, 'Arbeit adelt', 'wie gewonnen, so zerronnen' ('easy come, easy go') und dergleichen Unsinn mehr.

Ein Ergebnis, das man durch schwere Arbeit errungen hat, schätzt man mehr, als eines, das durch kluges Handeln oder durch Glück entstanden ist. 80% der Menschen, die viel Geld im Lotto gewinnen, haben nach fünf Jahren bereits wieder alles verloren. Zu leicht verdient. Es ist zum Verrücktwerden. In Amerika sagt man: 'If it looks too good to be true, it cannot be true' – 'wenn etwas zu gut aussieht, um wahr zu sein, kann es nicht wahr sein'.

Es gibt drei Ebenen der Kreativität:

• **Ebene 1: harte Arbeit**
Dadurch baut man das Nervensystem auf, erwirbt die Fertigkeiten, die man braucht (Begeisterung). Gefahr: Workaholic, Burnout.

• **Ebene 2: klug arbeiten**
Hier vertraut man mehr auf seine eigene Identität und das Universum. Man setzt seine Energie weiser ein (Leidenschaft). Gefahr: zu abwartend.

• **Ebene 3: Fluss, Leichtigkeit**
Arbeit verleiht Energie. Der völlige Verlass auf die Synchronizität – Sie dürfen loslassen. Gefahr: Ihre Seele sieht jede Widrigkeit als falsch eingeschlagenen Weg oder setzt zu schnell einen neuen Rahmen.

Wie Sie sehen, ist Erfolg also nicht allein harte Arbeit, sondern auch ein Weg, auf dem Sie viel auf Ihrem Weg nach innen lernen können.

### ■ 3. "Erfolg ist messbar"

Der Mensch glaubt, dass man Glück oder viel Geduld haben muss, um Erfolg zu erlangen. Die Illusion des Erfolges besteht darin, dass der Mensch glaubt, dass dieser in Form von Sozialstatus, Geld, Macht, Position, Einfluss, Besitz, Titel und Bekanntheitsgrad messbar sein muss. Wenn man für den eigenen Erfolg wirklich Bestätigung im Außen sucht, wird man immer abhängig bleiben. Wahren Erfolg messen Sie erst, wenn Sie mit Ihren Geistführern im Rat der Meister Ihr Leben bewerten. Erfolg ist das Maß, in dem es Ihnen gelingt, Ihren Ballast loszuwerden, sich mit Ihrer göttlichen Essenz zu verbinden, Liebe zu erfahren, grundlos glücklich zu sein. Dies kann schnell oder langsam gehen, abhängig von den Prioritäten, die Sie setzen: was Sie dafür übrig haben, wie viel Zeit, Energie und Geld Sie aufwenden wollen und können. Ungeachtet Ihres Zieles lautet die Frage, ob Sie damit kongruent sind. Sie sind kongruent, wenn Ihr Bewusstsein und Ihr Unterbewusstsein (Ego) auf dasselbe Ziel ausgerichtet sind und einander nicht im Weg stehen.

Erfolg gibt es jeden Tag aufs Neue. Sie beginnen jeden Tag, indem Sie Ihre Intention für diesen Tag setzen und jeden Abend bewerten, worin Sie erfolgreich gewesen sind und welche Erfahrungen Sie noch brauchen. Manche Menschen scheinen zu verschnaufen und gehen die Sache ruhiger an. Sie haben es nicht mehr so notwendig. Sie sind zufrieden, es ist in Ordnung so, wie es ist. Sie halten sich aber selbst zum Narren, während Sie sich als skeptisch oder realistisch bezeichnen oder glauben, mit beiden Beinen fest auf dem Boden zu stehen, nicht benebelt und auch kein Herdentier zu sein, oder sie sagen: "Erst will ich es sehen, bevor ich es glaube." "Ich mache es auf meine Weise" oder "Ich habe in meinem Leben schon alles erlebt" und dergleichen mehr. Dies sind einfach alles Ausreden für den Verlust von Leidenschaft, Enthusiasmus, Inspiration und Kreativität. Eigentlich ist es nichts anderes als gewöhnliche Angst zu fallen, Angst, Dinge zu entdecken, die sie nicht kontrollieren können, Angst vor allem, was sie jahrelang unterdrückt haben. Leider lebt die große Masse entweder in einem spirituellen Koma oder sie hält sich vor der Außenwelt verborgen, aus Angst, nicht akzeptiert zu werden.

Ich bin mir sicher, dass Sie in Ihrem Leben schon viele Ausreden wie diese gehört haben. Nun, da ich dieses Buch schreibe, bin ich gerade 50 Jahre alt – und ich bin noch enthusiastischer, leidenschaftlicher und inspirierter als vor 25 Jahren, als ich mit meinen alternativen Heilmethoden begann. Ich bilde inzwischen gerade Trainer aus, die in Kürze selbst Trainings geben werden, und sehe in diesen ein größeres Potenzial als in mir selbst. Ich will ihr Mentor sein, meine Erfahrungen mit ihnen teilen, sie zu ihrer vollen Größe, zu Erfolg und zu ihrem Lebensziel hin coachen. Ich bin in dieser Hinsicht sehr leidenschaftlich, es gibt so viel zu tun. Ich schreibe mit mehr Leidenschaft und Antrieb als je zuvor. Mein Weg ist mein Weg, doch über meine Erfahrungen kann ich anderen wieder als Inspiration dienen.

Kurzum, Erfolg ist ein tägliches Phänomen. Je mehr Herausforderungen Sie in Ihrem Leben begegnen, je mehr Widrigkeiten Sie erleben, desto mehr dürfen Sie davon überzeugt sein, dass Sie innerlich ganz stark sind. Sonst hätten Sie einen leichteren Weg gewählt.

## ■ 4. "Erfolg bedeutet Perfektion"

Dies ist großer Unsinn und ein Überbleibsel Ihrer Schattenseite. Wenn meine Bücher perfekt sein müssten, hätte ich in der ganzen Zeit vielleicht vier oder fünf Bücher geschrieben anstatt fast 40. Man strebt immer nach dem Bestmöglichen. Doch es kommt der Augenblick, in dem man loslassen und es dem Universum übergeben muss. Das Universum gibt uns ein Feedback, und in dieses tauchen Sie in aller Tiefe ein. Manche Menschen glauben unbewusst, dass sie nicht gut genug sind, dass sie es nicht verdienen, dass sie es nicht wert oder nicht klug, perfekt, hübsch oder schlank genug sind, und lassen sich dadurch blockieren und hemmen. Ich brauche nicht perfekt zu sein, ich räume mir selbst die Freiheit ein, Fehler zu begehen. Ich konzentriere mich auf das, was ich schaffen will. Ich habe eine Strategie, um dies zu schaffen und einen Zeitrahmen, innerhalb dessen ich mich selbst zwinge, es zu schaffen. Wenn ich das nicht tun würde, würde ich zu lasch oder zu perfektionistisch werden.

Erfolg bedeutet auch die Suche nach der Balance. Das bedeutet, dass Sie in nichts perfekt sein müssen, sondern genügend Energie in Ihre Beziehung, Karriere, Gesundheit, sozialen Kontakte und Hobbys stecken und dafür sorgen müssen, dass Sie auf diesen Ebenen gut werden.

Ich sprach vor kurzem mit einem Freund von mir, den ich bereits seit meiner Zeit an der Mittelschule von Aruba kenne. Er ist nun 52 Jahre alt und Kardiologe auf Curacao. Er hat den schwarzen Gürtel in Karate, spielt in einer Bluesband, hat seinen Flugschein und sein Taucherabzeichen und geht außerdem noch anderen Hobbys wie Motorradfahren, Menschen coachen und anderen Dingen nach. Er hat Stress, doch er genießt sein Leben in vollen Zügen und ist stets begeistert und leidenschaftlich, was seine Arbeit, seine Musik und seinen Sport betrifft. Dies ist nicht jedem beschieden, es sei denn, er entscheidet sich dafür, ständig auf spielerische Weise durchs Leben zu gehen und immer aus dem Rahmen zu fallen, egal, wer und wo er ist.

### ▪ 5. "Es gibt immer andere, die es besser können"

Erfolg ist kein Wettrennen mit anderen. Es ist ein Wettstreit mit nur einem einzigen Teilnehmer, und der sind Sie selbst. Die einzige Möglichkeit zu fallen besteht darin, in der Entwicklung Ihrer Seele innezuhalten, Ihr Leben apathisch zu verbringen und den Kopf in den Sand zu stecken. Bei mehr als sechs Milliarden Menschen auf dieser Welt wird es immer welche geben, die schneller, klüger, stärker, schöner, reicher und besser sind als Sie – na und? Was macht es aus? Die Realität ist, dass die besten Schriftsteller niemals ein Buch schreiben, die besten Sänger niemals singen, die besten Maler niemals an einer Ausstellung teilnehmen und die besten Athleten niemals Berufssport betreiben werden. In jedem von uns sitzen zahllose Talente verborgen, die darauf warten, entwickelt zu werden. Die Meisterschaft tief in Ihnen wartet darauf, in Erinnerung gerufen zu werden. Indem Sie sich selbst mit anderen vergleichen, werden Sie immer das sehen, was Sie unten hält. Sie sind einzigartig. Nur Sie können Ihren eigenen Weg zurücklegen, nur Sie können Ihr Leben führen, niemand anders. Ihr Hauptaugenmerk ist auf Ihr Ziel gerichtet, auf

Ihr Leben, auf Ihren persönlichen Lebensplan, und nicht den irgendeines anderen Menschen.

## ■ 6. "Erfolgreich zu sein ist nicht spirituell – die Menschen werden mich ablehnen"

Wie oft habe ich das schon gehört: dass ich nicht spirituell, sondern kommerziell orientiert bin. Was ist Spiritualität? Was ich mit Gewissheit über die Spiritualität weiß, ist, dass sie bedeutet, immer besser imstande zu sein, andere so zu akzeptieren, wie sie sind, ohne sie zu verurteilen oder abzulehnen. Es ist das Wissen darum, dass wir alle unseren Weg zurückzulegen haben, und dass Erfolge im Außen kein echter Spiegel unserer inneren Erfolge sind. Auch umgekehrt nicht: Das Ausbleiben von Erfolgen auf der gesellschaftlichen Ebene ist kein Beweis für innere Entwicklung.

Spiritualität bedeutet zu glauben, dass wir mit einem persönlichen Ziel hier auf die Erde kommen, und für jeden von uns eine Rolle vorgesehen ist. Auf unserem Weg entdecken wir, wer wir sind, welche unsere einzigartigen Talente sind und welche Rolle(n) wir uns vorgenommen haben. Dass dabei finanzieller, gesellschaftlicher und weltlicher Erfolg entstehen kann, ist Nebensache, auch wenn dies sehr wohl Ihr Ziel sein kann. Ihre Seele manifestiert sich in allem, was Sie tun und wird sich auf Ihrem Weg in Form von Konflikten, Verführungen, Bestechung, Süchten, Triggern, Katastrophen, Krisen und Tiefs präsentieren. Dann schaut die Spiritualität vorbei und weist auf das Ende der Reise hin. Bewertet wird nicht werden, wie viel Sie auf der materiellen, sozialen und politischen Ebene erreicht haben, sondern inwiefern Sie Ihre Lektionen gelernt haben. Dies kann auch in einem luxuriösen, reichen Leben mit viel Macht, Ansehen und Einfluss der Fall sein.

## ■ 7. "Viel Geld zu besitzen ist schlecht"

Die Kirchen haben sich 2.000 Jahre lang bereichert, indem sie ihren Anhängern vorhielten, dass Geld die Wurzel allen Übels ist. Bedenken wir nur, was in der Bibel steht, nämlich, dass es leichter ist, ein Kamel durch ein Nadelöhr zu bekommen, als dass ein Reicher in den Himmel kommt. Die römisch-katholische Kirche gehört mit McDonalds zu den größten Großgrundbesitzern der Welt und hat sogar ihre eigene Bank. Wenn Geld so schlecht ist – wie kommt es dann, dass die Kirche so reich ist? Geld an sich ist neutral. Es kommt darauf an, was Sie tun. Dies bestimmt die Richtung. Geld kann abhängig und bestechlich machen. Doch was immer Sie tun, Sie werden Ihren Besitz nicht mitnehmen können. Was Sie aber sehr wohl mit zurücknehmen werden, ist der Rest Ihres Gepäcks, Ihr 'Seelenrucksack'. Abhängigkeit vom Geld blockiert unser spirituelles Wachstum. Ich glaube, dass alle Reichen, die nicht begreifen, was Überfluss bedeutet, sich in einem anderen Leben freiwillig entscheiden sollten, in Situationen geboren zu werden, in welchen sie lernen, wie wichtig es ist, dass Reiche ihr Geld und ihre Macht benutzen, um die Armut gezielt auszurotten. Dies gilt nicht nur für die Superreichen, sondern auch für Menschen mit einem bequemen Leben, die ihren Kopf in den Sand stecken, um das Elend der anderen nicht sehen zu müssen. Sie müssen in ihrem Seelenzyklus lernen, dass wir uns nicht alle gemeinsam weiterentwickeln können, wenn die, die es besser haben, nicht mit denjenigen teilen, die weniger gut bedacht wurden.

Geld ist ein herrliches Instrument, um zu erkennen, wo Sie sich in Ihrer Seelenentwicklung befinden. Wie sehr lassen Sie sich davon fesseln? Wie korrupt werden Sie? Wie lassen Sie Geld die Macht über sich erringen? Wie gut können Sie es manifestieren oder anziehen?

Wie viele Menschen sagen nicht, dass sie zufrieden sind, weil sie genug für sich selbst haben und nicht über ihren eigenen Tellerrand hinausschauen. "Ich brauche nicht mehr, ich bin zufrieden." Damit beruhigen Sie sich selbst, schielen jedoch missbilligend auf diejenigen, die mehr haben.

Die meisten Menschen sind durch ihre Identität blockiert. Sie glauben – und damit beschränken sie sich selbst – dass sie nur Geld verdienen können, indem sie arbeiten. Ihre Kreativität beschränkt sich so auf ihre eigene, kleine Welt. Ich sage nicht, dass sich jeder aufs Geldverdienen verlegen muss: Das ist nicht unser Lebensziel. Ich sage aber, dass wir handeln müssen, wenn wir unzufrieden sind oder schlummernde Talente besitzen. Ich sage auch, dass wir unseren Überfluss anderen zufließen lassen müssen, die sich festgefahren haben, um ihnen gezielt zu helfen. Ich behaupte weiter, dass Geldverdienen eine Möglichkeit ist, um unsere Kreativität einzusetzen und unsere Talente zu entwickeln, so dass wir letztendlich unsere Seele heilen können.

Geld macht nicht glücklich. Doch auch Geldmangel kann unglücklich machen. Streit ums Geld steht bei den Scheidungsgründen an 3. Stelle. Menschen, die mehr Geld besitzen, sind gesünder und leben länger als Menschen mit Geldsorgen. Geld schafft Freiraum und kann uns helfen, viele Menschen, einschließlich uns selbst, glücklich zu machen. Spiritualität hat also nichts mit dem zu tun, was wir machen, sondern nur damit, wer wir auf dem Weg zu unserem Ziel werden.

> Spiritualität hat nichts mit dem zu tun,
> was wir machen, sondern nur damit,
> wer wir auf dem Weg zu unserem Ziel werden.

## Die Umkehr

Wir werden also konditioniert, erfolgreich zu werden, und erhalten dafür eine gehörige Portion an Glaubensüberzeugungen mit, die uns beim Erreichen unseres Zieles eigentlich hemmen sollen.

- Vielen gelingt es, sich zur Mittelklasse empor zu hangeln: eine gute Karriere, Auto, Haus, Familie, Sparbuch, zweimal im Jahr Urlaub, eine gesicherte Pension, Kreditkarten und dergleichen mehr sind Zeichen dafür, dass man erfolgreich ist.
- Manche erklimmen die Erfolgsleiter noch höher und sind reich: ein eigenes Unternehmen, Ansehen, Macht, Bekanntheit, materieller Besitz und Menschen, die sie bewundern.

- Andere bleiben auf der Erfolgsleiter stecken und lassen sich desillusionieren. Es gelingt ihnen nicht, ihren Rucksack zu leeren, und sie beginnen, an ihre falsche Identität zu glauben: dass sie nicht gut genug sind, dass sie es nicht können, usw.
- Wieder andere haben keinen Erfolg und akzeptieren ihr Los. Sie sind mit ihrer Position zufrieden und sitzen ihre Zeit einfach ab: Sie haben es "gut".
- Manche träumen weiter und versuchen immer wieder aufs Neue, den großen Wurf zu tun und das große Glück zu machen. Sie geben nicht auf, lesen bestimmte Bücher, nehmen an bestimmten Seminaren teil, usw.
- Ein Teil bleibt frustriert, ist unzufrieden und sieht keinen Ausweg. Sie sind nicht glücklich, sondern verbittert, voller Neid, jammernd und nörglerisch und ziehen über andere her, die sehr wohl erfolgreich sind.
- Andere finden ihren Weg in die Religion und führen ein frommes Leben.
- Wieder andere finden ihr Glück in der Spiritualität, in Yoga, Meditation, Qi Gong, Tai Chi, östlicher Philosophie usw.

Manchmal muss man erst ziemlich erfolgreich werden, um zu entdecken, dass das, was man vom Erfolg erwartet hatte, eine Illusion ist. Es kann müßig sein, viel Materie ohne tiefere Verbindung zu haben. Sie wissen, dass da mehr ist, und gehen auf die Suche jenseits der Materie, nach dem Sinn unserer Existenz, nach dem Warum unseres Daseins hier auf Erden. Es nagt etwas im Innern, wenn man die Leere der Materie erfährt und nicht die Befriedigung verspürt, die man erwartet hatte.

Es gibt auch Menschen, die sich in die Illusion von der Liebe verrannt haben. Nachdem sie jahrelang alles in eine Beziehung investiert haben, stehen sie plötzlich mit gebrochenem Herzen da und erfahren Wut, Verbitterung, Frustration. Ihre Illusion von der Liebe ist zerbrochen, die Abhängigkeit von einem anderen Menschen hat nicht funktioniert. Durch die Verbitterung oder Enttäuschung geht man auf die Suche nach dem Sinn von alledem.

Die Umkehr kann stattfinden, nachdem man tief gefallen ist, beispielsweise durch ein Unglück, Konkurs, Kündigung, ernsthafte Krankheit, eine unglückliche Beziehung, Depression, Sucht. Im tiefsten Elend kann man zur Einsicht kommen, dass es mehr gibt als das.

Die Umkehr kann auch durch etwas stattfinden, was Sie im Innern berührt: ein Gespräch, ein Buch, ein Film, ein Artikel, ein wunderliches Ereignis, eine Vision (beispielsweise von einem Engel), eine innere Stimme, Zufall, Zeichen, Fremde, die Ihnen eine Botschaft übermitteln, eine Predigt in der Kirche.

Es kann auch heftig sein: eine Nahtoderfahrung, eine Astralreise, hellseherische Visionen, Halluzinationen, Koma, tiefgehende Träume mit Nachwirkung, Erscheinungen von Geistern und Toten, Besetzung durch eine Entität, das Hören von Stimmen, tiefe Psychosen, ein Wunder miterleben, über einen Hellseher, das Channeln durch ein Medium, Regressions- oder Reinkarnationstherapie, tiefe Meditation, Austritt aus dem Körper während einer Narkose, ein Traum, der sich ganz echt anfühlt.

Es gibt folglich mehrere Möglichkeiten: das Normale spüren oder kennen, sich derart verfahren, dass man erkennt, dass das nicht der Weg ist, im x-ten Teufelskreis in Bezug auf Finanzen oder Beziehungen landen und dort nicht mehr herauskommen.

Viele Menschen sind fasziniert von der Zukunft und möchten diese gern kennen. Warum wollen sie das eigentlich so gern? Manche ziehen einen Hellseher zu Rate, weil er ihnen eine Beziehung verspricht, die sie angeblich glücklich macht, oder um wichtige Beschlüsse zu fällen, um festzustellen, ob sie auf dem richtigen Weg sind, aus Neugier, um herauszufinden, was jene wiederkehrenden Träume bedeuten, oder um mehr von ihrer Seele zu erhaschen.

Wir wollen sichergehen, dass wir die richtige Entscheidung treffen, dass unser Leben Sinn macht. Bestimmung und freier Wille sind die beiden Störfaktoren auf unserer Reise. Bestimmung hat mit unserer Lebensintention zu tun, mit Themen und Fertigkeiten, mit welchen wir uns in diesem Leben beschäftigen wollten. Es ist der Lebensplan, den wir uns ausgedacht haben und erreichen wollten, bevor wir diese Reise begannen.

Ihr freier Wille bestimmt, ob Sie Ihrem abgesteckten Lebensplan folgen werden oder nicht, sowie auch die Wahl, die Sie anlässlich bestimmter Vorfälle und Umstände in Ihrem Leben treffen werden oder getroffen haben. Dies ist Ihre Lebensgeschichte und Ihre Zukunft.

Sie haben alles in der Hand: Sie können die Möglichkeiten studieren, Entscheidungen treffen und Beschlüsse und Aktionen durchführen, die Ihren Weg bestimmen werden. Sie können es auch unterlassen, eine Entscheidung zu treffen. Dann übergeben Sie die Situation an das Ego und das Unterbewusstsein, die Sie aus Überlebensangst und auf der Suche nach Sicherheit, Liebe, Aufmerksamkeit und Wertschätzung beherrschen. Sie finden es dann besser, in einer schlechten Beziehung, Situation, Laufbahn, Freundschaft, Familie zu bleiben, als das Risiko des Unbekannten einzugehen.

Viele von uns fahren sich im Leben fest. Wenn wir Glück haben, erwachen wir durch eines der Geschehnisse, die ich umschrieben habe. Wenn wir Pech haben, sterben wir, ohne wirklich etwas an uns gearbeitet zu haben, und kehren nach Hause zurück, um uns nochmals auf dieselbe Reise vorzubereiten, um nachträglich zu hoffen, dass wir es das nächste Mal gut hinbekommen. Das Universum ist geduldig, und wir erhalten so viele Chancen, wie wir nötig haben, um Fortschritte zu verbuchen. Die Umkehr kommt auf der Suche nach der Antwort auf die Frage, wer wir sind und was wir vorhaben.

## Wer sind wir?

Mit einfachen Worten: Wir sind Seelen, die in einem dreidimensionalen, biochemischen Organismus auf Abenteuerreise auf einem Planeten

sind, der Erde genannt wird. Wir leiden unter Gedächtnisverlust und können uns nicht an alle Details unserer Herkunft, unserer Gattung (spirituelle Wesen) und unseres Lebensplanes erinnern. Wir haben viele unserer Fertigkeiten verloren, indem wir uns mit den Beschränkungen des Organismus Mensch verbunden haben. Viele Menschen begreifen zwar, dass
wir spirituelle Wesen auf einer körperlichen Reise sind, und dass unsere
Erfahrungen hier auf Erden in irgendeiner Hinsicht relevant sind, doch
wie genau, das übersteigt ihr Wissen.

Es besteht ein beständiges Wechselspiel und eine Synchronizität von
unbekannten Kräften, die Einfluss auf unser Leben und auf die Entscheidungen haben, die wir fällen. Manchmal haben wir das Spiel im Griff,
doch oft fühlen wir uns auch als Spielball. Die Frage, die wir uns beständig stellen müssen, lautet: Welche Entscheidung treffe ich jetzt? Manche
Menschen lassen es zu, dass Ereignisse im Außen die Richtung in ihrem
Leben vorgeben, und suchen ihre Identität in der Bestätigung im Außen.
Indem man jedoch mehr Antworten im eigenen Inneren findet, kommt
man seiner wirklichen Identität näher. Wenn jemand die Frage stellt: "Wer
sind Sie?", dann nennen viele oft ihren Beruf. Wenn Sie dann sagen:
"Nein, ich frage nicht, was Sie tun, sondern wer Sie sind", können die
meisten darauf keine Antwort geben.

Ich bin Roy. Geboren auf einer kleinen Insel der niederländischen
Antillen. Ich bin 50 Jahre alt und auf der Suche nach Fertigkeiten, die
mein Herz mehr öffnen und mich dazu befähigen, der großen, brennen-
den Leidenschaft und der Liebe, die ich in mir fühle, mehr Ausdruck zu
verleihen – um meine Seele dadurch von allem zu befreien, was mich
daran hindert, mit dieser Liebe eins zu werden und diese mit der Welt
zu teilen. Ich fühle mich getrieben, inspiriert und motiviert, weiter zu
gehen, bis ich zu 100% zum Instrument dieser göttlichen Liebe geworden bin und all meine Wünsche in diesem endlosen Quell der Heilung,
des Lichts der Vergebung und der bedingungslosen Liebe geläutert sind.
Dies könnte eine Antwort auf die Frage sein, wer Sie sind. Eine kür-
zere Version könnte lauten: "Liebe!".

Beantworten Sie selbst die Frage, wer Sie sind. Nehmen Sie sich dafür Zeit. Die Antwort mag länger sein, jedoch nicht kürzer als meine Antwort. Gehen Sie dies so lange durch, bis Sie mit Ihrer Antwort zufrieden sind. Schreiben Sie sie auf ein Stück Papier, und hängen Sie es dort auf, wo Sie es jeden Tag lesen können, so dass es Sie inspirieren kann.

Wenn wir uns auf den Weg der Umkehr begeben, wissen wir, dass wir unseren Rucksack ausleeren müssen. Wir müssen eine Art und Weise finden, um befreiter weiter zu reisen. Wir brauchen Werkzeuge. Wir müssen lernen, unseren Rucksack zu öffnen, um Stück für Stück das, was darin ist, zu entfernen, zu verarbeiten, zu heilen, zu integrieren und ihm einen Platz zu geben, wenn es neutral geworden ist und unser Leben nicht mehr beeinflusst. Wir müssen zurück in die Schule. Wir müssen einen Plan haben, eine Strategie, wie wir das anpacken wollen.

Wir suchen das Licht in der Finsternis unserer Unwissenheit, unseres Gedächtnisverlusts und der Umwege auf unserem Weg. Wir begeben uns auf die Suche danach, wer wir sind und warum wir hier sind.

■ **Aufgabe:**
Beantworten Sie folgende Fragen, und schreiben Sie die Antworten auf:

- Was war für Sie die Umkehr? Was hat Sie auf diesen Weg gebracht?
- Welche Fertigkeiten (Werkzeuge) besitzen Sie, um Ihre Seele zu heilen?
- Wenn Sie nun Ihr Leben betrachten – welche Fortschritte haben Sie in den vergangenen fünf Jahren gemacht? Was machen Sie jetzt anders?
- Welche sind die Phänomene, die darauf hinweisen, dass Sie dabei sind, Ihre Seele zu heilen? Was bringt Ihnen dies?
- Welche Themen erkennen Sie in Ihrem Leben?
- Welche wiederkehrenden Muster stellen Sie bei sich fest?
- Welche Fertigkeiten möchten Sie in **Zukunft** erwerben?

Es ist von eminenter Bedeutung, dass Sie erst diese Fragen beantworten. Setzen Sie auch Ihre Intention für das, was Sie nun mit dem Rest dieses Buches erreichen möchten, so dass Sie das Maximum aus Ihrem Leben heraus holen können. Sie kennen den Ablauf.

Bis gleich beim nächsten Kapitel!

7. Kapitel

# Die Umprogrammierung des >mind< – Kapitän auf dem eigenen Schiff

## Eine kurze Zusammenfassung:

Nach unserer letzten Inkarnation haben wir mit Hilfe unserer Geistführer und dem Rat der Weisen unser Leben bewertet und herausgefiltert, welche Fertigkeiten wir entwickeln, bei welchen Themen wir zum Meister werden und welche Lektionen wir lernen müssen. Nach einer Zeit des gründlichen Studiums anhand der Akasha-Chroniken und des Unterrichts durch unsere Lehrer glauben wir, für den nächsten Test auf Erden bereit zu sein. Wir bereiten uns dann vor, um Familie, Land, Körper und andere wichtige Dinge in der 'Arena der Bestimmung' auszusuchen. Wir führen mit unseren Eltern über deren und unsere Rollen Orientierungsgespräche, begegnen weiteren Schlüsselfiguren und treffen Absprachen für dieses Leben. Daraufhin inkarnieren wir ab dem dritten Monat der Empfängnis, schaffen eine Symbiose (harmonische Zusammenarbeit) mit dem Gastkörper, so gut es geht, und bereiten uns auf die Ankunft auf Erden vor.

Daraufhin werden wir traumatisiert, konditioniert, desillusioniert, rationalisiert und formuliert und werden zu jemandem, der wir nicht sind. Dann beginnen wir, in dem Rahmen, in dem wir trainiert wurden, danach zu streben, erfolgreich zu sein und stehen uns unterwegs selbst gigantisch im Weg. Wir verirren uns im Labyrinth der illusorischen Wirklichkeit. Inzwischen haben wir einen Haufen Zusatzgepäck in unseren

Rucksack gesteckt und sind in allerlei Mustern gelandet, die uns Stress verursachen. Wir beginnen, uns immer mehr zu fragen: "Ist das alles?" Erfolg scheint nicht immer das zu sein, was er zu sein scheint, und manch einer von uns gerät in eine tiefe Krise: Krankheit, Scheidung, Depression, chronische Müdigkeit, usw. Manche kommen dahinter, dass die herkömmliche Schulmedizin keine Antworten hat, sondern nur große, harte Pflaster verteilt, und begeben sich in der alternativen Szene auf die Suche. Andere besuchen Meditations- und Motivationstraining, NLP, Visionssuche, nehmen samstags Urlaub, um über ihr Leben nachzudenken, machen Yoga, unternehmen Reisen in Ashrams (Lebensgemeinschaften) in Indien, üben sich in Qi Gong, Tai Chi, Reiki, Zen, wenden Bachblüten an, suchen in Klöstern die Stille oder singen Mantras. Andere lesen inspirierende Bücher, wie etwa von Wayne Dyer, Deepak Chopra, Neale Walsh, Byron Katie, Louise Hay, Jasmuheen und Anthony Robbins.

Dann hat die Umkehr begonnen – die Suchreise nach innen, den Rucksack ausleeren und den Sinn des Lebens wieder finden.

Woran es den meisten Menschen fehlt, sind die Strategie und die Werkzeuge, um letztendlich dauerhafte Resultate zu verbuchen. Es gibt vier Dinge, an welchen wir arbeiten müssen, um in die emotionale Balance zu kommen:

| | |
|---|---|
| 'mind': | unser Selbstbild und unser Selbstwertgefühl verbessern |
| Seele: | unsere Verletzlichkeit in Kraft verwandeln. |
| Körper: | unseren Körper beschwerdefrei machen. |
| Geist: | unseren höheren Zielen folgen. |

Wenn Sie Diagramm 11 eingehend betrachten, erkennen Sie alle Zutaten, um den Weg zu sich selbst erfolgreich zu gehen. Meiner Meinung nach ist dies eine effektive Art und Weise, um aus dem Labyrinth herauszukommen und wieder Kapitän auf dem eigenen Schiff zu werden.

**Diagramm 11**

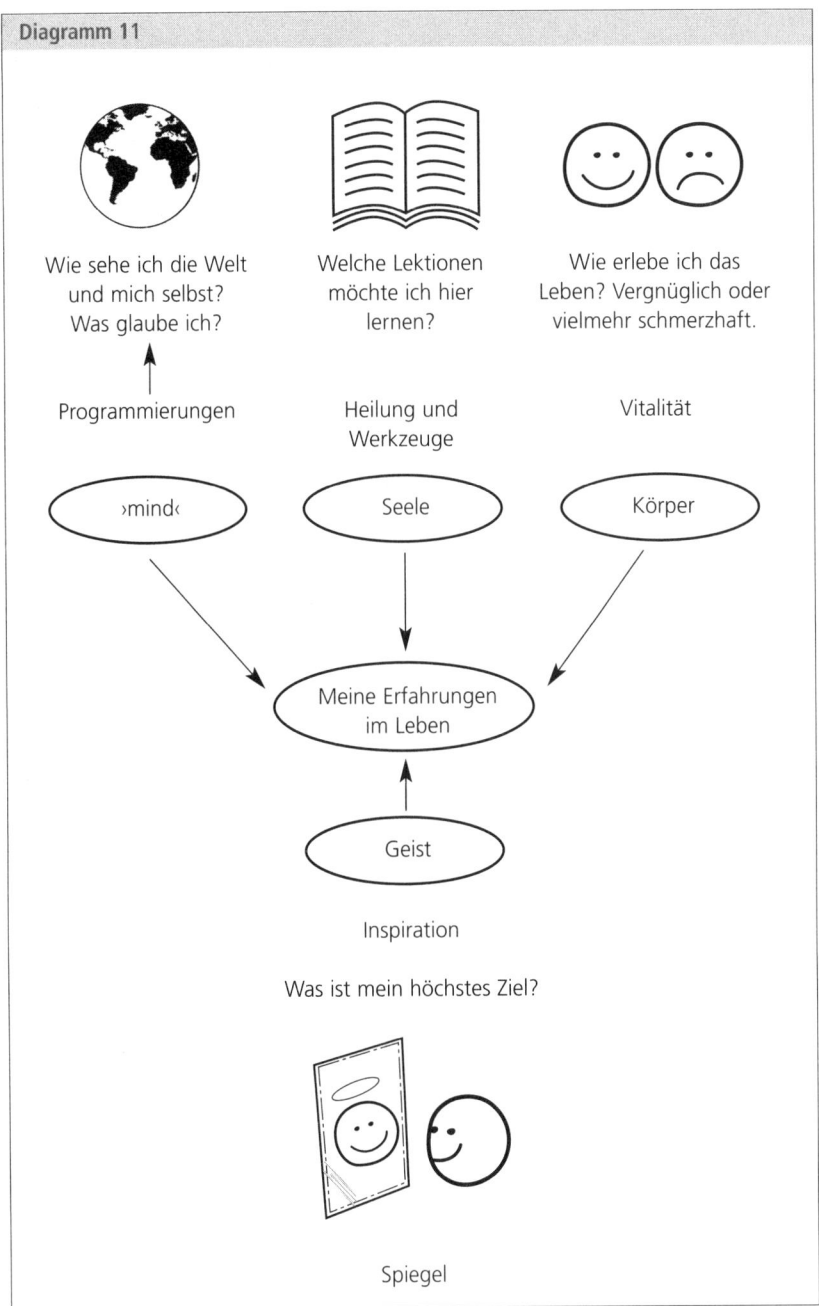

| Wie sehe ich die Welt und mich selbst? Was glaube ich? | Welche Lektionen möchte ich hier lernen? | Wie erlebe ich das Leben? Vergnüglich oder vielmehr schmerzhaft. |
|---|---|---|
| Programmierungen | Heilung und Werkzeuge | Vitalität |
| ›mind‹ | Seele | Körper |

Meine Erfahrungen im Leben

Geist

Inspiration

Was ist mein höchstes Ziel?

Spiegel

■ **1. Schritt – Die Umprogrammierung des 'mind'**
Ausgangspunkt Ihrer persönlichen Selbstentwicklung ist darauf,
wie Sie sich selbst sehen (Selbstwertgefühl und Selbstbild), und wie
Sie die Rolle dieser Welt sehen.

■ **2. Schritt – Die Wunden der Seele heilen**
Dies bedeutet, die noch unverarbeiteten Dinge im Nachhinein zu
verarbeiten und dadurch die eigene Verletzlichkeit (was verletzt
war) in Kraft (Heilung) umzuwandeln.

■ **3. Schritt – Ihren Körper vital und gesund machen**
Dies ist der dritte Schritt und nicht der erste, weil Sie sonst gegen
den Strom schwimmen! Das Leben als Vergnügen zu erfahren bedeutet, den Körper auf Vergnügen umzuprogrammieren, sich den
Körper zum Freund zu machen und ihn mit Respekt behandeln.

■ **4. Schritt – Die eigene Inspiration finden**
Dies bewirken Sie, indem Sie sich mit dem AI (Ihrem Geist) verbinden, Ihren höchsten Zielen nachstreben und herausfinden, wofür Sie leben. Dies haben Sie mit sich selbst bereits lange abgesprochen – es ist ein Prozess, der kein Ende findet.

Wie jedermann weiß, führen viele Wege nach Rom. Durch die bedingungslose Liebe und unendliche Geduld des Universums werden wir alle
auch einmal ankommen. Wie, ist bei jedem Menschen anders. Die Techniken und Erkenntnisse, die ich anbiete, beinhalten für jeden etwas. Sie
sind an Tausenden von Menschen weltweit getestet und haben ihre Wirk-
samkeit in der Praxis bewiesen. Manche sind ganz einfach, andere etwas
komplexer. Was woher herstammt, kann ich kurz aufzeigen: Ich bin bei
Hunderten von Lehrern, Forschern, Professoren, Trainern, Meistern, Gurus, Sensis, Shihans und Sufis in die Lehre gegangen. Ich habe mir mein

Wissen auch über Workshops, Trainings, Vorträge, Bücher, CDs, Videos, DVDs, Internet, Filme und CD-Roms angeeignet. Daher weiß ich nicht mehr, von wem ich was gelernt habe.

Was ich für gut befand, habe ich mir selbst zeigen gemacht und in meine Erkenntnisse und Techniken integriert. Dadurch ist ein Mischmasch entstanden, eine bunte Sammlung von allem Möglichem. Es gleicht einer 'alternativen Suppe'. Ich betrachte dies alles als 'mein' eigenes Rezept, das aus den vielen Zutaten besteht, die ich in den vergangenen Jahren auf den vielen Reisen in meinem Leben aufgelesen habe. Ich bin immer noch weiter am Studieren. Jedes Jahr füge ich dieser 'Suppe' neue Zutaten und Gewürze hinzu.

Wir kehren nun zurück zum 'mind' und betrachten, wie wir diesen unter Kontrolle bekommen können. Wollen wir einmal schauen, wie wir auf die Welt reagieren und von dort aus feststellen, was wir verändern wollen.

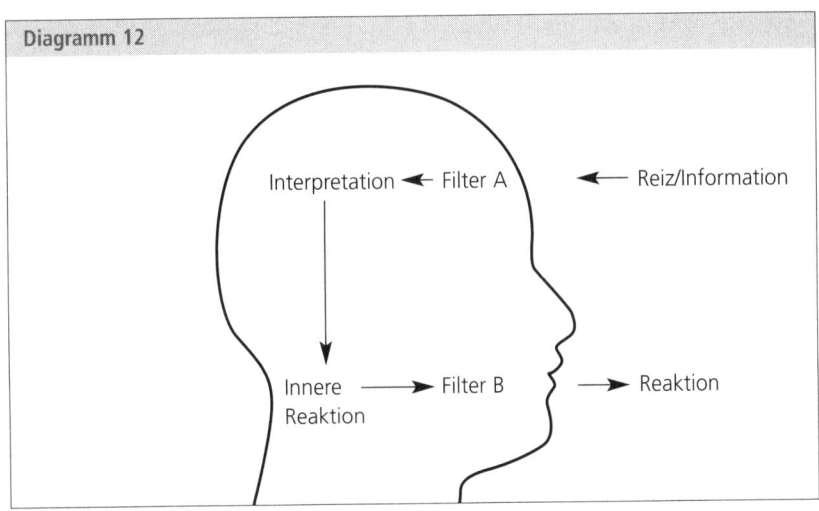

Diagramm 12

Interpretation ◄— Filter A    ◄— Reiz/Information

Innere ——► Filter B    ——► Reaktion
Reaktion

Wir erkennen, dass es zwei Arten von Filtern gibt.

Filter A basiert auf unseren Glaubensüberzeugungen, unserem eingeschränkten Wahrnehmungsvermögen (Sinnesorgane), unserem Weltbild und Selbstbild.

Ein schönes Beispiel ist ein Unglück, das in Las Vegas geschah. Zwei weltberühmte Illusionisten, Siegfried und Roy, geben jedes Jahr eine prächtige Show, u.a. mit weißen Tigern. Sie haben die größte Privatsammlung weißer Tiger auf der Welt und leben in einem Haus, in dem die Tiger frei herumlaufen. Bei ihrer letzten Show wurde Roy von einem der Tiger im Nacken angefallen und vom Podium geschleudert. Er landete dadurch auf der Intensivstation. Nun ist ein Jahr vergangen, und er ist Schritt für Schritt dabei, wieder zu genesen. Roy und Siegfried reagierten auf diesen Vorfall mit der Erklärung, dass der Tiger versucht hatte, Roy zu retten, wie eine Tigermutter versuchen würde, ihr Junges außer Gefahr zu bringen. Für die Außenwelt freilich war es anders: Ein Tiger hatte Roy angefallen. Wer hatte Recht?

Wir filtern alle Informationen auf Grund unseres Weltbildes, unseres Selbstbildes und unserer Glaubensüberzeugungen und interpretieren diese. Diese Interpretation wiederum führt zu einer inneren Reaktion. Diese Reaktion wird durch unsere Normen und Werte sowie unser Selbstwertgefühl gefiltert. Ein Beispiel: Ihr Chef kritisiert Ihre Arbeitsweise. Was Sie herausfiltern, ist Folgendes: 'Mein Chef mag mich nicht und sucht einen Anlass, um mich gegenüber meinen Kollegen zu erniedrigen.' Sie sind wütend, fühlen sich angegriffen, zum Gespött gemacht. Ihre innere Reaktion ist: 'Ich schlage ihn mit meinem Laptop krankenhausreif.' Sie filtern die Reaktion: 'Wenn ich das tue, verliere ich meinen Arbeitsplatz und lande im Gefängnis.' Ihre tatsächliche Reaktion gegenüber Ihrem Chef lautet: "Ich werde das sofort in Ordnung bringen, kein Problem." So geht es tagein, tagaus.

## Projektion

Unsere inneren Reaktionen auf die Filtergruppe A führen zur Filtergruppe B.

Eines der Dinge, worin unser 'mind' gut ist, besteht darin, sein eigenes Elend und seine eigenen Vorstellungen auf die Außenwelt zu projizieren.

Wenn Sie glauben, dass Sie den Menschen nicht trauen können, werden Sie stets Gründe finden, um jemandem nicht zu vertrauen.

Meine persönlichen Erfahrungen damit, welche Vorstellungen die Teilnehmer während meiner Seminare auf mich projizieren, sind hierfür ein schönes Beispiel.

Ich habe einen recht muskulösen Körper – das Ergebnis von etwa 30 Jahren Sport. Ich strahle Selbstvertrauen aus, sehe jünger aus, als ich tatsächlich an Jahren bin, kann ganz passabel tanzen, weiß, worüber ich spreche, gebe mich als Autorität und habe eine gehörige Portion Charisma und Humor. Darüber hinaus tappe ich oft in meine eigenen Fallen, wage es, verletzlich zu sein, verfüge über ein gehöriges Quantum an Intuition, nehme – und das sage ich selbst – beinahe alles wahr, was in einem Workshop abläuft und kann in Menschen lesen wie in einem offenen Buch. Außerdem bin ich in Holland recht bekannt. Die Folge von alledem und meine Wirkung auf Menschen sind enorm und führen zu allerlei Arten von extremen Reaktionen:

- Manche Menschen wurden beispielsweise in der Vergangenheit durch einen dominanten Vater enorm getriggert. Sie fühlen sich folglich durch meine Person enorm eingeschüchtert und wagen es nicht, irgendetwas zu fragen, ja nicht einmal, in meine Nähe zu kommen, denn ich bin ja eine Autorität – und so jemanden muss man respektieren.

- Andere vertrauen jedem, der gewandt und gut spricht. Sie hatten beispielsweise einen Vater, der immer eine Ausrede hatte, sich an keine Abmachungen hielt oder sich herausredete. Diese Menschen finden mich aalglatt, geschliffen, manipulierend, gewieft, schlau, nicht vertrauenswürdig.

- Eine andere ist auf der Suche nach dem idealen Mann und wird von meinem Image unwiderstehlich angezogen, idealisiert mich und stellt mich auf ein Podest, von dem ich zur gegebenen Zeit nur wieder herunterkippen kann. Solch ein Mensch findet mich sexy, gutmütig, freundschaftlich, sieht in mir einen attraktiven Kuschelbären, kurzum: den idealen Mann.

- Es gibt auch Menschen, die niemandem vertrauen, der irgendetwas zu verkaufen hat. Das finden sie kommerziell, schmutzig, nicht vertrauenswürdig, aalglatt. Sie achten fortwährend darauf, ob ich etwas Eigenes anpreise, was sie kaufen 'müssen'. Dann bin ich eine kommerzielle Ratte, die nur darauf aus ist, Geld zu verdienen.

- Manche werden von meiner Botschaft ergriffen und sehen in mir den Messias, den Retter der Menschheit, den Propheten Gottes, den Guru unserer Zeit. Sie wollen ständig meine Anhänger werden und sich in den Dienst des großen Zieles stellen.

- Andere werden berührt, indem sie mein Herz, meine Liebe, meine Wärme, meine heilende Kraft spüren. Sie sind ganz überwältigt von mir, und ich kann nichts mehr falsch machen.

- Wieder andere sehen in mir eine Marktnische und wollen mich als Idol, um mehr aus sich selbst zu holen. Diese werden Coaches und Trainer...

- Jemand anderes findet, dass ich nur an schönen, schlanken Frauen interessiert bin. Wieder andere finden mich sexistisch, revolutionär, rebellisch, genial, arrogant, dumm, ohne Tiefgang, typisch amerikanisch, loyal, brutal, schamlos, opportunistisch, kapitalistisch, erleuchtet, unzuverlässig, integer, engelgleich, sie sehen in mir einen Retter, die Lösung, usw.

Wenn Sie sich von dem treffen lassen, was andere Menschen von Ihnen denken, erkennen Sie nicht, dass jeder dazu verdammt ist, die Welt durch seine eigenen Filter, Erfahrungen, früheren Leben und Glaubensüberzeugungen zu betrachten. Dann begeben Sie sich auf die Ebene dieser Menschen und verlieren Ihre emotionale Balance.

Die Veränderung Ihres Selbstbildes und Selbstwertgefühles ist ein langwieriger Prozess. Sie müssen sich Zeit nehmen, um es aufzubauen und tief in Ihrer Psyche zu verankern. Es ist vergleichbar mit einem Garten – es ist nicht möglich, alles Unkraut beim ersten Mal für immer zu beseitigen.

Sie müssen ständig im Garten herumhacken. Sonst kehrt das Unkraut zurück: Sie erleiden einen Rückfall. Darüber mehr im Folgenden:

• **Aufhören zu rauchen**
Die meisten Menschen hören willentlich auf zu rauchen. Daher bleiben die alten synaptischen Verbindungen (siehe weiter unten) bestehen. Es kann passieren, dass zehn Jahre, nachdem man aufgehört hat zu rauchen, ein Ereignis eintritt, beispielsweise eine Scheidung, ein Todesfall bzw. eine Kündigung – und dann rauchen sie innerhalb eines Tages wieder genauso viel wie vor Jahren.

• **Körperliche Bewegung**
Viele Menschen beginnen, Sport zu treiben, beispielsweise täglich, und tun dies dann über einen gewissen Zeitraum. Dann gehen sie in den Urlaub, und nach dem Urlaub kommen sie nicht wieder in ihre alte Routine zurück. Dasselbe gilt für Yoga, Meditation usw.

• **Abnehmen**
Andere machen zeitweise eine Diät, um schlanker zu werden. Es gelingt ihnen prima, und sie verlieren ordentlich an Gewicht. Danach fallen sie in ihre alten Gewohnheiten zurück und sind binnen kürzester Zeit wieder 'gemütlich dick'.

• **Krankheit**
Jemand wird krank, geht zu einem alternativen Therapeuten und erhält Verhaltensregeln für seine Ernährung, für Meditation und körperliche Übungen. Die betreffende Person fühlt sich nach einiger Zeit besser, hört dann unverzüglich mit allem wieder auf und verfällt wieder in ihre alten Gewohnheiten.

Es gibt noch viel mehr solcher Beispiele. Jemand beschließt, lieber sein Bestes in der Beziehung zu tun. Es geht eine Zeit lang gut. Dann kommt der Rückfall. Dasselbe gilt für Kinder und deren Benehmen, für Arbeitnehmer, die mehr leisten, für Menschen auf dem spirituellen Weg usw.

## Synaptische Verbindungen

Der 'mind' ist ein Labyrinth von Emotionen und Affirmationen. Wir sind unablässig damit beschäftigt, uns selbst Botschaften mitzuteilen. Unser Gehirn ist derart aufgebaut, dass es über synaptische Verbindungen, die ständig durch Gedanken und Bilder gespeist werden, in rasanter Geschwindigkeit arbeiten kann. Synaptische Verbindungen bestehen zwischen Gehirnzellen, die 'Stromkreise' herstellen, die wir oft oder dauernd in Gebrauch haben. Wir haben synaptische Verbindungen, die zu tun haben mit:

• unseren Glaubensüberzeugungen,

• unserem Selbstbild,

• unserem inneren Dialog (Gedanken),

• unserem Selbstwert,

• unserer Reaktion auf bestimmte Situationen.

Warum fallen wir immer wieder zurück? Einfach deshalb, weil die synaptischen Verbindungen für unser altes Verhalten aufrechterhalten werden und stärker sind als die neuen synaptischen Verbindungen, die zu entwickeln wir bemüht sind.

Man sagt, dass es drei Wochen dauert, um eine neue Gewohnheit zu übernehmen und diese ohne Willenskraft beizubehalten.

Den Qi-Gong-Meistern zufolge ist dies aber fünfmal länger, also etwa dreieinhalb Monate ('Qi' ist die Bewegung von Energie. Man lernt diese zu erwecken oder in und durch den Körper zu führen. 'Gong' steht für die

Disziplin, dies regelmäßig zu tun). Der Mindestzeitraum, den man benötigt, um Meister für Qi-Gong-Übungen zu werden, beträgt 100 hintereinander folgende Tage. Unterbricht man das Qi Gong, muss man wieder von vorn beginnen.

Nun verstehe ich auch, warum: In 100 Tagen baut man dicke Synapsenkombinationen auf, wie ein Fluss im Laufe von 100 Jahren ein tiefes Flussbett gräbt, das dann der absolute Lieblingsweg für das Wasser wird.

Wollen wir nochmals die Struktur des Gehirns betrachten, damit wir in der Praxis ausmachen können, wie wir wieder Kapitän unseres eigenen 'mind' werden. Unser Gehirn ist ein einzigartiges System in unserem Körper. Es funktioniert über kleine, lang gestreckte Zellen (Neuronen) in Kombination mit Neurotransmittern, die Botschaften zwischen den Neuronen austauschen. Wir besitzen etwa 12 Milliarden Neuronen allein in unserem Gehirn, und es gibt in unserem übrigen Körper noch mehr. Es ist mittlerweile erwiesen, dass wir Neuronen registrieren und neue erzeugen können. Das sind gute Nachrichten. Effiziente Möglichkeiten, um unser Gehirn aktiv zu halten, sind Visualisierungen, Meditationen und positive Affirmationen.

Dies sind auch die Werkzeuge, die wir benutzen müssen, um unseren 'mind' umzuprogrammieren. Wir müssen neue synaptische Verbindungen erzeugen. Es gibt in der Tat eine Menge Fallen, die wir besprechen müssen, bevor ich darlege, wie wir die neuen Verbindungen knüpfen können.

Für Affirmationen, Visualisierungen und Meditationen benutzen wir hauptsächlich unseren bewussten 'mind'. Unsere Blockaden, Sabotagen und Unstimmigkeiten sitzen im unbewussten 'mind' (Software). Unsere synaptischen Verbindungen sitzen in der Hardware (im Gehirn). Solange Sie folglich all diese Aspekte nicht anpacken, sind Sie der Betrogene, oder es dauert ganz lange, bevor Sie ein Ergebnis sehen. Ich weiß nicht, wie es bei Ihnen steht, doch ich will nicht 15 Jahre lang meditieren, um Ergebnisse zu sehen - ich will sie in drei bis vier Wochen oder noch schneller.

## Positive Affirmationen: >Mein Geheimnis<

Die meisten Menschen affirmieren sich dumm und dämlich, ohne groß Ergebnisse zu erzielen. In einem Buch über Mantras (dies sind heilige Affirmationen im Sanskrit) las ich, dass man ein Mantra mindestens 120.000 Mal sprechen muss, bevor dies einen Effekt auf uns hat. Wenn Sie also 100 Mal am Tag ein Mantra sprechen, dann sind Sie 1.200 Tage beschäftigt, also ungefähr zweieinhalb Jahre. Ganz lange also.

Es gibt eine ganze Reihe von fundamentalen Gründen, warum positive Affirmationen nicht funktionieren. Dies hat mit negativen Glaubensüberzeugungen, einem kritischen 'mind' (innere Kritik oder innerer Dialog), unserer Physiognomie und unseren Sinnesorganen zu tun.

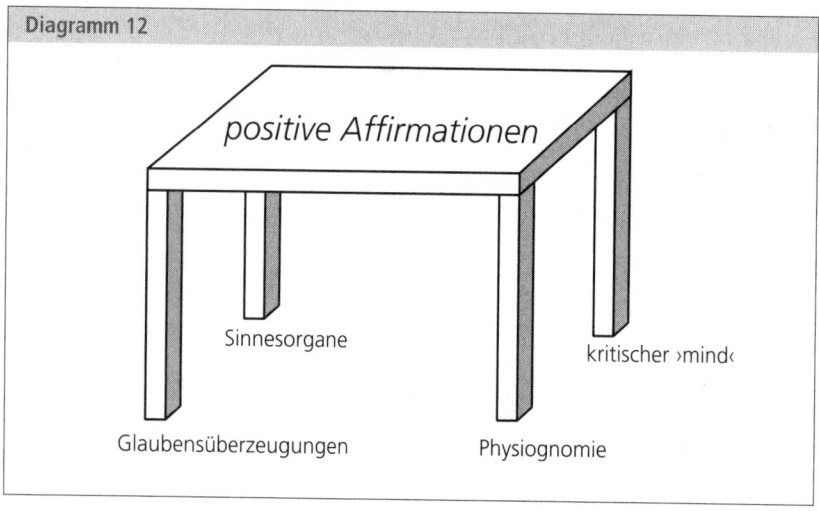

Diagramm 12

*positive Affirmationen*

Sinnesorgane

kritischer >mind<

Glaubensüberzeugungen

Physiognomie

Wie Sie sehen, müssen positive Glaubensüberzeugungen von vier Säulen getragen werden, um sich schnell zu verankern. Sie können es auch so betrachten, als würden Sie etwas aussäen. Tun Sie dies auf hartem Felsboden (negative Glaubensüberzeugungen), ohne Wasser (Sinnesorgane), ohne Schutz vor Unkraut und Insekten (kritischer 'mind') oder ohne Dünger (Physiognomie), werden Sie keine schönen, starken Pflanzen bekommen.

Ich will einige Beispiele aus der Praxis anführen. Eine Frau will 20 Kilogramm abnehmen, stellt sich vor den Spiegel und ruft: "Ich bin schlank! Ich bin schlank! Ich bin schlank!" Was, glauben Sie, wird geschehen? Der kritische 'mind' lacht sie aus und sagt: "Oh ja? Ich glaube, du bist blind. Du bist ein Elefant! Halte dich nicht selbst so zum Narren." Dies wird nochmals verstärkt, wenn Sie darüber hinaus auch noch glauben, dass es ganz schwer sein wird abzunehmen, und wenn Sie sich nicht sicher sind, ob Sie die Disziplin besitzen, aufzuhören zu naschen und andere leckere Dinge zu essen.

Ein Mann, der sich nicht glücklich fühlt und depressiv ist, läuft den ganzen Tag in seinem Haus auf und ab und affirmiert: "Ich bin glücklich! Ich bin glücklich! Ich bin glücklich!" Am Ende dieses Tages ist er nur noch müder und noch depressiver. Es gelingt ihm nicht, diese Sackgasse zu durchbrechen, und die Affirmationen helfen ihm eigentlich nicht.

Die Ursache, weshalb diese Affirmationen nicht greifen, ist, dass sie nicht von positiven Glaubensüberzeugungen, durch die Sinnesorgane und den Körper getragen wurden, und dass der kritische 'mind' noch zu aktiv war.

Wir müssen eine Möglichkeit finden, um am kritischen 'mind' vorbeizukommen. Er ist der Hüter des Unterbewusstseins. Dafür gibt es verschiedene Möglichkeiten:

- Verankern: einen Reiz an den erwünschten Zustand des Zentralnervensystems koppeln.
- Alfazustand: Tiefenmeditation (der Hüter schläft).
- Die Aufmerksamkeit weglenken, indem man gleichzeitig etwas anderes tut (darauf komme ich später noch einmal zurück).

Als Nächstes müssen wir unterstützende positive Glaubensüberzeugungen äußern, die das Erwünschte in der Identität verankern (siehe 5-Elemente-Punkte).

Beispiele für unterstützende Glaubensüberzeugungen sind: "Ich kann es. So bin ich. Ich bin es wert. Das ist gut für mich. Ich habe es verdient. Dies ist mein Weg." usw.

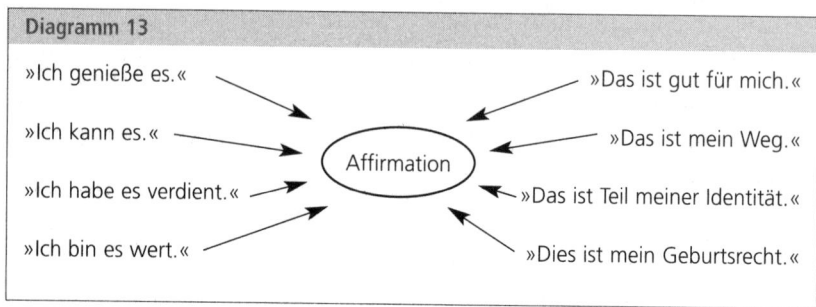

**Diagramm 13**

»Ich genieße es.«  →  »Das ist gut für mich.«

»Ich kann es.«  →  Affirmation  ←  »Das ist mein Weg.«

»Ich habe es verdient.«  →  ←  »Das ist Teil meiner Identität.«

»Ich bin es wert.«  ↗  ↖  »Dies ist mein Geburtsrecht.«

Drittens müssen wir den Körper und die Sinnesorgane in den Zustand bringen, der zu den positiven Affirmationen gehört. Wenn Sie sich also glücklich fühlen möchten, schließen Sie die Augen, und denken Sie zurück an eine Zeit, in der Sie glücklich waren.

- Wie standen Sie da? (Stellen Sie sich so hin, als wären Sie *jetzt* glücklich.)

- Was spürten Sie? (Fühlen Sie sich *jetzt* so, als wären Sie *jetzt* glücklich.)

- Was sagten Sie zu sich selbst? (Sagen Sie es *jetzt* ebenfalls.)

- Wie holten Sie Atem? (Tun Sie es *jetzt* ebenso.)

- Welchen Ausdruck hatten Ihre Augen? (Schauen Sie *jetzt* genauso.)

Wie kommt es, dass Sie sich so fühlen? Indem Sie ganz in den physiognomischen Zustand Ihres Körpers gehen, den Sie einnehmen würden, wenn Sie *jetzt* glücklich wären, haben Sie unmittelbar Zugang zu den synaptischen Verbindungen, die mit eben diesem Zustand verbunden sind. Indem Sie den gleichen inneren Dialog und die gleichen Gefühle aufrufen, spüren Sie es von innen und stecken nicht nur im 'mind', sondern auch im Herzen, im Körper und im Zentralnervensystem. Nun erkennen Sie auf einmal, warum die meisten Menschen mit ihren positiven Affirmationen sowie den verschiedenen Spielarten davon – positives Denken und positive Visualisierungen – auf der Strecke bleiben.

Ich werde nun mit Ihnen sieben Schritte durchgehen, um eine bleibende Veränderung in Ihrem Leben zu schaffen, sowie drei Extraschritte, damit Ihnen dies immer leichter gelingt. Ursprünglich habe ich das vor etwa 16 Jahren beim NLP-Meister Anthony Robbins gelernt. Diese Strategie habe ich weiter verfeinert und mir ganz zueigen gemacht. Sie ist für jeden auf dem spirituellen Weg eine der schnellsten Methoden, um tief greifende Veränderungen im Leben herbeizuführen. Ich behandele jeden der sieben Schritte ausführlich. Später werde ich eine kurze, praktische Zusammenfassung geben.

### ■ 1. Schritt: Diagnose

Bevor Sie beginnen, müssen Sie einen Plan und eine Strategie haben. Ihre Ziele müssen glasklar sein.

- Was wollen Sie nicht mehr? (Was wollen Sie von jetzt an: Gewohnheiten, Muster, Schmerz, usw.)

- Was wollen Sie sehr wohl? (Ihre Ziele: neues Verhalten, neue Muster usw.)

- Was hält Sie davon ab? (Muster, Glaubensüberzeugungen, Emotionen usw.)

- Was brauchen Sie, um diese Blockaden zu überwinden? (Fertigkeiten, Glaubensüberzeugungen, Qualitäten usw.)

Erst wenn Sie dies intensiv studiert und die Antworten auf die Fragen aufgeschrieben haben, können Sie zu Schritt 2 übergehen.

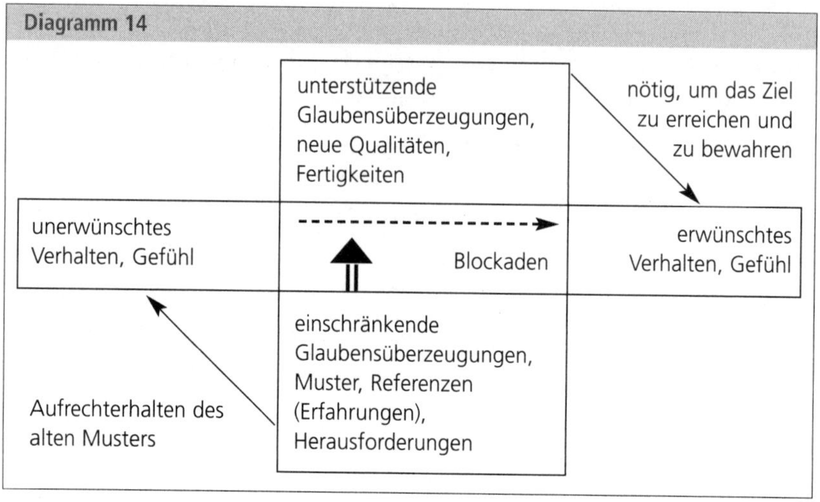

**Diagramm 14**

| | unterstützende Glaubensüberzeugungen, neue Qualitäten, Fertigkeiten | nötig, um das Ziel zu erreichen und zu bewahren |
|---|---|---|
| unerwünschtes Verhalten, Gefühl | - - - - - - - - - - - → ⬆ Blockaden | erwünschtes Verhalten, Gefühl |
| Aufrechterhalten des alten Musters | einschränkende Glaubensüberzeugungen, Muster, Referenzen (Erfahrungen), Herausforderungen | |

Nehmen wir beispielsweise eine Person, die abnehmen will, sagen wir einmal 20 Kilogramm, und ihr Idealgewicht erreichen möchte.

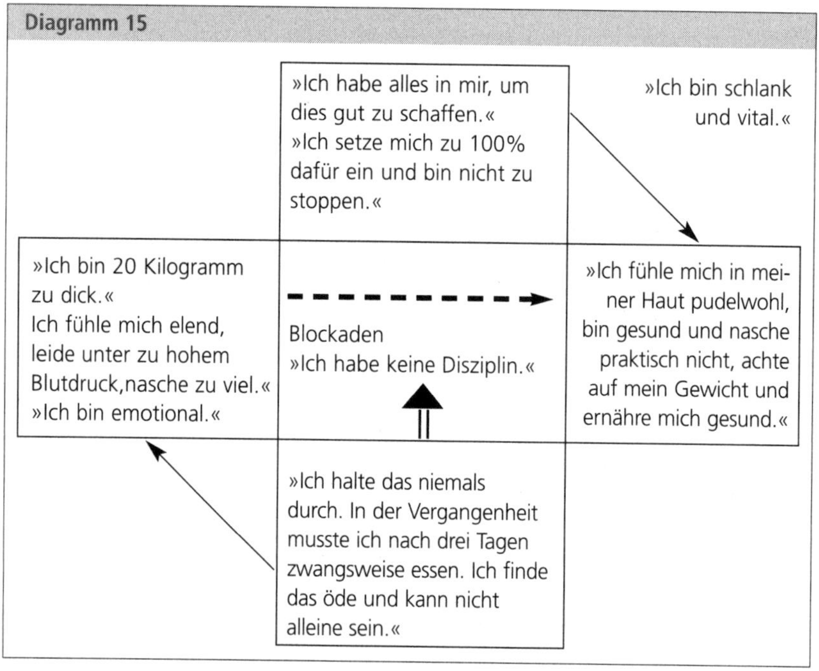

**Diagramm 15**

| | »Ich habe alles in mir, um dies gut zu schaffen.« »Ich setze mich zu 100% dafür ein und bin nicht zu stoppen.« | »Ich bin schlank und vital.« |
|---|---|---|
| »Ich bin 20 Kilogramm zu dick.« Ich fühle mich elend, leide unter zu hohem Blutdruck, nasche zu viel.« »Ich bin emotional.« | - - - - - - - → ⬆ Blockaden »Ich habe keine Disziplin.« | »Ich fühle mich in meiner Haut pudelwohl, bin gesund und nasche praktisch nicht, achte auf mein Gewicht und ernähre mich gesund.« |
| | »Ich halte das niemals durch. In der Vergangenheit musste ich nach drei Tagen zwangsweise essen. Ich finde das öde und kann nicht alleine sein.« | |

## ▪ 2. Schritt: Maximale Motivation

Motivation erlangen Sie, indem Sie intensiven Schmerz mit Ihrem unerwünschten Verhalten verbinden und innerlich Freude am erwünschten Verhalten entwickeln. Dies tun Sie, indem Sie sich selbst Fragen stellen, die Sie aus Ihrer Unkenntnis erwecken und Sie zu Ihrem Gefühl führen.

- Was wird geschehen, wenn Sie sich jetzt nicht verändern? Welche sind die körperlichen, emotionalen, geistigen und spirituellen Auswirkungen in einem Jahr, in fünf, in zehn, in zwanzig Jahren?
- Was kostet es Sie, wenn Sie sich nicht verändern? Wie geht es Ihnen damit, wenn Sie nicht stark genug sind, um sich durchzusetzen, und immer wieder Rückfalle erleiden?
- Wie wirkt es sich auf Ihre Gesundheit aus, wenn Sie so weitermachen? Auf Ihre Beziehungen? Wer sind Sie, wenn sich nichts verändert? Welches Urteil fällen Sie über sich selbst?

Wenn Sie genügend (intensiven) Schmerz durch das unerwünschte Verhalten erfahren haben und alle Auswirkungen überblicken können, wechseln Sie auf die positive Seite.

- Was wird geschehen, wenn Sie sich nun tatsächlich verändern? Was bewirkt dieses an Positivem für Sie: körperlich, emotional, geistig, spirituell, in einem Jahr, in fünf, in zehn, in zwanzig Jahren?
- Was bewirkt es bei Ihnen, wenn Sie wissen, dass Sie alles in sich tragen, um sich zu verändern, dass Sie stark sind, Durchsetzungsvermögen haben und nicht zu stoppen sind?
- Wie werden Sie sich in einem Jahr, in fünf, in zehn, in zwanzig Jahren fühlen, und was bedeutet das für Ihre Gesundheit?
- Wer sind Sie dann? Welches positive Feedback haben Sie dann für sich?

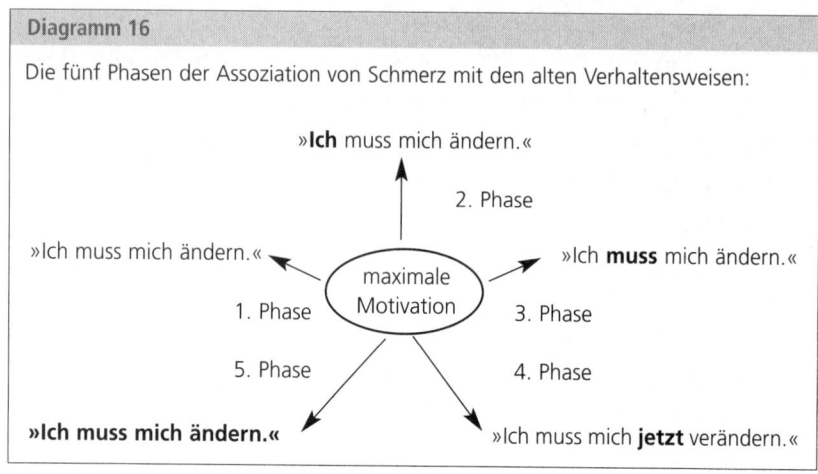

**Diagramm 16**

Die fünf Phasen der Assoziation von Schmerz mit den alten Verhaltensweisen:

Wenn Sie intensiven Schmerz einerseits und absolutes Vergnügen andererseits erleben, dann haben Sie die Erkenntnis, dass *Sie* sich verändern müssen – nicht die Umstände, sondern Sie selbst müssen sich verändern. Sie *müssen* sich verändern. Es gibt keine andere Wahl mehr, es gibt keinen anderen Ausweg: Sie sind derjenige, der sich verändern muss! Wann? Sie müssen sich *jetzt* verändern. Nicht morgen, nicht in einer Woche, nicht, wenn Sie bereit dafür sind. Es muss *jetzt* geschehen.

Erst wenn die Notwendigkeit besteht: *"Ich muss mich jetzt verändern"*, sind Sie motiviert. Dann haben Sie ausreichend Schmerz mit Ihren alten Verhaltensweisen assoziiert. Sie müssen es in Ihrem Herzen spüren. Sie dürfen keinen anderen Ausweg mehr sehen als die Veränderung. Diese Motivation hält Sie am Leben. Indem Sie sich immer wieder neu, jeden Tag, diese Fragen stellen, bleiben Sie in höchstem Maße motiviert. Diese fünf Phasen der maximalen Motivation finden Sie in Diagramm 16.

Wenn wir den 2. Schritt auf das Beispiel 'Abnehmen' anwenden, kann sich Folgendes abspielen:
Die Schritte für maximale Motivation:

- "Was wird geschehen, wenn ich mich jetzt nicht verändere? In einem Jahr bin ich 25 Kilogramm schwerer, in fünf Jahren 40

Kilogramm. In zehn Jahren passe ich durch keine Tür mehr, brauche im Flugzeug drei Sessel und komme keine Treppe mehr hoch. Vielleicht hatte ich auch einen Schlaganfall und liege halbseitig gelähmt im Krankenhaus. Ich empfinde mich selbst als Schwächling und fühle mich aufs Tiefste verdrießlich und frustriert."

- "Was kostet es mich, wenn ich mich nicht verändere? Meine Gesundheit, meine Beziehungen, enorm hohe Arztkosten, eine neue Garderobe, mein Selbstwertgefühl. Ich schäme mich zu Tode, denn jeder sieht, wie dick ich bin. Ich wage mich nicht mehr auf die Straße."

- "Welchen Einfluss hat es auf meine Gesundheit? Ich werde letztendlich Diabetes, hohen Blutdruck, Krampfadern, Herzbeschwerden und einen Schlaganfall bekommen. Mein Leben verkürzt sich um mindestens fünf bis zehn Jahre im Verhältnis zu dem, was ursprünglich vorgesehen war, und meine letzten Lebensjahre werden das reine Elend sein. Ich bin ein absoluter Versager und halte mich selbst für das dümmste, fetteste Schwein auf diesem Planeten."

- "Was wird geschehen, wenn ich mich jetzt verändere? Ich fühle mich besser, habe mehr Selbstwertgefühl, bin stolz auf mich. Ich bin fantastisch. Ich fühle mich in meiner Haut pudelwohl und supergesund."

- "Ich weiß, dass ich dann andere inspirieren und ihnen helfen kann, diese Veränderungen auch in ihrem Leben zu verwirklichen."

- "In einem Jahr bin ich stolz auf mich. In fünf Jahren habe ich so viel Selbstvertrauen, dass ich alles wage. Ich bin der Sieger und belohne mich selbst mit schöner Kleidung und gutem Aussehen."

- "Wann werde ich das tun? Ich muss mich jetzt sofort verändern. Ich habe keine andere Wahl. Das Jetzige will ich nicht mehr. Ich bin nicht zu stoppen und werde nicht ruhen, bis ich mein Ziel erreicht habe."

Erst wenn Sie diese höchste Motivation haben, gehen Sie zu Schritt 3 weiter.

### ■ 3. Schritt: Das Durchbrechen alter, unerwünschter Muster

Das Durchbrechen alter, festgefahrener Muster ist der wichtigste Schritt zur Motivation. Es ist ungeheuer wichtig, die Synapsen, die dies aufrechterhalten, zu entkoppeln. Die meisten Menschen begehen den Fehler und arbeiten über die Willenskraft. Das ist der schwierige Weg! Wenn Sie beispielsweise aufhören wollen zu rauchen, müssen Sie jedes Mal in der Situation, in der Sie rauchen würden, etwas anderes tun, wie etwa Atemübungen oder ein Glas kaltes Wasser trinken.

Um alte Muster zu durchbrechen ist es wichtig, die Körperhaltung zu verändern, sich sofort wieder in Ihre Motiviertheit zurückzuversetzen und eine Strategie zu verfolgen. Das eigene Verhalten wahrzunehmen ist manchmal schwierig, doch Sie können sich darauf vorbereiten. Wenn Sie rauchen – werfen Sie Ihre Zigarettenpackung weg. Solange Sie mit Zigaretten in der Tasche unterwegs sind, sind Sie nicht ernsthaft darum bemüht, mit dem Rauchen aufzuhören und halten sich selbst zum Narren.

Einige Werkzeuge, um alte Muster schnell zu verändern:

#### • Die Körperhaltung verändern

Stellen Sie sich hin. Machen Sie eine Atemübung. Spannen Sie all Ihre Muskeln an. Eine meiner Lieblingsübungen besteht darin, mit der einen Faust kräftig in die andere Handfläche zu schlagen. Mit der Handkante nach unten einschlagen und nach drei Schlägen die Faust wechseln. Nun dreimal mit der anderen Faust in die andere Handfläche einschlagen und wieder wechseln. Wichtig ist es dabei, dass man aufrecht steht (gerade sitzen geht auch), ganz schnell einschlägt und wechselt, als gelte es, einen Wettkampf mit sich selbst zu bestreiten, tief ein- und ausatmet und das Ganze mit folgender Affirmation kombiniert: "Ich liebe und akzeptiere mich genau so, wie ich bin. Auch wenn ich mich niemals verändern sollte!"

Sie wiederholen dies mindestens drei Mal. Danach können Sie andere positive Affirmationen oder Mantras sprechen. Wichtig ist, dass Sie die Körperhaltung einnehmen, die Sie haben würden, wenn Sie voller Selbstvertrauen steckten, sich Ihrer Sache sicher wären, sich gut fühlten und an sich selbst glauben könnten.

- Positive Affirmationen

Diese wirken nur, wenn Sie den kritischen 'mind' ablenken und die richtige Körperhaltung einnehmen. Daher kombiniere ich sie stets mit der oben beschriebenen wechselnden Faustschlagtechnik. Ein Beispiel:

"Ich kann es. Ich liebe Herausforderungen. Ich werde darin immer besser. Ich bin es wert. Ich verdiene es. Ich will jetzt sofort ein Ergebnis. Ich will es zu 100%. Ich bin nicht zu stoppen. Ich habe alles in mir, um mich zu verändern. Ich tue es mit Leichtigkeit. Ich bin der Sieger."

- Maximale Motivation

Richten Sie Ihre Aufmerksamkeit auf das, worum es geht, gehen Sie dann zurück in den heftigen Schmerz Ihrer alten Verhaltensweisen und dann unmittelbar in das angenehme Gefühl des gewünschten Verhaltens.

- Visualisierungen

Richten Sie Ihre Aufmerksamkeit auf die gewünschte Situation; darauf, wie Sie sich fühlen würden, wenn Sie nun Ihr Ziel erreicht hätten. Spüren Sie diese positive Energie, und stellen Sie sich vor, dass Sie diese verdoppeln. Verdoppeln Sie sie nochmals, und stellen Sie sich vor, dass Sie diese Energie in jeder Zelle spüren.

- Machen Sie einmal etwas völlig anderes

Nehmen Sie eine kalte Dusche. Laufen Sie einmal um den Block. Sprechen Sie einen wildfremden Menschen an. Halten Sie Ihren Kopf unter den Wasserhahn.

Wenn Sie Sport treiben möchten und dafür den Wecker morgens eine Stunde früher stellen als sonst, dann ist dieser Morgensport bei den meisten Menschen zum Scheitern verurteilt. Außer aber Sie stecken Ihren Wecker beispielsweise in eine fest zugeklebte Dose, die Sie drei Meter von Ihrem Bett entfernt hinstellen, und legen die Schere, um die Dose aufzuschneiden, ins Bad. An die Schere haben Sie einen Zettel mit folgendem Text gehängt: "Ich weiß, dass du mich nicht enttäuschen und es schaffen wirst!" Dies ist eine Möglichkeit, um alte Muster zu durchbrechen.

Kehren wir nochmals zum Beispiel mit dem Abnehmen zurück. Stellen Sie sich vor, bei dem Muster, das Sie durchbrechen wollen, handelt es sich um das Naschen oder 'Abgrasen'. Sie können alle Naschereien oder Snacks im Haus wegräumen oder selbst weggehen. Sie legen einen Zettel – beispielsweise mit folgendem Text – in die Keksdose: "Ich bin nicht zu stoppen. Jeden Tag werde ich den Kampf gegen die Kilos neu aufnehmen. Auch jetzt!" Auf den Kühlschrank kleben Sie ebenfalls solch einen Zettel. Und in dem Moment, wo Sie der Wunsch nach einer Nascherei oder einem Snack extrem überfällt, machen Sie die Übung mit den wechselnden Faustschlägen und den Affirmationen.

• Anmerkung

Wenn Sie jetzt denken: "Das ist mir alles zu kompliziert. Das wird mir nicht gelingen", dann ist dies eine Ihrer Sabotagen. Denn dies sind die Dinge, die Sie tun müssen, um schnell eine bleibende Veränderung herbeizuführen. Selbstmitleid ist der sicherste Weg ins Verderben. Alles ist eine Frage der Motivation. Wenn Sie stark traumatisiert sind, sollten Sie versuchen, dieses Trauma aufzulösen. Diese Dinge funktionieren im Normalfall in der Praxis gut und sind sehr erfolgreich – selbst bei den hartnäckigsten Individuen.

Ein Beispiel:

Dieses Buch zu schreiben bedeutet für mich die Durchbrechung eines starken Musters. Gemeinsam mit meiner Partnerin sitze ich nun drei Wochen auf Curacao in einem herrlichen Hotel an einem blinkenden

Strand. Ich stehe jede Nacht um drei Uhr auf (dies an sich ist schon die Durchbrechung eines Musters) und beginne gegen halb vier Uhr mit dem Schreiben. Wenn ich in ein 'Schreibtief' falle, erhebe ich mich vom Schreibtisch und betreibe etwas Gymnastik. Um sechs Uhr wecke ich meine Partnerin, und um zehn vor halb sieben gehen wir Joggen oder machen Aerobics und Zhen Chi. Danach gehen wir schwimmen, duschen und frühstücken. Dann meditieren wir gemeinsam eine halbe Stunde bis eine Stunde. Danach schreibe ich weiter. Manchmal essen wir zu Mittag. Manchmal bin ich aber auch so inspiriert, dass ich nichts esse. Nachmittags holt mich meine Partnerin zum Schwimmen ab (Durchbrechen eines Musters). Gegen sieben Uhr abends gehen wir zu meinem Vater, dem ich täglich zur Genesung von einem leichten Schlaganfall eine Akupunkturbehandlung gebe. Danach gehen wir essen und sprechen darüber, was dieser Tag uns beschert hat. Gestern sprachen wir über Kommunikationsfehler in einer Beziehung, beispielsweise in unserer. Ich hatte ihr vorgeschlagen, dass ich einen Freund anrufe, um ihr die Insel zu zeigen. Er ist Künstler und Grafiker und kennt die Insel wie kein anderer. Meine Partnerin protestierte und sagte: "Mir braucht die Insel niemand zu zeigen, ich bin so zufrieden." Ich antwortete: "Es ist eine Sünde, dass du hier drei Wochen lang bist und nicht die schönen Stellen dieser Insel zu sehen bekommst." Sie widersetzte sich immer mehr. Dann unterbrachen wir das Muster und betrachteten, was nun eigentlich los war. Sie dachte, dass ich mich mit ihr langweilte, und sie loswerden wollte, damit ich mehr schreiben konnte. Mein Gedankengang war Folgender: 'Ich habe Stress. Ich habe keine Zeit, und es ist eine Sünde, drei Wochen lang nur in diesem Hotel, am Strand und in den Restaurants zu sein.' Sie bot extra starken Widerstand, weil sie sich nichts aufzwingen lassen wollte und auf das Wort 'müssen' allergisch reagiert. Wir mussten alle beide sehr lachen, wie wir wider besseren Wissens so in unseren eigenen Mustern feststeckten.

Kurz danach kam es zu einem neuen Vorfall. Ich hatte Lust, einen Film anzuschauen, sie nicht. Sie war müde und wollte früh zu Bett gehen. Ich war fit und wollte nicht ins Bett. Also ließ ich mich von ihr beim Kino absetzen, und sie fuhr ins Hotel zurück. Ich hatte einen herrlichen

Abend und den Film genossen. Zurück zum Hotel nahm ich ein Taxi. Während der 20 Minuten, die wir unterwegs haben, führte ich mit dem Fahrer ein gutes Gespräch über Gott und darüber, wie die verschiedenen Religionen Gott jeweils unterschiedlich sehen. Wir kamen beide zu der Schlussfolgerung, dass niemand Gott jemals gesehen hat, und dass wir bis zu unserem Tod warten sollten, um es ganz sicher zu wissen.

Hier folgen noch einige Tipps, um alte Muster zu durchbrechen:

- Nehmen Sie von der Arbeit einen anderen Rückweg nach Hause. Nehmen Sie einmal den Zug oder den Bus, wenn Sie sonst immer mit dem Auto fahren.

- Unternehmen Sie einmal etwas ganz anderes. Fahren Sie in eine Stadt, in die Sie normalerweise niemals kommen. Schlendern Sie durch die Läden, gehen Sie essen und spazieren.

- Unterbrechen Sie Ihre tägliche Routine. Nehmen Sie sich einen Abend frei, und machen Sie einen Waldspaziergang.

- Planen Sie einen anderen Urlaub als sonst.

- Rufen Sie alte Bekannte an, die Sie seit Jahren nicht mehr gesprochen haben, und verabreden Sie sich mit diesen.

- Beginnen Sie ein neues Hobby, wie etwa Karate, Trommeln, Malen, Modellieren, Bonsaibäumchen züchten.

- Laden Sie einen obdachlosen Bettler in ein Restaurant ein, lassen Sie ihn sich einmal ganz satt essen, und geben Sie ihm noch etwas Taschengeld mit auf den Weg. Es ist egal, was er damit tut, das liegt nicht in Ihrer Verantwortung.

- Beginnen Sie ein Gespräch mit einem Fremden, der aussieht, als ob er einen aufmunternden Rippenstoß gebrauchen könnte.

- Kaufen Sie sich Kleidung, die Sie sonst nie kaufen würden: grelle Farben, modern – eben ein völlig anderes Outfit.

- Legen Sie sich eine neue Frisur zu.

- Wenn Sie ein Mann sind: Rasieren Sie sich einmal für ein paar Tage nicht. Lassen Sie eine Woche lang einen Bart stehen.

• Denken Sie sich noch 12 weitere Muster aus, die Sie durchbrechen möchten.

> Verändern Sie Ihre alten Muster –
> verändern Sie Ihr Leben.

Wenn man seine alten Muster unterbricht, bedeutet dies, dass man aus dem gewohnten Trott ausbricht und sein Leben anders betrachtet. Dazu brauchen Sie als Ausgangspunkt Flexibilität. Wenn eine Strategie nicht anschlägt, suchen Sie sich eine andere. Sie wechseln die Techniken so lange, bis Sie eine Strategie finden, die sicher funktioniert. Wirkt diese nicht mehr optimal, dann verändern Sie Ihre Vorgehensweise erneut.

> Veränderungen gehören
> zum Leben.

Das Leben ist ein unablässiger Strom von Veränderungen. Die meisten Menschen möchten den Status Quo beibehalten, möchten Struktur und Regeln, weil sie Todesfurcht vor allen Veränderungen haben. Sie begründen dies rational und beginnen allmählich, ihre eigenen Ausflüchte für ihre Ängste zu glauben: "Ich bin zufrieden. Mir geht es doch gar nicht schlecht. So lange ich lebe... Warum sollte ich etwas verändern, was funktioniert?"

"Wenn wir aufhören, eigene Vorstellungen (Fantasie) zu haben, hören wir auch auf zu leben und sterben jeden Tag ein klein wenig mehr." Dramatisch? Dies war die Aussage eines Hochschullehrers für Psychologie, der bei 88% von Menschen mit schwer zu behandelnden Krankheiten eine Besserung der Beschwerden erzielte, indem er sie fünf Tage lang visualisieren ließ.

»Wenn wir aufhören, unsere Fantasie
spielen zu lassen, sterben wir jeden Tag ein
klein wenig mehr.«

Mein Rat lautet also folgendermaßen: Beginnen Sie, Ihr Leben genau anzuschauen und jede Menge Ihrer festgefahrenen Muster zu durchbrechen.

■ **4. Schritt: Neue Muster erzeugen und diese in Ihre neue Identität integrieren**

Wie weiter oben bereits erwähnt, müssen wir neue synaptische Verbindungen aufbauen. Dies tun wir, indem wir mit all unseren Sinnesorganen visualisieren, so dass das Gehirn so stark wie möglich stimuliert wird.

In Diagramm 12 haben wir gesehen, dass wir unsere positiven Affirmationen, aber auch unsere Visualisierungen durch unterstützende Glaubensüberzeugungen und sinnliche (innere) Vorstellungen (unter Einsatz aller Sinnesorgane), durch unsere Körperhaltung und das Umgehen des kritischen 'mind' untermauern müssen. Im dritten Schritt haben wir gelernt, ein Muster durch abwechselnde Faustschläge, kombiniert mit positiven Affirmationen, fest in unser Leben einzubauen. Dies ist die intensivste Technik, die ich jemals entwickelt habe, und aus der ich persönlich selbst den größten Nutzen für mich gezogen habe. Tausende von Menschen praktizieren diese Methode, und auch Kinder finden sie einfach toll. Ich führe sie in jedem Kurs vor und demonstriere dabei ihre unmittelbaren Auswirkungen auf unser Gehirn.

Nun werden wir dies so erweitern, dass die neuen synaptischen Verbindungen unmittelbar installiert und die alten entkoppelt werden. Dazu benutzen wir bei der Omega-Methode eine Technik, die ich entwickelt habe, um eine neue Identität mit Gesundheit, Vitalität, Heilung, Verjüngung, Selbstvertrauen und einem langen Leben zu erzeugen. Würden alle Patienten diese Technik anwenden, würden sie viel schneller genesen.

Die Veränderung muss bleibend sein und Teil unserer Identität werden. Daher müssen wir sie in unser neurologisches und energetisches System, in unser Bewusstsein und unser Unterbewusstsein integrieren.

Wir wenden ein System an, das aus einer Kombination von Akupunktur (energetischen Ankerpunkten), Affirmationen, Visualisierungen, Chakra-Meisterpunkt-Integration (MPI) und Reflexzonenmassage am Ohr für das Zentralnervensystem (Synapsen) besteht.

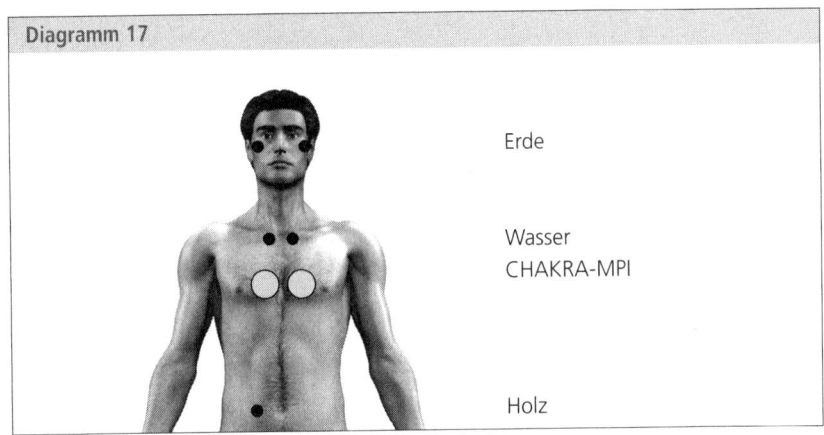

**Diagramm 17**

Erde

Wasser
CHAKRA-MPI

Holz

## Die 5-Elemente-Punkte

• Erde
Die Erdpunkte sitzen einen Daumenbreit unter dem unteren Augenrand, auf einer vertikalen Linie, die mitten durch das Auge führt, auf dem Rand der Augenhöhle. Diese Punkte können wir nicht verfehlen. Sie sind recht groß (bei der Akupunktur ist dies anders als bei der Reflexzonentherapie).

• Wasser
Die Wasserpunkte sitzen unter den Schlüsselbeinen, seitlich vom Brustbein, am Ansatz des zweiten Rippenbogens am Brustbein.

- **Holz**
Der Holzpunkt sitzt rechts, in der Mitte des letzten Rippenbogens.

- **Metall**
Die Metallpunkte sitzen am Nagelbettrand des Zeigefingers (zur Daumenseite hin).

- **Feuer**
Die Feuerpunkte sitzen in der Mitte der Handkante, dort, wo sich eine Mulde bildet, wenn man eine Faust ballt (das brauchen Sie gar nicht exakt zu wissen, denn wir benutzen bei der Faustschlagtechnik sowieso die ganze Faust).

- **Chakra-MPI**
Dieser Punkt befindet sich auf dem Brustbein in der Höhe des Herzens. Wir ziehen mit dem Zeige- und Mittelfinger eine Art Acht (das Symbol der Unendlichkeit) über dem Herzen, um jedes Chakra zu integrieren.

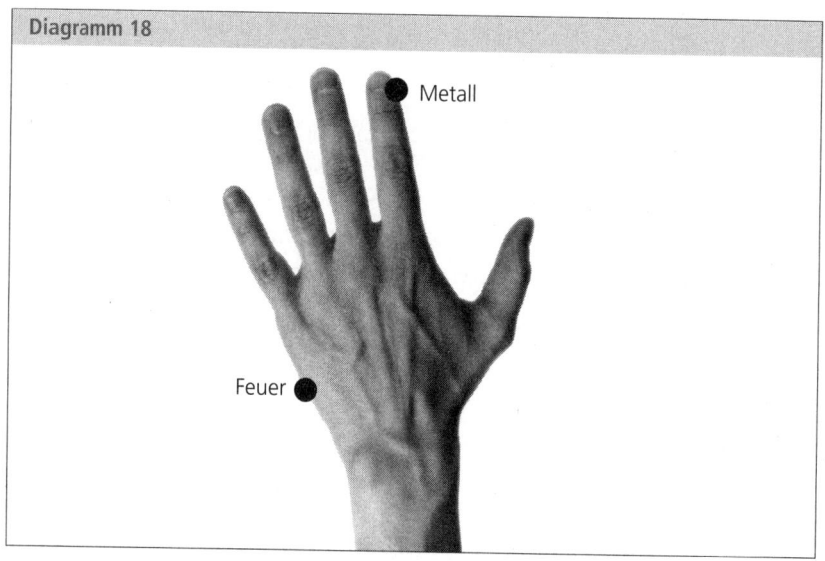

Diagramm 18

Metall

Feuer

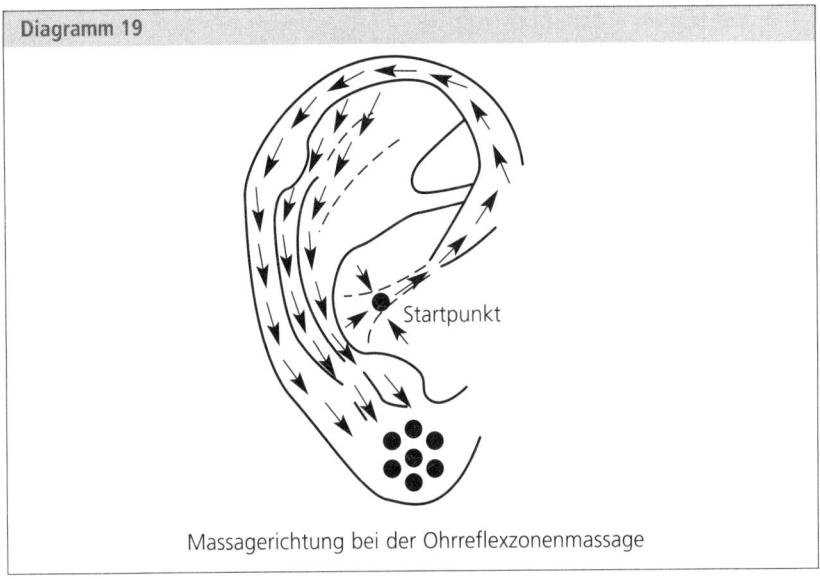

**Diagramm 19**

Startpunkt

Massagerichtung bei der Ohrreflexzonenmassage

Vorgehensweise

1. Sie beginnen stets mit der Technik der wechselnden Faustschläge. Sie schlagen, so schnell Sie können, abwechselnd rechts und links in die Handflächen und sprechen dabei folgende Affirmation: "Ich liebe und akzeptiere mich genau so, wie ich bin, auch wenn ich mich niemals verändern sollte!" Dies wiederholen Sie mindestens dreimal, am besten siebenmal. Diese Affirmation sprechen Sie laut und ganz konzentriert, mit anderen Worten, mit Ihrer vollen Aufmerksamkeit. Nach jedem Mal tief ein- und ausatmen.

2. Sie tippen mit einer Hand (Daumen und Zeigefinger) oder mit beiden Händen (Zeigefinger) auf die Erdpunkte. Zugehörige Affirmation: "Ich liebe und akzeptiere mich, auch wenn ich wenig Selbstvertrauen habe und mir Sorgen mache. Ich entscheide mich für Selbstvertrauen und inneren Frieden, jetzt und für immer." Wiederholen Sie dies mindestens drei Mal, und atmen Sie dabei tief ein- und aus.

189 ▨

3. Sie tippen rhythmisch mit einer oder beiden Händen auf die Wasserpunkte und sprechen folgende Affirmation: "Ich liebe und akzeptiere mich, auch wenn ich mich ängstlich oder unsicher fühle, und entscheide mich für Selbstsicherheit und Vertrauen, jetzt und für immer." Mindestens drei Mal wiederholen und dabei tief atmen.

4. Holzpunkt – es gibt nur einen einzigen. Er befindet sich an der rechten Seite in der Mitte unter dem Rippenbogen auf einer gedachten Verbindungslinie zum Schlüsselbein. Auch auf diesen tippen Sie, bzw. Sie massieren ihn, begleitet von folgender Affirmation: "Ich heiße meine Wut und meine Frustrationen willkommen und respektiere sie. Ich betrachte, welche Lektionen sie mir bringen. Ich entscheide mich für ein hohes Selbstwertgefühl und für Geduld, jetzt und für immer." (Drei- oder sieben Mal wiederholen.)

5. Um die Metallpunkte zu aktivieren, streichen Sie die Spitzen der Zeigefinger abwechselnd gegeneinander, wie wenn Sie zwei Stöckchen gegeneinander schlagen würden, begleitet von folgender Affirmation: "Ich bin zu 100% damit einverstanden, meinen tiefsten Kummer und mein Leid loslassen zu können und wähle jetzt und für immer Freude, Flexibilität und Glück in meinem Inneren." (Drei- bis sieben Mal wiederholen und dabei zwischendrin immer tief seufzen.)

6. Nun machen Sie wieder abwechselnd Faustschläge, so schnell Sie können. Halten Sie Ihre Schultern gerade, atmen Sie tief ein und aus und sagen Sie: "Ich kann alle Herausforderungen und schmerzhaften Lernprozesse mit Leichtigkeit meistern und entscheide mich, zu vergeben und loszulassen. Ich gebe mir selbst die Erlaubnis, mit Dankbarkeit, Freude und Leichtigkeit zu lernen!"

7. Atmen Sie ruhig ein und aus. Ziehen Sie nun mit einer Hand das Unendlichkeitszeichen über Ihrem Herzen, und spüren Sie Stille, Ruhe und Frieden. Sehen Sie vor Ihrem geistigen Auge, wie Sie erfolgreich neue Muster in Ihrem Leben verwirklicht haben. Genießen Sie es, erleben Sie es, fühlen Sie es.

Danach gehen Sie zu den Ohren über (siehe Diagramm 19). Beginnen Sie im Ohr (in der Mulde gleich über dem Ohrläppchen) und massieren Sie am Ohrrand entlang nach unten gemäß den Pfeilen (Sie können nichts falsch machen. Sie aktivieren das ganze Ohr so stark wie möglich). Beenden Sie die Massage an den Punkten, die auf dem Ohrläppchen sitzen (dies sind die Reflexzonen fürs Gehirn). Während Sie das tun, sprechen Sie eine Affirmation und machen eine Visualisierung. Affirmation: "Ich erteile nun meinem vegetativen Nervensystem den Auftrag, alle synaptischen Verbindungen, die meine alten, unerwünschten Muster aufrechterhalten, aufzulösen und durch möglichst viele neue synaptische Verbindungen zu ersetzen, die mein gewünschtes neues Muster (dieses an dieser Stelle benennen) unterstützen und aufrechterhalten."
Visualisieren Sie dabei ein Bild, bei dem alle Verbindungen getrennt und neue Kombinationen für Ihr neues Verhalten erstellt werden. Ich persönlich benutze die Metapher einer Telefonzentrale, wo die Telefondrähte der alten Verhaltensmuster ausgestöpselt und neue Kombinationen für das erwünschte Verhalten hergestellt werden.

Wiederholen Sie diesen Vorgang mindestens dreimal (machen Sie den ganzen Ablauf also bei jeder Sitzung dreimal durch). Am optimalsten ist es, wenn Sie es jeden Tag dreimal durcharbeiten – mindestens drei Monate lang. Schreiben Sie die Affirmationen auf ein Blatt Papier, und tragen Sie dieses stets bei sich, so dass Sie die Übung überall machen können.

Wenn Sie diesen Ratschlägen folgen, dann verspreche ich Ihnen, dass Sie tief greifende Veränderungen feststellen werden, an welchen Sie Ihr ganzes Leben lang Freude haben werden. Es hat mein Leben und das Tausender anderer Menschen verändert und lässt sich einfach und mit Leichtigkeit durchführen. Die Affirmationen können Sie jeweils individuell anpassen, obgleich ich rate, die von mir oben angeführten Texte anfangs eine Zeit lang so zu belassen, wie sie sind.

■ 5. Schritt: Verankern Sie Ihre Glaubensüberzeugungen – positive Integrationstechnik (PIT)

Nun, da Sie dabei sind, die neuen Muster zum Bestandteil Ihrer Identität zu machen, ist es wichtig, Ihre positiven Glaubensüberzeugungen tief in Ihrem Inneren zu verankern. Damit erzeugen Sie ein Fundament, einen fruchtbaren Boden für Erfolg und bleibende Veränderungen.

Sie können die PIT auf zwei unterschiedliche Weisen durchführen:

1. Mit den 5-Elemente-Punkten und danach die Chakra-MPI (visualisieren Sie sich selbst im gewünschten Zustand) sowie die Ohrreflexzonentherapie (Synapsen).
   Das empfehle ich als Erstes.

2. Sie können auch nur die Technik mit den abwechselnden Faustschlägen anwenden (Feuer).
   Spielen Sie mit beiden, weil sie beide gut sind. Wechseln Sie dabei ab.

Bei der PIT sprechen Sie lediglich positive Affirmationen. Sie dürfen dabei kreativ sein, solange Sie die Sprüche nur kurz halten und so nahe wie möglich am Modell bleiben, das Sie im Folgenden lesen werden. Je mehr Variationen, desto besser. Wiederholen Sie die für Sie wichtigste Methode so oft wie möglich. Machen Sie diese Übung auch zwischendurch sowie morgens vor dem Spiegel, und schauen Sie sich dabei an.

Positive Affirmationen für die 'Positive Integrationstechnik':

- "Ich bin es wert, meine Ziele zu erreichen. Ich verdiene es. Ich kann es."

- "Ich bin so, wie ich bin, und akzeptiere, respektiere und liebe mich."

- "Ich bin gut genug, klug genug, schön genug und mutig genug."

- "Ich liebe mich, so wie ich bin, und fühle mich wohl damit."

- "Ich akzeptiere meine Beschränkungen, die ich als Mensch und als Seele habe."

- "Ich öffne mich voll und ganz für mein Potenzial und meine eigene Weisheit.
- "Ich bin viel mehr, als ich zeige."
- "Ich bin Liebe/Licht/göttlich/etwas Besonderes/Weisheit."
- "Es ist in Ordnung, dass ich sterblich bin und früher oder später sterben werde."
- "Es ist in Ordnung für mich, dass ich älter werde."

An dieser Stelle können Sie Ihre eigenen Variationen einsetzen: "Ich bin stark. Ich bin glücklich. Ich bin der Sieger. Ich werde jeden Tag vitaler, gesünder und jünger. Ich liebe Herausforderungen. Ich meistere sie zu 100% und bin nicht zu stoppen."

Machen Sie die PIT, so oft Sie können, wenn es auch nur 30 Sekunden am Stück sein sollten. Es geht darum, es zu *tun*. Die Ergebnisse werden nicht lange auf sich warten lassen. Sie werden sich sicherer, geschützter und selbstsicherer fühlen. Sie können die PIT auch nach einem Vorfall machen, um diesem einen neuen Rahmen zu geben. Sie können sie in einer schwierigen Situation anwenden, um in Ihrer Kraft zu stehen. Hiermit verankern Sie positive Qualitäten in Ihrem Inneren!

■ **6. Schritt: Sehen Sie die Zukunft, und spüren Sie die Gegenwart**
Indem Sie ständig kontrollieren, wie Sie nun in bestimmten Situationen reagieren, können Sie überprüfen, ob Ihr Unterbewusstsein kongruent ist.

- Machen Sie einen Sprung in die Zukunft (beispielsweise um ein Jahr), und erleben Sie jede einzelne Situation, mit der Sie im Augenblick Probleme haben. Spüren Sie, wie sich das anfühlt.
- Versetzen Sie sich ganz in die Situation. Was sehen Sie, was hören Sie, was fühlen Sie und was sagen Sie zu sich selbst, wenn Sie das Ziel nicht erreichen?

- Ist es genau so, wie Sie es wollten? Brauchen Sie andere Qualitäten? Führen Sie dann die Durchbrechung der Muster durch, integrieren Sie neue Muster und machen Sie die PIT. Wiederholen Sie diese Schritte.

- Verstärken Sie das positive Gefühl noch mehr, sobald Sie es spüren. Spüren Sie es jetzt in Ihrem Körper? Wie fühlt es sich an? Was bewirkt es bei Ihnen?

- Verankern Sie es nochmals mit der PIT: "Ich bin es wert. Ich verdiene es. Ich kann es. Das bin ich. Ich bin ein Ass. Ich schaffe es zu 100%."

Je realistischer Ihnen dies gelingt, desto tiefer wirkt es auf Sie ein.


### ■ 7. Schritt: Bewerten Sie sich, und bleiben Sie wachsam

Manche synaptischen Verbindungen sind hartnäckig und müssen immer wieder wie Unkraut entfernt werden. Wenn Sie genau wissen, was Sie wollen und sich verankern auf "Ich bin nicht zu stoppen", dann sind Sie auch nicht zu stoppen. Wenn Sie merken, dass etwas nicht gut geht, unterbrechen Sie das Muster umgehend, verändern Sie Ihre Haltung und kommen Sie zu sich, indem Sie tief ein- und ausatmen. Das Wichtigste ist nicht, dass es beim ersten Mal glückt, sondern dass Sie fest entschlossen sind, dass es gelingen wird. Dann werden Sie Erfolg haben. Ihren 'mind' zu programmieren ist genauso, wie wenn Sie eine neue Computersoftware entwickeln – beständige Verfeinerung ist nötig. Bill Gates ist der reichste Mann der Welt, weil die Menschen immer neue Software-Updates wollen. Dieser Prozess wird niemals aufhören. Auch Sie werden Ihre Software stets verfeinern ('updaten'), immer besser werden, immer weniger falsch machen – ein Prozess, der lebenslang anhalten wird.

Der Körper liebt Veränderungen nicht. Er ist per definitionem träge und sucht nach der Komfortzone. Tiere ebenso. Wenn Sie einen Wal täglich füttern, wird er nicht mehr selbst auf Futtersuche gehen. Ein junger Hund ist verspielt. Doch das können Sie ihm abdressieren, so dass er den ganzen Tag lang in seinem Korb liegen bleibt.

Der Mensch ist schlimmer und oft schwer dazu zu bewegen, sich zu seinem eigenen Besten anzustrengen. Leider tun die meisten zu wenig und investieren nicht in ihre Zukunft. Viele Menschen besuchen keine Kurse zu diesem Thema, weil sie es zu teuer finden. Sie geben zwar horrende Summen an Geld für Luxusurlaube und teure Kleidung aus, jedoch nicht für die Heilung ihrer Seele. Der Preis, den sie für ihre Trägheit und ihr niedriges Selbstwertgefühl bezahlen, ist enorm. Ärzte und die Pharmaindustrie verdienen dadurch das dicke Geld. Für die alternativen Heiler fällt auch ein kleines Stück vom Kuchen ab. Der Preis, den sie dafür bezahlen müssen, ist jedoch um ein Vielfaches höher: Krankenscheine, Produktionsverlust, körperlicher Verfall, Krebs, Herz- und Gefäßkrankheiten, Übergewicht, chronische Krankheiten und vor allem der Verlust von Lebensqualität.

Es sind unserer täglichen Routine noch drei Schritte hinzuzufügen:

- a) Morgenroutine

Direkt nach dem Aufstehen beginnen Sie mit Schritt 4: neue Muster mit den 5 Elementen verankern, gefolgt von PIT. Danach machen Sie eine kurze Meditation, bei der Sie Ihre Intention für diesen Tag setzen. Wenn Sie wissen, wie Ihr Tag aussehen wird, stellen Sie sich vor, wie Sie alle Situationen meistern und in Ihrer Kraft und fit bleiben. Sie sehen sich selbst vital und glücklich nach Hause kommen oder den Tag beenden. Sehen Sie sich selbst auch, wie Sie während des Tages noch einmal Schritt 4 und die PIT durchführen. Beginnen Sie jeden Tag so.

- b) Routine tagsüber

Tagsüber bleiben Sie wachsam, was die unerwünschten Muster, die unerwünschten Reaktionen und das unerwünschte Verhalten betrifft. Wenn möglich unterbrechen Sie das Muster oder die Reaktion, und ersetzen Sie diese durch Ihr gewünschtes Verhalten. Wiederholen Sie die PIT und Schritt 4 einige Male, beispielsweise wenn Sie auf der Toilette sind.

• **c) Abendroutine**

Bewerten Sie Ihren Tag, durchleben Sie alles, was nicht optimal war, nochmals. Nachdem Sie die sieben Schritte gemacht haben, wiederholen Sie diese nochmals, jedoch jetzt aus Ihrer neuen Kraft heraus. Setzen Sie Ihre Intention, und visualisieren Sie, dass Sie am folgenden Morgen fit, vital und um ein Stück jünger und voller Lebenslust aufstehen. Sehen Sie dies vor Ihrem geistigen Auge, und verankern Sie es mit den fünf Elementen, mit Chakra-MPI und der Ohrreflexzonenmassage.

## Zusammenfassung

Das Umprogrammieren Ihres 'mind' ist ein Prozess, bei dem Sie die falschen Programme, die Sie Ihr Leben lang in sich einspeisen ließen, in Programme umwandeln, die Ihren spirituellen Weg unterstützen werden. Meiner Ansicht nach besteht der größte Fehler, den die meisten spirituellen Bewegungen begehen, darin, dass sie sich für den langen Weg entscheiden. Mit den Techniken in diesem Kapitel können Sie diesen Prozess um das Zehnfache oder noch mehr beschleunigen und zugleich Ihre Lebensqualität gehörig verbessern. Sie werden wieder Kapitän auf Ihrem eigenen Schiff. Sie steuern Ihren Körper und nicht umgekehrt.

Dieser Prozess erfordert Zeit und Durchsetzungsvermögen. Indem Sie die folgenden sieben Schritte anwenden, können Sie schneller Resultate verbuchen.

### 1. Schritt: Diagnose

Werden Sie sich ganz klar darüber, was Sie wollen und was Sie nicht wollen. Welche sind Ihre Blockaden und negativen Glaubensüberzeugungen? Welche positiven Qualitäten brauchen Sie? Was müssen Sie glauben? Warum ist dies wichtig für Sie? Wer möchten Sie sein, wenn Sie in Ihrer Kraft stehen?

## 2. Schritt: Maximale Motivation

Was kostet es Sie, wenn Sie sich innerhalb von einem Jahr, innerhalb von fünf Jahren, innerhalb von zehn Jahren nicht verändern? Was geschieht mit Ihnen, wenn es so weitergeht? Was bedeutet es für Ihre spirituelle Entwicklung, wenn Sie sich nicht, und was, wenn Sie sich verändern? Was bedeutet das für Sie? Was machen Sie dann anders?

## 3. Schritt:

Unterbrechen Ihrer alten Muster, Reaktionen und Verhaltensweisen.

## 4. Schritt:

Erzeugung neuer Muster, Reaktionen und Verhaltensweisen, 5-Elemente-Punkte, Chakra-MPI, Ohrreflexzonentherapie (Synapsen).

## 5. Schritt:

Verankern Ihres Fundamentes: PIT

## 6. Erleben Sie die Zukunft.

Was brauchen Sie? Wiederholen Sie Schritt 4 und 5 so lange, bis Ihr Unterbewusstsein nichts anderes mehr kennt.

## 7. Schritt:

Bewerten Sie sich, und bleiben Sie wachsam.

a) Morgenroutine: Schritt 4 und 5. Setzen Sie Ihre Intention für den Tag.

b) Routine tagsüber: Wiederholen Sie Schritt 4 und 5.

c) Abendroutine: Schritt 6, auf den Tag angepasst. Was können Sie besser? Wiederholen Sie Schritt 4 und 5, bis es o.k. ist. Setzen Sie Ihre Intention für die Nacht, um vital und fit aufzustehen. Visualisieren Sie das.

Sie können Ihre Zukunft verändern. Es ist nicht zu spät, um damit zu beginnen. Ich wünsche Ihnen viel Vergnügen beim Umprogrammieren Ihres 'mind'.

Ich weiß, dass Sie es können.

## 8. Kapitel

# Heilung der Seele – von Verletzlichkeit zu innerer Kraft

Die Heilung der Seele ist ein großes Paradoxon. Sie gelingt nur, wenn Sie sich verletzen lassen und Ihre Verletzungen heilen. Dann sind Sie nicht mehr verletzlich und auch nicht verwundbar. Dann sind Sie authentisch. 'Authentisch' bedeutet: ganz Sie selbst, frei. Sie sind dann nicht mehr Gefangener der Meinung anderer. Die Welt versucht, Sie zurückzupfeifen, indem sie Ihnen Schuldgefühle suggeriert, Sie für verrückt erklärt, Sie abweist, Sie kritisiert. Eine der Techniken, die die Menschen dafür einsetzen werden, besteht darin, dass sie sagen werden, Sie nicht mehr zu lieben, dass Sie egoistisch und gleichgültig sind und dass Sie ihnen früher viel lieber waren.

Seien Sie also gewarnt: Wenn Sie beginnen, Ihre Seele zu heilen, wird Ihr Leben niemals mehr dasselbe sein.

Wir werden - nach einer langen Einleitung - ohne Umschweife mit den Ursachen beginnen, wodurch eine Seele verletzt wird: Ihre Grundbedürfnisse sind nicht befriedigt!

Unsere Seele benutzt Emotionen und Gefühle, um uns freundschaftlich auf unserem Weg in die totale Freiheit zu begleiten. 'Totale Freiheit' bedeutet, alles loszulassen, was uns davon abhält, unser authentisches, spontanes Selbst zu sein. Die Seele bedient sich allerlei Situationen, weil sie darauf programmiert ist, uns zwischen Schmerz und Vergnügen hin- und herschwingen zu lassen. Biologisch betrachtet sind wir nach zwei Millionen Jahren so weit entwickelt, dass wir uns vom Schmerz abwenden (außer wenn wir Schmerz leugnen oder umwandeln) und uns vom Vergnügen anziehen lassen (die Komfortzone). Wir tun mehr, um Schmerz zu vermeiden, als um Vergnügen zu bekommen. Krankheit ist eine Möglichkeit, um uns wieder neu zu justieren. Krankheit blockiert die normalen Kreisläufe und gibt uns die Chance, wieder zur Ruhe zu kommen. Indem wir die Blockaden aufheben, können wir wieder ins Gleichgewicht kommen.

Wenn wir betrachten, was wir zu brauchen glauben, erkennen wir eine andere Taktik der Seele, um uns wissen zu lassen, wer wir nicht sind. Doch wir müssen lernen, immer wieder zu dem Mensch zurückfinden, der wir wirklich sind: friedlich, liebevoll, ruhig, kreativ, stark, weise, aufmerksam, neutral, warm und authentisch.

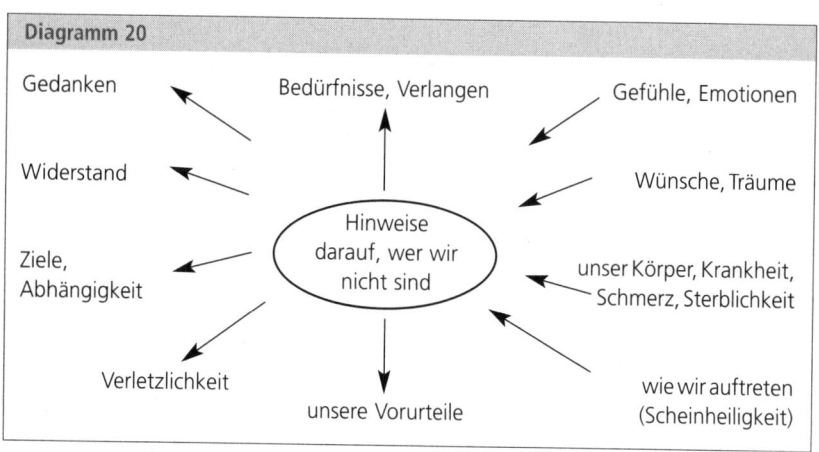

Diagramm 20

Gedanken — Bedürfnisse, Verlangen — Gefühle, Emotionen
Widerstand — Wünsche, Träume
Ziele, Abhängigkeit — Hinweise darauf, wer wir nicht sind — unser Körper, Krankheit, Schmerz, Sterblichkeit
Verletzlichkeit — unsere Vorurteile — wie wir auftreten (Scheinheiligkeit)

Alles, was uns von unserem Kern abbringt (siehe Diagramm 21), sind wir nicht. Es ist ein Spiegel für uns, um unsere Seele (den Teil von uns, der erschaffen wurde, um Erfahrungen zu machen) zu heilen. Je mehr Heilung wir erfahren, desto mehr kehren wir zu unserem Kern der Authentizität zurück.

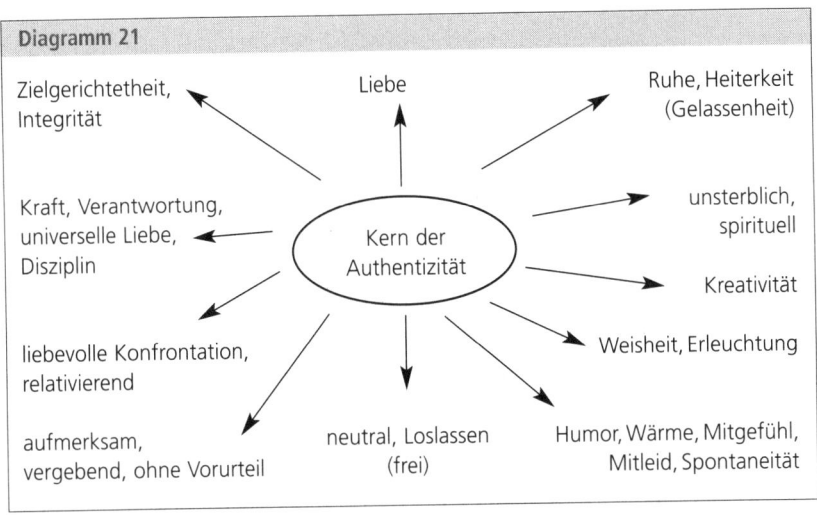

**Diagramm 21**

Zielgerichtetheit,
Integrität

Liebe

Ruhe, Heiterkeit
(Gelassenheit)

Kraft, Verantwortung,
universelle Liebe,
Disziplin

Kern der
Authentizität

unsterblich,
spirituell

Kreativität

liebevolle Konfrontation,
relativierend

Weisheit, Erleuchtung

aufmerksam,
vergebend, ohne Vorurteil

neutral, Loslassen
(frei)

Humor, Wärme, Mitgefühl,
Mitleid, Spontaneität

Sie werden lernen, die Welt als Spiegel zu benutzen, um Ihre Seele zu heilen. Es handelt sich nicht um ein komplexes Geschehen, sondern um eine Frage von Wissen, Wachsamkeit, Initiative und Bewertung.

Manche Dinge werden für Sie neu sein und wie eine Offenbarung erscheinen. Nach der Lektüre dieses Kapitels wird sich Ihre Wahrnehmung der Welt total verändert haben. Es weist Ihnen den Weg in die Freiheit. Die Freiheit, Sie selbst zu sein.

Wir verbergen uns oft hinter 'echten', rationalen Ausflüchten, um nicht zu erkennen, was wir nicht sehen möchten. Die Ausrede wird so echt, dass wir allmählich selbst daran glauben. Mangelnde Freiheit lässt sich auch deutlich bei Menschen wahrnehmen, die auf das Wort 'müssen' reagieren. Wenn jemand ihnen etwas mit dem Wörtchen 'müssen' aufträgt, reagieren sie heftig mit: "Ich muss gar nichts, mach' es doch selbst!" Viele Menschen sind viel zu stark auf die Scheinheiligkeit ausgerichtet, die wir auch als 'Höflichkeit' bezeichnen. Wir müssen 'Bitte' sagen und einen freundlichen Ton anschlagen. Warum eigentlich? Information ist Information.

Wenn wir in unser authentischen Kraft stehen, haben wir eine ganze Reihe an Wahlmöglichkeiten, was das 'Müssen' betrifft, weil wir dann neutral sind.

### 1. Wahlmöglichkeit

Für uns selbst nach innen gehen und kontrollieren, ob wir es tun wollen oder nicht, ungeachtet dessen, wie das Geforderte vorgetragen wurde.

### 2. Wahlmöglichkeit

Den anderen neutral beobachten und beispielsweise feststellen, dass er sehr angespannt und so im Stress ist, dass er jeglichen Anstrich von Zivilisation fallengelassen hat. Aus Mitgefühl heraus werden Sie ihm helfen können, indem Sie gemeinsam mit ihm schauen, warum er so im Stress ist.

### 3. Wahlmöglichkeit

Sie können Ihr Gegenüber liebevoll konfrontieren, indem Sie beispielsweise sagen: "Ich tue das in aller Liebe und Freude für dich und will dir gleichzeitig sagen, dass ich die Art und Weise, wie du es forderst, völlig gestresst, ungehobelt und autoritär finde. Mein Rat ist, ein wenig zu berücksichtigen, dass Menschen durch die Art und Weise, wie du jemanden dazu aufforderst, etwas zu tun, schnell getroffen sind." Dann lassen Sie los und schauen, wie der andere darauf reagiert.

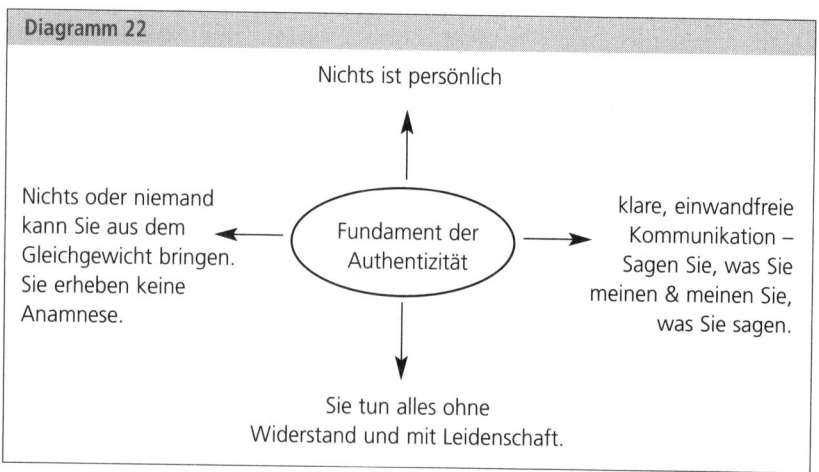

**Diagramm 22**

Nichts ist persönlich

Nichts oder niemand kann Sie aus dem Gleichgewicht bringen. Sie erheben keine Anamnese.

Fundament der Authentizität

klare, einwandfreie Kommunikation – Sagen Sie, was Sie meinen & meinen Sie, was Sie sagen.

Sie tun alles ohne Widerstand und mit Leidenschaft.

So gibt es immer mehrere Möglichkeiten. Eine authentische Person erkennt man an folgenden Merkmalen:
- Sie bleibt neutral (nichts wird persönlich genommen).
- Sie führt eine einwandfreie Kommunikation (deutlich).
- Sie tut alles ohne Widerstand und mit Leidenschaft.
- Sie lässt sich durch nichts oder niemanden aus ihrem Gleichgewicht bringen.

Die Heilung der Seele führt zu emotionaler Intelligenz, auch 'EQ' genannt, und letztendlich zur emotionalen Balance, wofür ich gerne den englischen Begriff 'Equanimity' benutze. Es bedeutet Gelassenheit, im Fluss und in seiner Kraft sein, sich nicht durch sein Umfeld beeinflussen lassen.

Seit dem Erscheinen des bahnbrechenden Buches des amerikanischen Professors Daniel Goleman, der den Begriff 'emotionale Intelligenz' im Jahr 1995 einführte, gehört 'EQ' zum allgemeinen Sprachwortschatz – selbst im Wirtschaftsleben, wo Emotionen bis dato normalerweise Tabu waren. Es galt bisher sogar als 'unprofessionell', Emotionen am Arbeitsplatz zu zeigen.

Im Gegensatz zum IQ lässt sich der EQ leicht verbessern. Der EQ ist nicht identisch mit 'sich toll fühlen'. Im Gegenteil, er hat nichts mit impulsivem Verhalten und Selbstbewusstsein zu tun. Laut Goleman wird der EQ am Grad der Selbstbeherrschung gemessen, an der Fähigkeit, nicht direkt auf die Emotionen anderer Menschen zu reagieren, sondern abzuwarten. Ich gehe sogar noch einen kleinen Schritt weiter: Ein hoher EQ hat nichts mit Selbstbeherrschung zu tun, sondern damit, konsequent an allem zu arbeiten, was uns aus unserer emotionalen Balance wirft. Auf Dauer brauchen Sie sich dann gar nicht mehr zu beherrschen – Ihr Grad an Verletzlichkeit ist dann so gering geworden, dass Sie nicht mehr auf Situationen reagieren, die Sie früher in Stress versetzten. Ihre Stressempfänglichkeit steht nämlich zu 100% in Relation zu dem Maß, in dem Sie in Ihrer Seele verletzt sind.

> Ihre Stressempfänglichkeit ist zu 100%
> analog zu dem Maß, wie verletzt Ihre
> Seele ist!

Seien Sie sich gewahr, dass ich nicht geschrieben habe: 'wie Sie auf Stress reagieren'. Denn Sie können sich ein Verhalten anlernen, so dass es von außen den Anschein hat, als sei alles in Ordnung (kennen Sie Menschen, die diese Fähigkeit besitzen?), doch im Inneren kann ein Dampftopf sitzen, der unter Hochdruck steht.

Ich glaube, Sie bekommen jetzt allmählich eine Vorstellung davon, worauf ich hinaus will. Wir beginnen mit den ersten Dingen, auf die Sie unbedingt achten sollten, um Ihre Seele zu heilen: die Bedürfnisse, die Sie haben und auf die Welt projizieren.

## ▬ Grundbedürfnisse

Als Baby hat man eine Reihe von Grundbedürfnissen, die erfüllt werden müssen. In erster Linie können diese nur die Eltern oder Pflegeeltern stillen. Das Menschenkind ist auf vernünftige Weise programmiert, um zu überleben und sich so zu verhalten, um das Nötige zu erhalten. Das kann sowohl auf eine positive (angenehme) als auch negative (schmerzhafte) Weise geschehen. Wenn man den Windeln entwachsen ist, sollte man in Bezug auf seine Bedürfnisse nicht mehr von der Außenwelt abhängig sein.

Die Art und Weise, wie Sie später versuchen, Ihre unerfüllten Bedürfnisse befriedigt zu bekommen, sagt viel über die Wunden aus, die Sie sich als Kind zugezogen haben, und die noch nicht verarbeitet sind und wo Sie heute noch dabei sind, das Versäumte nachzuholen. Die meisten Menschen widersetzen sich enorm, hiermit konfrontiert zu werden, weil sie so von ihren Gewohnheiten abhängig sind, dass diese für sie zur Wahrheit geworden sind. Die Herausforderung besteht darin, dass es ein

Hinweis auf eine Wunde der Seele ist, wenn Sie Widerstand gegen irgendetwas empfinden.

> Jegliche Form von Widerstand weist auf
> eine Wunde der Seele hin.

Eine Wunde der Seele öffnet das Tor zur Heilung der Seele. Dadurch lassen Sie wieder einen unverarbeiteten Prozess hinter sich und erfahren ein weiteres Stückchen Freiheit.

Bedürfnisse haben wir hauptsächlich auf der körperlichen, geistigen und spirituellen Ebene.

### ■ Körperliche Bedürfnisse

Nach der Geburt haben wir das Bedürfnis nach Fürsorge, Nahrung, Wärme (dazu zählt auch Kleidung), Hygiene und Bewegung, um das Wichtigste zu nennen. Diese bleiben grundlegende Bedürfnisse für den Rest des Lebens. Auch Berührungen und liebkosende Worte sind erforderlich, um vital und gesund zu bleiben und ein starkes Immunsystem zu entwickeln. (Massage ist eine gesunde Alternative, wenn wir keine ausreichende Berührung bekommen.) Wenn unsere körperlichen Bedürfnisse nicht befriedigt sind, erleben wir körperliches Leid, unsere Entwicklung stagniert, und wir werden auf geistiger Ebene blockiert.

### ■ Geistige Bedürfnisse

Dies hat mit Lernprozessen zu tun. Darunter fällt unser Unterscheidungsvermögen, was für uns gut oder schlecht ist. Wir lernen sprechen, laufen, eigenständig essen, uns anziehen, sauber werden, Hygiene. Wir werden durch das, was wir in unserem Umfeld sehen, angeregt und lernen dadurch auch. Das Verhalten unserer Eltern, deren Strenge, Konsequenz,

Abhängigkeit, Einflussvermögen und Zuneigung (oder der Mangel an alledem) haben auf uns großen Einfluss. Wir werden es ihnen nachtun (Vorbildfunktion), oft auch als Erwachsene noch. Viele Menschen rufen lauthals: "Ich will nicht so werden wie meine Eltern!", um 30 Jahre später zu ihrem eigenen großen Entsetzen oder zu ihrer Belustigung festzustellen, dass sie eine ganze Reihe exakt derselben Eigenschaften haben.

Wir können nur durch die Begegnung mit anderen Menschen etwas lernen. Im späteren Leben wird der Mitmensch zu unserem größten Spiegel für unsere Entwicklung.

> In der westlichen Gesellschaft sind die Begegnungen mit unseren Mitmenschen der größte Spiegel für unsere Entwicklung.

## ■ Spirituelle Bedürfnisse

Spiritualität ist der angeborene Kompass, der uns letztendlich zu bedingungsloser, universeller Liebe führen wird – auch 'Erleuchtung' genannt. Weil wir aber nur in einer Liebe großgezogen werden, die Bedingungen stellt, sind wir darum bestrebt, diese in unserem Leben anzuziehen – dies führt dann zu einer prächtigen Konfrontation mit uns selbst (unserer verwundeten Seele).

> Liebe, die Bedingungen stellt, ist eine echte Konfrontation für unsere verwundete Seele.

Die meisten Menschen, die keine Liebe erfahren und sich nicht selbst lieben, verkümmern und sterben. Das sehen Sie beispielsweise bei Menschen, die ganz lange zusammmen gewesen sind. Wenn der eine stirbt, vegetiert der andere meist dahin und folgt seinem Partner.

■ Mangelzustände

Werden die Grundbedürfnisse nicht erfüllt, führt dies zu Leid, Krankheit, ja sogar zum Tod.

Bei einem nicht stimulierenden Umfeld, einem Umfeld, das nicht zur Erkundung der Welt und zum Lernen auffordert, entstehen geistige Verirrungen. Erreicht man kein befriedigendes Selbstwertgefühl und kein Selbstvertrauen durch Bestätigung, Komplimente, Anerkennung, Wertschätzung und Lob, entsteht ein niedriger EQ, der die Lebensqualität enorm nach unten drücken kann. Man beginnt dann, unter einem ganzen Komplex von negativen Glaubensüberzeugungen zu leiden, die den Erfolg sabotieren werden.

Letztere Aspekte, die für die Seele folglich von großer Bedeutung sind, fallen unter die Kategorie 'spirituelle Bedürfnisse'. Diese stehen in engem Zusammenhang damit, wie wir Liebe erleben.

Ich nenne hier die wichtigsten Grundbedürfnisse der Seele, so dass Sie beginnen können, Ihre Wunden zu erkennen:

- Akzeptanz

- Aufmerksamkeit

- Wertschätzung

- Lob

- Komplimente

- Anerkennung

- Respekt

- Vertrauen

- Fürsorge

- Wiedererkennen

- Bestätigung

- Verständnis

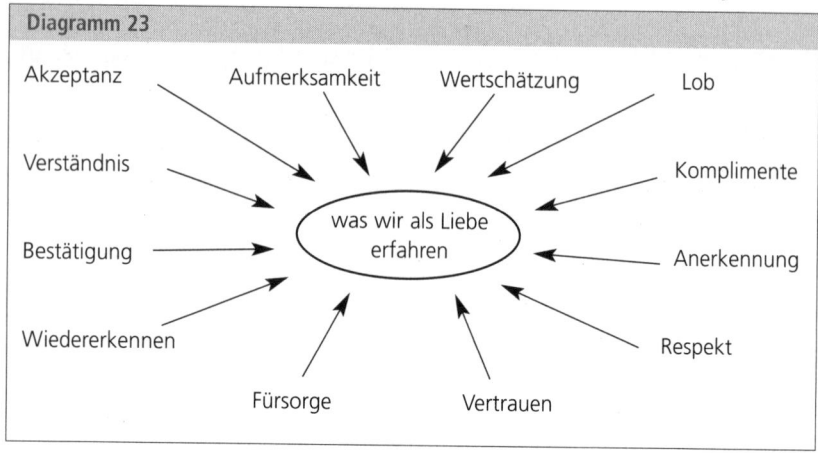

**Diagramm 23**

Akzeptanz  Aufmerksamkeit  Wertschätzung  Lob

Verständnis  Komplimente

Bestätigung → was wir als Liebe erfahren ← Anerkennung

Wiedererkennen  Respekt

Fürsorge  Vertrauen

Streichen Sie die Punkte an, von welchen Sie glauben, dass sie wichtig für Sie sind. Sie können alle Punkte markieren, es sollten jedoch mindestens drei sein. Seien Sie sich selbst gegenüber so ehrlich wie möglich. Wenn Sie bei einem oder mehreren dieser Grundbedürfnisse zu kurz gekommen sind, werden Sie auf verschiedenste Weise versuchen, diese doch zu erhalten. Auf positive Weise, jedoch vor allem auf negative Weise.

Wenn für Sie *Akzeptanz* wichtig ist, dann haben Sie folgende Problematik: Sie akzeptieren sich selbst nicht ausreichend und werden in Ihren Beziehungen ständig auf der Suche nach Akzeptanz bleiben. Sie wollen zu einer Gruppe gehören, zu einer Gemeinschaft. Geselligkeit ist wichtig für Sie. Wenn Sie zu keiner Feier eingeladen werden, dann geben Sie eine und sind der Boss.

Ihre Affirmation lautet:
"Ich liebe und akzeptiere mich genau so, wie ich bin. Es ist für mich in Ordnung, wenn alle anderen mich nicht akzeptieren." (Fügen Sie dies der 5-Elemente-Routine hinzu.)

Wenn Sie *Aufmerksamkeit* wichtig halten, dann setzen Sie alles daran, um diese zu bekommen. Sie kleiden sich, als ob Sie eine Modenschau gewinnen möchten - oder ganz auffallend oder schlampig. Bekannte Persönlichkeiten, die gern die Aufmerksamkeit auf sich ziehen, sagen beispielsweise: "Es ist ganz gleich, was man über mich schreibt, Hauptsache, man schreibt über mich." Sie haben Talente entwickelt, um Aufmerksamkeit zu erlangen - sowohl positive als auch negative. Sie sind ein guter Redner, Sie sind auffallend gut auf einem bestimmten Gebiet, Sie sehen gut aus. Negative Aufmerksamkeit erreichen Sie, indem Sie krank sind, viel jammern, durch Sarkasmus, indem Sie laut oder mürrisch sind, durch Emotionalität (viele Tränen), indem Sie die Opferrolle einnehmen. Erhalten Sie keine Aufmerksamkeit, werden Sie unruhig und beginnen, etwas zu tun, um diese zu erhalten: Sie rufen jemanden an, machen einen Besuch. Stille zu ertragen fällt Ihnen schwer.

Erkennen Sie sich in dieser Beschreibung wieder, so lautet Ihre Affirmation:

"Ich liebe mich, und es ist für mich in Ordnung, nicht im Mittelpunkt zu stehen oder keine Aufmerksamkeit zu erhalten. Ich fühle mich dabei gut."

Wenn Sie *Wertschätzung* suchen, geben Sie stets Ihr Bestes. Sie rackern sich für einen anderen ab, kaufen teure Geschenke. Ihre Arbeitsergebnisse sind tadellos. Sie sind viel für andere im Einsatz, geben gern und stehen für jeden zur Verfügung. Erhalten Sie keine Wertschätzung, schmerzt Sie das und wirft Sie schwer aus der Bahn.

Ihre Affirmation lautet:
"Ich liebe und schätze mich. Von jetzt an und für immer kann ich gut 'Nein' sagen und fühle mich gut, auch wenn andere mich nicht wertschätzen."

*Lob* wichtig zu finden ist dem Bedürfnis sehr ähnlich, Wertschätzung zu erhalten. Nur sind Sie in diesem Falle eher geneigt, andere zu fragen, ob sie gut finden, was Sie tun. Sie möchten anderen Menschen mit dem, was Sie tun, gern gefallen. Komplimente sind sehr wichtig, doch ein Zunicken, ein freundliches Wort oder ein Lächeln sind mindestens ebenso wichtig. Die Meinung anderer ist auch sehr wichtig. Kritik nehmen Sie persönlich, und Sie tun Ihr Bestes, um alles wieder gut zu machen.

Ihre Affirmation lautet:
"Ich akzeptiere und lobe mich genau so, wie ich bin. Ich brauche ab jetzt und für immer kein Lob von anderen mehr. Kritik nehme ich neutral entgegen!"

Wenn Sie sich erst gut fühlen, wenn Sie *Komplimente* bekommen, haben Sie vieles mit den Menschen gemeinsam, die Lob brauchen. Doch hier ist das gesprochene Wort wichtig für Sie. Sie wollen es hören, dass sich jemand etwas aus Ihnen macht, Sie liebt, dass Sie gut aussehen. Sie tun in allem Ihr Bestes und fischen nach Komplimenten. Kritik ist für Sie tödlich und schmerzt Sie sehr. Sie achten stets darauf, was andere schön finden könnten.

Ihre Affirmation lautet:
"Ich liebe mich, finde mich selbst prima und lasse mein Verlangen nach Komplimenten los. Ich bin im Frieden damit, keine Komplimente zu bekommen."

Wenn *Anerkennung* für Sie wichtig ist, haben Sie beispielsweise viele Diplome. Auch eine gute Karriere, der Status in der Gesellschaft und Ihr Prestige sind Ihnen wichtig. Sie möchten den besten Clubs angehören, besitzen schöne Dinge und einen teuren Geschmack. Sie streben in allem, was Sie tun, nach ganz oben. Sie lieben es, zu gewinnen und verdauen Niederlagen nur schwer.

Ihre Affirmation lautet:
"Ich liebe mich und schenke mir selbst Anerkennung. Ich lasse alles Verlangen nach Anerkennung im Außen los und fühle mich auch ohne Anerkennung gut."

Wenn *Respekt* für Sie wichtig ist, dann sind Sie äußerst empfindsam dafür, ob Menschen Sie auch mit Respekt behandeln. Sie verwenden auch gern das Wörtchen 'Respekt'. Regeln sind für Sie wichtig. Entscheidend für Sie ist, ob die Menschen Sie nett finden oder nicht.

Ihre Affirmation lautet:
"Ich liebe und respektiere mich und lasse mein Verlangen los, dass andere mich respektieren."

Wenn *Vertrauen* für Sie wichtig ist, dann ist Ihr Vertrauen oft enttäuscht worden. Bei Freundschaften ist für Sie Vertrauen das Wichtigste. Sie vertrauen nur wenigen Menschen, doch wem Sie vertrauen, dem sind Sie treu. Sie sind zutiefst getroffen, wenn Ihr Vertrauen enttäuscht wird. Sie möchten auch gern, dass man Ihnen vertraut.

Ihre Affirmation lautet:
"Ich liebe mich und vertraue mir selbst ganz. Ich vertraue darauf, dass es für mich in Ordnung ist, mein Verlangen nach Vertrauen loszulassen."

Wenn *Fürsorge* für Sie wichtig ist, dann lieben Sie es, für andere zu sorgen, oder Sie wollen selbst gern versorgt werden. Sie sind auf der Suche nach Menschen, für die Sie sorgen bzw. die für Sie sorgen könnten.

Ihre Affirmation lautet:
"Ich liebe mich und sorge gut für mich. Ich lasse mein Verlangen danach, für andere zu sorgen, ganz los."

Wenn *Wiedererkennen* wichtig für Sie ist, dann sorgen Sie dafür aufzufallen. Wichtig ist, dass Menschen Ihren Namen kennen. Sie platzieren Ihren Namen gut lesbar an Ihrem Büro und an Ihrem Haus. Sie haben bestimmte Gewohnheiten, die dafür sorgen, dass Menschen Sie wiedererkennen. Sie wünschen jedem einen 'Guten Morgen' und sind getroffen, wenn man Ihnen nichts erwidert.

Ihre Affirmation lautet:
"Ich erkenne an, dass ich das Verlangen habe, wiedererkannt zu werden und akzeptiere mich selbst. Ich lasse dieses Verlangen jetzt und für immer los."

Viele Menschen suchen *Bestätigung*. Dies ist eine subtile Variante von Lob und Akzeptanz. Die Suche nach Selbstbestätigung geht mit dem Gefühl einher, auf Erden nicht sicher oder nicht willkommen zu sein. Im Prinzip geht es hier eher um zurückhaltende Menschen – Menschen, die fast nicht auffallen oder nicht gern in den Vordergrund treten. Aufmerksamkeit zu erregen finden Sie unangenehm. Sie wollen zwar gern wissen, dass man sie liebt, aber nur, solange sie nicht im Mittelpunkt stehen müssen.

Wenn Sie dies bei sich erkennen, lautet Ihre Affirmation folgendermaßen:
"Ich finde Selbstbestätigung in mir und brauche diese nicht mehr von anderen. Ich fühle mich sicher und darf dies sein, und zwar ganz und gar."

Der letzte Punkt, den es zu behandeln gilt, ist das *Verständnis*. Für Menschen, die dies haben wollen, ist es wichtig, dass sie selbst etwas verstehen und dass andere sie verstehen. Sie erklären beispielsweise den gleichen Sachverhalt dreimal. Sie fühlen sich oft unverstanden, und das trifft sie tief. Sie wollen gern alles wissen, beispielsweise über ihre Urlaubsregelung.

Wenn dies bei Ihnen der Fall ist, dann lautet Ihre Affirmation:
"Es ist für mich in Ordnung, dass man mich nicht versteht. Ich akzeptiere mich und fühle mich auch wohl, wenn andere mich nicht verstehen."

Wie ich schon sagte: Dies ist eine ziemliche Konfrontation für uns. Ich möchte auch gern erzählen, welche Auswirkungen die mangelnde Erfüllung bestimmter Grundbedürfnisse auf mich hatte. Die Bedürfnisse, die mich am meisten ansprechen, sind Aufmerksamkeit, Wertschätzung, Anerkennung und Komplimente.

Mein Vater war kein sehr gesprächiger Typ. Wenn er heimkam, wollte er seine Ruhe und auf der Veranda lesen. Die Momente, die er für uns übrig hatte, waren die glücklichsten in meiner Jugend. Zusammen angeln, Tennis spielen, schwimmen oder picknicken gehen waren am Wochenende oder in den Ferien die absoluten Höhepunkte. Um ein Kompliment oder einen anerkennenden Blick zu erhalten, mussten wir wirklich ausnehmend gut sein. Mein Vater sagte uns niemals, dass er uns liebte. Das Höchste war, wenn er zeigte, dass er stolz auf unsere Leistungen war. Lernen und Studieren hatten für ihn oberste Priorität. Er hatte uns wohl tausendmal erzählt, dass er niemals die Gelegenheit erhalten hatte, weiter zu lernen. Nach der Grundschule musste er zur Arbeit gehen. Er hatte sich bei der Polizei zum Offizier hochgearbeitet und später zum Kommissar und Leiter der Immigrantenstelle.

Leistung zu erbringen wurde für mich der Weg, um Aufmerksamkeit, Anerkennung, Komplimente und Wertschätzung zu erhalten. Folglich war ich Klassenbester. Im Sport war ich Champion im Judo, Tischtennis, Tennis und Schwimmen. Ich erhielt enorm viel Aufmerksamkeit, Anerkennung, Wertschätzung und Komplimente. Nach meinem Studium der Schulmedizin wurde ich alternativer Arzt. Die Art und Weise, hierbei Anerkennung zu bekommen, bestand darin, die beste und größte Praxis von ganz Holland zu haben. Folglich war es für mich wichtig, dass es meinen Patienten besser ging und sie mein Wissen und meine Heilkunde wertschätzten. Wenn es ihnen nach zehn Behandlungen nicht besser ging, behandelte ich sie gratis weiter, bis dem so war. Aufgrund meines Fachwissens erhielt ich viel Aufmerksamkeit. Gemeinsam mit meinem Kollegen René Zuidinga führte ich den ersten Doppelblindversuch durch, der bewies, dass Homöopathie wirkt. Doch statt Anerkennung und Wertschätzung erntete ich von meinen Kollegen viel Kritik und Neid. Daraufhin zog ich mich zurück und stürzte mich ganz auf die Heilung meiner Patienten. Ich steckte so viel Energie in meine Praxis und konnte so wenig 'Nein' sagen, weil ich niemanden abweisen wollte, dass ich zweimal wegen Überarbeitung zusammenbrach. Nach dem zweiten

Zusammenbruch im Jahr 1986 verkaufte ich meine Praxis und ging nach Amerika. Dort war ich innerhalb von vier Jahren einer der anerkanntesten und geschätztesten alternativen Ärzte. Meine Zeitschrift, die ich selbst über alternative Diagnosen herausgab, ging in 14 Länder. Ich war ein viel gefragter Redner auf alternativen Kongressen auf der ganzen Welt.

1992 begann ich mit meinem Bewusstwerdungsprozess – der Umkehr – und bis 1996 hatte ich mich selbst so gut behandelt, dass ich zum ersten Mal inneren Frieden empfand. Meine Getriebenheit, mir selbst etwas beweisen zu müssen, verschwand. Ihre Stelle nahmen Leidenschaft und Enthusiasmus ein. Aufmerksamkeit zu erhalten war mir kein Grundbedürfnis mehr, nur noch die Folge dessen, was ich tat. Komplimente lösten bei mir nichts mehr aus. Ich wünschte mir Kritik geradezu, denn mit diesen Informationen konnte ich in den Spiegel schauen und daraus lernen. Mich beflügelte nicht, auf andere Eindruck zu machen, sondern die Tatsache, dass ich wachsen wollte. Ich suchte innere Anerkennung und Wertschätzung und fand meine Antworten und Aufmerksamkeit in meinem Inneren anstatt in der Außenwelt.

Ich bin total glücklich mit meinem Leben. Was andere von mir denken, ist für mich nicht relevant. Wenn es sich für mich gut anfühlt und von innen kommt, dann genügt mir das. Ich wage es, Menschen mit Dingen zu konfrontieren, kann 'Nein' sagen, bin selbstbewusst, wage zu verlangen, was ich brauche. Ich erkenne meine eigene Persönlichkeitsentwicklung und meine Talente. Bin ich perfekt? Ich bin genauso perfekt wie jeder andere auch. Es gibt auf dem Pfad der Selbstentwicklung noch genug zu lernen und zu tun. Ich bin auf dem Weg und glücklich, jedoch nicht zufrieden.

> Ich bin glücklich,
> jedoch nicht zufrieden.

Ich lerne jeden Tag neue Dinge, betrachte mich selbst kritisch und zugleich liebevoll, bewerte, wer ich bin und womit ich mich beschäftige.

Ich wünsche Ihnen, dass Sie es ebenfalls wagen, in den Spiegel zu schauen und sich daran machen, an Ihren Bedürfnissen zu arbeiten. Dies wird Ihr Leben im positiven Sinne verändern.

### ▪ Negative Eigenschaften

Es ist wichtig, dass Sie sich Ihrer Schattenseite bewusst werden. Sie reagieren emotional, wenn jemand Ihre Bedürfnisse nicht erfüllt. Sie sind enttäuscht, wütend, verurteilen den anderen. Ihre Erwartungen werden nicht erfüllt.

Was tun Sie beispielsweise, um die Aufmerksamkeit oder Wertschätzung eines Menschen zu erhalten? Quälen Sie sich ab, geben Sie Ihr Äußerstes? Setzen Sie sich durch, um den anderen davon zu überzeugen, dass Sie im Recht sind? Welche sind für Sie Beispiele für emotionale Reaktionen, wenn man Ihre Grundbedürfnisse nicht erfüllt? Erstellen Sie eine Liste Ihrer 'Trigger' und Ihrer Reaktionen darauf.

> Wir werden emotional, wenn jemand anders unsere Bedürfnisse nicht erfüllt. Unsere Erwartungen werden zerstört.

### ▪ Nicht geheilte Seele (unverarbeitete Konflikte)

Symptome einer nicht geheilten Seele erkennen wir an Emotionen und Sensibilität (Empfindsamkeit). Diese beiden unterscheiden sich durch den Grad an Empfindung. Emotionen entstehen durch unverarbeitete Konflikte (Verletzungen). Sensibilität ist der Grad der Intensität, wie wir diese Emotionen und 'Trigger' erfahren. Dies reicht von 'subtil' bis 'extrem heftig'. In dem Maße, wie die Seele heilt, nimmt unsere Sensibilität ab. Emotionen äußern sich primär in unserem Verhalten, außer wir unterdrücken diese. Dann führt dies zu inneren Störungen im Energiehaushalt.

Emotionen erleben wir als bestimmte Empfindungen im Körper. Wenn wir das Etikett der Emotion abnehmen (wie wir diese Emotion benennen), dann ist nur noch ein Empfinden im Körper zu spüren. Ein Beispiel: Wenn Sie wütend werden, ist dies eine Reaktion oder ein 'Trigger' auf etwas, was Sie wütend macht. Wenn Sie jemanden, der wütend ist, fragen, was er fühlt, dann beschreibt er sein Empfinden, das er erlebt (ohne dass er das Etikett 'Wut' darauf klebt). Ein Beispiel für ein solches Empfinden ist das Zusammenziehen des Brustkorbs und eine beschleunigte Atmung.

Wir erleben Emotionen oft als negativ. Doch Emotionen haben keine Ladung, wenn wir die Energie, die damit einhergeht, fließen lassen. Dann fühlen wir Erleichterung und kehren zu unserem Grundgefühl zurück, wir selbst zu sein.

> Emotionen holen uns weg von dem,
> wer wir sind. Sie zeigen uns die angesam-
> melten Wunden unserer Seele, folglich, wer
> wir nicht sind.

Vor unserer Inkarnation haben wir Absprachen mit Menschen getroffen, die für unser Leben von Bedeutung sind: Eltern, Freunde, 'Feinde', Partner, Nachkommen usw. Ziel ist stets, dass diese Menschen uns den Spiegel hinsichtlich unserer unverarbeiteten Konflikte und Verwundungen vorhalten, so dass wir immer wieder die Chance erhalten, diese aufzulösen bzw. zu heilen.

Je tiefer man Sie persönlich treffen kann, desto größer ist die Wunde. Dies bedeutet, dass Sie in einem bestimmten Augenblick den Umkehrpunkt erreichen und Schritt für Schritt Ihren emotionalen Ballast und Ihre festgefahrenen Muster loslassen und Ihre Glaubensüberzeugungen überwinden. Emotionen spielen eine wichtige Rolle, weil sie uns auf einen nicht geheilten Aspekt aus der Vergangenheit aufmerksam machen. Es ist Ihre karmische Pflicht und Ihr Auftrag, Ihre Wunden zu heilen, so dass Sie immer weniger empfindsam für Reize von außen werden.

> Es ist Ihre karmische Pflicht und Ihr
> Auftrag, Ihre Wunden zu heilen, so dass
> Sie sich immer weniger durch äußere Reize
> beeinflussen lassen.

Je weniger emotional wir werden, indem wir unsere nicht geheilte Vergangenheit heilen, desto empfindsamer werden wir dafür, wer wir wirklich sind. Unsere Authentizität nimmt zu.

Je weniger emotional wir werden, indem wir unsere Emotionen unterdrücken oder betäuben, desto weniger empfindsam werden wir dafür, wer wir wirklich sind. Unsere Authentizität nimmt ab.

Mit anderen Worten: Unser Grad an Verletzlichkeit bestimmt, inwieweit wir unsere Wunden heilen können.

## Liebesersatz – Kompensation für unsere Verletzlichkeit

Wenn unsere emotionalen/spirituellen Bedürfnisse nicht erfüllt werden, suchen wir nach Kompensation dafür. Wir haben viele Möglichkeiten gefunden, um unsere Verletzlichkeit nicht zu spüren: Wir rauchen, trinken, verstecken uns hinter einer mürrischen oder nüchternen Haltung. Wir halten uns zurück, richten unsere Aufmerksamkeit auf etwas anderes, essen unseren Kummer weg, schnupfen Kokain oder rauchen Marihuana. Wir trainieren uns sportlich fit, meditieren unsere Emotionen weg, verschließen uns. Wir gehen keine Intimitäten ein, halten andere Menschen auf Abstand. Wir betäuben uns mit Prozac, Valium, Baldrian. Wir fangen NLP an, schauen Fernsehen, bis wir dumm und dämlich sind, naschen, trinken viel Wasser, duschen es von uns ab, laufen um den Block, starren unsere Goldfische an, schnauzen jemanden an. Wir suchen Bestätigung im Außen. Wir jammern. Wir werden krank, sind zum Arbeitstier geworden. Ich habe bestimmt noch etwas vergessen, doch es ist unmöglich, alle Kompensationsmechanismen aufzuzählen.

In dem Augenblick, da wir spüren, dass Schmerz, Anspannung oder Emotionen aufkommen, wenden wir uns anderen Dingen zu. Das ist für den Augenblick prima, doch die Wunde verschwindet dadurch nicht und wird sich früher oder später wieder melden.

Wir bekommen auch ein immer nagenderes Gefühl von Leere, das wir unterdrücken, damit wir es nicht spüren. Darin besteht auch die Macht des Fernsehens: Das Fernsehschauen hält unsere Aufmerksamkeit auf das Außen gerichtet – dann brauchen wir unseren eigenen Schmerz nicht mehr zu spüren. Ab und zu werden wir angesichts des Schmerzes eines anderen Menschen emotional. Das finden wir dann o.k., denn es ist nicht unser Schmerz.

Der Weg zur Heilung der Seele wird aufgeschoben, wenn wir dem Schmerz aus dem Weg gehen.

Was tun Sie, um Ihrem Schmerz aus dem Weg zu gehen? Erstellen Sie eine Liste Ihres Fluchtverhaltens, und schreiben Sie die dazugehörigen Muster auf. Beispielsweise: Bei einer Konfrontation wütend weglaufen oder die Konfrontation nicht angehen, um den anderen nicht zu verletzen. Lügen oder die Wahrheit verdrehen, so dass es bei dem anderen weniger hart ankommt. Sich selbst anders geben, so dass die anderen Sie nett finden.

Nehmen Sie sich dafür Zeit. Diese Liste ist für die Heilung Ihrer Seele wichtig. Je ausführlicher, desto bewusster werden Sie sich Ihrer Wunden.

## Der >Mülltonnenmechanismus<

Wir werden in unserer Jugend auf die verschiedensten Arten verletzt, weil bestimmte Grundbedürfnisse nicht erfüllt werden. Wir haben unsere leiblichen Eltern oder Pflegeeltern dafür 'angeheuert', so dass unverarbeitete Ereignisse der Vergangenheit aus früheren Inkarnationen nach oben kommen. Das Interessante dabei ist – und das ist auch eine Art Bestätigung für die Existenz der Reinkarnation, – dass Kinder ein und derselben Familie auf das Verhalten ihrer Eltern völlig anders reagieren können. Meine Geschwister haben andere Kombinationen von Grundbedürfnissen als ich. Wenn ich maximale Leistung anstrebte, so strebten sie anderen Dingen nach. Ich suchte die Erfüllung in einem Hochschulstudium. Der Rest hat andere Wege beschritten, um Kompensation zu suchen. Die Wunden waren zum Großteil da, bevor wir auf die Erde kamen. Wenn wir verletzt werden oder uns verletzt fühlen, ist das eine Erinnerung an eine nicht geheilte Wunde. Selten werden wir aufs Neue verletzt – das ist übrigens aber durchaus möglich –, obgleich es oft den Anschein hat.

Wenn wir Schmerz empfinden, folgt darauf eine Emotion. Diesen Schmerz wollen wir nicht und suchen daher nach einer Lösung. Das kann geschehen, indem wir uns selbst akzeptieren und Liebe in den Teil von uns lenken, der verwundet ist und oft 'inneres Kind' genannt wird. Wenn wir nicht zu unserem authentischen Selbst zurückkehren, wo wir die Liebe spüren können, suchen wir nach Wegen, um unseren Schmerz zu betäuben. Betäubung wirkt nur vorübergehend, wird letztendlich aber Bestandteil unseres authentischen Selbst. Wir betäuben unser Potenzial, unsere Talente, unsere Fähigkeit, Liebe zu schenken und zu empfangen, unser positives Wesen (siehe Diagramm 21). Indem wir unseren Schmerz unterdrücken, können wir den Schein aufrechterhalten, dass alles in Ordnung ist. Wir können das manchmal so gut, dass wir das selbst glauben und denken, dass bei uns alles bestens ist. Männer sind oft besonders gut darin, *sich selbst* zum Narren zu halten, und Frauen, *von der Welt* zum Narren gehalten zu werden. Je mehr 'Schmerz' wir in die Mülltonne werfen, desto schwieriger wird es, unser Licht, d.h. unsere Authentizität und Einzigartigkeit, in die Welt hinauszustrahlen. Dieses Licht wird durch unsere falsche Identität und Unterdrückung immer mehr gedämpft. Unser Schatten wird immer größer und übernimmt stillschweigend die Macht.

### Das Wissen um Déjà-vu-Erlebnisse (eine wiederkehrende Situation)

Wir werden solange von Situationen angezogen und erzeugen diese über Dinge oder Personen, von welchen wir noch unsere Lektion lernen müssen, bis wir davon nicht mehr emotional berührt werden und die

Lektion gelernt ist. Indem wir uns nicht verletzen lassen, können wir auch nicht erkennen, wo unsere Wunden sind und diese auch nicht heilen. Sie sind Teil unserer Schattenseite geworden, und die Seele muss nach anderen Wegen suchen, um uns auf Déjà-vu-Situationen aufmerksam zu machen. Dies tut die Seele, indem sie uns Widerstand spüren oder uns über etwas oder jemanden urteilen lässt, oder durch körperliche Schmerzen oder Beschwerden. Wir spüren ein bestimmtes Verlangen, haben Träume oder stets wiederkehrende Gedanken.

- Alles, was wir mit Widerstand tun, weist uns auf eine Wunde unserer Seele hin.

- All unsere Beschwerden oder unsere Unglücksfälle haben Bezug zur Seele.

- All unsere Wünsche, Ziele oder Begierden entspringen unserer Seele.

- All unsere zyklisch wiederkehrenden Gedanken spiegeln Aspekte unserer Seele wider.

- All unsere Konflikte entspringen der Seele.

- All unsere Urteile kommen aus unserem unterdrückten Selbst, d.h. aus der Seele.

Ein Beispiel: Sie beenden eine Beziehung, weil Sie der Meinung sind, der andere ist nicht ehrlich: Er verspricht viel, tut aber herzlich wenig. Er findet immer wieder neue Ausflüchte, und Sie fühlen sich nicht respektiert. Nach langem Hin- und Her hauen Sie den gordischen Knoten durch und lassen den ganzen Kram hinter sich. Worüber Sie sich vielleicht nicht bewusst sind, ist, dass diese Person exakt dasselbe Verhalten zeigt wie Ihr Vater, und dass Sie sich immer noch verletzt fühlen. Solange Sie dies nicht verarbeiten, werden Sie dem immer wieder begegnen, auch in neuen Beziehungen.

Sie kommen immer wieder mit demselben Schmerz in Berührung und werden diesen folglich auch wieder unterdrücken oder verbergen. So wursteln Sie sich durch – Ihr Leben lang. Außer... Sie packen die Sache wirklich an. Sie müssen letztendlich eine bewusste Wahl treffen: Sie müssen lernen, den Schmerz **wieder zu erkennen, anzuerkennen, zu erfahren,** Ihre Lektion zu lernen, zu akzeptieren und dann loszulassen, also alles zu heilen ('Allheil-Prozess').

Dieser Prozess ist gerade in Beziehungen die Art und Weise, um Ihre Seele zu heilen – in Situationen, in welchen Sie emotional werden und sich verletzt fühlen. Dann haben Sie den richtigen Moment erwischt, um tatsächlich etwas an Ihrem alten, unterdrückten Schmerz zu tun.

> Emotionen und Verletztheit sind ideale Momente für die Selbstheilung. Seien Sie Ihren Mitmenschen dankbar für diese Gelegenheit.

Folglich müssen Sie dem anderen dankbar sein, dass er Ihnen den Spiegel Ihrer Seele vorhält. Sie erhält wieder die Chance, geheilt zu werden.

Wenn Sie es in dieser Situation nicht gleich können, versuchen Sie es wenigstens zu erkennen. Jedes Mal, wenn Sie Schmerz, Emotionen oder Verletztheit erfahren, handelt es sich dabei ohne Ausnahme um eine Wunde Ihrer Seele. Ihre Lebensabsicht ist es, Ihre Seele zu heilen. Wenn also etwas Priorität in Ihrem Leben hat, so ist das die Heilung Ihrer Seele!

Wenn Sie dies nicht im gleichen Moment in der Situation tun können, in der Sie den Anstoß erhalten, erkennen Sie es zumindest wieder – und erkennen Sie es auch an. 'Parken' Sie diesen Moment einfach, d.h. speichern Sie ihn für später – machen Sie eine geistige, oder noch besser eine schriftliche Notiz. Atmen Sie sich durch den Schmerz hindurch, und machen Sie sich so schnell wie möglich an die Arbeit, am besten noch am gleichen Tag.

Wenn Sie die Übungen aus dem vorangegangenen Kapitel anwenden, bewerten Sie abends, was an diesem Tag nicht gut verlaufen ist und wann Sie aus Ihrer Kraft kamen. Dann gehen Sie den Allheil-Prozess durch:

wiedererkennen, anerkennen, erfahren, die Lektion lernen, akzeptieren und loslassen.

Sie integrieren die Qualitäten, die Sie brauchen, um die Situation anders zu erfahren, mit der 5-Elemente-Übung und erleben die Situation erneut mit diesen Qualitäten, bis Sie das Ganze schmerzfrei erleben können. Je mehr Sie dies tun, desto müheloser – d.h. mit weniger Widerstand, weniger Schmerz und mehr Fluss – wird Ihr Leben und desto mehr Früchte können Sie pflücken, was die Tatsache betrifft, Sie selbst zu sein.

Einige Erkennungsmerkmale eines Déjà-vu-Erlebnisses:
* Sie spüren Widerstand und tun etwas mit Widerwillen.

* Jemand macht einen kleinen Scherz oder eine Bemerkung (diese hat nicht einmal mit Ihnen zu tun), und Sie fühlen sich tief verletzt oder getroffen.

* Sie fällen ein Urteil über jemanden, den Sie manchmal nicht einmal kennen (dies sagt etwas über Sie selbst und ganz wenig über den anderen aus!).

* Überreaktion: Sie machen aus einer Mücke einen Elefanten. Sie legen so richtig los (im Nachhinein betrachtet ging es um nichts).

* Ihr Verstand sagt, dass alles in Ordnung ist, doch Ihr Gefühl sagt Ihnen etwas anderes. Ein Beispiel: Ihnen wird ein Arbeitsplatz gekündigt, gegen den Sie enormen Widerstand hatten. Ihr Verstand sagt: "Es ist gut so. Ich werde mir jetzt etwas anderes suchen, was besser zu mir passt." Doch Ihr Gefühl sagt: "Ich werde meine Kollegen vermissen. Ich will nicht ohne sie sein."

Unser schlimmster Feind sind wir selbst. Wir haben einen inneren Kritiker, der sich auf die Sache versteht. Er hat uns ständig etwas zu sagen, und meist ist es etwas Negatives wie: "Jetzt hast du es wirklich versiebt. Du musst besser aufpassen. Das geht nicht gut. Du bist abscheulich. Schau, was du wieder für einen Pfusch abgeliefert hast. Siehst du wohl – du bist uninteressant. Niemand beachtet dich. Du redest zu viel. Du bist egoistisch. Niemand findet dich nett. Du bist zu fanatisch. Du bist nicht attraktiv. Ich hatte dir doch gesagt, du sollst das andere Kleid anziehen."

Dieser innere Kritiker – meist handelt es sich um ein ganzes Komitee – verfügt über alle Ermahnungen und Bemerkungen, die wir je erhalten haben, und die gespeichert sind, weil sie uns damals getroffen hatten. Je früher in diesem Leben die Dinge angesprochen werden, desto mehr Einfluss hat das auf unser Leben. Viele dieser Kritikpunkte waren gut gemeint. Doch wir waren dafür aufgrund der Wunden in unserer Seele nicht offen. Dieser innere Kritiker hemmt uns und ist eines der Hindernisse, mit welchen wir lernen müssen umzugehen. Es ist der 'mind', der programmiert ist. Diesen müssen wir umprogrammieren.

Was Sie über einen anderen Menschen sagen, ist ein Spiegelbild für Sie selbst. Daran zeigt sich außerdem, was Sie betroffen macht. Sie projizieren Ihr Weltbild auf einen anderen. Auch Ihre Grundbedürfnisse spielen mit, weil diese Erwartungen und Verlangen erzeugen, die der andere Ihnen oft nicht erfüllt. Viele Menschen können nichts annehmen, weil sie kein Selbstwertgefühl haben. Sie finden sich selbst nicht wichtig genug. Sie wagen es nicht, um Aufmerksamkeit zu bitten, und verurteilen diejenigen, die es können.

Sie urteilen über andere, weil Sie – tief in Ihrem Unterbewusstsein – letztendlich sich selbst verurteilen möchten. Man hält Ihnen beständig den Spiegel Ihrer Verletzlichkeit vor. Es liegt an Ihnen, diesbezüglich aktiv zu werden.

## Zusammenfassung:

Unsere Seele benutzt Emotionen und Gefühle, um uns letztendlich in die totale Freiheit zu führen. Emotionen und 'Trigger' sind Signale für das, was wir nicht sind.

'Trigger' sind Dinge, die uns treffen, verletzen, Schmerzen zufügen und uns aus der Bahn werfen. Sie entlocken uns Urteile, Selbstkritik und Widerstand. Sie erzeugen Krankheit, Konflikte, negative Gedanken und Bedürfnisse und erinnern uns daran, wer wir nicht sind.

Wenn wir unsere Verletzungen heilen, kommen wir unserem authentischen Selbst von Frieden, Ruhe, Spontaneität, Kreativität und Liebe immer näher, und die Außenwelt hat immer weniger Zugriff auf uns.

Wir lassen uns von den Umständen weniger mitreißen und strahlen unsere Kraft und Liebe immer mehr in die Welt hinaus.

Wir lernen, alle Bedürfnisse in unserem eigenen Inneren zu erfüllen, und nicht mehr im Außen zu suchen. Was wir selbst wollen, lernen wir auch, anderen zu geben: Respekt, Vertrauen, Lob, Bestätigung, Wertschätzung, Aufmerksamkeit, Komplimente, Akzeptanz, Anerkennung, Wiedererkennen, Fürsorge, Verständnis.

Wir wollen nicht um des Interessant-Seins willen interessant sein, sondern einfach nur wir selbst sein. Wir lassen das Bedürfnis, zu übertreiben, zu jammern, zu meckern, zu lästern und zu kritisieren los und sind aufrichtig interessiert an anderen.

Wir wissen, dass unser Verhalten eine Folge von Programmierungen aus unserer Vergangenheit ist, und dass beinahe jeder seine eigenen Verwundungen auf andere projiziert. Wir nehmen nichts persönlich. Wir nehmen Kritik, Meinungen und Feedback an, urteilen neutral und betrachten alles als Information.

Wir sorgen dafür, dass wir auch meinen, was wir sagen. Wir konfrontieren unser Gegenüber auf neutrale Weise und mit Respekt und lassen alle Erwartungen und Annahmen über den anderen los.

Alles, was wir tun, tun wir ohne Widerstand. Wir beruhigen unsere Seele mit unseren Handlungen und agieren mit Leidenschaft. Wir geben unser Bestes und bemühen uns zu 100%.

Wir lassen uns durch nichts oder niemanden aus unserer emotionalen Balance holen und kehren immer wieder zu unserem authentischen Kern zurück. Wir erleben in uns Gelassenheit (Ruhe, Frieden, Heiterkeit, Positivität, Liebe, Neutralität, Losgelöstheit) und nehmen die Rolle eines Beobachters ein.

Wir sind selbst unser schlimmster Feind, indem wir uns stets selbst kritisieren und ablehnen, demütigen und klein machen. Dies sind alles Erinnerungen daran, wer wir nicht sind.

Was wir über andere sagen, sagt mehr über unsere Schattenseiten aus als über die anderen. Was uns an anderen trifft, ist ein Spiegel der Wunden in unserem Inneren.

Jede übertriebene Reaktion ist ein Spiegel, um uns nach innen zu lenken und prüfen zu lassen, was bei uns selbst nicht gut läuft.

Wenn wir ein Déjà-vu-Erlebnis haben, eine Situation, die sich wiederholt, bedeutet dies, dass wir in einem Muster festsitzen und nach innen gehen müssen, um Heilung zu erwirken.

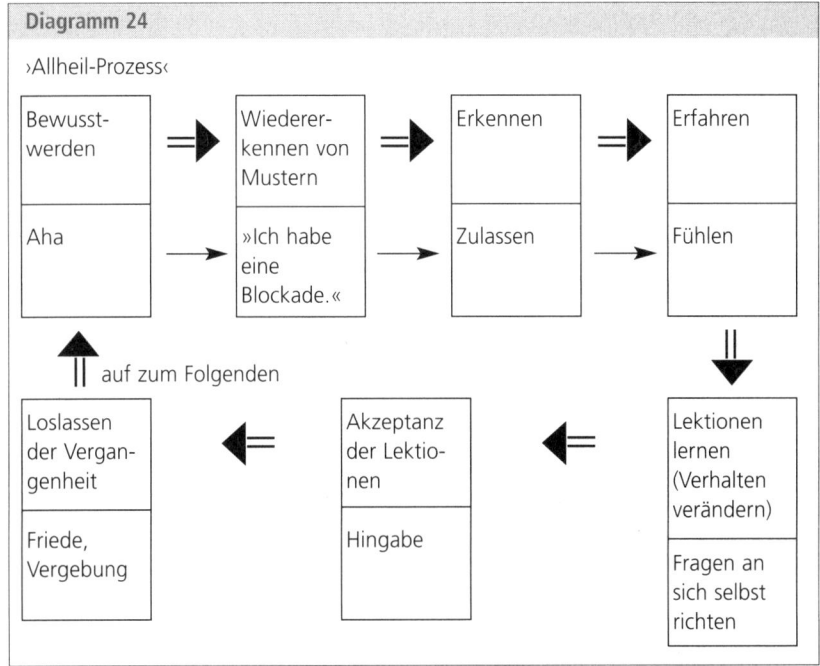

**Diagramm 24**

›Allheil-Prozess‹

| Bewusst-werden | ⇒ | Wiederer-kennen von Mustern | ⇒ | Erkennen | ⇒ | Erfahren |
|---|---|---|---|---|---|---|
| Aha | → | »Ich habe eine Blockade.« | → | Zulassen | → | Fühlen |

▲
‖ auf zum Folgenden

‖ (abwärts)

| Loslassen der Vergangenheit | ⇐ | Akzeptanz der Lektionen | ⇐ | Lektionen lernen (Verhalten verändern) |
|---|---|---|---|---|
| Friede, Vergebung | | Hingabe | | Fragen an sich selbst richten |

### Verletzlichkeit

Wir haben bereits viel über Verletzlichkeit gesprochen. Folglich ist es an der Zeit, diesen Begriff einmal unter die Lupe zu nehmen und in die Tiefe zu gehen. Inzwischen sind Sie sich vieler Aspekte Ihrer Seele bewusst geworden. Wenn Sie dafür offen sind, haben Sie vieles erkannt. Die große Frage lautet: Inwiefern dringt das in Sie ein? Wie verletzlich sind Sie? Wie weit haben Sie sich in Ihrem Kopf (in Ihrem Verstand, in Ihrer 'ratio') verirrt? Wie weit sind Sie auf Ihrem Weg? Wie viele Ausflüchte gebrauchen Sie, um sich nicht treffen zu lassen, um nichts mehr in Sie eindringen zu lassen? Um unnahbar zu sein, nüchtern zu sein, um über den Dingen zu stehen, skeptisch oder realistisch zu sein, mit beiden Beinen auf dem Boden zu stehen?

Die Tatsache, dass Sie in diesem Buch viel weiter gekommen sind, und dass noch kein Ende in Sicht ist, bedeutet, dass es Sie anscheinend schon interessiert.

Dieses Buch kann Ihnen enorm viel geben, wenn Sie zumindest bereit sind, sich daran zu machen. Ihr Leben wird sich verändern, indem ich Dinge beschreibe, die Sie wieder erkennen. Wie Sie eben in Diagramm 24 gesehen haben, ist das Wiedererkennen ja der erste Schritt. Wenn Sie 'getriggert' werden, d.h. sich persönlich getroffen fühlen - man könnte auch sagen, 'emotional werden' - wenn Sie etwas empfinden, was Sie aus Ihrer Gelassenheit holt, sind Sie sich ab sofort in jedem Fall bewusst, dass die Verantwortung für Ihre Seele in Ihren eigenen Händen liegt.

Jeder, der Sie in Ihren Gefühlen trifft, macht Ihnen ein Geschenk. Jeder, der Ihnen Schmerzen zufügt, öffnet das Tor zur Heilung Ihrer Seele, wenn Sie dafür die Verantwortung übernehmen. Ja, Sie haben schon richtig gelesen! Sie müssen jedem dankbar sein, der Ihnen Schmerzen zufügt oder Ihnen zufügen kann.

> Sie müssen jedem dankbar sein, der Ihnen
> Schmerzen zufügt oder zufügen kann.
> Das ist der Weg zur Heilung Ihrer Seele.

Wenn jemand Sie anschnauzt, und es berührt Sie, dann hat Ihre Seele eine Wunde. Wenn jemand Sie anschnauzt, und Sie beobachten dieses Verhalten neutral, und Sie können den Schmerz sehen, aus dem heraus er tut, was er tut, dann ist dieser Teil Ihrer Seele, der verletzlich war (sprich: hierfür empfindsam war), geheilt.

Wenn jemand Sie nicht mit Respekt behandelt, egal, wie auch immer, und dies berührt Sie (Sie sind verletzt, wütend), sind Sie in Kontakt mit einer Wunde Ihrer Seele. Wenn es Ihnen nichts ausmacht, und Sie Mitgefühl für den anderen empfinden, dann ist dies ein Zeichen für Ihre Gelassenheit.

Wenn jemand Sie ablehnt, nicht gelten lässt, verbal angreift, kritisiert, blamiert, erniedrigt, im Beisein von Dritten anschnauzt oder Ihnen negativ begegnet, und dies berührt Sie oder bewirkt, dass Sie angespannt werden oder zu denken beginnen, was der andere nicht denken soll, dann hat Ihre Seele eine Wunde. Wenn Sie dem anderen liebevoll und neutral mitteilen, dass Sie es nicht schätzen, so behandelt zu werden – ohne Sarkasmus, unterdrückte Wut, höhnische Bemerkungen oder Verlust der Selbstbeherrschung – und dann stehen lassen, dann stehen Sie in Ihrer Kraft.

> Wir müssen zu 100% die Verantwortung dafür übernehmen, wie wir auf die Welt reagieren.

Dies bedeutet folglich nicht, dass Sie alles nur gut finden und akzeptieren müssen. Aus der Neutralität heraus können Sie Ihre Grenzen viel besser setzen. Wer neutral bleibt, ist am flexibelsten und hat den meisten Zugang zu seiner problemlösenden Kraft. Lernen Sie, die Konfrontation anzunehmen, um sich selbst kennen zu lernen. Wie fühlen Sie sich bei einer Konfrontation? Können Sie bei sich bleiben? Können Sie neutral bleiben? Können Sie den anderen anhören, oder verfallen Sie in die Verteidigungshaltung?

Das Schwierigste im Umgang mit meiner Verletzlichkeit war für mich das Zulassen bestimmter Informationen. Wenn jemand sagte, ich sehe gut aus, dann dachte ich: 'Das mag schon sein. Was will der von mir?' Wenn mir jemand ein Kompliment machte, wollte ich das eigentlich gern annehmen. Doch da war immer diese Stimme, die negative Bemerkungen machte. Es war ein ständiger Kampf. Kritik war die Katastrophe schlechthin – ich wollte mich immer verteidigen. Heute kann ich sie neutral entgegennehmen und sagen: "Danke für deine Meinung. Ich nehme es mit."

Wir müssen lernen zu fühlen, das ist Verletzlichkeit. Fühlen ist das Vorstadium von Heilung. Schmerz ist o.k. Wir werden hindurchkommen. Wir akzeptieren ihn. Wir kämpfen nicht dagegen an. Wir atmen ruhig durch.

Manche Menschen benutzen ihre Verletzlichkeit, um Aufmerksamkeit zu erlangen. Sie legen all ihre Probleme und schmerzhaften Erfahrungen auf den Tisch, um dadurch Empathie, Aufmerksamkeit, Akzeptanz, Verständnis, Anerkennung oder Selbstbestätigung zu erhalten. Wenn wir ihnen nicht geben, was sie denken und wollen, sind sie noch mehr verletzt, und wir werden auf die schwarze Liste gesetzt. Ich sage oft zu ihnen: "Das ist eine tolle Geschichte. Dafür können Sie lange Aufmerksamkeit bekommen. Wie vielen Menschen werden Sie diese Geschichte noch erzählen?" Das hat auf sie einen Schockeffekt, und manchmal führt es zur Bewusstwerdung. Das Ringen um Aufmerksamkeit kommt in den verschiedensten Tarnversionen vor. Die Vergangenheit ist dazu da, um daraus zu lernen, und sie dann voll und ganz loszulassen!

Ich will meine schmerzhaften Erfahrungen nicht als Trophäen mit in die Zukunft schleppen. Ich will die Wunden heilen und sie loslassen. Ich will nicht wissen, wie gut Sie früher waren, sondern wo Sie in Ihrem Leben jetzt gerade stehen, und was Sie tun werden, um aus dem morgigen Tag einen besseren Tag zu machen als aus dem heutigen.

Kritik bedeutet Information – Information, wie andere die Welt sehen bzw. haben wollen. Dies sind deren Normen und Werte. Meist ist Kritik eine Projektion des Gegenübers, es sei denn, diese wird aus Neutralität heraus gesagt und nicht, weil man persönlich getroffen ist. Wir wollen alles erfahren, was uns auf unserem Weg in Richtung Authentizität und Gelassenheit hilft. Um authentisch zu werden, müssen wir die Welt begreifen wollen.

Wir müssen wissen, dass die Welt aus folgenden Gründen erschaffen wurde:

- Um als Spiegel zu dienen, um unser emotionales Gleichgewicht zu testen.

- Um uns stets bewusst zu machen, wer wir nicht sind.
- Um uns aus unserer Komfortzone aufzurütteln.
- Um uns das vorzuenthalten, was wir zu brauchen glauben.
- Um uns das wegzunehmen, was wir zu brauchen glauben.
- Um unsere Schattenseiten nach außen zu kehren.
- Um uns an unsere unverarbeitete Vergangenheit zu erinnern.
- Um uns zu testen, ob wir mit unseren Zielen kongruent sind.
- Um uns abzulenken, und uns von unserem Ziel wegzulenken.
- Um uns glauben zu machen, dass wir sterblich und nicht gut genug sind.
- Um uns zu testen, wie viel wir verkraften können.
- Um unsere Ängste ans Licht zu holen.
- Um unsere 'Trigger' solange zu suchen, bis wir uns getroffen fühlen.
- Um uns etwas Schöneres zu zeigen, als wir haben oder bekommen.
- Um unehrlich und ungerecht zu sein, so dass wir es in uns selbst suchen müssen.

Lesen Sie diese Punkte nochmals durch. Ich behaupte nicht, perfekt zu sein. Ich möchte Ihnen nur bewusst machen, warum Sie auf dieser Erde sind.

Die Seele ist von unserem unsterblichen Teil der verletzliche Teil und der Teil, den wir letztendlich heilen wollen (müssen), wenn wir uns weiterentwickeln wollen. Nach vielen Experimenten haben wir die Erde so gestaltet, wie sie jetzt ist. Es wird erst noch schlimmer werden, bevor es besser wird. Dass die Erde eine Illusion voller Lügen ist, wissen wir alle. Doch wir machen alle mit.

Ich möchte ein Beispiel für diese Illusion anführen: den Hunger in der Welt. Wie Sie wissen, haben viele Menschen auf Erden nicht genügend zu essen. Man macht sich sogar Sorgen darüber, wo es hinführen wird, wenn die Weltbevölkerung weiterhin zunimmt. Die Rettung liegt angeblich in der Biotechnologie und in genmanipulierter Nahrung. Das klingt ungeheuerlich, und es wäre doch unmoralisch, es nicht zu tun, oder? Laut den Herren Biotechnologen werden sich die traditionellen Methoden der Lebensmittelerzeugung nicht ausreichend entwickeln, um dem Bedarf der schnell wachsenden Weltbevölkerung gewachsen zu sein. Das bedeutet natürlich, dass einige Menschen sehr reich und große Bauerngruppen bettelarm werden, denn es kostet selbstverständlich ein kleines bisschen mehr, patentierte, genmanipulierte Nahrungsmittel zu produzieren.

Man geht davon aus, dass der Hunger in der Welt durch einen weltweiten Nahrungsmittelmangel verursacht wird. Das Institut für Nahrungsmittel und Entwicklungspolitik veröffentlichte 1998 den Bericht 'World Hunger: Twelve Myths' ('Welthunger – 12 Mythen'). Er zeigt, dass nicht Knappheit, sondern Überfluss das Nahrungsmittelangebot in der Welt am besten charakterisiert. In den vergangenen 30 Jahren hat die Weltnahrungsmittelproduktion um 16% mehr zugenommen als das Wachstum der Gesamtbevölkerung. Überall in der Welt, mit Ausnahme von Afrika, war die Zunahme des Nahrungsmittelangebots in den vergangenen 50 Jahren größer als der Bevölkerungsanstieg. Ein weiteres Werk aus dem Jahr 1997 wies nach, dass von allen unterernährten Kindern bis zum Alter von fünf Jahren in den Entwicklungsländern nur 78% am liebsten in Ländern mit Nahrungsmittelüberfluss wohnen wollten. Viele dieser Länder, in welchen der Hunger prozentual explodierte, exportierten mehr landwirtschaftliche Erzeugnisse, als sie importierten (Fritjof Capra, siehe auch: www.fritjofcapra.net). Der Welthunger ist eine Illusion, die wir seit Jahren pflegen. Es sind die reichen Länder, die die Balance zerstören und immer reicher werden.

Lassen Sie mich Ihnen noch eine zweite Illusion in dieser verkehrten Welt nehmen, in der es in Ordnung ist, der Bevölkerung Sand in die Augen zu streuen, so dass sie weiterhin für Produkte bezahlt, die nicht wirken. Werfen wir einen Blick auf die Heilkunde. Was auf diesem Gebiet geschieht – oder nicht geschieht – steht, wie bereits erwähnt, inzwischen bei den Ursachen für einen vorzeitigen Tod an dritter Stelle nach Herz- und Gefäßkrankheiten sowie Krebs. Was die Krebsbekämpfung betrifft, haben wir in den letzten hundert Jahren 0,0 Fortschritte gemacht. Seit 1971, als wir Krebs den Krieg erklärten, sind mehr als 200 Milliarden Euro für Krebsuntersuchungen ausgeben worden. Welche Resultate haben wir verbucht? Praktisch keine.

Clifton Leaf führt in seinem Artikel 'Why we're losing the war on cancer' ('Warum wir den Kampf gegen den Krebs verlieren') in der Zeitschrift 'Fortune' haarsträubende Statistiken an:

- In den folgenden 20 Jahren wird in den Vereinigten Staaten durch die Vergreisung der Bevölkerung die Sterberate infolge von Krebs auf den ersten Platz vorrücken. Krebs ist bereits jetzt die häufigste Todesursache bei Menschen unter 75 Jahren.

- In den folgenden 14 Monaten werden mehr Amerikaner an Krebs sterben als in allen Kriegen zusammen, die Amerika je geführt hat.

- Der Prozentsatz an Amerikanern, der an Krebs stirbt, ist derselbe wie 1970 und 1950. Die Sterberate durch Herzinfarkt ist in den letzten 50 Jahren auf 69% gesunken und hat sich somit fast halbiert.

- Forscher sagen, dass mehr Menschen mit Krebs länger leben. Diese 'Überlebenswurst' wird uns freilich in Monaten, nicht in Jahren gemessen, vorgerechnet. Die wenigen großen Zunahmen tun sich bei seltenen Krebsarten hervor, doch die Überlebenschancen für Menschen mit fortgeschrittenem Krebs sind seit 1970 praktisch unverändert geblieben.

- Das Kapital, das für die Krebsforschung aufgewendet wurde, hat wenig Resultate gebracht – und das wird in der nahen Zukunft nicht wirklich besser werden. Die Entwicklungen, die am viel versprechendsten sind, sind zu teuer und zu elitär.

Was haben Dinge wie Welthunger und Krebs mit der Seele zu tun? Die Welt ist der Spiegel unserer Seele. Was draußen geschieht, geschieht auch drinnen. Unseren inneren Kindern und unseren eigenen Kindern fehlt es an spiritueller Nahrung. Wir sind zu sehr mit der Außenwelt beschäftigt, um unsere Aufmerksamkeit auf das zu richten, was eigentlich unsere Priorität sein müsste – auf die spirituelle Ernährung unserer Hunger leidenden Kinder. Unser inneres Kind steht symbolisch für unsere Seele und die nicht verarbeiteten Dinge aus der Vergangenheit.

Krebs scheint sich mit Chemotherapie, Bestrahlungen und Operationen nicht auflösen zu lassen, weil er Ausdruck tief verwurzelter, ungelöster Konflikte ist, die die medizinische Wissenschaft seit 200 Jahren geflissentlich ignoriert. Sie beißt sich an der Auflösung des Endprozesses fest, anstatt die Ursache anzugehen. Eine Operation, eine Bestrahlung oder das Vollpumpen mit die Zellen vernichtenden Chemikalien kann niemals den ursächlichen Konflikt oder die unzureichende Ernährung, den Bewegungsmangel oder die unbewussten Blockaden und Sabotagen, die wir alle haben, lösen.

Solange wir unsere Phobie vor bedingungsloser Liebe nicht überwinden, solange wir unsere grundlegendsten Bedürfnisse und Emotionen nicht verwandeln können, werden wir uns für Leid, Krankheit und verminderte Lebensqualität entscheiden. Die Heilung unserer Seele ist der einzige Ausweg.

Wir können unseren freien Willen ganz lange gebrauchen und immer den Preis dafür bezahlen, dass wir uns für Kurzzeitlösungen mit Langzeitschaden entschieden haben, wie etwa Hormongaben gegen Akne, schmerzstillende Medikamente gegen Schmerzen, Antibiotika bei Infektionen, Beruhigungsmittel gegen Nervosität und Stress, Drogen, um zu entrinnen, Rauchen, um uns eben mal gut zu fühlen, Alkohol, um zu vergessen, Vermeidung von Konfrontationen, Unterdrückung von Emotionen, Lügen um des lieben Friedens willen, Selbstverleugnung als Kompensation der Angst, nicht akzeptiert zu werden, Selbstbetäubung mit Luxus und Materie. Doch dies sind alles uneffektive Lösungen. Ja, sie sind sogar sehr schädlich.

Sie können nicht behaupten, Sie seien spirituell, und rauchen dennoch weiter. Dies bedeutet, dass Sie den Schmerz nicht angehen, dass Sie sich selbst zum Narren halten. Sie lassen sich von Ihrem Körper beherrschen. Sie sind weiterhin auf der Flucht und verhalten sich wie ein Baby.

Wie viel Widerstand, wie viele Einwände haben Sie? Es macht gar nichts, Sie sind dazu verdammt, sich weiterhin selbst zum Narren zu halten, bis Sie wirklich den Moment der Umkehr erreicht haben. Sie können natürlich auch die sieben Schritte aus Kapitel 7 anwenden oder professionelle Hilfe suchen. Das gilt übrigens für alles, wo Sie sich verrannt haben.

In Kapitel 11 beschreibe ich die sieben Schritte der Heilung. Dann können Sie alles, was Ihre Seele betrifft, viel schneller heilen, als Sie dachten.

Ich möchte hier abschließend einige Dinge erwähnen, auf die Sie stoßen werden, wenn Sie Ihre Seele heilen.

- Wiederkehrende oder thematische Träume: Ihre Seele gibt Ihnen über Ihre Träume Anleitungen über Dinge aus Ihrer Vergangenheit. Meditieren Sie, und suchen Sie nach den Lektionen, die Sie ein Stück weiter bringen können.

- Sie haben plötzlich Perioden von Müdigkeit und Depression. Dann geschieht in Ihrem Inneren ganz viel. Die Energien suchen sich ein neues Gleichgewicht. Dies kann zeitweise Müdigkeit oder Depressionen verursachen. Nehmen Sie sich die Zeit, um sich auszuruhen und zu meditieren. Dies kann auch eine Warnung sein, dass Sie zu fanatisch beschäftigt sind oder sich zu viel aufgeladen haben.

- Sie haben Schmerzen im Rücken oder an anderen Körperstellen. Es kann sich dabei um alte Erinnerungen oder Spannungsfelder handeln, an welchen Sie arbeiten müssen. Es gibt immer eine tiefere Ursache, nach der Sie suchen müssen. Konflikte, vor allem Wut, spielen bei Schmerzen eine Rolle.

- Alte Beschwerden kehren zeitweise zurück. Sie besitzen ein Zellgedächtnis. Viele Krankheiten, die Sie gehabt haben, sind nicht vollständig verarbeitet. Nun ist das Unterbewusstsein mit dem

'Großreinemachen' beschäftigt, und die Beschwerden kehren kurzzeitig zurück.

• Sie verlieren Ihren Arbeitsplatz oder kündigen plötzlich, weil Sie spüren, dass Ihr Beruf nicht mehr zu Ihnen passt. Die Seele ist damit beschäftigt, etwas Neues für Sie zu erschaffen: Es wird Sie letztendlich zu mehr Heilung führen.

• Sie fallen in ein Loch der Apathie. Sie sehen in nichts mehr einen Sinn. Sie fühlen sich unmotiviert. Dies ist auch eine vorübergehende Pause, um Ihrem Energiekörper die Chance zu geben, wieder in Balance zu kommen.

• Sie hören Stimmen, sehen Wesen, die gar nicht da sind, haben Visionen. Dies alles sind Anzeichen dafür, dass sich immer mehr Chakren öffnen. Lassen Sie sich nicht aus Ihrer Kraft holen. Beobachten Sie die Dinge, und bleiben Sie bei sich. Setzen Sie Ihre Grenzen deutlich, sagen Sie, was Sie wollen und was nicht.

• Sie verlieren Freunde, denn diese wollen Sie nicht mehr sehen, weil Sie sich seltsam benehmen oder nicht mehr der Alte sind. Das ist in Ordnung. Es werden sich neue Menschen melden, die Sie so akzeptieren, wie Sie sind. Eine der wichtigsten Qualitäten, die Sie entwickeln sollten, ist, sich von dem, was nicht zu Ihnen gehört, zu lösen und es leichter loszulassen.

• Sie sind einfach so, grundlos, glücklich: Sie lachen über nichts, führen Selbstgespräche, relativieren die Dinge besser, haben mehr Gefühl für Humor und sagen Dinge, die aus Ihrem Munde kommen, jedoch nicht von Ihnen selbst stammen (Ihr 'DOW' spricht durch Sie). Sie erleben mehr Leidenschaft, wagen es immer mehr, Sie selbst zu sein, lassen sich immer weniger von anderen verlocken, sehen immer mehr Sinn in Ihrem Leben und wagen es immer mehr, auf sich selbst zu schauen. Sie streben immer weniger nach Selbstbestätigung (und der Erfüllung anderer Bedürfnisse) im Außen. Sie sind immer positiver und vitaler, haben mehr Mitgefühl, akzeptieren andere immer mehr so, wie sie sind. Sie wagen es immer mehr, sich Konfrontationen zu stellen und lassen sich immer weniger davon berühren. Sie werden immer authentischer und zielgerichteter. Sie haben immer weniger Lust, Ihre Zeit zu vertun, und immer mehr Lust, Ihre Zeit sinnvoll zu leben.

Wie Sie sehen, ist die Entwicklung der Seele ziemlich intensiv und heftig, und das ist auch in Ordnung. Die Zeiten der emotionalen Balance stehen bevor. Sie werden immer mehr Sie selbst. Lassen Sie sich nicht abschrecken. Alles, was Ihnen auf Ihrem Weg begegnet, können Sie bewältigen. Ansonsten würde Ihr 'DOW' es nicht anziehen. Sie sind mit einer Mission hier auf die Erde gekommen, um erfolgreich zu sein – nicht, um zu fallen.

> Wir sind mit einer Mission hier auf die Erde gekommen, um erfolgreich zu sein – nicht, um zu fallen.

## Zum Abschluss

Sie können Ihre Seele am leichtesten heilen, wenn Sie einige bestimmte Dinge tun:

• *Alles, was Sie betrifft oder 'triggert'*
Sie fragen sich, welche Qualität Sie brauchen, um hiermit anders umzugehen. Beispielsweise mehr Selbstvertrauen. Daraufhin integrieren Sie mit Hilfe der 5-Elemente-Punkte und der Herz-MPI das Gefühl von Selbstvertrauen zusammen mit positiven Affirmationen in Ihre Identität. Dann versetzen Sie sich wieder zurück in die Situation und erfahren diese nochmals mit dieser neuen Qualität. Tun Sie dies solange, bis Sie in dieser Situation Gelassenheit verspüren.

- *Alles, was bei Ihnen ein Werturteil hervorruft*
Wenden Sie sich nach innen, und fühlen Sie den Teil von Ihnen, der 'getriggert' wird. Wenden Sie die Technik der 'Trigger' an, bis Sie diese Situation neutral betrachten können.

- *Alles, was in Ihnen Widerstand hervorruft*
Dies ist ein Zeichen dafür, die Vergangenheit zu heilen, bis Sie es mit Leidenschaft tun können.

- *Krankheit*
Diese vermittelt Ihnen eine Botschaft. Handelt es sich um ein chronisches Leiden, suchen Sie einen Mind Body Coach oder Omega Health Coach auf, und suchen Sie nach der Botschaft. Die beste Technik ist 'Chakra Balancing'.

- *Konfrontation*
Wenn Sie diese vermeiden, wenn Sie sich wieder scheinheilig verhalten und es eigentlich lieber anders tun würden, integrieren Sie die Qualitäten, die Sie dafür brauchen.

- *Verletzlichkeit, Konflikte*
Finden Sie heraus, warum Sie dies zulassen, und korrigieren Sie das (ganz).

- *Negative Gedanken*
Bekämpfen Sie sie nicht. Akzeptieren Sie sie als alte Überbleibsel. Lassen Sie sie sein.

- *Bedürfnisse*
Suchen Sie sie in sich selbst.

Wenn Sie an diesen Dingen weiterarbeiten, gelangen Sie schließlich dorthin, wo Sie Ihrem Plan gemäß in diesem Leben ankommen sollten.

Ich treffe Sie gleich im nächsten Kapitel wieder. Machen Sie Ihre Hausaufgaben, und wenden Sie die Techniken aus Kapitel 7 an.

## 9. Kapitel

# Der Körper als Spielfeld
# unsichtbarer Kräfte

Sie sind ein komplexes Wesen, das aus einem Geist (dem unsterblichen Teil, der all Ihre tiefste Weisheit umfasst), einer Seele (dem unsterblichen Teil, der all Ihre subjektiven Erfahrungen während Ihrer Inkarnationen gespeichert hat) und einem sterblichen Körper besteht, in dem Sie leben.

Das ist ganz verwirrend, denn Ihr Körper fühlt sich wie ein Teil von Ihnen an, obgleich er es nicht ist. Um den Körper besser zu verstehen, habe ich zunächst beschrieben, wie der 'mind' (Bordcomputer des Körpers) funktioniert, danach habe ich die Seele erklärt, und nun dringen wir tiefer in den Körper ein.

Was es so kompliziert macht, ist die Tatsache, dass wir nicht unser Körper sind, sondern dass unser Körper einen enormen Einfluss auf unsere Erfahrungen hat. Es ist daher ganz wesentlich, dass wir eine Vorstellung davon haben, was es alles für Einflüsse gibt, die auf unseren Körper wirken, und dass wir zu verstehen beginnen, wie wir dies zu unserem Vorteil nutzen können. Wir werden einfach beginnen und das Ganze immer komplexer aufbauen.

Wie wir in Diagramm 25 sehen können, beginnt alles mit dem Erzeugen von Intellekt, mit dem Geist. Dieser hat ein eigenes energetisches Regelsystem, das über die Seele Einfluss auf die Chakren und die Aura nimmt.

237

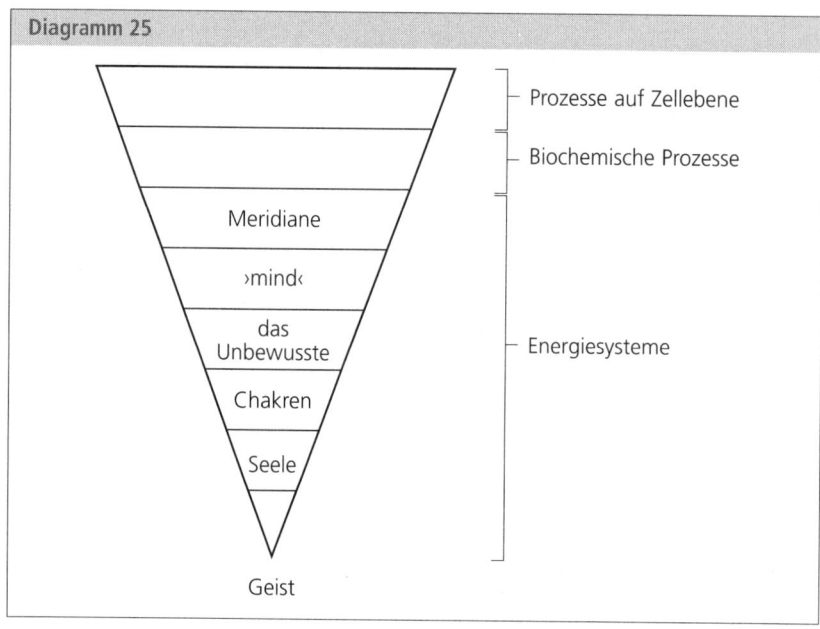

**Diagramm 25**

Prozesse auf Zellebene

Biochemische Prozesse

Meridiane

›mind‹

das Unbewusste

Chakren

Seele

Geist

Energiesysteme

Das bedeutet: Die Chakren sind eine Art Computer, die sowohl die zu lernenden Lektionen integrieren, als auch die höhere Lebensintention und die Aspekte des Geistes vergegenwärtigen. Danach kommen das Unbewusste und der 'mind', die ihrerseits auch wieder über die Meridiane Einfluss auf die biochemischen Prozesse nehmen, die letztendlich auf der Zellebene Veränderungen verursachen. Eine Art Wellenbewegung von einer Ebene zur anderen. Das bedeutet, dass jede Form von Krankheit auf energetischer Ebene ihren Anfang nimmt.

Es ist die Rede vom Energiekörper, doch in Wirklichkeit gibt es gar keinen Energiekörper. Es gibt jedoch allerhand Faktoren, die auf den "Energiekörper" Einfluss haben.

Die Energiesysteme, die ich besprechen werde, arbeiten eng ineinander greifend, meist ohne dass es uns bewusst ist. Hierunter fallen die Meridiane, die Chakren, die Aura (ein Komplex morphologischer Felder) und die 'Dan Tien'. Ich werde diese Systeme nicht ausführlich behandeln, denn jedes füllt ein ganzes Buch für sich. Ich komme in Teil III aber nochmals auf die Chakren und die Aura zurück.

Auch der physische Körper hat eine komplexe Struktur. Unter anderem besteht er aus dem Immunsystem, dem Drüsensystem und dem Blutgefäßsystem, die einander gegenseitig beeinflussen.

Unsere Gesellschaft ist von den äußeren Merkmalen des Körpers besessen: Schönheit, ein agiles Äußeres, Jugend usw. Gleichzeitig vernachlässigen wir unseren Körper durch falsche Ernährung, zu wenig Ruhe und mangelnde bis gar keine körperliche Bewegung. Unser Körper ist stark abhängig vom Energiehaushalt. Dieser läuft Tag und Nacht. Wir sollten es mit einer Metapher ausdrücken: Wie unser Haus vor Elektrizität summt, so summt unser Körper vor Energie.

Wir müssen lernen, die Signale des Körpers zu verstehen und wie wir mit dem Körper zusammenarbeiten können, sodass er uns besser dient. Wir leben in unserem Körper. Ihn müssen wir uns zum Freund machen.

> Sie müssen lernen, was Sie tun müssen, um sich Ihren Körper zum Freund zu machen. Der erste Schritt besteht darin, auf Ihren Körper zu lauschen.

Indem wir uns unseren Körper zum Partner machen und nicht zum Sklaven, können wir auf unserem Weg der Selbstverwirklichung alles an Vitalität genießen. Viele Menschen schleppen sich mit ihrer Energie so dahin, weil sie nicht wissen, was der Körper braucht. Wir sorgen besser für unser Auto als für unseren Körper. Wenn bei unserem Auto am Armaturenbrett ein rotes Lämpchen aufleuchtet, fahren wir so schnell wie möglich in die Werkstatt, um feststellen zu lassen, was los ist. Unser Körper sendet ebenfalls Signale aus, die oft sehr deutlich sind, doch wir gehen falsch damit um. Wenn wir beispielsweise Kopfschmerzen haben, nehmen wir eine Pille und machen fröhlich mit dem weiter, womit wir beschäftigt waren. Manche Signale sind subtil, wie etwa Juckreiz, leichte Heiserkeit, leichte Müdigkeit, ein leichter Schmerz. Manchmal sind sie auch laut und deutlich, ein Hilfeschrei, und wir werden richtig krank.

Wenn Sie wachsen und mit Ihrer Seele besser kommunizieren möchten, dann werden Sie die Signale Ihres Körpers lesen müssen. Alle Systeme – der Körper, der 'mind', Ihr Unterbewusstsein und die Seele – sind wichtig und stellen einen Bestandteil Ihrer Lebensabsicht dar.

Jeder dieser Teile verdient Ihre Aufmerksamkeit. Alles ist miteinander verbunden – untrennbar. Das bedeutet: Wenn Sie Ihre Aufmerksamkeit nur auf einen Teil richten, bekommen Sie früher oder später Probleme mit den anderen Teilen. Wenn Sie über die Energien mehr Wissen haben, können Sie auch angemessener reagieren.

## Körperliche Gesundheit

Körperliche Gesundheit – ist das nicht ein abgedroschenes Thema? Jeder weiß es doch: Der Mensch muss sich bewegen! Die primären Grundbedürfnisse des Körpers sind Nahrung und Ruhe, aber auch körperliche Bewegung. Wenn Sie dies Ihrem Körper nicht in ausreichendem Maße geben, wird er weniger gut funktionieren, verkrampft und mit Giftstoffen und Stress überlastet werden.

Die gute Nachricht besteht darin, dass es Ihrem Körper nichts ausmacht, wann und wo Sie ihn bewegen. Sie befinden sich ja die ganze Zeit in Ihrem Körper, jeden Tag. Sie schleppen ihn überall mit hin. Die Kunst besteht darin, sich der Tatsache bewusst zu sein, dass Ihr Körper Bewegung braucht. Nehmen Sie anstelle des Aufzugs die Treppe. Parken Sie Ihr Auto einmal etwas weiter weg, und laufen Sie ein Stückchen. Machen Sie dabei ab und zu einen kleinen Sprint von 20 Sekunden. Gehen Sie bei schönem Wetter etwas mehr Rad fahren. Machen Sie Kniebeugen unter der Dusche, während Sie sich das Shampoo abwaschen. Strecken Sie Ihren Körper ab und zu, lassen Sie Ihren Oberkörper bei durchgestreckten Knien vornüber gebeugt schlapp nach unten hängen. Atmen Sie zwölf Mal tief ein und aus. Es gibt so viele einfache Möglichkeiten, um Ihren

Körper zu betätigen. Indem Sie Ihren Körper bewusst bewegen, werden Sie ihn auch mehr bewegen. Seien Sie sich stets bewusst, dass Sie einen Körper haben, der sich mit der modernen Zeit nicht mitentwickelt hat.

Achten Sie auch darauf, was Sie essen. Werden Sie sich bewusst, dass Sie nicht nur essen, weil es gut schmeckt, sondern auch, weil Sie Ihren Körper gesund und fit halten möchten. Wenn Sie in Ihren Körper Dreck stecken (Junkfood), wie können Sie dann erwarten, dass er auf Dauer optimal funktioniert?

Trinken Sie viel Wasser. Nehmen Sie Vitamine zu sich, um sich fit und gesund zu halten. Sie sind es wert. Sie verdienen es – investieren Sie in Ihre Zukunft.

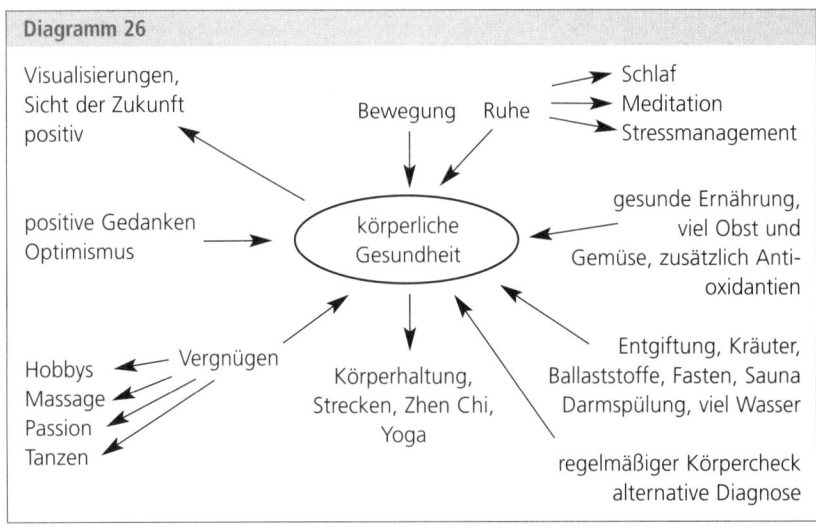

Diagramm 26

Visualisierungen, Sicht der Zukunft positiv

Bewegung · Ruhe

Schlaf
Meditation
Stressmanagement

positive Gedanken Optimismus

körperliche Gesundheit

gesunde Ernährung, viel Obst und Gemüse, zusätzlich Antioxidantien

Hobbys
Massage
Passion
Tanzen

Vergnügen

Körperhaltung, Strecken, Zhen Chi, Yoga

Entgiftung, Kräuter, Ballaststoffe, Fasten, Sauna
Darmspülung, viel Wasser

regelmäßiger Körpercheck alternative Diagnose

Studieren Sie Diagramm 26, und stellen Sie fest, was bei Ihnen insgesamt gesehen zu kurz kommt. Ich spreche es mit Ihnen durch.

• Bewegung
Darüber hatten wir es gerade. Wichtig bei der Bewegung ist, dass Sie sich stetig selbst fordern, um fitter zu werden. Routine schafft

ein Grundniveau. Abwechslung führt zur Fitness des gesamten Körpers. Wenn Sie also beispielsweise zwischen Radfahren und Schwimmen abwechseln, steigern Sie Ihre Fitness.

Eine Herausforderung besteht darin, ab und zu kurz ganz schnell zu rennen, danach wieder das normale Tempo einnehmen ('Intervalltraining'). Dasselbe gilt fürs Radfahren, Schwimmen, usw.

• Balance

'Lieber bewegen statt rasten.' Schlafen gehört ebenfalls dazu. Um gut zu schlafen, müssen Sie lernen, sich zu entspannen. Entspannung lernen Sie, indem Sie ab und zu Ihren täglichen Rhythmus unterbrechen und sich nach innen wenden (stillsitzen, meditieren, Siesta). Dann gelingt es Ihnen optimal, Stress zu verarbeiten.

• Ernährung

Hierüber werde ich in diesem Rahmen nicht viel sagen, nur soviel: je natürlicher die Nahrung, desto besser. Kaufen Sie am besten ungespritzte, biologisch-dynamisch angebaute Nahrungsmittel. Frisches Obst und Gemüse müssen die Basis Ihres Speiseplans bilden. Nehmen Sie außerdem viel Wasser und zusätzliche Gaben von Antioxidantien (Vitaminen) zu sich.

• Entgiftung

Von Zeit zu Zeit müssen Sie beim Auto einen Ölwechsel machen. Der Körper braucht auch Entgiftung. Das können Sie durch Kräuter (beispielsweise Cascara sagrada), Ballaststoffe (beispielsweise Flohsamen), Fasten (beispielsweise zwei Tage lang nur Obst essen), Sauna (mindestens einmal pro Monat), tiefe Darmspülungen und durch viel Trinken von Wasser bewirken.

• Körperhaltung

Wie Sie stehen oder sitzen bestimmt auch, wie Sie sich fühlen. Achten Sie auf Ihre Haltung. Wichtig ist, sich regelmäßig zu strecken. Wenn Sie sich eine gute Körperhaltung angewöhnen möchten, dann sind Yoga oder Zhen Chi ratsam.

• Alternative Körperchecks

Jeder sollte sich mindestens einmal pro Jahr von einem Schulmediziner (Blutuntersuchung, Blutdruck, Augendruck usw.) sowie von einem alternativen Therapeuten, der sich auf Vorsorgeuntersuchungen versteht, durchchecken lassen. Dass Sie sich gut fühlen und gut aussehen, kann ein Trugschluss sein, denn dann halten Sie sich womöglich für gesund und Sie sind es gar nicht.

• Vergnügen

Sie sind biologisch so konstruiert, dass Vergnügen einen wohltuenden Effekt auf Ihre Gesundheit und Ihr Immunsystem hat. Der Körper produziert selbst 'Vergnügen': biochemische Stoffe, die den ganzen Körper glücklich machen. Sie sollten jeden Tag mit Vergnügen leben: lachen, tanzen, singen, usw. Leben Sie mit Leidenschaft. Seien Sie jeden Tag dankbar für Ihren Körper und für alle Segnungen. Gönnen Sie sich ab und zu eine Massage, finden Sie ein Hobby, das Ihnen Vergnügen bereitet.

• Positive Gedanken

Wie alles andere, so müssen Sie auch lernen, positive Gedanken, Gefühle und Überzeugungen zu entwickeln. Siehe auch Kapitel 7, die Umprogrammierung Ihres 'mind'. Optimalerweise haben Sie bereits mit Ihrer täglichen Übung mit den 5-Elemente-Punkten begonnen. Falls nicht, dann beginnen Sie jetzt damit, sonst halten Sie sich selbst zum Narren. Seien Sie optimistisch, und strahlen Sie in Ihr Umfeld Optimismus (Hoffnung) aus.

• Sehen Sie die Zukunft

Der 'mind' ist mit daran beteiligt, wie Sie in Zukunft dastehen. Indem Sie regelmäßig (beispielsweise einige Minuten vor dem Schlafengehen) die Zukunft so positiv und schön wie möglich visualisieren, lenken Sie dies mit in die Quantensuppe der unendlichen Möglichkeiten. Der Körper findet das schön und macht gern mit.

## Schlussfolgerung zur körperlichen Gesundheit

Bedenken Sie, dass es trügerisch sein kann, wie Sie nach außen hin wirken. Ich kenne Menschen, die wie das blühende Leben aussehen, wenn es ihnen miserabel geht. Menschen können schlank und vital erscheinen und dennoch einen hohen Cholesteringehalt oder einen noch nicht entdeckten Tumor haben. Sie können sogar ein geschwächtes Immunsystem haben und anfällig für alles Mögliche sein.

Es geht darum, niemals aufzugeben, an Ihrer körperlichen Fitness zu arbeiten und daraus eine tägliche Routine zu machen. Wie Sie sehen, gibt es viele Faktoren, die Ihre Langzeitfitness bestimmen. Ich hoffe, dass Sie einsehen, wie wichtig es ist, sich regelmäßig durchchecken zu lassen.

Finanzielle Fitness kann für manche Menschen ebenfalls eine Herausforderung sein. Oft ist es freilich so, dass sie die eigene Vitalität nicht an oberste Stelle der Prioritäten setzen und dann oft in einen Teufelskreis geraten, wodurch sie sowohl körperlich als auch finanziell in Schwierigkeiten kommen.

Ihre körperliche Fitness hat Einfluss auf Ihren Energiepegel, aber auch auf die biochemischen und zellulären Prozesse in Ihrem Körper. Dies ist der Aspekt der Gesundheit, der allgemein am meisten vernachlässigt wird. Ich habe Ihnen aufgezeigt, dass damit viele Dinge verbunden sind. Erstellen Sie eine Liste der Bereiche, die bei Ihnen verbesserungswürdig sind.

Übermäßige Ernsthaftigkeit ist eine der häufigsten Todesursachen, auch wenn diese niemals auf einem Totenschein zu lesen ist. Die meisten Menschen fassen das Leben viel zu ernst auf. Sie erstarren und ertrinken in ihren Verantwortlichkeiten.

> Übermäßige Ernsthaftigkeit ist einer der
> größten Killer der Menschheit.

Lieben Sie also das Leben, und lernen Sie loszulassen und es mehr
zu genießen.

### Energetische Fitness: emotionale Balance

Wir werden nun auch die energetische Seite des Körpers betrachten. In
diesem Kapitel werden wir uns hauptsächlich auf die Meridiane konzentrieren. Mit Hilfe der Methode der emotionalen Balance beeinflussen wir
gleichzeitig die Meridiane, den 'mind', das Unterbewusstsein, die Chakren
und die Seele. Ich werde auf die Chakren nochmals zurückkommen.

Die Meridiane sind die Energietransportsysteme des Körpers. Es gibt
14 Hauptkanäle, die die Energie durch den Körper lenken. Wenn Sie die
5-Elemente-Punkte aktivieren, öffnen Sie all diese Kanäle und Sie werden
immer mehr Vitalität erfahren.

Die Meridiane verbinden spezielle Punkte miteinander. Diese Punkte bestehen aus Hunderten von kleinen elektromagnetischen, infraroten
Reservoirs, die sich unter der Haut befinden. Sie werden auch als 'Akupunkturpunkte' bezeichnet. Sie können mit Nadeln, Licht (Laser), Massage, durch Klopfen, Schall und andere Methoden stimuliert werden, um
Energie aufzunehmen oder freizulassen. Der Energiekörper variiert und
folgt Rhythmen maximaler und minimaler Energie, gerade so wie Ebbe
und Flut. Die Akupunkturpunkte liegen an der Oberfläche, doch die
Meridiane verbinden alle Organe, Gewebe und Muskeln miteinander. Sie
sind, ebenso wie die Blutgefäße fürs Blut, die Kanäle für die gesamte Kör-
perenergie.

Es gibt 12 Meridiane, die die Organe mit dem restlichen Körper verbinden. Sie teilen den Körper in 12 Segmente ein. Benannt sind sie jeweils nach den primären Organen oder Geweben, die sie mit dem Rest
verbinden.

Es gibt zwei Meridiane, die als Einheit eine Sonderstellung einnehmen – sie verlaufen direkt in der Mitte. An der Vorderseite des Körpers
verläuft das 'Konzeptionsgefäß' und auf der Rückseite das 'Gouverneursgefäß'. Während die 12 Meridiane beständig energetisch miteinander in

Verbindung stehen, stellen diese beiden besonderen Meridiane eine Verbindung zwischen der Außen- und der Innenwelt her und stehen in direkterem Kontakt mit der Aura.

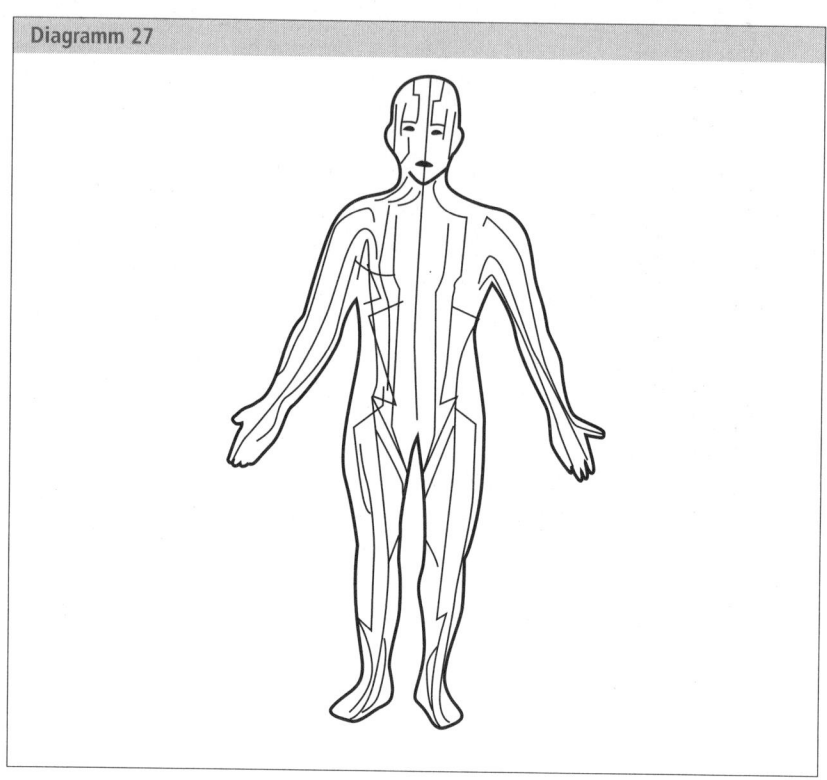

Diagramm 27

Die Existenz der Meridiane wurde mittlerweile mit Messinstrumenten nachgewiesen. Selbst in der traditionellen Wissenschaft gilt ihre Existenz als akzeptiert. Sie nehmen Einfluss auf jedes Organ und auch auf die biochemischen Prozesse, wie das Immunsystem, das Drüsensystem, die Atmung, die Muskeln, den Blutkreislauf, das Lymphsystem und die Verdauung. Sie haben auch direkten und indirekten Einfluss auf die Zellen. Ist ein Meridian blockiert, wirkt sich das auf den physischen Körper aus. Sie können das Meridiansystem als ein komplexes Transportsystem von Energie betrachten, bei dem es zu Stauungen kommen kann.

**Diagramm 28**

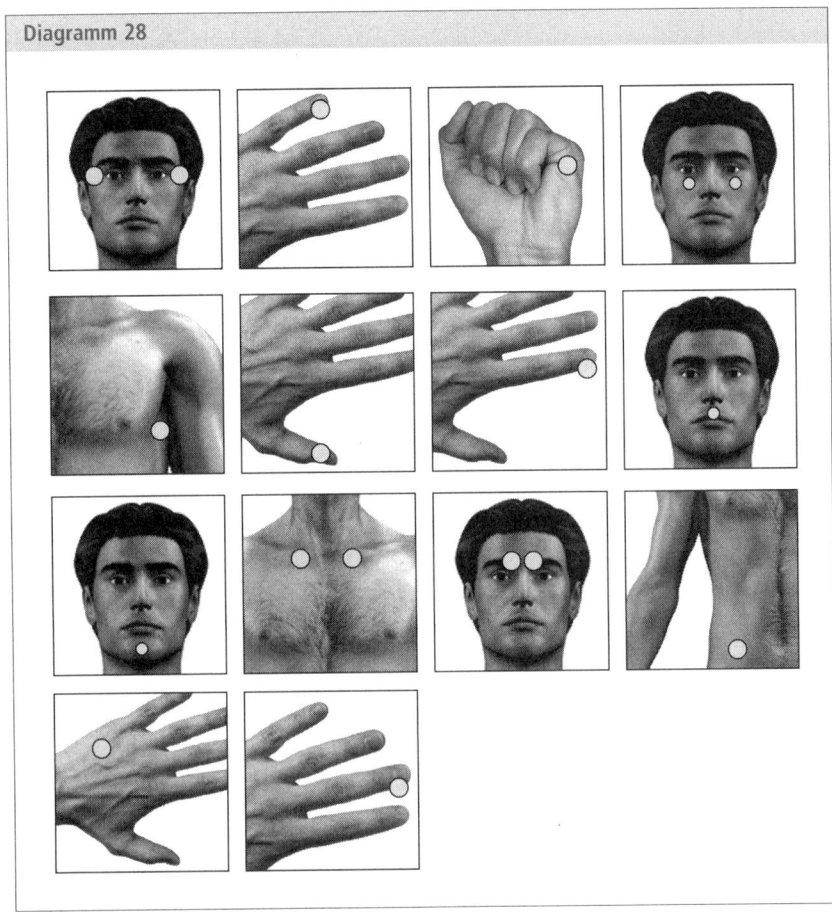

In Diagramm 28 können Sie die 14 Meridianpunkte sehen, die wir bei der emotionalen Balance (EB) einsetzen, um die Meridiane wieder miteinander in Harmonie zu bringen. Ich werde jeden dieser Punkte einzeln besprechen und spezifische Übungen vorstellen, womit Sie die Energien in Balance und Ihren Körper in optimale Form bringen können. Sie können dies anschließend an die Übung mit den 5-Elemente-Punkten tun, die wiederum von diesen Punkten abgeleitet sind.

Die Kombination beider Systeme bietet besondere Vorteile. Bearbeitet man diese Punkte täglich mindestens einmal (optimalerweise dreimal), erzielt man mit der Zeit immer mehr Wirkung auf die Seele und den 'mind' sowie mehr Vitalität im Körper.

# 1. Unsicherheit (Blasenmeridian)

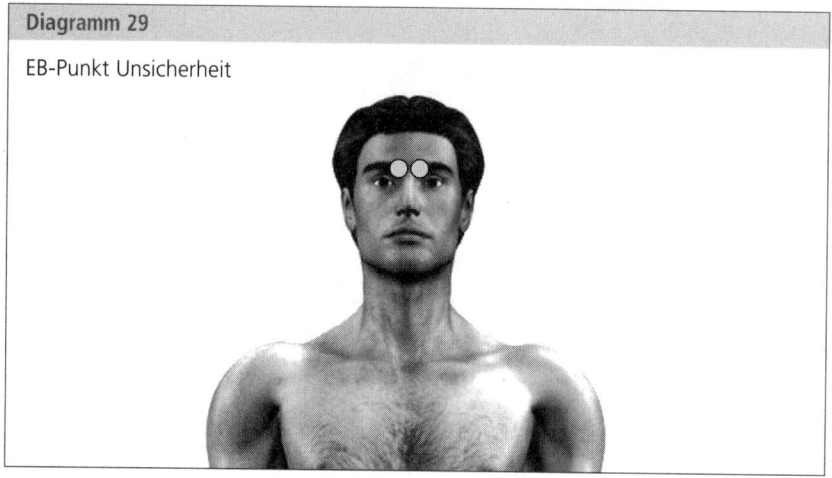

**Diagramm 29**

EB-Punkt Unsicherheit

Der Blasenmeridian ist der längste Meridian. Er verläuft über den Rücken. Die dazugehörigen Emotionen sind: Unentschlossenheit, Ohnmacht, Willenlosigkeit, Unfähigkeit oder große Schwierigkeiten, Entscheidungen zu fällen, Ineffizienz, Stimmungsschwankungen, Unsicherheit, Ratlosigkeit, Ungeduld, Angst, andere zu verletzen.

■ **Aufgabe:**

Schließen Sie gleich die Augen, und meditieren Sie über Situationen, die bei Ihnen diese Emotionen auslösen. Klopfen Sie dann rhythmisch mit einem oder mit zwei Fingern (also mit einer oder mit beiden Händen) mit folgender Affirmation auf den EB-Punkt 1, während Sie sich darauf konzentrieren, wie Sie sich in diesen Situationen gern fühlen würden:

"Ich akzeptiere und respektiere mich, auch wenn ich mich in diesen Situationen unsicher fühle. Ich liebe mich bis auf die allertiefste

Ebene und lasse diese Emotionen zu vollen 100% ab dem allerersten Moment los, in dem ich diese jemals gefühlt habe. Ich beschließe stattdessen, mich unter solchen Umständen ab sofort und für immer sicher und in meiner Kraft zu fühlen."

Wenn Unsicherheit für Sie ein Thema ist oder Sie Probleme haben, Entscheidungen zu fällen bzw. befürchten, andere zu verletzen, dann ist dies eine Übung, die Sie regelmäßig anwenden sollten. Wichtig ist, dass Sie sich jeweils in die Situationen hineinversetzen, in welchen Sie sich unter Stress fühlen.

Ein Beispiel:
Peter (26 Jahre) hatte am Kurs 'Emotionale Balance' teilgenommen. In der Pause sprach er mich an. Er hatte noch niemals eine Beziehung gehabt, weil er so unsicher war. Außerdem war er ein enormer Zweifler. Er hatte praktisch alles studiert, wusste aber immer noch nicht, was er wollte. Es gab ein Mädchen, das er nett fand, doch er wagte es nicht, sich ihr zu nähern.

Ich gab ihm die oben zitierte Affirmation und noch zwei weitere Punkte (Angst und Selbstwertgefühl) mit. Im Zuge seiner Übungen musste er das Mädchen auf einen Drink einladen. Einen Monat später kam ein anderer Peter zur Tür herein. Er strahlte, hielt die Schultern gerade und schaute mich während des Gesprächs an. Er kam, um sich bei mir zu bedanken, denn sein ganzes Leben hatte sich verändert. Er hatte die Übungen 12-mal am Tag gemacht. Nach neun Tagen fühlte er sich so wohl, dass er das Mädchen bei der erstbesten Gelegenheit, als er es sah, ins Café einlud. Seitdem trafen sie sich regelmäßig. Er fühlte sich total gut. Er wusste nun auch, welche Karriere er einschlagen wollte. Er hatte alle möglichen Vorstellungsgespräche gehabt und war guter Hoffnung, schnell einen Arbeitsplatz zu bekommen.

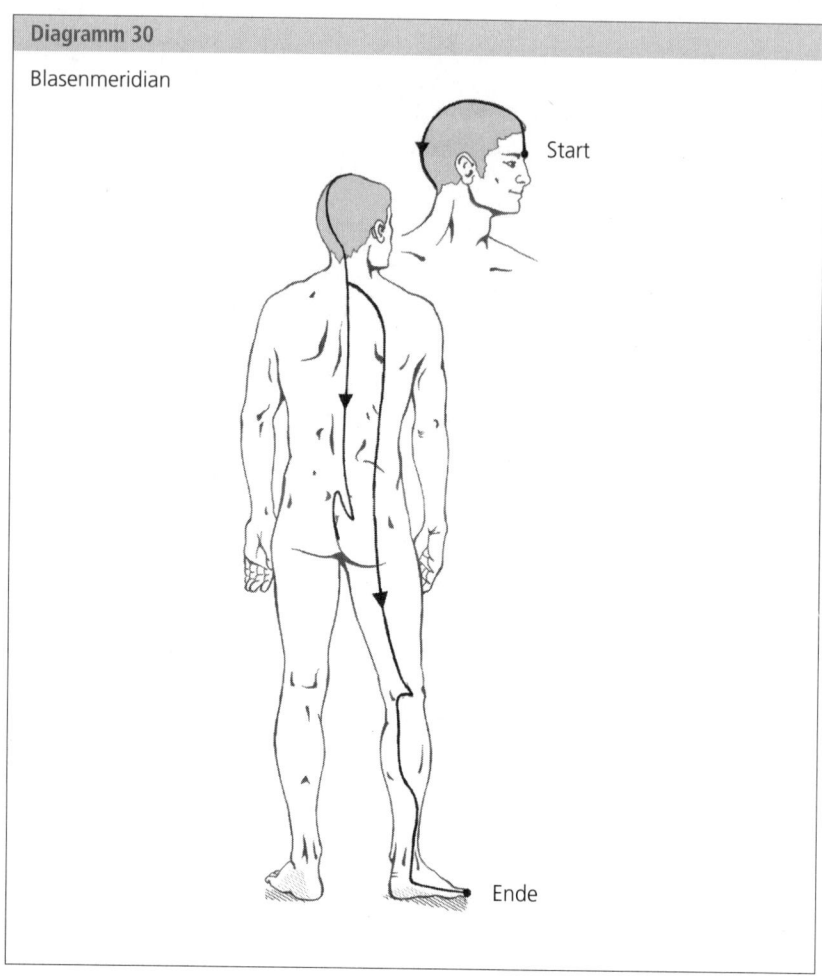

**Diagramm 30**

Blasenmeridian

Start

Ende

Der Blasenmeridian beginnt an der Augenbraue und verläuft über den Nacken den Rücken hinab bis in den kleinen Zeh.

Andere Indikationen, um diesen Punkt einzusetzen, sind: Nackenschmerzen, Kopfschmerzen, Rückenschmerzen, Bandscheibenschaden, Lumbago, Beschwerden hinten entlang der Beine, Stirnhöhlenentzündung, geschwächtes Immunsystem. Wenn Sie diese körperlichen Beschwerden haben, können Sie die Affirmation folgendermaßen anpassen:

"Ich akzeptiere und respektiere mich, auch wenn ich Rückenschmerzen habe. Ich liebe mich bis auf die allertiefste Ebene und lasse das Bedürfnis, diese Rückenschmerzen zu haben, zu vollen 100% ab dem allerersten Moment los, in dem ich diese jemals gefühlt habe. Ich beschließe stattdessen, mich unter solchen Umständen ab sofort und für immer sicher und in meiner Kraft zu fühlen."

■ Thema: Unsicherheit und die Seele

Wenn Sie die Emotionen des Blasenmeridians als wichtiges Thema in Ihrem Leben erkennen, haben Sie es mit einer Seele zu tun, die sich dazu entschlossen hat zu lernen, für sich selbst dazustehen und die eigene Kraft zu entdecken. Es ist ein schweres Thema, weil Sie durch Ihre Erziehung unsicher gemacht wurden. Sie zweifeln an sich selbst und schwanken, welche Richtung Sie einschlagen sollen. Sie zweifeln, ob Sie stark und mutig genug sind.

Sie *müssen* wieder beginnen, an sich selbst zu glauben. Sie *müssen* Ihren 'mind' so umprogrammieren, dass Sie stark und göttlich sind. Sie *müssen* wieder Frieden damit schließen, dass Sie eventuell fallen und sich blamieren könnten. Sie *müssen* wieder lernen, die Emotionen anderer nicht an sich heranzulassen. Sie *müssen* beginnen zu glauben, dass viel mehr in Ihnen steckt, als Sie bisher geglaubt haben.

Indem Sie die Übung machen, die zu diesem Thema gehört, und diese mit den Themen 'Nieren' (Angst) und 'Milz' (Selbstwertgefühl) kombinieren, werden Sie über dieses Goldene Dreieck wieder in Ihre Kraft kommen.

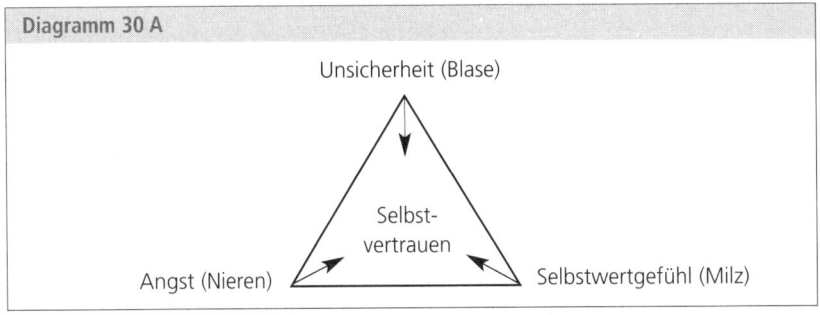

Diagramm 30 A

Unsicherheit (Blase)

Selbst-
vertrauen

Angst (Nieren)

Selbstwertgefühl (Milz)

Bedenken Sie, dass Sie sich dazu entschlossen haben, in diesem Leben so lange an diesem Thema zu arbeiten, bis Sie zum Meister geworden sind und den Quantensprung gemacht haben, um zu vollen 100% in Ihrer Kraft zu stehen. Ruhen Sie nicht, versuchen Sie es so lange, bis es Ihnen gelungen ist. Sollten Sie jemals zurückkommen müssen, dann sind Sie bereits einen großen Schritt vorwärts gegangen.

## 2. Frustration (Gallenblasenmeridian)

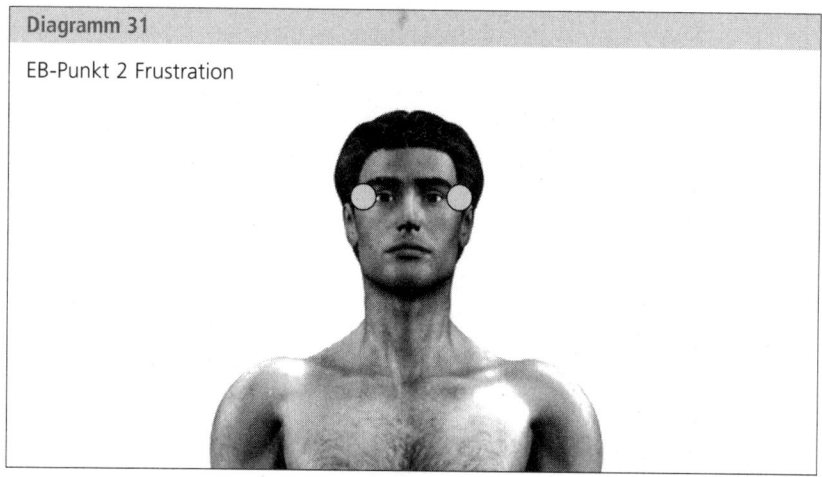

**Diagramm 31**

EB-Punkt 2 Frustration

Der Gallenblasenmeridian verläuft an der Seite des Körpers entlang und hat auch Auswirkungen auf die Muskeln. Die Emotionen, die sich bei einer Blockade des Gallenblasenmeridians abspielen, sind folgende: Frustration, Verbitterung, Projektion auf andere (es liegt ja niemals an Ihnen selbst), Schuldzuweisungen, Opferrolle, Ablehnung der eigenen Verantwortung, Unentschlossenheit, Schamgefühl, Selbstbedauern, Pessimismus, Gereiztheit, schwer vergeben oder loslassen können (lange bei etwas hängen bleiben), Ungerechtigkeit, Überreaktion, Reizbarkeit, schnell persönlich getroffen sein, Aggression, Griesgrämigkeit, sich missbraucht und gebraucht fühlen (die Welt ist ungerecht).

**Diagramm 32**

Gallenblasenmeridian

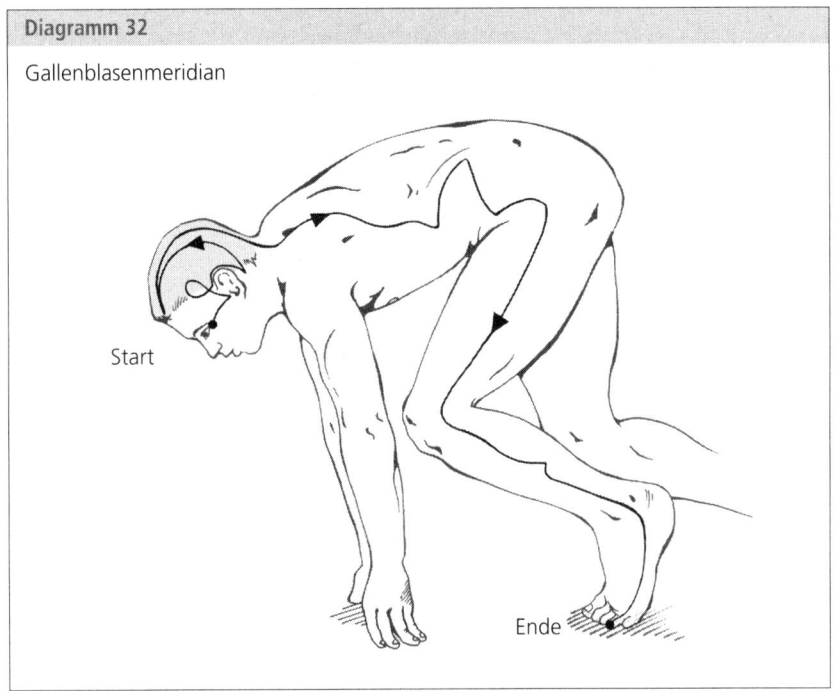

Start

Ende

▧ Aufgabe:

Schließen Sie gleich die Augen, und meditieren Sie über Situationen, die bei Ihnen diese Emotionen hervorrufen. Klopfen Sie rhythmisch auf den EB-Punkt 2, während Sie sich darauf konzentrieren, wie Sie sich in diesen Situationen gern fühlen würden, und folgende Affirmation sprechen:

"Ich schätze und respektiere mich, auch wenn ich nicht das Gefühl habe, die Dinge unter Kontrolle zu haben, und mich frustriert und gereizt fühle. Ich respektiere mich bis auf die allertiefste Ebene und lasse diese Gefühle ab dem allerersten Moment, in dem ich diese jemals erfahren habe, jetzt und für immer ganz los. Ich beschließe stattdessen, unter allen Umständen ab sofort in meiner Kraft zu bleiben und mich nicht mehr durch äußere Umstände von meinen Vorhaben abbringen zu lassen."

Wenn Sie verschiedene dieser Dinge betreffen – erstellen Sie eine Liste dieser Dinge, und benennen Sie die Gründe, warum Sie sich frustriert fühlen – oder wenn Sie jemand sind, der seine Vergangenheit schwer loslassen kann oder lange Zeit verletzt bleibt, dann können Sie davon ausgehen, dass Ihre Gallenblasenzirkulation gestört ist. Dann würde ich mit Sicherheit diese Visualisierung und Meditation machen, ebenso, wenn Sie schnell unter Muskelbeschwerden, Kopfschmerzen an den Schläfen, Nackenschmerzen oder Hüftschmerzen leiden.

Ein Beispiel:

Marie (32 Jahre alt) nahm an meinem Kurs teil. Ihre größte Herausforderung bestand darin, dass sie nicht mit ihrer Mutter auskommen konnte. Dies war seit 16 Jahren so, weil sich ihre Mutter, als sie 16 Jahre alt war, geweigert hatte, sie ausziehen zu lassen, um mit ihrem Liebsten, einem 18-jährigen Jungen, zusammenzuziehen. Letztlich war diese Beziehung im Sande verlaufen, und sie nahm es ihrer Mutter nach all diesen Jahren immer noch übel. Sie ärgerte sich über alles an ihrer Mutter. Sie schämte sich dafür, dass ihre Mutter so dick war. Wenn sie bei ihrer Mutter zu Besuch war, wurde sie manchmal sehr ungerecht.

Ich gab ihr die oben zitierte Affirmation mit sowie den Auftrag zu visualisieren, dass sie der beste Kumpel ihrer Mutter sei. Nach fünf Tagen konnte sie sich viel mehr entspannen, als sie zu Besuch kam. Nach zwei Wochen amüsierte sie sich mit ihrer Mutter und konnte zum ersten Mal die Kehrseite der Medaille erkennen. Nach vier Wochen beschloss sie, mit ihrer Mutter und Schwester in den Urlaub zu fahren – ein lang gehegter Wunsch ihrer Mutter.

### ▪ Thema: Frustration und die Seele

Wenn Sie feststellen, dass die Themen des Gallenblasenmeridians in Ihrem Leben ein häufiges Thema sind, haben Sie sich als Seele entschieden zu lernen, selbst die Verantwortung zu übernehmen. Sie müssen lernen, dass die Außenwelt eine Projektion dessen ist, was in Ihrem

Inneren abläuft. Solange Sie das nicht gelernt haben, werden Sie immer die Schuld im Außen suchen. Es sind immer die anderen, die Ihnen 'das' angetan haben. Sie halten an Ihrer Verbitterung sehr lange fest. Ihr zweites Thema ist demzufolge auch: lernen loszulassen. Vergangenheit ist Vergangenheit. Die Bedeutung, die Sie Ihren so genannten negativen Erfahrungen zuschreiben müssen, ist, dass Sie es scheinbar noch nicht begriffen haben, dass dies wichtige positive Lektionen für Sie sind.

Frustration bedeutet, dass Sie gerade etwas Neues lernen, jedoch noch nicht wissen, was. Sie müssen wieder daran glauben, dass Ihre Lebensabsicht eine positive ist; dass Sie hier auf Erden sind, um einen Beitrag zu leisten, der für viele wichtig zu sein scheint. Dass Ihr Leben die Mühe wert ist, und dass Sie wieder die Kontrolle über Ihr Leben übernehmen werden und nicht mehr in der Opferrolle sind.

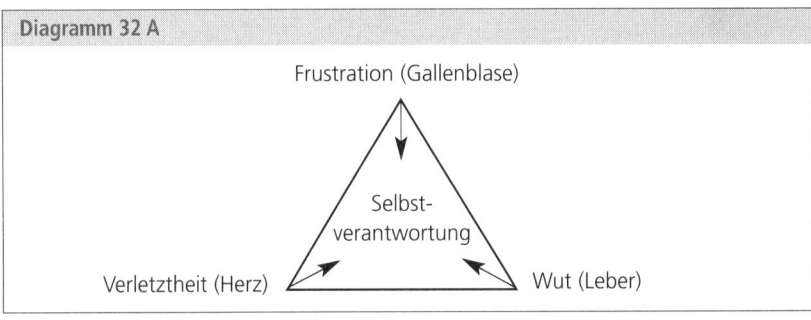

Indem Sie die Übung durchführen, die zu diesem Thema gehört, und diese mit den Punkten des Herzens (sich leicht verletzt fühlen) und der Leber (Wut) kombinieren, werden Sie über das Goldene Dreieck Ihren 'mind' und Ihre Seele schneller umprogrammieren, um die Vergangenheit loszulassen.

Bedenken Sie, dass es Ihre oberste Priorität ist zu lernen, sich zu entspannen, die Dinge zu relativieren und Verantwortung für alles zu übernehmen, was in Ihrem Leben geschieht.

# 3. Sorgen (Magenmeridian)

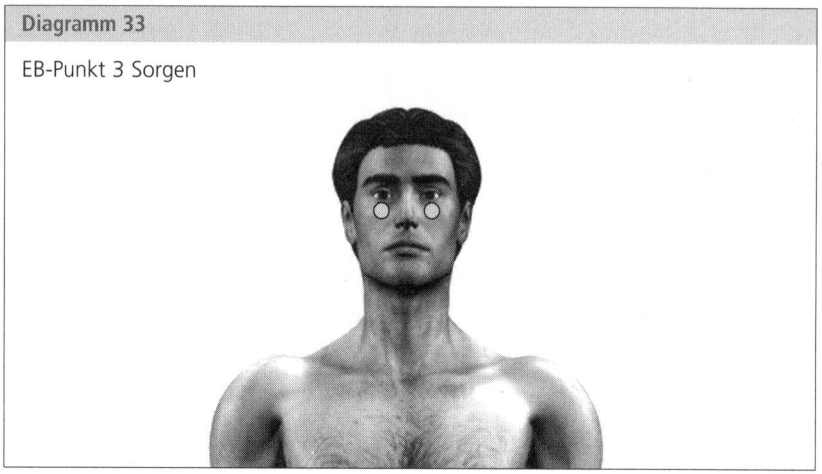

**Diagramm 33**

EB-Punkt 3 Sorgen

Der Magenmeridian ist ein besonderer Meridian, weil er das Yang ins Yin bringt. Die Vorderseite des Körpers ist Yin (mehr nach innen gerichtete Energie). Alle Meridiane an der Vorderseite des Körpers sind Yin. Der Magenmeridian durchkreuzt als Einziger auf der Rückseite des Körpers das Yang (mehr nach außen gerichtete Energie).

Die Emotionen, die sich abspielen, haben vor allem mit dem Vorwegnehmen der Zukunft zu tun: sich Sorgen über Dinge machen, die erst noch eintreten müssen. Dieser Meridian hat eine enorm beruhigende Wirkung auf das Zentralnervensystem und ist nützlich bei Phobien und Nervosität, beispielsweise, wenn man das Rauchen aufgeben will. Andere Emotionen bei Energiestau sind: übertriebene Sorge, Widerwille bei der Arbeit, Überdruss, aufsässiges Verhalten, Egoismus (man ist auf sich selbst ausgerichtet, nimmt keine Rücksicht auf die anderen), Gleichgültigkeit, es fällt schwer, anderen Menschen zu vertrauen (Sie machen sich stets Sorgen darüber, dass diese sich nicht an ihre Absprachen halten, oder Sie argwöhnen, dass diese sich gegen Sie wenden), viele Enttäuschungen, Habsucht (man kann beispielsweise für andere nur schwer Geld ausgeben), Unfrieden (etwas nagt von innen), Angst, zu kurz zu kommen

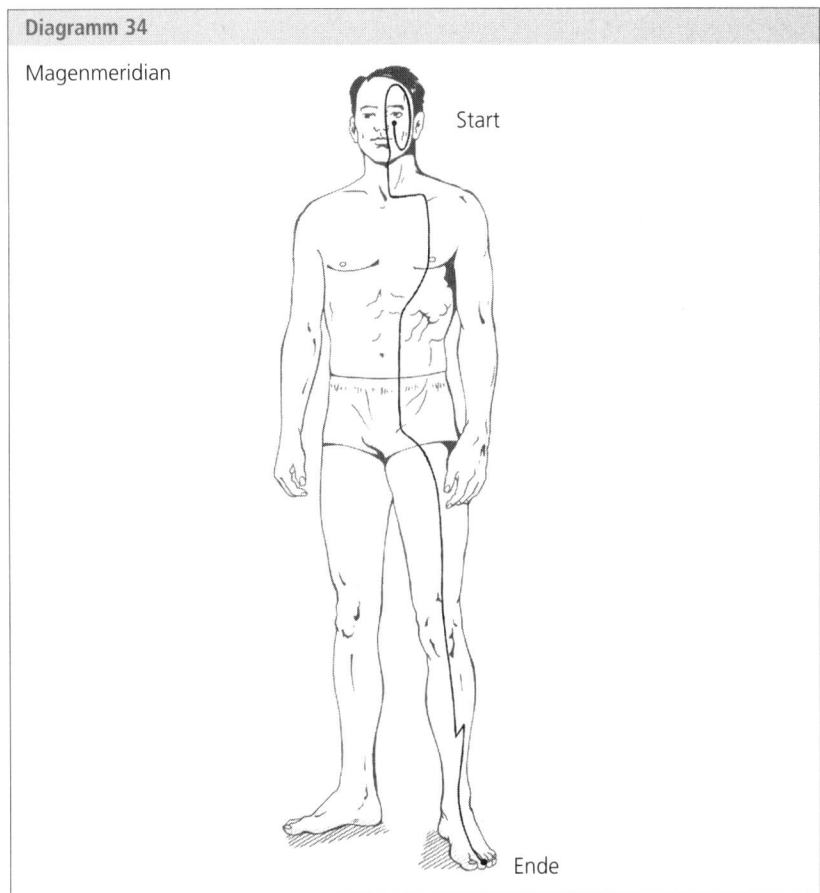

## Kapitel 1

**Diagramm 34**

Magenmeridian

Start

Ende

(dass andere sich vordrängeln, verursacht oft enormen Ärger), Angst vor der Zukunft, Abscheu.

■ Aufgabe:

Schließen Sie gleich die Augen, und meditieren Sie über Situationen, die bei Ihnen diese Art von Emotionen hervorrufen, wie etwa eine Prüfung, ein schwieriges Gespräch, eine Konfrontation, bei der Sie sich enorm viele Sorgen machen oder nervös werden, Situationen und Menschen, gegen die Sie eine tiefe Abscheu verspüren, Dinge, die Sie mit großem

Widerwillen tun, Angst, etwas nicht zu bekommen, Dinge, die Ihnen Angst einflößen, weil sie schief gehen könnten. Während Sie sich auf die Situation und auf das, was Sie fühlen, konzentrieren, klopfen Sie auf den EB-Punkt 3, atmen tief und ruhig ein und aus und sprechen dabei folgende Affirmation:

"Ich akzeptiere mich bis in die allerhöchste Ebene, auch wenn ich angesichts einer Sache nervös werde oder mir Sorgen über etwas mache oder eine Situation mit Abscheu oder Widerwillen angehe. Ich lasse das Bedürfnis, mir Sorgen zu machen oder nervös zu werden, ab dem allerersten Moment, als dieses entstanden ist, voll und ganz los. Ich beschließe stattdessen, ab jetzt und für immer unter allen Umständen Frieden und Ruhe zu spüren und in meiner Kraft zu bleiben."

Erstellen Sie eine Liste der Dinge, die Sie nervös oder besorgt machen, und arbeiten Sie daran, bis diese Dinge keine Auswirkungen mehr auf Sie haben.

Der Magenmeridian steht in Verbindung mit dem Magen, der Brust, dem Kiefergelenk, dem Gehör, dem Hals, den Lungen, den Hüften, den Knien und den Knöcheln.

Ein Beispiel:
Lisa (18 Jahre) war jemand, der sich immer Sorgen machte. Sie kaute Fingernägel und konnte bereits Tage vor einer Prüfung nicht mehr arbeiten, nicht schlafen und wurde dadurch übermüdet. Laut ihrer Mutter hatte dies in ihrem dritten Lebensjahr begonnen, als die Eltern an einem Wochenende weggingen und sie bei der Oma ließen. Seitdem zog sie auf negative Weise die Aufmerksamkeit auf sich, indem sie oft schrie und weinte. Später wurde es weniger, aber sie war stets etwas scheu. Sie ließ niemanden mit ihren Spielsachen spielen und konnte stundenlang mit ihren Puppen sprechen. Nun, da sie 18 Jahre alt war, machte sie sich Sorgen über ihre Abschlussprüfungen und die Studienwahl. Sie hatte auch große Angst, dass

der Junge, in den sie verliebt war, eine andere auswählen würde. Sie bekam EB-Punkt 3 mit der Affirmation mit auf den Weg. Ihre Mutter stellte bereits am zweiten Tag einen großen Unterschied fest. Nach zwei Wochen hatte sie mit dem Nagelbeißen völlig aufgehört. Sie hatte außerdem viel mehr Selbstvertrauen und den Jungen eingeladen, mit ihr auszugehen.

## ■ Thema: Sorgen und die Seele

Wenn diese Kategorie von Emotionen ein Thema in Ihrem Leben ist, haben Sie als Seele beschlossen, sich in diesem Leben mit Ihrem Höheren Selbst zu verbinden und darin die Meisterschaft zu finden. Wenn Sie sich über Meditation, Zhen Chi, Qi Gong oder Yoga zentrieren, erfahren Sie, dass alles gut ist, dass alles schnell von Ihnen abfällt. Sie spüren Heiterkeit, Gelassenheit und Frieden im Herzen. Sie werden lernen müssen zu vertrauen. Vor allem müssen Sie lernen, Ihre Sorgen über das, was kommen mag, loszulassen. Ein zweites Thema, das Sie beherrschen lernen müssen, ist, viel weniger mit sich selbst beschäftigt zu sein und sich viel mehr in den Dienst anderer Menschen zu stellen.

Besorgtheit bedeutet, dass Sie kein Vertrauen haben und negative Energie in Ihre Zukunft lenken. Sie ziehen dadurch eben gerade noch mehr Situationen an, die Sie nicht möchten. Indem Sie Meister Ihres Lebens in der Gegenwart werden, werden Sie Quantensprünge machen.

Indem Sie die zu diesem Thema gehörige Übung mit den Themen 'Angst' (Nieren) und 'Selbstwertgefühl' (Milz) kombinieren, entsteht ein

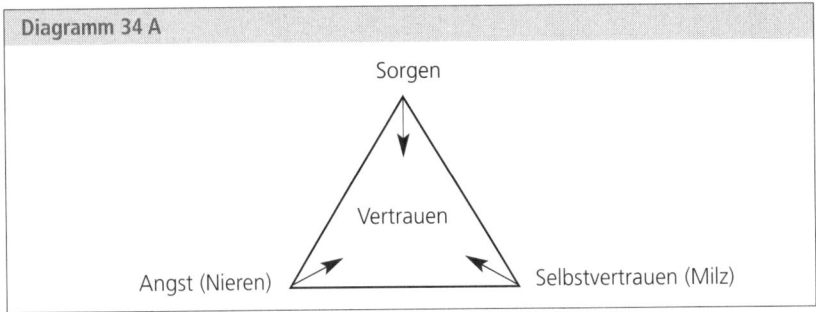

Diagramm 34 A

Sorgen

Vertrauen

Angst (Nieren)          Selbstvertrauen (Milz)

starkes Goldenes Dreieck – die richtige Grundlage, um Vertrauen in sich selbst zu haben und in der Gegenwart mit Frieden im Herzen zu leben.

Sie werden merken, dass Sie bei der Heilung der Wunden Ihrer Seele große Fortschritte machen. Diese Kombination ist für jeden gut, dem es an Selbstvertrauen mangelt, der schnell nervös wird oder sich Sorgen macht, und Konfrontationen mit der Ausrede meidet, dem anderen oder sich selbst keinen Schmerz zufügen zu wollen. Konfrontationen zu vermeiden bedeutet auch, spirituelles Wachstum zu vermeiden und die Heilung der Seele zu behindern. Konfrontationen werden Sie auf Dauer stärker machen und, wenn Sie in Ihrer Kraft bleiben, auch liebevoller und neutraler.

## 4. Stress (Gouverneursgefäß)

Das Gouverneursgefäß verläuft von der Oberlippe (in der Mitte des Nasenansatzes) mitten über den Rücken bis zum Steißbein. Dieser Meridian ist mit allen inneren Organen, dem Zentralnervensystem und dem Drüsensystem (Hormone) verbunden. Es handelt sich um einen sehr starken Meridian, der insbesondere Einfluss auf chronische Krankheiten und die Vitalität hat. Durch die enge Verbindung zum Rückenmark ist dieser Meridian wichtig für den Umgang mit den Impulsen aus der Außenwelt. Er spielt eine große Rolle bei der Stressbewältigung. Stress ist ein innerer Druck. Er wird verursacht, wenn wir uns bedroht fühlen, wenn die Außenwelt viel größer erscheint, als wir glauben, bewältigen zu können. Mit anderen Worten: Wir machen uns Sorgen, ob wir diese beständige Flut an Informationen und die Erwartungen, die an uns gestellt werden, wirklich bewältigen können. Unser Körper ist nicht darauf programmiert, chronischen Stress zu verkraften. Dieser Stress kann zu einer erheblichen Schwächung unseres Regenerationsvermögens führen. Wenn der Körper während dieser 'down town' (im Ruhezustand) nicht wieder ins Gleichgewicht kommt, dann wird uns die Außenwelt Schritt für Schritt unserer Lebensenergie berauben. Stress misst sich nicht daran, wie viel an Druck auf uns lastet, sondern daran, wie wir damit umgehen. Jemand kann gestresst sein, weil er nicht ausreichend gefordert ist, oder weil er sich aufgrund der Flut neuer Herausforderungen nicht entspannen kann.

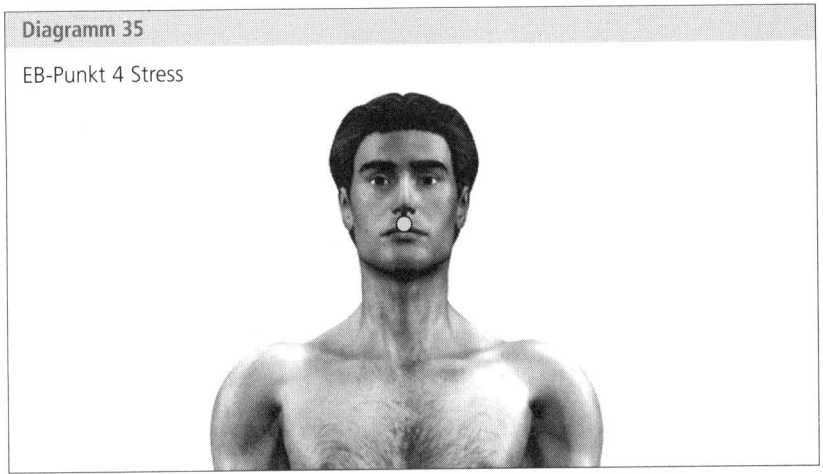

**Diagramm 35**

EB-Punkt 4 Stress

▪ Aufgabe:

Schließen Sie gleich die Augen, und visualisieren Sie Situationen, die Ihnen Stress bereiten. Denken Sie an Situationen an Ihrem Arbeitsplatz, zu Hause, im sozialen Umfeld. Was versetzt Sie in Anspannung? Spüren Sie auch, wie Sie sich in diesen Situationen fühlen sollten. Klopfen Sie mit einem Finger auf den EB-Punkt 4. Atmen Sie tief ein, atmen Sie ruhig aus, entspannen Sie Ihre Schultern, Ihr Gesicht, Ihren gesamten Körper. Konzentrieren Sie sich auf die Situation, während Sie sich weiter behandeln, bis Sie spüren, dass Sie ruhig geworden sind. Sprechen Sie dann folgende Affirmation:

"Ich entspanne mich und empfinde Frieden, Kraft und Ruhe, auch unter Umständen, die vorher bei mir Stress verursachten. Ich akzeptiere mich völlig und gebe mir die Erlaubnis, stressige Situationen zu genießen, jetzt und für immer. Ich lasse jetzt bis auf die tiefste Ebene und ab dem allerersten Moment, in dem ich diesen erfahren habe, allen Stress los, fühle mich im Frieden und in der Lage, alle stressigen Situationen bewältigen zu können."

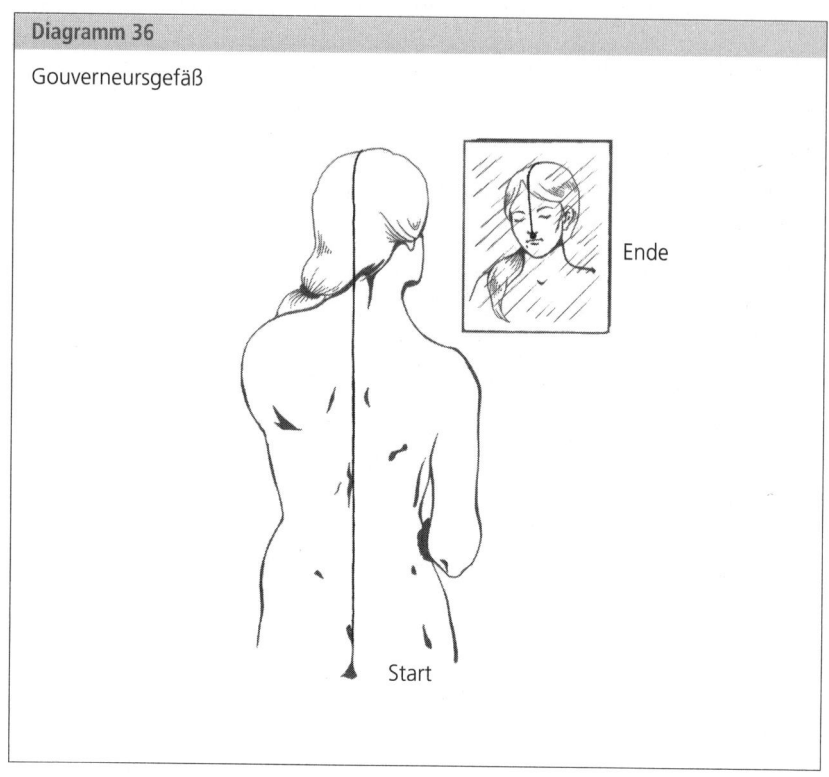

**Diagramm 36**

Gouverneursgefäß

Ende

Start

Erstellen Sie eine Liste der Situationen, die bei Ihnen Stress verursachen und notieren Sie, welche Qualitäten Sie brauchen, um diese besser bewältigen zu können und in Ihrer Kraft zu bleiben. Arbeiten Sie unablässig an diesen Dingen, so dass Sie in stressigen Situationen zu 100% ruhig und im Frieden sind.

■ Thema: Stress und die Seele

Wenn Stress in Ihrem Leben regelmäßig vorkommt, haben Sie als Seele eine klare Richtschnur, auf welchen Gebieten Sie Widerstände haben und wo Sie sich selbst heilen müssen. Sie lassen sich schnell aus Ihrer Kraft holen und mit dem Illusionen dieser Welt verführen. Sie müssen lernen, dass nichts oder niemand Macht über Sie hat, selbst der Tod nicht. Wenn Sie Ihre Macht hergeben, weil Sie glauben, nicht adäquat oder nicht gut genug zu sein, bekommen Sie früher oder später auch körperliche Beschwerden. Stress ist der stille Killer und frisst Lebensenergie. Was Sie essen, kann Ihren Körper in Stress versetzen, aber auch, was Sie denken und wie Sie mit Ihrem Körper umgehen. Zu viel Sport, zu wenig Schlaf, zu harte Arbeit – dies alles sind Anzeichen, dass Sie nicht gelernt haben, auf Ihren Körper zu hören. Die richtige Atmung ist bei Stress von entscheidender Bedeutung. Nehmen Sie sich mindestens fünf bis zehn Minuten Zeit, ruhig zu atmen. Meditation ist Pflicht. Wenn Sie nicht meditieren können, dann sind die CDs 'Loslassen' und 'Stille in mir' am geeignetsten, um schnell zu einem Ergebnis zu kommen. Hören Sie sich diese CDs abwechselnd an, beispielsweise 'Loslassen' vor dem Schlafengehen und morgens 'Stille', außerdem noch zweimal täglich, beispielsweise in der Mittagspause und abends vor oder nach dem Essen. Sie werden es nicht bereuen und schnell lernen, mit Stress richtig umzugehen.

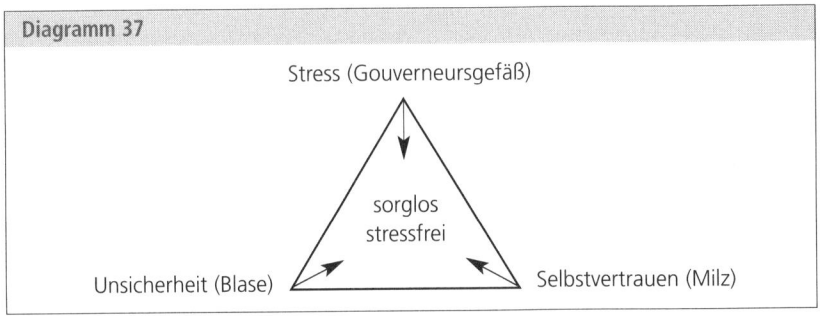

**Diagramm 37**

Stress (Gouverneursgefäß)

sorglos stressfrei

Unsicherheit (Blase)  Selbstvertrauen (Milz)

Indem Sie den EB-Punkt 4 mit den Punkten für Unsicherheit (Blase) und Selbstvertrauen (Milz) kombinieren und dies einige Monate lang täglich üben, härten Sie über dieses Goldene Dreieck Ihre Seele und Ihren 'mind' gegen Stress in den unterschiedlichsten Situationen ab. Sie bleiben unter den verschiedensten Umständen ruhig, selbstsicher und voller Selbstvertrauen. Dies ist die Basis, um die Welt zu erkunden und die vielen Herausforderungen und Konfrontationen zu bewältigen.

Ein Beispiel:

Maxi (44 Jahre) war die typische Managerin: Sie stand stramm da, war stets piekfein gekleidet und sah recht gut aus. Sie litt an Endometriose (Wucherung der Gebärmutterschleimhaut in der Bauchhöhle) und hatte während ihrer Menstruation jeden Monat starke Beschwerden. Der Spezialist wollte operieren und hatte gesagt, er wolle dabei auch gleich ein Stück vom Darm und die Eierstöcke mit entfernen. Dadurch würde bei ihr die Menopause früher eintreten. Da sie darin keinen Sinn sah, war sie auf Anraten einer Freundin in den Kurs 'Emotionale Balance' gekommen. Sie hatte sich nicht wirklich mit Spiritualität beschäftigt und wusste auch nicht, ob sie an Gott glauben sollte. Sie stand mit ihrer Karriere unter Druck, und ihre Arbeit war das Juwel ihres Lebens. Sie hatte damit viel Stress, schlief schlecht und nahm Schlaftabletten. Im vergangenen Jahr hatte sie einige Anfälle von Hyperventilation gehabt. Seitdem litt sie unter der Endometriose. Vier Jahre zuvor hatte sie aufgehört zu rauchen, weil sie davon nervös wurde.

Ich gab ihr die Übung mit dem Goldenen Dreieck 'Stress – Unsicherheit – Selbstvertrauen' mit auf den Weg, weil bei ihr alle drei zusammenkamen. Obgleich sie selbstsicher erschien, war sie ständig damit beschäftigt, sich selbst zu beweisen. Sie kompensierte ihre Unsicherheit, indem sie intensiv lernte und hart arbeitete. Sie erzählte, dass sie als Kind ganz verlegen und schon immer eine kleine Streberin gewesen war. Sie musste auch immer härter arbeiten als andere, um ihr geringes Selbstwertgefühl zu kompensieren.

Ich erklärte ihr, dass Endometriose bei weiblichen Managern und Frauen, die sich nicht entspannen können, relativ oft vorkommt. Bei ihr war wohl auch der Gebärmuttermund zu angespannt, so dass schließlich Menstruationsflüssigkeit in die Bauchhöhle gelangte. Ich verschrieb ihr hohe Dosen von Vitamin E und C. Außerdem sollte sie täglich die CDs 'Loslassen' und 'Balance' anhören. Sie sollte auch täglich visualisieren, dass ihre Endometriose vom Körper absorbiert wurde, und sechsmal täglich die Punktekombinationen des Goldenen Dreiecks mit den entsprechenden Affirmationen durchführen. Das kam ihr sehr viel vor, doch die Alternative der Operation war auch nicht das, was sie wollte. Drei

Monate später war sie so gut wie schmerzfrei und völlig vom Stress befreit. Sie hatte auch beschlossen, weniger arbeiten zu gehen und mehr
zu delegieren und hatte mit Qi Gong und Aerobics begonnen. Sechs Monate später wurde sie von den Schulmedizinern für gesund erklärt. Diese
erklärten ihr, dass es das erste Mal sei, dass sie erlebt hätten, dass jemand
'spontan' von der Endometriose genesen sei.

## 5. Unterdrückte Emotionen (Konzeptionsgefäß)

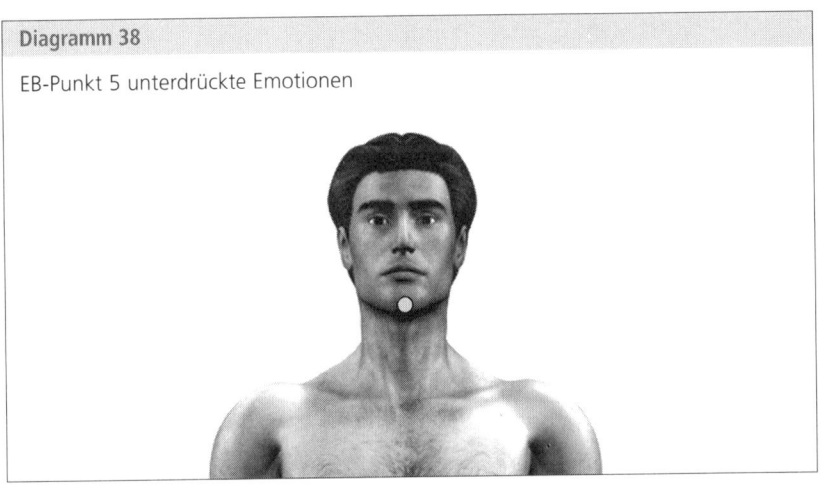

**Diagramm 38**

EB-Punkt 5 unterdrückte Emotionen

Das Konzeptionsgefäß verläuft genau wie das Gouverneursgefäß auf
der Mittellinie des Körpers, in der Mitte zwischen Kinn und Unterlippe
frontal nach unten bis zum Anus. Genau wie das Gouverneursgefäß ist
es mit allen inneren Organen verbunden, außer mit den Organen im
Kopfbereich. Das Konzeptionsgefäß ist auch eng mit den Geschlechts-
hormonen und -organen (Prostata und Gebärmutter) verbunden. Es ist
ein starker Meridian mit entscheidendem Einfluss auf akuten Stress und
Reaktionen auf das Umfeld. Bei akutem Stress gerät der Körper stundenlang aus der Bahn und bereitet sich auf die 'Kampf-Flucht-Reaktion' vor.
In diesem Fall wird akuter Stress vor allem durch unerwartete 'Trigger'

im Alltagsleben verursacht. Wir neigen dazu, den starken Mann zu markieren und dadurch so zu tun, als seien wir nicht gestresst. Wir lernen, unsere Emotionen und Gefühle zu unterdrücken. Oft werden wir darin so gut, dass wir selbst zu glauben beginnen, keinen Stress zu haben. Das Umfeld merkt es früher, als wir selbst. Manchmal führt dies zu Ausbrüchen. Dabei können wir sehr ungerecht sein und aus einer Mücke einen Elefanten machen. Manchmal erschrecken wir vor unseren eigenen Reaktionen.

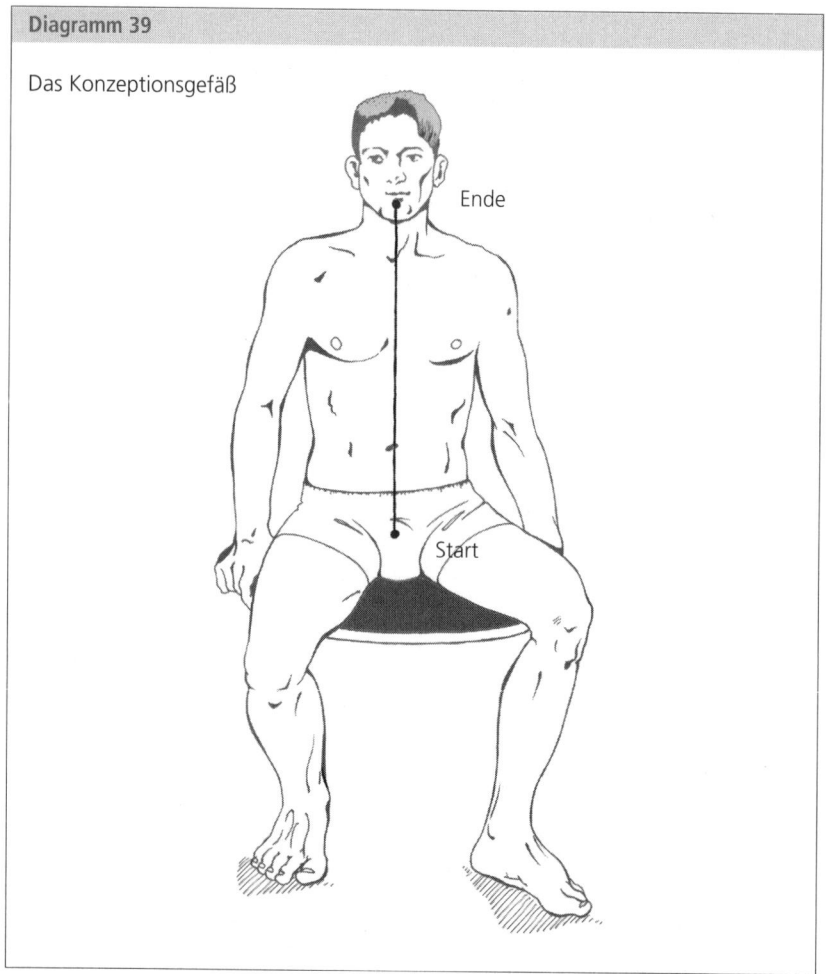

**Diagramm 39**

Das Konzeptionsgefäß

Ende

Start

Die Unterdrückung dieser Emotionen kommt viel häufiger vor, als man sich vergegenwärtigt. Bei lang anhaltenden Unterdrückungen kann dies u.a. Auswirkungen auf die Gebärmutter und die Prostata haben. Das kann zu Beschwerden wie Myomen und Prostatavergrößerung führen. Die Kunst besteht darin zu lernen, unsere eigenen Emotionen zu akzeptieren, ihnen einen Platz zu geben und danach zu verarbeiten. Die Unterdrückung von Emotionen hat Auswirkungen auf unser spirituelles Leben, weil wir uns damit die Chance nehmen, an unserer Seele zu arbeiten.

■ Aufgabe:

Schließen Sie gleich die Augen, und visualisieren Sie Situationen, die bei Ihnen Emotionen auslösen, mit welchen Sie Schwierigkeiten haben, wie etwa Wut, Angst, Unsicherheit. Denken Sie nach, welche Gefühle Sie verletzlich oder emotional machen, so dass Sie sie der Außenwelt lieber nicht zeigen möchten. Gestehen Sie sich zu, diese Emotionen nun zu spüren und zu erleben. Wichtig ist, dass Sie nicht dagegen ankämpfen, wie Sie manchmal gegen Ihre Tränen ankämpfen, weil Sie sie nicht zeigen wollen. Akzeptieren Sie, dass Sie als Mensch Emotionen brauchen, um zu wachsen und Ihre Seele zu heilen. Atmen Sie ruhig ein und aus. Versuchen Sie, aus dem Bauch heraus zu atmen. Entspannen Sie Ihre Schultern, Ihr Gesicht, Ihre Hände, Ihren gesamten Körper. Bleiben Sie dafür offen, die Emotionen zu erfahren, und beginnen Sie, Ihren 'mind' zu behandeln, indem Sie mit folgender Affirmation rhythmisch auf den EB-Punkt 5 klopfen:

"Ich liebe und akzeptiere mich mit meiner Verletzlichkeit und gebe mir selbst die Erlaubnis, alle Emotionen zu erfahren und zu akzeptieren. Ich lasse von meiner tiefsten Ebene das Bedürfnis, meine Gefühle zu unterdrücken, zu vollen 100% los - ab dem allerersten Mal, als ich damit begonnen habe. Ich beschließe nun, voll und ganz damit einverstanden zu sein, alles zu fühlen und zuzulassen."

Erstellen Sie eine Liste der Gefühle, die Sie nicht leicht zulassen, sowie der Situationen, in welchen Sie dazu neigen, Ihre Gefühle nicht zu zeigen oder zu unterdrücken. Arbeiten Sie hieran, bis Sie sich vollkommen verletzlich geben können, ohne dass Sie vom anderen etwas erwarten.

### ■ Thema: Unterdrückung von Emotionen und die Seele

Wenn Sie dazu neigen, Emotionen zu unterdrücken, haben Sie es mit der Tatsache zu tun, dass Sie glauben, empfindlich zu sein und Ihre Seele und sich selbst vor Schmerzen schützen zu müssen. Sich verletzlich zu zeigen ist jedoch der Weg zur Authentizität, d.h. zur totalen Freiheit und zur Heilung der Seele. Die Unterdrückung von Emotionen blockiert einen Großteil Ihrer spirituellen Entwicklung und birgt die Gefahr in sich, dass Sie zu sehr im Verstand bleiben und sich zu sehr von Ihrem Herzen isolieren. Dies bedeutet eine Blockade Ihres Lebensweges. Es ist wichtig, diesbezüglich jederzeit wachsam zu sein. Wenn Sie Wut unterdrückt haben, dann meist deshalb, weil Sie im Laufe Ihrer Erziehung gelernt haben, dass Aggression nicht in Ordnung war. Sie wurden nicht angeregt, diese zu erleben, sondern mussten alle Formen von Aggression unterdrücken. Dies führt zu einer enormen Verarmung Ihres Gefühlslebens.

Wir sind hier, um alle Emotionen zuzulassen, so dass wir lernen können, sie zu erleben und wieder zu heilen. Unterdrückte Wut erkennen wir oft an Rückenschmerzen und allen chronischen Schmerzen (mehr als 80%).

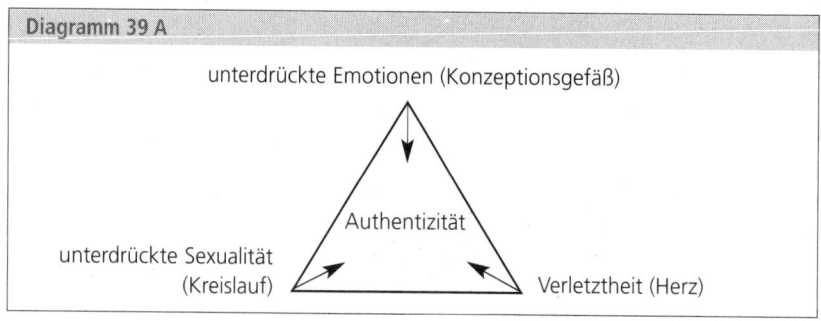

Diagramm 39 A

unterdrückte Emotionen (Konzeptionsgefäß)

Authentizität

unterdrückte Sexualität
(Kreislauf)

Verletztheit (Herz)

Der erste Schritt auf dem Weg zur Heilung besteht darin zu entdecken, wie es sich anfühlt, Wut zuzulassen, Wut als Energie zu begrüßen und sich mit der eigenen Wut anzufreunden. Werden Sie sich bewusst, dass Sie sich stets selbst Schaden zufügen, wenn Sie Ihre Gefühle unterdrücken!

Indem man die Punkte der Verletztheit (Herz) und der unterdrückten Sexualität (Kreislauf) mit den unterdrückten Emotionen (Konzeptionsgefäß) kombiniert, entsteht ein starkes Goldenes Dreieck. Die Integration dieser drei Themen bewirkt, dass Sie spüren, dass es in Ordnung ist, Gefühle zu äußern und ganz verletzlich zu sein. Dies wird letztendlich dazu führen, dass Sie authentisch und unter allen Umständen ganz Sie selbst sind.

Ein Beispiel:
Walter (49 Jahre) ist ein erfolgreicher Geschäftsmann, der den Durchbruch geschafft hat. Was das Geschäftsleben betrifft, so ist Walter ein aggressiver Typ. Er umgibt sich mit Rechtsanwälten, die er einsetzt, wenn er sich bedroht fühlt. Er ist nun dabei, seinen Software-Betrieb zu verkaufen, um es ruhiger angehen zu lassen. Er kommt zu mir, weil er seit Monaten Rückenschmerzen hat und mit der Zeit so depressiv geworden ist, dass er zu Selbstmord neigt. Ganz schnell finden wir heraus, dass Walter enorm böse auf seinen Vater ist, der bereits seit 20 Jahren tot ist. Sein Vater war Alkoholiker und sehr aggressiv, schlug seine Frau und terrorisierte die Familie körperlich und verbal. Walter war als 12-Jähriger von seinem Vater mehrmals zusammengeschlagen worden, als er sich für seine Mutter einsetzte. Mit seinem 16. Geburtstag konnte er endlich daheim ausziehen. Walter verstand es immer gut, seine Aggression zu unterdrücken. Er gab vor, niemals wütend zu werden und immer alles 'unter Kontrolle' zu haben. Als ich ihn auf die Tatsache hinwies, dass er über seine Depression keine Kontrolle hatte, und dass er oft über lange Zeiträume hinweg kein sexuelles Interesse hatte und seine Frau sich darüber beklagte, wurde er still. Er bekam das Goldene Dreieck 'Konzeptionsgefäß – Kreislauf – Herz' mit auf den Weg. Beim Herzpunkt musste

er seinem Vater vergeben. Das fiel ihm sehr schwer, und es dauerte zwei Wochen, bevor er das Sprüchlein aufsagen konnte. Nach vier Wochen waren Rückenschmerzen und Depression weg. Ein Jahr später befand er sich noch immer in einer guten emotionalen und körperlichen Verfassung. Außerdem war sein Sexualleben besser denn je zuvor.

## 6. Angst (Nierenmeridian)

Der Nierenmeridian beginnt an den Fußsohlen und verläuft über die Innenseite der Beine und der Leiste bis hin zu einer Stelle unter dem Schlüsselbein. Der Nierenmeridian ist ganz wichtig, weil die Nieren gemäß der östlichen Astrologie die Energien der Vorfahren beinhalten – unsere Überlebensenergie. Wenn diese ausgeht, geht es abwärts mit uns. Die Nieren und die Nebennieren bilden ein System. Die westliche Auffassung lautet, dass die Nebennieren die Batterien des Körpers sind, die durch Ruhe und Schlaf beständig neu aufgeladen werden müssen. Bei ungenügender Aufladung werden wir erschöpft und chronisch müde.

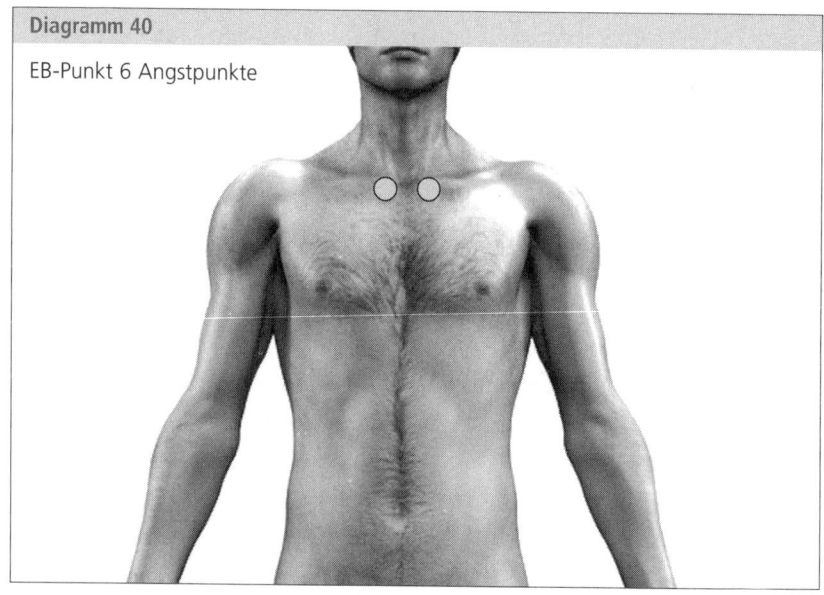

**Diagramm 40**

EB-Punkt 6 Angstpunkte

Es ist ungeheuer wichtig, dass wir uns die Zeit nehmen, um uns gut und vollständig aufzuladen, und auch lernen, die zugehörigen Techniken zu beherrschen. Meditation ist dafür unerlässlich. Die Nieren leiden durch chronischen Stress und wenn man mit Emotionen nicht gut umgehen kann. Die wichtigste Emotion, die die Nierenenergie schwächt, ist die Angst. Weitere Emotionen, die Auswirkungen auf die Nierenenergie haben, sind: kein oder wenig Selbstvertrauen haben, Misstrauen, sich missbraucht oder gebraucht glauben, Unsicherheit, sich nicht sicher fühlen, Angst vor allem Möglichen haben.

**Diagramm 41**

Nierenmeridian

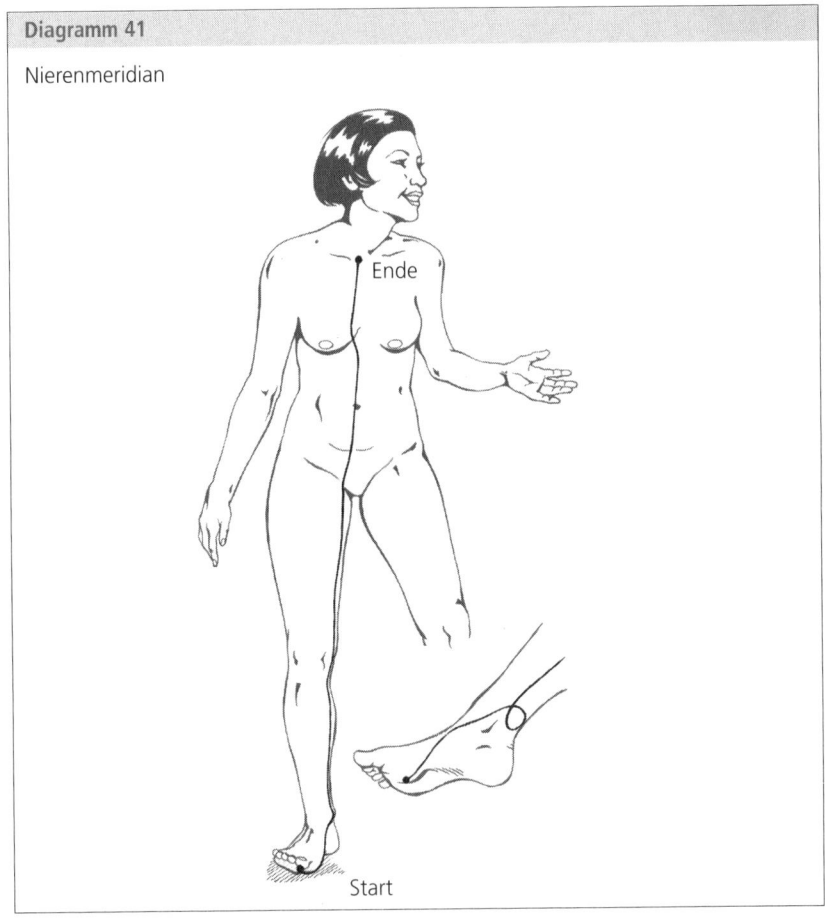

Ende

Start

Wie gesagt: Ein Großteil unseres Selbstbildes ist von der Erziehung durch unsere Eltern und von unserem Umfeld abhängig. Hinzu kommt noch der Ballast der Seele: unsere unverarbeiteten Verletzungen, bevor wir geboren wurden. Wir wählen unsere Eltern und unser Umfeld so aus, dass diese uns 'triggern', so dass wir in diesem Leben beständig mit den unverarbeiteten Dingen konfrontiert werden. Ängste sind die stärksten Emotionen, die die Seele hervorrufen kann, um uns darauf hinzuweisen, was wir angehen müssen. Der 'mind' hingegen ist auf Vermeidungsstrategien konditioniert. Wir sehen hier also einen großen Konflikt entstehen, den wir auflösen müssen. Angst ist ein Tor zur Entwicklung unseres Wesens. Indem wir unsere Ängste angehen, wachsen wir mit Quantensprüngen und erhalten mehr von unserer Lebensenergie zur Verfügung.

Wenn wir unsere Ängste nicht angehen, laufen wir Gefahr, gelebt zu werden und es werden uns bestimmte Türen in diesem Leben für immer verschlossen bleiben. Die größten Ängste, die wir überwinden müssen, sind die vor Konfrontation, Ablehnung und dem Tod.

Angst vor Konfrontation bringt uns Auge in Auge mit uns selbst: Wagen wir es, in unserer Kraft zu bleiben und mit der Liebe verbunden zu sein, oder lassen wir uns einschüchtern und geben klein bei?

Indem wir der Konfrontation aus dem Weg gehen und so tun, als sei alles in Ordnung, halten wir nicht nur uns selbst in einem alten, karmischen Muster gefangen, sondern nehmen auch dem anderen die Möglichkeit, einen Quantensprung auf eine andere Ebene zu machen. Wir sind nun 'meldepflichtig', was das Steckenbleiben im alten karmischen Teufelskreis betrifft. Wir lernen, dass Konfrontation Liebe ist, indem wir die Konfrontation neutral angehen und in der Liebe bleiben, dicht bei unserem Herzen, und indem wir ohne Werturteil, Schuldzuweisung oder Emotion dem anderen unsere Wahrnehmung und Sichtweise vermitteln, ohne etwas dafür zurückzuerwarten: Liebe uns selbst und dem anderen gegenüber. Hiermit gehen wir auch die Angst vor Ablehnung an. Wir akzeptieren, dass uns jeder ablehnen kann – das gehört zum Leben. Jeder hat das Recht, einen anderen Menschen nicht gelten zu lassen. Dass ein anderer das persönlich nimmt und dies auf seine eigene Weise interpretiert, bestimmt auch, wie der andere dies erlebt. Wenn wir uns für unsere eigene Heilung entscheiden, werden wir Menschen enttäuschen müssen. Wenn wir Angst davor haben, dies zu tun, schaden wir uns immer selbst. Liebe beginnt damit, dass wir uns selbst den Raum geben, den wir brauchen. Dies beinhaltet, dass wir diesen Raum auch bestimmen müssen. Ein anderer kann das interpretieren, wie er will, wir können das nicht für ihn bestimmen. Wir selbst lernen, indem wir für uns selbst beschließen, Respekt für einen anderen zu haben, der dies ebenfalls tut. Wenn jemand anders uns also ablehnt, freuen wir uns darüber, dass der sondern andere so deutlich ist. Wir respektieren auch seine Entscheidung und wissen, dass das nicht persönlich gemeint ist. Wir werden nicht abgelehnt, der andere hat eine Entscheidung für sich getroffen. Wenn wir das wirklich begreifen, dann gibt es niemals Ablehnung, dann gibt es nur Entscheidungen.

Die Angst vor dem Tod ist die Angst des menschlichen Organismus, der genau so sein will wie wir – unsterblich. Manchmal übernehmen wir diese Angst. Das bedeutet, dass wir uns nicht mit unserer Seele identifizieren (damit, wer wir wirklich sind), sondern mit unserem Körper (damit, wer wir nicht sind). Unser 'mind' verhält sich dann so, als sei er identisch mit uns. Wir sind verwirrt und glauben, unser 'mind' zu sein. Die Angst vor dem Tod ist die Angst davor, das loszulassen, was wir kennen, die Angst vor dem Unbekannten. Die Wahrheit ist, dass es nichts 'Unbekanntes' gibt. Sterben bedeutet, die dreidimensionale Welt loszulassen, so, wie wir diese zu kennen glauben (es wird immer eine Illusion bleiben) und in die uns bekannte Welt zurückzukehren, wo wir hingehören. Dort ist alles gut. Dort gibt es keine Illusion, und wir sind wieder dort, wo wir uns ganz wohl fühlen und im Frieden sind. Das 'Leben' ist das, wovor wir Angst haben müssen, mit all seinen Launen, Leiden, Emotionen, all seinem Schmerz und all seiner Härte. Der Tod bedeutet, wieder nach Hause kommen in die Liebe, ins Licht, in die Zusammengehörigkeit ohne Betrug. Die Angst vor dem Tod zu überwinden bedeutet, den ersten Schritt ins Leben zu machen und zu akzeptieren, dass wir nun zeitweise einen Ausflug in eine Dimension machen, die voller Beschränkungen und Illusionen ist. Solange wir dies nicht bis in unseren tiefsten Wesenskern hinein begreifen, sind wir nicht reif zu wachsen und werden uns von Angst und Illusion regieren lassen. Unsere Ängste anzugehen ist der größte Schritt in der Entwicklung unserer Seele.

■ Aufgabe:

Schließen Sie gleich die Augen, und visualisieren Sie die Situationen, die Ihnen Angst einflößen. Denken Sie vor allem an Angst vor Konfrontation, Ablehnung, den Tod und andere Ängste, die Sie von Zeit zu Zeit erfahren. Gestehen Sie es sich selbst zu, diese Ängste zu spüren, sie bis tief in Ihr Wesen hinein zu erfahren. Wo spüren Sie das? Was geschieht mit Ihnen, wenn Sie um die Ängste in Ihnen wissen? Kämpfen Sie nicht dagegen an, sondern gestehen Sie es sich selbst zu, dies zu fühlen. Akzeptieren Sie, dass Sie Angst haben und dass dies zum Menschsein dazugehört. Atmen Sie ruhig und tief ein und aus. Versuchen Sie, aus dem Bauch heraus zu atmen, und tun Sie dies so langsam wie möglich, während Ihre Aufmerksamkeit völlig auf das Erleben Ihrer Ängste ausgerichtet ist. Entspannen Sie Ihr Gesicht, Ihre Hände, Ihren Rücken, Ihre Beine, Ihren ganzen Körper. Erfahren Sie die Ängste, und beginnen Sie jetzt, die Angstpunkte zu massieren oder rhythmisch zu beklopfen (EB-Punkte 6) und dabei folgende Affirmation zu sprechen:

"Ich liebe mich mit meinen Ängsten bis in meine tiefste Ebene und respektiere mich selbst dafür, dass ich diese angehe und mich nicht davon abhalten lasse, Liebe zu erfahren. Ich beschließe von jetzt ab, diese Ängste zu überwinden und zu vollen 100% loszulassen und Frieden und Liebe bei Konfrontationen und Abweisungen zu erfahren, in dem Wissen, dass dieses Leben ein Ende haben wird."

Erstellen Sie eine Liste aller Aspekte von Angst, die Sie in Ihrem Leben erfahren. Auch die Aspekte, die in den Hintergrund gewandert sind. Nehmen Sie sich vor, diese Aspekte anzugehen, sodass diese keinerlei Auswirkungen mehr auf Ihr Leben haben. Seien Sie sich sicher, dass der

Tod bei Ihnen keinerlei Angst hervorruft, und dass Sie Konfrontationen liebevoll und neutral gegenübertreten. Ihr Leben wird sich verändern, wenn Sie diese Übung regelmäßig durchführen – es wird um ein Vielfaches angenehmer werden.

### ▪ Thema: Angst und die Seele

Jeder hat Ängste. Angst davor, älter zu werden, Krebs zu bekommen, abzubauen, abhängig zu sein, allein dazustehen, keinen Erfolg zu haben, nicht erfolgreich zu sein, den Wohlstand oder Besitz zu verlieren, von seinem Sockel zu stürzen, in der Öffentlichkeit zu reden, zu sterben usw. Dann gibt es noch Phobien vor allen möglichen Dingen: Spinnen, Injektionsnadeln, Operationen, Feuer, Liebe, usw.

Ängste bilden die Basis aller Emotionen. Angst vor dem Loslassen macht Kummer, Angst vor der Zukunft macht Sorgen. Alle Emotionen entspringen der einen oder anderen Angst. Ängste sind wichtig, weil sie stets auf die eine oder andere Wunde der Seele hinweisen.

Sie brauchen Ängste, um die Seele wieder zur Liebe zu führen. Angst bedeutet, dass Sie die Verbindung zu Ihrem Höheren Selbst verloren haben, dass Sie sich selbst vergessen haben, dass Sie nicht mehr erkennen, wer Sie sind und wofür Sie auf der Erde sind. Angst ist die Ausblendung des Lichts, der Glaube an die Illusion der dreidimensionalen Erde, und bedeutet, dass man den Weg verloren hat. Ihre Ängste sind wichtig, um Sie wieder zu Ihrer Seele zurückzubringen. Angst verleiht maximalen Widerstand. Der Widerstand weist die Richtung, die Sie einschlagen müssen, um zu wachsen und zu lernen, sich zu entspannen. Ohne Angst gibt es keine Weiterentwicklung.

Wir müssen lernen, zwischen den Ängsten des Körpers und den Ängsten der Seele zu unterscheiden. Die Ängste des Körpers haben mit dem Überleben zu tun, mit Selbstschutz. Wenn diese ausarten, unangemessen werden und zu einer Einschränkung unseres Lebens führen, ist es wichtig, sie zu überwinden. Angst vor dem Fliegen ist ein Beispiel hierfür. Wenn die Seele Angst hat, dann haben wir Angst, uns zu binden, beispielsweise in der Liebe oder mit Absprachen ('commitments', dt. etwa 'Selbstverpflichtungen'). Wir wollen uns nicht binden und nennen das Freiheit. Freiheit bedeutet auch, die Entscheidung zu treffen, diese aufzugeben, um an ihre Stelle etwas anderes zu setzen, beispielsweise Partnerschaft. Wenn wir uns nicht binden können, haben wir auch keine Freiheit mehr, sondern sind Gefangene der Illusion von Freiheit.

Es ist wichtig, dass Sie Ihre Ängste angehen und so tief gehen, bis Sie wieder Ruhe, Liebe und Neutralität erfahren. Die Hingabe ist die Freiheit, das Loslassen von allem, was Sie wissen – das Unbekannte zu erfahren und auf Sie zukommen zu lassen ist die höchste Freiheit (Vertrauen).

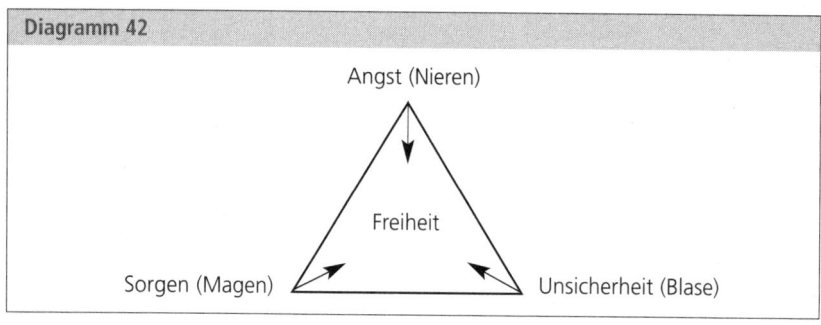

Diagramm 42

Angst (Nieren)

Freiheit

Sorgen (Magen)   Unsicherheit (Blase)

Freiheit ist das Vertrauen, dass letztendlich alles gut wird. Das erleben wir, indem wir alle Ängste loslassen, einschließlich aller Sorgen und unserer Unsicherheit. Dann erfahren wir eine tiefe Ruhe in uns, die dem Vertrauen entspringt, dass alles gut ist. Wenn wir Spiritualität wirklich erfahren wollen, dann ist das eine Art und Weise, dies zu erreichen und unser Herz für das Höhere zu öffnen.

Ein Beispiel:

Suzie (32 Jahre) besuchte meinen Workshop, weil sie sich auf Erden unsicher fühlte. Das hatte sie bereits als Baby – jedenfalls entnahm sie das den Erzählungen ihrer Mutter. Sie hatte seit sechs Jahren eine Beziehung, die sie eigentlich nicht wollte, doch sie wagte diese nicht zu beenden, weil sie fürchtete, dass eine neue Beziehung sie noch mehr enttäuschen würde. Sie war mit ihrer Arbeit nicht glücklich, wagte es aber auch nicht, diese loszulassen. Sie hatte an unzähligen anderen Workshops teilgenommen, ohne wirklich irgendwie weiterzukommen. Sie hatte auch Homöopathie, Reiki, Blütenessenzen und noch vieles mehr ausprobiert, doch ohne oder mit wenig Ergebnissen. Ein Hellseher hatte ihr erzählt, dass sie in einem früheren Leben als Heilerin lebendig verbrannt worden war und dass sie sich daher in diesem Leben klein machte und nicht mehr wagte, sich sehen zu lassen. Der Groschen fiel, als sie dies erfuhr. Sie verstand nun, warum sie sich in der Kirche niemals wohl gefühlt hatte und warum sie es niemals gewagt hatte, über ihre intuitiven Begabungen zu sprechen, sondern lieber den Mund hielt. Sie vertraute niemandem wirklich, und am wenigsten sich selbst. Auf meinem Workshop hatte sie sich zum ersten Mal richtig zu Hause gefühlt, weil ich mit dem Thema 'Spiritualität' ganz locker umging und mich vor allem darauf konzentrierte, die grundlegende Lebensqualität zu verbessern; weil für mich Erleuchtung nicht das Endziel ist, sondern eine Folge davon, dass wir auf der Suche nach Dingen, die uns tief von innen heraus glücklich machen, unermüdlich an uns selbst arbeiten. Sie fühlte sich hier zu Hause. Dies verlieh ihr den Mut, um ein Gespräch mit mir zu bitten. Nachdem ich ihre Geschichte angehört hatte, riet ich ihr, drei Monate lang mindestens dreimal täglich das 'Vertrauensdreieck' zu üben, sowie die CD 'Loslassen' drei Mal täglich anzuhören.

Ich sah sie vier Monate später im nächsten Workshop wieder. Suzie war soeben 33 geworden und sagte: "Das ist das schönste Geburtstagsgeschenk, das ich jemals bekommen habe. Ich habe wieder Vertrauen zu mir selbst." Sie hatte mittlerweile keine Arbeit, keinen Freund und kein Zuhause mehr, doch zum ersten Mal eine Zukunft, die ihr zulachte.

Wenn Sie aus dem Wissen heraus leben, dass alles gut werden wird, und Sie völlig auf das Höhere vertrauen, selbst wenn Sie nicht wissen, ob Sie heute etwas zu essen bekommen werden, werden Sie immer wieder auf die eigenen Füße fallen und zurechtkommen.

# 7. Wut (Lebermeridian)

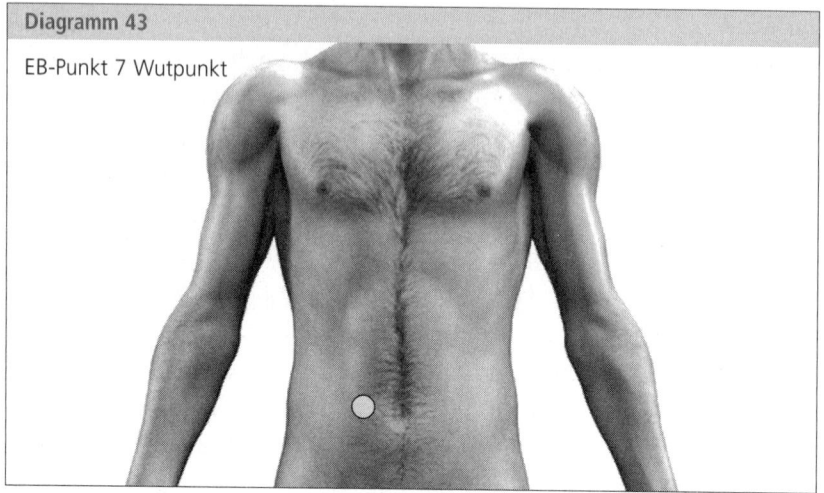

**Diagramm 43**

EB-Punkt 7 Wutpunkt

Der Lebermeridian ist sowohl energetisch als auch biochemisch betrachtet ein wichtiger Meridian. Er beginnt am zweiten Zeh und verläuft entlang der Innenseite des Knies über die Leiste zur Lebergegend. In der Leber werden unter anderem die Giftstoffe im Menschen verarbeitet. Wie diese Toxine, die sowohl von außen als auch von innen stammen, neutralisiert, abgebaut und ausgeschieden werden, bestimmt unsere Lebensqualität und Energie. Speichern wir die Giftstoffe, anstatt sie auszuscheiden, nimmt unser biologisches Alter zu, und wir verlieren kostbare Energie. Die Emotion, die zum größten Toxin für die Leber werden kann, ist die Wut. Wut ist an sich weder positiv noch negativ. Wenn wir natürlich nicht angemessen damit umgehen, richtet sie sich gegen uns und kann sogar zu körperlichem Schmerz, Verfall, Krebs und Auto-Immunkrankheiten führen.

Wut wird oft als Folge eines Ereignisses im Außen gesehen: Jemand tut etwas, was uns wütend macht. Wir haben dann die Wahl, wie wir mit dieser Tatsache umgehen: Verleihen wir ihr Ausdruck, schlucken wir sie oder reagieren wir uns später ab? Was wir im Zusammenhang mit unserer Seele lernen müssen, ist, dass Wut eine Erinnerung an eine Verletzung unserer Seele ist. Wenn wir diese Wunde heilen, kann der gleiche Vorfall niemals mehr Wut erregen. Das bedeutet nicht, dass wir dann auch automatisch jedes Verhalten akzeptieren müssen. Liebevolle, neutrale Konfrontation steht uns immer zur Verfügung. Nichts ist persönlich gemeint. Jedes Verhalten unseres Gegenübers entspringt seiner Vergangenheit, der Konditionierung seines 'mind', dem Entwicklungsstand seiner Seele und dem emotionalen Bewusstseinszustand, in dem er sich in diesem Augenblick befindet. Wir sind nur eine Schachfigur in einem großen Schachspiel, die zur Entwicklung unserer Seele in jenem Moment an jener Stelle sein 'muss'. Ein Tor öffnet sich, ein Tor, das uns die Chance gibt, ein wesentliches Stück unserer Vergangenheit zu heilen. Wir können natürlich auch beschließen, wieder in das alte Verhalten des 'mind' zu verfallen.

Sie geraten in Wut. Was Sie anschließend mit dieser Energie tun, hängt von Ihrem Bewusstseinszustand ab. Ich hoffe, dass Sie sich nach der Lektüre dieses Buches für den Weg der Heilung entscheiden. Mit den Emotionen geht – IMMER – die Aufforderung zum Heilen einher.

Sind Sie bereit zu echtem spirituellem Wachstum, wollen Sie, können Sie, wagen Sie es, haben Sie die Willenskraft und das Wissen, um etwas Konstruktives damit anzufangen, oder kehren Sie zurück zum alten Spiel der Ohnmacht, Unwissenheit und Unfähigkeit und bleiben der Spielball Ihres Umfeldes? Diese Wahl haben Sie jetzt, mit diesem Buch. Der Körper braucht 180 Tage, um jede Zelle zu erneuern, das sind sechs Monate. Wie viele Jahre nehmen Sie sich Zeit, um Ihre Wunden zu heilen? Inwiefern sind Sie wütend auf sich selbst, dass Sie nicht genügend Initiative ergriffen haben? Was tun Sie mit dieser Energie? Wut ist eine starke Energie, die Kraft schenken kann. Dadurch werden Sie stärker als sonst. Diese Kraft kann destruktiv oder konstruktiv angewandt werden.

Wut ist immer mit dem Herzen verbunden. Wir fühlen uns verletzt (Herz). Daher werden wir wütend. Der Grund, weshalb wir wütend werden, ist nicht relevant. Es ist immer unsere eigene Interpretation der Realität. Wenn wir uns nicht respektiert fühlen, weil jemand sich auf bestimmte Weise benimmt, die wir als respektlos interpretieren, dann können wir darüber böse werden oder nicht. Wenn wir das Verhalten des anderen neutral und liebevoll beobachten, sehen wir, dass sein Verhalten seinem eigenen Schmerz und Kummer entspringt. Wir erkennen dann, dass viele Menschen noch aufgrund ihrer Vergangenheit wütend sind. Sie projizieren dies auf die Welt und lassen andere darunter mitleiden. Sie sind das Opfer ihrer Vergangenheit und haben daher ihr Leben nicht mehr unter Kontrolle.

Die Frage ist, ob wir dabei mitmachen oder beschließen, unseren eigenen Weg zu gehen. Um verletzt zu werden, müssen wir bereits verletzt sein, so dass unsere Verwundung auf das Verhalten eines anderen Menschen reagieren kann. Wenn unsere Wunden geheilt sind, reagieren wir auf die Reize aus dem Umfeld anders und können für uns ein Verhalten ohne den Schmerz wählen, der mit jeder Verwundung des Herzens einhergeht.

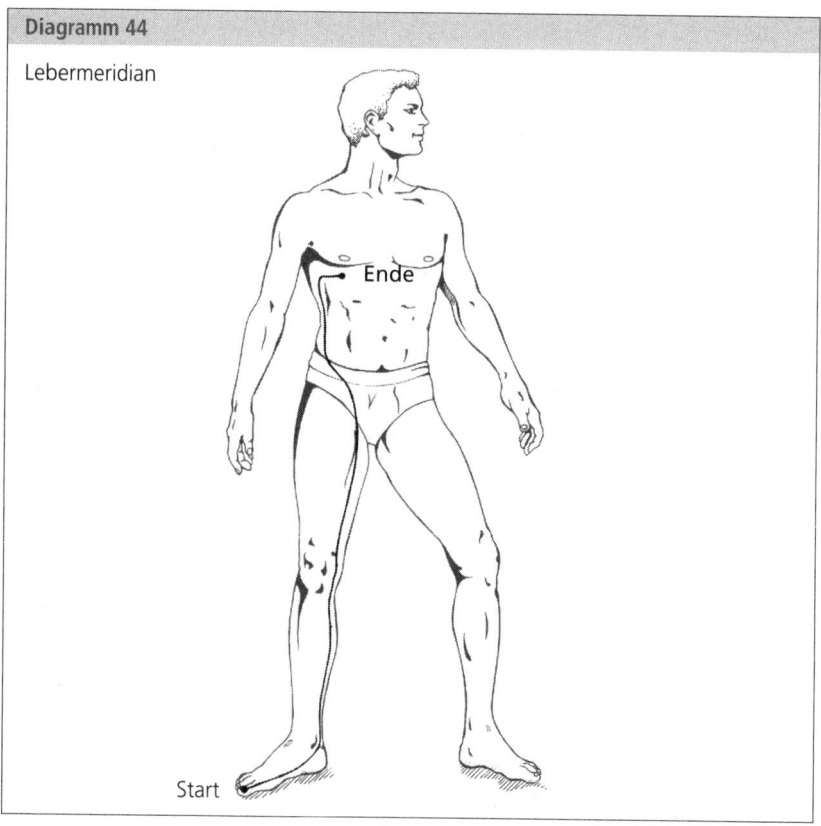

**Diagramm 44**

Lebermeridian

Ende

Start

Alles, was Sie wütend macht, berührt Ihr Herz. Das Herz ist es, das anklopft, um Heilung und Linderung eines alten Schmerzes zu bitten. Indem Sie Ihr Herz heilen, lassen Sie die Vergangenheit los. Vergeben bedeutet, die Vergangenheit loszulassen. Vergeben bedeutet, das Gift, das Sie von innen heraus vergällt, auszuspucken, auszuscheiden und dann zu vergessen. Weisheit bedeutet, nicht zweimal denselben Fehler zu machen, nicht Ihre Intuition zu verleugnen, sondern aus der Vergangenheit zu lernen. Alle Gefühle von Groll sind für Sie Gift und machen Sie letztendlich toxisch und krank.

■ Aufgabe:
Nachdem Sie dies gelesen haben, schließen Sie die Augen und bringen sich zur Ruhe, indem Sie Ihre Aufmerksamkeit zunächst auf Ihre Atmung lenken. Atmen Sie ganz langsam ein und aus, und atmen Sie so weiter, ganz gleich, was geschieht. Entspannen Sie dann die Muskeln im Gesicht, im Nacken, am Hals, im Schulterbereich, in den Armen, an den Händen, im Rücken, im Brustkorb, im Bauch, in den Beinen und Füßen, immer mehr, bis Sie sich ganz ruhig und entspannt anfühlen. Kehren Sie geistig in alle Situationen zurück, die Sie wütend machen. Beobachten Sie, was in solchen Situationen geschieht. Was verursacht bei Ihnen Wut? Was löst das bei Ihnen aus? Welches Werturteil haben Sie? Wo spüren Sie Ihre Wut? Was würde geschehen, wenn Sie Ihre Wut loslassen würden? Wer wären Sie ohne Wut? Was ist der Grund dafür, dass Sie die Wut brauchen? Was bringt Ihnen die Wut? Was projizieren Sie auf den anderen? Was ist, wenn das, was Sie im anderen sehen, Ihr eigenes Spiegelbild wäre? Was müssen Sie tun, um sich selbst das zu vergeben, wofür Sie den anderen verurteilen? Wie würden Sie sich fühlen, wenn Sie den Schmerz aus der Vergangenheit loslassen würden? Wie wäre es, diese Situation aus der Neutralität heraus neu zu erleben und zu wissen, dass es nicht persönlich gemeint ist? Zu wissen, dass der andere seinen eigenen Schmerz auf die Welt, auf Sie projiziert? Was ist, wenn Sie dem anderen Liebe schicken und Liebe für Sie selbst erfahren würden? Wie gehen Sie eine Konfrontation liebevoll und neutral an? Welche

Qualitäten brauchen Sie dafür? Was wäre, wenn Sie diese Qualitäten jetzt in Ihrem Inneren zulassen würden? Wie bleiben Sie in Ihrer Kraft, neutral und liebevoll, ziehen aber auch Ihre persönlichen Grenzen?

Was ist, wenn der andere darauf gar keine Rücksicht nimmt? Wie bleiben Sie dann in Ihrer Kraft, neutral und liebevoll? Welche Konsequenzen hat das für Sie? Welche anderen Entscheidungen sollten Sie fällen, wenn Sie wissen, dass der andere keine Rücksicht auf das nehmen will, was Sie sagen? Wie können Sie damit besser umgehen, ohne sich selbst zu schaden?

Lassen Sie dies alles auf sich einwirken, und massieren oder klopfen Sie auf den Leberpunkt für die Wut (EB-Punkt 7), während Sie folgende Affirmation sprechen:

"Ich akzeptiere mich bis in die tiefste Ebene meiner Seele voll und ganz mit meiner Wut und bin mir völlig bewusst, dass meine Wut mit unverarbeiteten Wunden meiner Seele zu tun hat. Ich beschließe, mir und dem anderen zu vergeben und meine Wut in Frieden und Liebe zu verwandeln."

Erstellen Sie eine Liste der Dinge oder Situationen, die bei Ihnen Wut auslösen. Auch die kleinen Dinge. Es ist Ihre Aufgabe, alles, was aus der Vergangenheit stammt, zu heilen, so dass Ihre Seele endlich von den vielen Wunden, die Sie sich in Ihrem Leben zugezogen haben, befreit ist.

■ Thema: Wut und die Seele

Unser 'mind' wird wütend, wenn unser Weltbild in Konflikt mit der Realität gerät. Wut ist eine Energie, die aus einem Gefühl entsteht, ungerecht behandelt zu werden. Sie ist eine Kraft, die zum aktiven Handeln anregt. Dieses Handeln kann im Außen stattfinden und ein Gefühl der Erleichterung bewirken, weil wir damit diese große Menge an Energie verwandelt haben. Dieses Handeln ist natürlich keine Heilung, außer es handelt sich um einen Akt der Liebe. Wut ist nicht das Gegenteil von Liebe, sondern umgekehrte Liebesenergie. Gleichgültigkeit ist die Antithese der Liebe. Wenn es uns nicht mehr kümmert, ist unsere Liebe erloschen, und es ist ein Stückchen von uns gestorben. Wut ist Liebesenergie. Wir kommen in Bewegung, weil wir uns selbst lieben, oder weil wir einen anderen lieben. Wenn diese Liebe einen anderen Menschen erniedrigt, haben wir eine karmische Kettenreaktion in Gang gesetzt, die erst stoppt, wenn wir uns in dieser Situation wieder für die Liebe anstatt für die Aggression entscheiden. Dann haben wir einen Quantensprung auf die nächste Ebene der Liebe gemacht.

Enttäuschung ist eine unerfüllte Erwartung. Erwartungen zu haben erhöht die Wahrscheinlichkeit, dass wir uns enttäuscht fühlen. Indem wir alle Erwartungen und Annahmen loslassen, werden wir neutral und lassen alle in ihrem Wert stehen, ohne unser Weltbild auf sie zu projizieren. Wut ist eine herrliche, warme Energie, die wir dorthin zurückströmen lassen können, wo wir die Liebe wieder spüren können, die alle Wunden heilen und uns von der Vergangenheit befreien wird. Begrüßen Sie die Wut als einen Botschafter der Liebe und lassen Sie diese immer wieder unseren Freund sein, damit Frieden in unserem Herzen ist.

Indem Sie an Ihrer Wut (Leber), an Ihrer Verletztheit (Herz) und an Ihrer Verletzlichkeit (Dünndarm) arbeiten, werden Sie immer mehr Frieden und Freiheit erfahren. Sie werden aus Liebe in die Welt schauen und verstehen, dass die Welt als Spiegel für Sie selbst erschaffen ist, so dass Sie immer wieder neu erfahren können, wo Sie bei der Entwicklung Ihrer Seele stehen. Solange Sie noch in Ihrem Herzen Verletztheit finden, sind Sie emotional verletzlich und eine Beute für Ihre Wut. Befreiung bedeutet, die Vergangenheit loszulassen und im Frieden mit sich selbst zu leben.

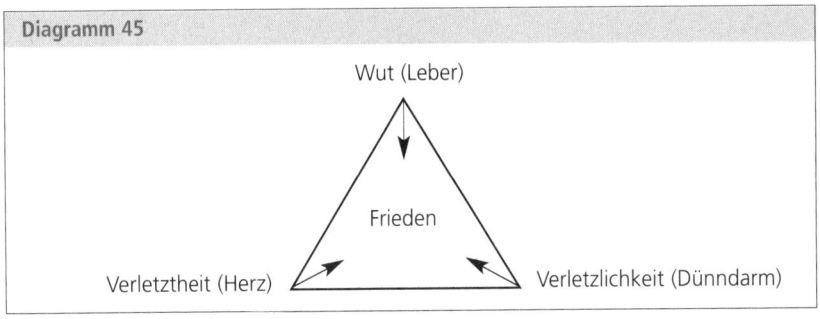

Diagramm 45

Wut (Leber)

Frieden

Verletztheit (Herz)    Verletzlichkeit (Dünndarm)

Ein Beispiel:

Anne, eine 75-jährige Großmutter, kam mit Brustkrebs zu mir. Sie hatte Todesangst davor, das gleiche Los ertragen zu müssen wie ihr Zwillingsbruder, der an seinem 74. Geburtstag an Prostatakrebs verstorben war. Auch ihre Mutter war an ihrem 78. Geburtstag an Krebs gestorben – Gebärmutterkrebs. Sie hatte ihren Bruder in der Chemotherapie dahinsiechen sehen und Angst davor, den gleichen Weg zu gehen. Sie lehnte eine Operation und Chemotherapie ab. Sie wollte in Frieden sterben, oder, wie sie sagte: "Ich will nicht dahinsiechen. Ich will würdig sterben!"

Beim Austesten kam aus der Tiefe viel Wut nach oben.

Ihr Vater hatte sie sexuell eingeschüchtert und berührt. Dies hatte ihr viel Kummer bereitet. Mit dem erstbesten Mann (Jungen), der sie wollte, wurde sie verheiratet. Ihr Mann hatte sie wiederholt betrogen und zum Gespött gemacht. Ihre beiden Söhne (Zwillinge) hatten sie im Stich gelassen, indem sie so früh wie möglich aus dem Haus gingen, um ein Studium zu beginnen. Sie fühlte sich von ihnen im Stich gelassen. Dies hatte ihre alte Verletzung, nicht gut genug zu sein, weiter verstärkt. Niemand liebte sie wirklich, und sie war wütend auf diese ungerechte Welt. Sie fühlte sich schnell persönlich getroffen, weinte oft und erwartete nicht mehr viel vom Leben. Doch sie wollte nicht sterben wie ihr Bruder, der sie ebenfalls im Stich gelassen hatte, als sie ihn brauchte.

Ich gab ihr Kräuter für ihr Immunsystem und zur Lymphdrainage mit, sowie eine Visualisierungsübung. Doch sie blockierte ihre Heilung weiterhin selbst, solange ihre Wut nicht angegangen wurde. Sie bekam das Goldene Dreieck für Frieden und Freiheit mit auf den Weg. Dieses musste sie 12-mal täglich machen, nachdem sie die CD 'Freiheit' angehört hatte, bei der es um Vergebung geht. Nach acht Wochen war der Tumor bereits um die Hälfte geschrumpft, und nach acht Monaten wurde sie von den Ärzten für geheilt erklärt. Sie selbst hatte sich von einer verbitterten, mürrischen Person in einen Menschen verwandelt, der wieder lachen und Spaß haben konnte.

Es ist lebenswichtig, uns unserer Wut bewusst zu werden. Manche Menschen haben ihre Wut so stark unterdrückt, dass sie glauben, dass sie niemals wütend sind. Für 99,9% der Menschen gilt das als Zeichen der Unterdrückung und Ablehnung aller Aggressionen in sich selbst. Es kann auch sein, dass sie ihrer Wut ein anderes Etikett aufgedrückt haben, wie etwa 'Enttäuschung', 'Verletztheit', 'nicht respektiert', 'abgelehnt' und dergleichen mehr. Erst wenn wir die Wut erfahren, wissen wir, wie wir dem anderen und auch uns selbst vergeben müssen.

Vielleicht müssen Sie sich selbst auch fragen, welchen Menschen Sie allen vergeben müssen und eine Liste all derjenigen erstellen, die Ihnen jemals etwas angetan haben, diesen der Reihe nach vergeben und sich entscheiden loszulassen.

## 8. Mangelndes Selbstvertrauen (Milz-Pankreasmeridian)

Der Milz-Pankreasmeridian liegt neben dem Blasenmeridian (Unsicherheit) und ist ganz wichtig für das Immunsystem. Außerdem hat er Einfluss auf die Regulierung des Hormonhaushaltes und die Verdauung. Er verläuft von den Füßen an der Innenseite des Beines über die Leisten die Körperseite entlang zu einer Stelle am Brustkorb. Die Emotionen, die damit neben dem mangelnden Selbstvertrauen verbunden sind: es nicht wagen, für sich selbst einzutreten, Schüchternheit, Ohnmacht, mangelndes Selbstbewusstsein, Abhängigkeit von anderen (Suche nach

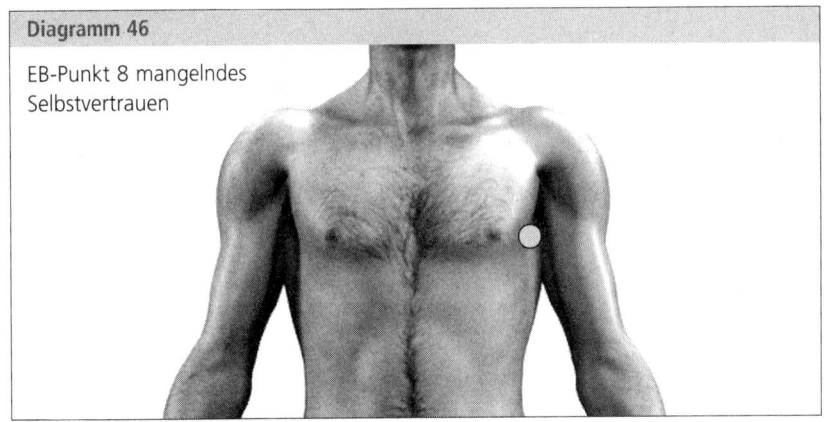

Diagramm 46

EB-Punkt 8 mangelndes Selbstvertrauen

Bestätigung, Lob), Unsicherheit, Gefühl der Hoffnungslosigkeit, das Gefühl, keine Kontrolle über das Leben zu haben, Sorgen, Misstrauen und Angst vor der Zukunft. Es fehlt an einem positiven Gefühl für sich selbst. Der 'mind' ist mit negativen Glaubensüberzeugungen gefüllt, wie: "Ich bin nicht gut/schön/klug/schlank/stark/mutig genug. Ich bin es nicht wert. Ich verdiene es nicht." und "Ich kann es nicht." Folglich wird man zum Spielball des eigenen Umfeldes und nimmt alles mit, um sich in seinen Minderwertigkeitsgefühlen bestätigt zu fühlen. Man sabotiert die guten Dinge, die man sehr wohl hat, weil man nicht glaubt, dass es weiterhin gut gehen kann.

Dies kommt, verkappt, auf die verschiedensten Weisen vor. Es gibt Menschen, die alles daransetzen, um diese Minderwertigkeitsgefühle zu

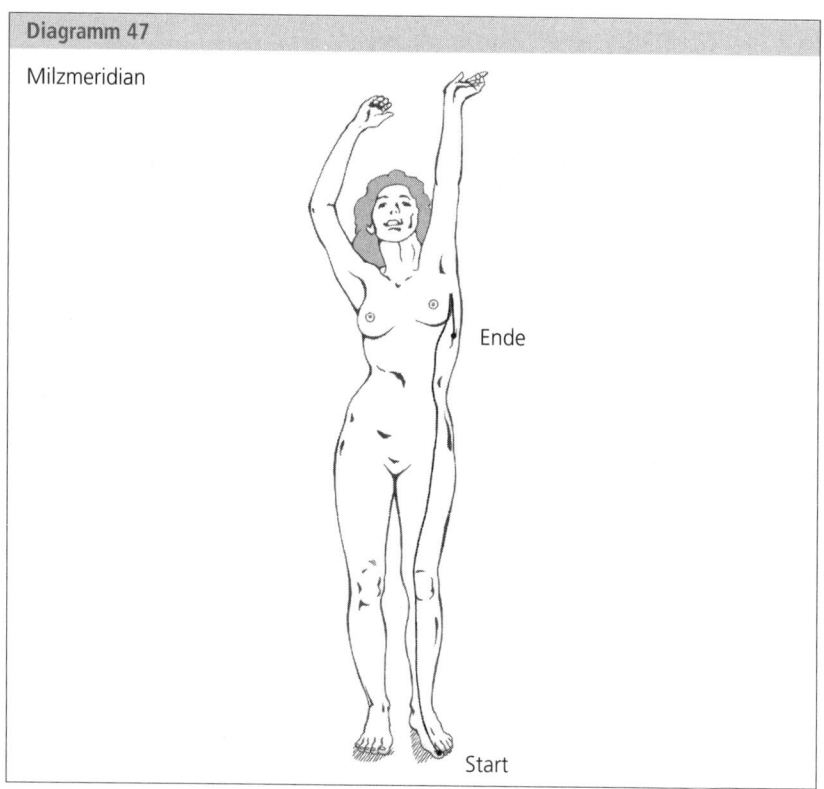

**Diagramm 47**

Milzmeridian

Ende

Start

kompensieren: Sie arbeiten doppelt so hart, um erkennen zu lassen, dass sie echte Kämpfer sind. Dies ist auch bei vielen so genannten erfolgreichen Menschen eine starke Triebfeder. Es sind in der Tat zwei Seiten derselben Medaille: Die so genannten Sieger und die Verlierer entspringen der gleichen Verwundung der Seele.

In einem frühen Stadium unserer Entwicklung fühlten wir uns abgelehnt und interpretierten dies so, dass wir nicht gut genug waren. Meist haben wir uns das perfekte Umfeld ausgesucht, um in diesem Leben an diesem Thema der Unterlegenheit zu arbeiten. Wir haben, bevor wir auf die Erde kamen, beschlossen, in diesem Leben damit zurecht zu kommen.

Wenn Sie sich selbst hierin mehr oder minder deutlich wieder erkennen, dann sollten Sie dies sehr ernst nehmen. Dieses ist dann das Leben, in dem Sie es gründlich anpacken, das Unkraut mit der Wurzel und allem aus Ihrer Seele herausholen und letztendlich voll und ganz in Ihre Kraft gehen müssen. Die Aufgabe liegt bei Ihnen, dies so lange zu heilen, bis es durch folgende Dinge ersetzt ist: pures Selbstvertrauen, Selbstbewusstsein, die Kraft, es zu wagen, für sich selbst einzutreten, Ihre Grenzen zu setzen und ganz im Frieden damit zu sein, dass manche Menschen Sie egoistisch finden, dass Sie kein Lob mehr im Außen suchen, so dass Sie völliges Vertrauen in die Zukunft haben. Ich habe rund 30 Jahre damit verbracht, dies für mich zu schaffen. Wenn ich die Techniken gehabt hätte, die Sie nun in Händen halten, so hätte es höchstens neun Monate gedauert. Das eigene Selbstvertrauen aufzubauen ist ein Prozess des Fallens und wieder Aufstehens. Es ist die Bereitwilligkeit, es wirklich anzugehen und sich selbst immer wieder an seine neuen Glaubensüberzeugungen zu erinnern.

Die positiven Glaubensüberzeugungen, die Sie hunderttausend Mal wiederholen werden, während Sie auf den EB-Punkt 8 im Wechsel mit EB-Punkt 14 (wechselnde Faustschlagtechnik) klopfen, sind Variationen auf folgende Affirmationen:

- "Ich bin es wert und verdiene es, glücklich, gesund, vital und erfolgreich zu sein und ein langes Leben zu führen."

- "Ich habe alles in mir und bin klug, schön, stark und mutig genug, um aus meinem Leben ein Meisterwerk zu machen."

- "Ich liebe mich und glaube an mich. Ich habe mehr als genug Selbstvertrauen und Tatkraft, um es mit allen Herausforderungen aufzunehmen."

- "Ich wachse jeden Tag mehr in meinem Selbstvertrauen und wage es mühelos, meine Grenzen zu ziehen und für mich selbst einzutreten."

Diese Affirmationen müssen in jede Zelle aufgenommen werden. Sie können sie nicht oft genug sagen. Schreiben Sie sie auf – und ebenso das Goldene Dreieck, das zu diesem Thema gehört, mit den zugehörigen Affirmationen dieser drei Punkte. Tun Sie dies jeden Tag, mindestens drei Monate lang, im Optimalfall neun Monate lang. Dann haben Sie ein Thema Ihrer Seele vollständig geheilt, für alle Leben, die nach diesem kommen!

■ **Aufgabe:**

Entspannen Sie sich, schließen Sie die Augen und atmen Sie ruhig sowie tief ein und langsam aus, bis alle Muskeln in Ihrem Körper zur Ruhe gekommen sind. Richten Sie nun Ihre Aufmerksamkeit auf alle Situationen, in welchen Sie sich ohne Selbstvertrauen fühlten, es nicht wagten, für sich selbst einzutreten, Sie sich eingeschüchtert fühlten, spürten, dass Sie nicht in Ihrer Kraft standen, es nicht wagten, Ihre Grenzen zu ziehen. Während Sie nun ruhig und rhythmisch auf den EB-Punkt 8 klopfen, visualisieren Sie, wie Sie sich anders verhalten würden, wenn Sie wirklich in Ihrer Kraft stehen würden. Inwiefern würden Sie anders reagieren? Was würden Sie sich zu sagen trauen? Welche Qualitäten brauchen Sie, um sich so zu verhalten und sich dabei gut zu fühlen? Sehen Sie sich geistig mit diesen Qualitäten mühelos das tun, was Sie am liebsten tun würden.

Wiederholen Sie diese Übung so lange, bis Sie merken, dass das, was Sie sich in Ihrer Visualisierung für Ihr zukünftiges Leben vorgestellt haben, wirklich stattfindet. Sie sollten wissen, dass dies nicht nur möglich, sondern dass diese auch eine der Techniken ist, um das zu kreieren, was Sie möchten.

Affirmation:
"Ich liebe und akzeptiere mich unter allen Umständen und beschließe, in meiner Kraft zu bleiben, jetzt und für immer."

Erstellen Sie eine Liste aller Situationen, an welchen Sie arbeiten möchten, um mehr Selbstvertrauen zu haben. Überarbeiten Sie diese Liste ständig anhand dessen, was in Ihrem täglichen Leben geschieht. Visualisieren Sie regelmäßig jeden Tag, wie Sie es tun wollen. Idealerweise erleben Sie abends, am Ende des Tages, alle Situationen nochmals so, wie Sie diese gern erlebt hätten. So konditionieren Sie Ihren 'mind' darauf, dass zu 100% das geschieht, was Sie möchten.

Seien Sie sich sehr wohl der Tatsache bewusst, dass nicht jeder glücklich ist, wenn Sie selbstbewusster werden. Viele Menschen finden schüchterne Mitmenschen angenehmer und werden alles daran setzen, um Sie auf dem Niveau zu halten, auf dem Sie sich vorher befanden. Ja – dann hat man mehr Kontrolle über Sie, und Sie sind folgsamer. Wenn Sie also merken, dass man Ihnen Kritik entgegenbringt, wie etwa: "Du bist egoistisch. Ich erkenne dich nicht mehr wieder" und allerlei Bemerkungen macht, um Sie zurückzupfeifen, dann sind Sie auf dem richtigen Weg!

Sprüche wie: "Wenn du so hocherhobenen Hauptes daherkommst, dann...", "Wenn du zehn Cent wert wärest, dann..." verlieren umgehend ihre Kraft, sobald Sie für sich selbst einstehen und anfangen, mehr an sich zu glauben.

■ **Thema: Mangelndes Selbstvertrauen und die Seele**
Selbstwertgefühl, Selbstvertrauen und das eigene Selbstbild sind eng miteinander verbunden. Wenn wir ein Umfeld ausgewählt haben, das uns wegführen soll von dem, wer wir als Seele wirklich sind, dann ist der 'mind' darauf geprägt zu verleugnen, wer wir wirklich sind. Wir werden

diese konditionierte Illusion mit allen dazugehörigen Wahnbildern, negativen Glaubensüberzeugungen und selbst auferlegten Behinderungen überwinden müssen, um zu unserer wirklichen Essenz zurückzufinden.

Wenn man eine zusätzliche Behinderung auf sich nimmt, so kann dies zwei Gründe haben:

1. Wir sind so stark und weise, dass das Leben sonst zu leicht für uns wäre. Wir haben vielleicht vorher ein Leben gehabt, in dem wir mit Leichtigkeit gestrahlt haben. Jetzt ist es an der Zeit, etwas mehr Herausforderungen zu erzeugen und einige untergeordnete Themen weiter zu entwickeln, wie Geduld, Durchsetzungsvermögen, Fokus, mehr Wertschätzung für die guten Dinge des Lebens (anstatt diese als selbstverständlich zu erfahren).

2. Wir wollen in diesem Leben beweisen, dass wir es wirklich begriffen haben: dass wir, trotz der enormen Behinderung, die wir in Form eines 'mind' mitbekommen haben, der auf ein schwaches Selbstwertgefühl, ein negatives Selbstbild und einen enormen Mangel an Selbstvertrauen konditioniert ist, unseren Charakter hier hindurch scheinen lassen und der Welt zeigen, dass Erziehung, Herkunft und Mangel an Chancen die unsterbliche Seele nicht brechen können.

Es gibt noch andere mögliche Gründe, warum wir ein Umfeld wählen, das uns eine bestimmte Seite aufzwingt, uns Menschen über den Weg schickt, welchen wir ansonsten nie begegnen würden, warum wir Menschen von der anderen Seite kennen lernen, altes Karma abarbeiten und uns auf die tiefste Ebene fallen lässt, um dort zu entdecken, dass mehr in uns steckt.

Alles ist möglich. Doch wenn Sie glauben, ein niedriges Selbstwertgefühl oder zu wenig Selbstvertrauen zu haben, dann bestätigen Sie laut und deutlich, dass Sie nicht wissen, wer Sie sind und dabei sind, an die Lügen und Unwahrheiten, die Sie angesprochen haben, zu glauben. Es ist Zeit aufzuwachen und nicht zu ruhen, bis Sie dafür einstehen, wer Sie sind. Es geht nicht darum, was Sie tun oder wie viel Sie besitzen bzw.

erreicht haben – es geht vielmehr um eine Sache – nämlich darum, wer Sie sind! Sie sind eine unsterbliche Seele, die beschlossen hat, für eine bestimmte Zeit auf die Erde zu kommen, um eine herrliche Erfahrung mitzuerleben. Sie sind ein Kind von den Sternen, mit göttlicher Essenz. In diesem Punkt sind wir alle gleichwertig. Doch niemand wird auf Erden dasselbe erfahren. Jede Erfahrung ist einzigartig und kann nur die Erfahrung eines einzigen Individuums sein. Kein Mensch hat das Recht, über die Erfahrung eines anderen zu urteilen, denn Sie allein wissen, warum Sie hier sind, und nur Sie selbst können über Ihren Lebensweg urteilen. Folglich ist es nun an der Zeit, Sie selbst zu sein, frei von allen auferlegten, zwanghaften Gedanken und Glaubensüberzeugungen, und die Welt neu zu entdecken.

Meiner Ansicht nach ist die Welt ein Spiel, aktive Aktion. Sie tun etwas, und ein anderer reagiert auf eine Weise, die von dessen Entwicklung der Seele und seiner Konditionierung des 'mind' abhängig ist. Darauf reagieren Sie wiederum. Es ist Zeit, neue Aktionen zu unternehmen und zu entdecken, wie die Welt darauf reagiert. Wenn das, was die Welt tut, Sie abschreckt, Ihnen Schmerzen zufügt oder Sie emotional macht, wissen Sie, dass Sie in diesem Punkt etwas zu lernen oder zu heilen haben, so dass diese Reaktion Sie nicht mehr berührt oder 'triggert'. Auf diese Weise kommen Sie immer mehr in Ihre Kraft: indem Sie stets das Feedback (oder die Kritik oder Reaktion) der Welt für Ihre Heilung benutzen. Es ist ein herrliches Spiel, das ich 'Mensch ärgere dich nicht!' nenne. Wenn man Sie ärgert, bedeutet das, dass Sie handeln müssen und sich selbst heilen oder Ihren 'mind' neu konditionieren müssen.

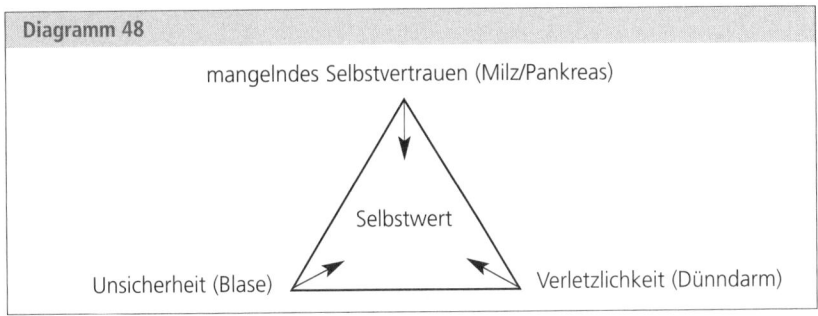

**Diagramm 48**

mangelndes Selbstvertrauen (Milz/Pankreas)

Selbstwert

Unsicherheit (Blase)　　　　Verletzlichkeit (Dünndarm)

Diagramm 48 stellt für jeden, der ein höheres Selbstwertgefühl haben möchte, das Goldene Dreieck dar, das man täglich zusätzlich einsetzen und benutzen sollte, um maximales Selbstvertrauen, maximale Sicherheit zu erhalten und unter allen Umständen in seiner eigenen Kraft zu bleiben.

Ein Beispiel:

Eddie (44 Jahre), ein erfolgreicher Computerprogrammierer, war ein Einzelgänger und arbeitete von Zuhause aus. Er war nicht verheiratet, hatte aber vor zehn Jahren eine kurze Beziehung mit einer Frau gehabt. Doch diese war im Sande verlaufen, weil sie ihn verändern wollte. Über Internet hatte er eine andere kennen gelernt, doch er wagte es nicht, sich mit ihr zu treffen. Seine Lebensgeschichte erzählte er holpernd und stockend, und ich musste beständig Fragen stellen, um dahinter zu kommen, warum er derart 'soziophob' geworden war. Er hatte enorm viele negative Glaubensüberzeugungen und ein niedriges Selbstwertgefühl – unter Null. Als ich ihm erklärte, dass der 'mind' ein Computer ist, den man mit einer Supersoftware-Programmierung wieder neu umprogrammieren kann, erhielt ich seine volle Aufmerksamkeit. Ich musste es ihm bis in alle Einzelheiten darlegen und sah, wie seine Augen vor neuem Mut leuchteten.

Ich erklärte ihm, wie man visualisiert, Affirmationen spricht, die 14 EB-Punkte-Übungen macht und ließ ihn auch die CD 'Aquarius Sutras' anhören. Ich habe noch niemals jemanden gesehen, der so fanatisch war. Er hat alles in Computersoftware umgesetzt, mit 'Timern'. Alle vier Stunden bearbeitete er seine Punkte und machte seine Visualisierungen. Er hatte sogar ein Video erstellt, in dem er seine neue Identität zeigte und was er in bestimmten Situationen sagen würde. Seinen CD-Spieler hatte er so programmiert, dass 'Aquarius Sutras' rund um die Uhr gespielt wurde, während er schlief. Tagsüber ließ er die CD konstant im Hintergrund spielen. Nach drei Monaten hatte er eine neue Beziehung, ging zum Tanzen aus (das hatte er auch per Computer gelernt!) und konnte zum ersten Mal in seinem Leben stundenlang mit Menschen über alles Mögliche reden – und nicht ausschließlich über Computer.

Er kam jetzt offensichtlich nur wieder, um sich Ratschläge über Beziehungen zu holen und sich zu erkundigen, wie er neue Herausforderungen angehen sollte. Er war das deutlichste Beispiel dafür, dass der 'mind' nichts anderes ist als ein Computerprogramm, das für uns oder gegen uns arbeiten kann. Das Interessante an Eddie war, dass er alles an sich verändert hatte: seine Kleidung, seine Frisur, seine Brille. Er zog in ein geselligeres Wohnviertel um, machte zum ersten Mal Urlaub, kaufte sich ein flottes Auto usw. Sein ganzes Leben stand Kopf, indem er begann, wieder an sich selbst zu glauben.

# 9. Kummer (Lungenmeridian)

Der Lungenmeridian beginnt genau unter der Außenseite des Schlüsselbeins und verläuft über die Schulter und die Innenseite des Ellbogens bis zum Daumen. Damit sehen wir auch, welche Körperzonen mit diesen Meridianen zu tun haben: Schultern, Arme, Ellbogen, Daumenpuls und Daumen. Die Emotionen, die mit der Lunge in Zusammenhang stehen, sind: Kummer, Stolz, seine Schuld nicht zugeben können (keine Verantwortung übernehmen), die Vergangenheit nicht loslassen, Traurigkeit, Depression, mit einem Verlust nicht umgehen können, Trauer, Sehnsucht nach der Vergangenheit (Heimweh, Nostalgie), Schwierigkeiten, im Jetzt zu leben, Besessenheit, Fixiertheit, auf andere herabschauen, Glaubensverlust, Hochmut und Intoleranz.

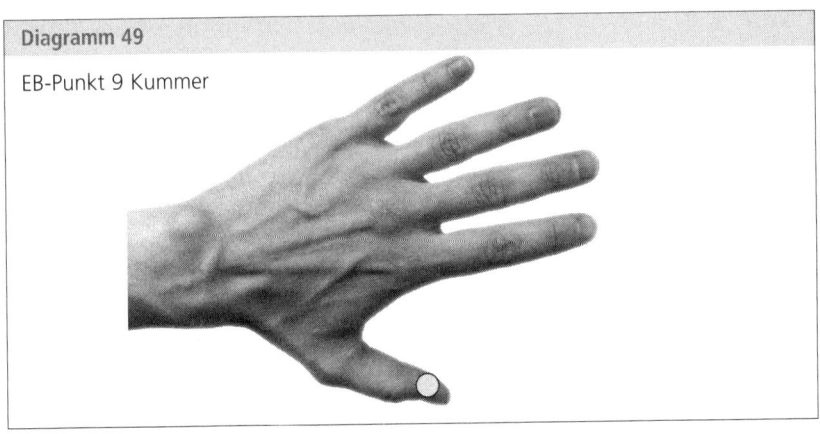

**Diagramm 49**

EB-Punkt 9 Kummer

Alle Emotionen, die uns vom Leben im Jetzt isolieren: das loslassen, was nicht ist, akzeptieren, dass das Leben Veränderung ist. Alles verändert sich fortwährend, nichts bleibt dasselbe. Das Universum ist ein lebendiges Wesen, das beständig in Bewegung ist, sich wandelt und sich zum Höheren entwickelt. Zu unseren menschlichen Erfahrungen gehört die Bindung an Menschen und Umstände, sowie, Dinge wieder loszulassen und uns an Veränderungen neu anzupassen. Im Bauch der Mutter beginnen wir damit und machen wieder und wieder Veränderungen mit, die uns immer wieder die Chance geben, neue Aspekte in uns selbst zu entdecken. Sollte sich nichts verändern, können wir uns nicht weiterentwickeln, und das Leben hat keinen Sinn.

Kummer erinnert uns in all seinen Aspekten daran, warum wir hier auf Erden sind: die Verwandlung unserer Seele, alte schmerzhafte Dinge

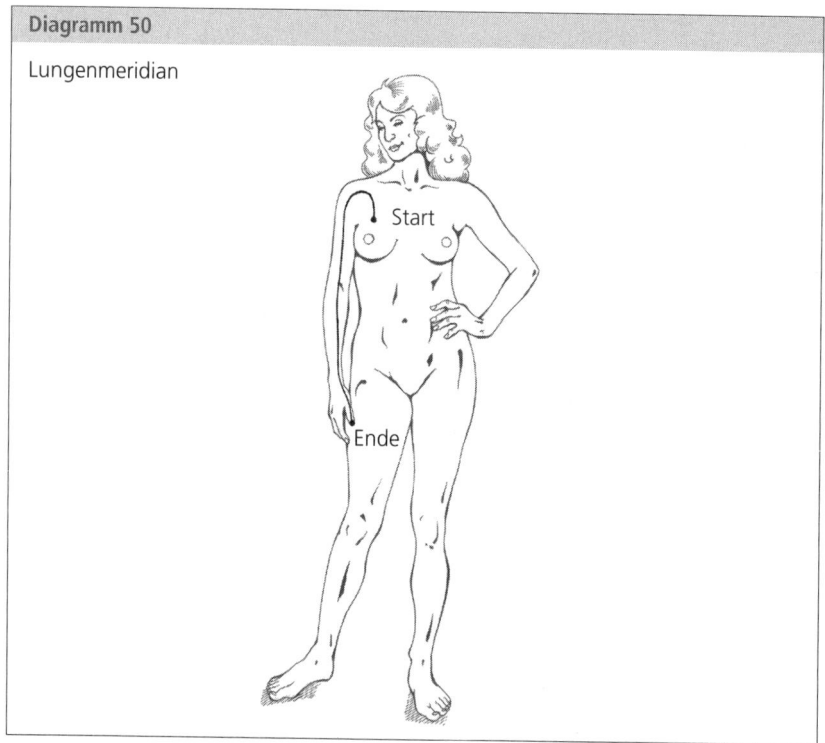

**Diagramm 50**

Lungenmeridian

Start

Ende

in Kraft umzusetzen, in neue Energie. Immer wieder neu lernen, loszulassen. Die Meisterschaft im Loslassen erwerben. Durch die Emotionen hindurchgehen, den Schmerz (wieder-) erkennen, erleben, die Lektion lernen, akzeptieren, was wir nicht verändern können und loslassen ('Allheil-Prozess'). Je besser wir darin werden, desto kürzer der Schmerz.

Wie wir mit Verlusten umgehen, wird zum Großteil durch unsere Kultur bestimmt. In manchen Ländern geht man durch einen Trauerprozess hindurch, andere Kulturen feiern ein Fest, wenn jemand stirbt. Körperlich werden wir den anderen vermissen, und das tut weh. Dass wir nicht mehr mit dem anderen sprechen, ihn nicht mehr festhalten, ihm keine Ratschläge mehr erteilen bzw. keinen Rat mehr von ihm bekommen können, kann zu ungeheurer Leere führen. Das nennen wir Kummer. Der Schmerz, wenn man den anderen vermisst, wenn er stirbt oder ins Ausland zieht, ist freilich normal. Wie lange wir jedoch diese Emotion festhalten, hängt vom 'mind' (was ist normal?) und von der Seele (sind wir auf diesem Gebiet verwundet?) ab. Das erklärt die unterschiedlichen Grade an Kummer.

Kummer ist eine Aufforderung, sich an die Arbeit zu machen und zu lernen, mit Veränderungen umzugehen – ein wesentlicher Kernpunkt im Leben. Je schwerer Ihnen das fällt, desto fixierter werden Sie (siehe nächster EB-Punkt). Wenn Sie Ihren Kummer nach dem Tod eines geliebten Menschen schnell loslassen, denken manche Menschen (das ist deren 'mind'!), dass er Ihnen gleichgültig ist, oder dass Sie den anderen nicht geliebt haben, weil Sie in deren Augen nicht lange genug getrauert haben. Derjenige, der gestorben ist, will nichts anderes, als dass Sie sich für ihn freuen, weil er nach Hause gegangen ist und nicht mehr länger in dieser harten Welt sein muss. Seine Aufgabe schiebt er vorläufig auf. Wie schön das Leben auch war, die andere Seite ist zehnmal besser. Er freut sich und möchte, dass Sie das wissen. Für denjenigen, der gestorben ist, ist das ganze 'Getrauere' nur eine große Blockade, die ihn daran hindert, mit Ihnen in Kontakt zu treten. Wenn jemand stirbt, und Sie meditieren, dann werden Sie Freude und Liebe erfahren und sich gut fühlen. Das Wissen, dass der andere noch immer existiert, und dass es ihm gut geht, macht Sie froh und gibt ihm auf seiner weiteren Reise ein beruhigendes

Gefühl. Folglich tun Sie es für sich und den anderen. In diesem Zusammenhang bedeutet Kummer folglich, es nie loslassen zu können und nicht imstande zu sein, diese Leere in Ihnen zu verwandeln.

Darin werden mir viele Menschen nicht zustimmen und dafür ihre Argumente anführen. Das ist in Ordnung. Jeder muss seinen eigenen Weg gehen. Ich stelle dar, wie ich es sehe und wovon ich glaube, dass es das Beste für die Heilung der Seele ist. Wie ich bereits sagte: "Wir werden eines Tages alle hinter die Wahrheit kommen." Für viele wird das erst nach dem Tod sein, und das ist schade.

■ **Aufgabe:**

Während Sie Ihre Daumenspitzen rhythmisch im Wechsel gegeneinander klopfen, so dass sich die Nagelkanten immer wieder berühren, atmen Sie ein und aus. Nehmen Sie sich die Zeit, um ganz zu sich selbst zu kommen. Beim Einatmen sagen Sie immer: "Ich heiße jede Veränderung in meinem Leben willkommen", und beim Ausatmen sagen Sie: "Ich lasse jenen Moment jetzt ganz los." Tun Sie dies sieben bis zehn Minuten lang auf eine so ruhige Weise, dass Ihr ganzer Körper sich entspannt, und Sie ganz zur Ruhe kommen. Dann gehen Sie in die Momente großen Kummers in Ihrem Leben, in die Rückschläge oder großen Verluste, die Sie erlitten haben, und wiederholen die Affirmationen der Atemübung, während Sie diese Szenarien wieder mit den vertrauten Gerüchen und Farben Revue passieren lassen. Wiederholen Sie dies immer wieder, bis Sie in jeder spezifischen Situation spüren, dass Sie damit im Frieden sind. Sie akzeptieren die Vergangenheit, wie sie ist, ohne Emotion, ohne Werturteil, in aller Ruhe und ganz neutral.

Zum Abschluss sagen Sie: "Ich akzeptiere mich mit meinem tiefsten Kummer. Ich lasse ihn nun für immer los und entscheide mich dafür zu akzeptieren, was ich nicht ändern kann und meine Aufmerksamkeit auf das Leben im Jetzt zu richten, in Frieden und Wohlbefinden."

Erstellen Sie eine Liste all der Kümmernisse, an welchen Sie arbeiten möchten, und verwandeln Sie diese in Akzeptanz, Frieden und Ruhe.

■ **Thema: Kummer und die Seele**

Die Seele erinnert uns ständig an die Themen, die wir in der Vergangenheit nicht verarbeitet haben. Der Tod des anderen erinnert uns an Momente, als wir selbst Todesangst hatten und uns ans Leben klammerten. Die Dinge, die wir nicht loslassen können, sind Erinnerungen an Dinge, mit welchen wir bereits vorher Mühe hatten. Unsere Seele ergreift jede Chance, um uns daran zu erinnern, woran wir arbeiten müssen, unter anderem durch unseren Kummer. Verwandlung ist das einzige Ziel. Zu lernen, unter allen Umständen in Verbindung mit unserer Essenz zu bleiben, ist der einzige Halt in einer Welt konstanter Veränderungen. Die Veränderung zwingt uns, auf die Suche nach dem einen zu gehen, das sich niemals verändert: unsere göttliche Essenz. Wie wir sehen, hat das ganz klar Hand und Fuß: eine Konstante – der Rest ist ausschließlich Veränderung. Früher oder später wird jeder diese eine Konstante in sich selbst finden müssen, doch das kann viele Leben dauern...

Wenn wir diese Konstante finden, erfahren wir das Gefühl, zu Hause zu sein: Frieden, Liebe, Weisheit, Demut, Integrität, Reinheit. Alle Fluchtwege führen uns von uns selbst weg: Drogen, Abenteuer, Druck, Krankheit, Ablenkung. Nur in der Stille in uns selbst, weg vom Chaos um uns herum, finden wir, was wir suchen: das, was immer da ist, war und sein wird. Das, was immer Liebe ist und uns ohne Werturteil erfährt. Dann sind wir zu Hause. Kummer kann uns nach Hause bringen, wenn wir den Hochmut loslassen. Sollten wir es besser wissen als Gott? Wir müssen es wagen, uns selbst in Demut hinzugeben und diese Worte aussprechen können: "Gottes Wille geschehe." Dann erst entdecken wir, dass unser Wille Gottes Wille ist, wenn wir uns vom menschlichen Ego und vom menschlichen Stolz befreien. Kummer ist der Nebel, der uns die Sicht auf das Tor nimmt, das sich oft vor unserer Nase befindet!

Wenn wir unseren Kummer, unsere Fixiertheit und Verletztheit verarbeitet haben, erfahren wir reinen Frieden mit dem, wo wir stehen, echte Akzeptanz unserer eigenen Person und unseres derzeitigen Zustands. Von diesem Ausgangspunkt aus können wir an unserer Zukunft bauen, sowie an dem, was wir noch erfahren möchten. Hierdurch entsteht Verspieltheit:

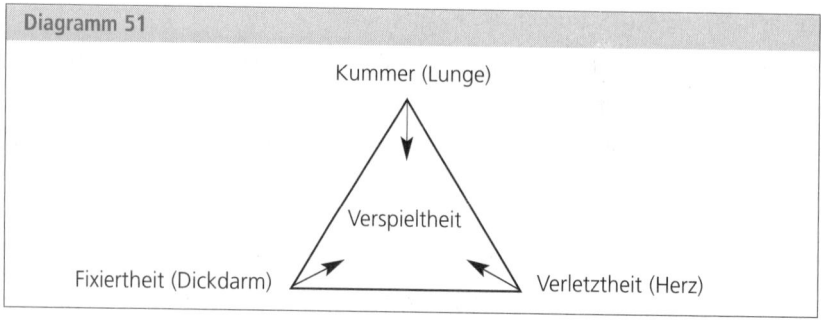

**Diagramm 51**

Kummer (Lunge)

Verspieltheit

Fixiertheit (Dickdarm)    Verletztheit (Herz)

Wir haben die Vergangenheit (Kummer und Verletztheit) losgelassen und wagen es, die Zukunft zu erkennen, indem wir mit den Regeln kreativ umgehen. Leichtigkeit und Verspieltheit sind Zeichen der Entwicklung der Seele. Über uns selbst lachen. Uns selbst und das Leben mit Dankbarkeit, Freude und Leichtigkeit angehen.

Ein Beispiel:

Carina (39 Jahre) war eine große Herausforderung. Sie war 25 Kilogramm zu schwer, hatte alles Mögliche versucht und kannte sich bei Diäten dementsprechend aus. Sie hatte zwar oft gut abgenommen, nahm aber auch schnell wieder zu. Sie hatte Anfälle von zwanghaftem Essverhalten und litt regelmäßig unter schweren Depressionen. Ihr Mann war sehr geduldig und zeigte viel Verständnis. Sie hatte zwei 17 und 14 Jahre alte Töchter. Sie litt als Einzige in der Verwandtschaft und in der Familie unter Essstörungen. Sie war frustriert – und das ließ sie essen. Nach einigem Nachforschen entdeckte ich, dass sie, als sie 15 Jahre alt war, in einen Klassenkameraden verliebt war, der keine Notiz von ihr nahm. Über eine Freundin erfuhr sie, dass er sie zu dick fand. Damals achtete sie auf ihre Linie und nahm innerhalb von drei Wochen viele Kilos ab. Doch immer noch nahm er keine Notiz von ihr. Dies schmerzte sie so sehr, dass sie wieder wie verrückt zu essen begann und enorm zunahm. Damit war sie nun seit 24 Jahren beschäftigt: zuzunehmen und abzunehmen.

Neben anderen Therapien, zu der auch das Anhören der CD 'Mühelos abnehmen' gehörte, bekam sie als Hausaufgabe verordnet, das Goldene Dreieck 'Lunge (Kummer), Herz (Verletztheit) und Gallenblase

(Frustration)' zu üben. Sie musste ihrem Klassenkameraden und sich selbst vergeben und ihren Kummer in Frieden und Akzeptanz umwandeln. Wenn sie Appetit hatte, musste sie erst ihre EB-Punkte behandeln und die entsprechenden Affirmationen sprechen. Außerdem musste sie nach der Hälfte jeder Mahlzeit ihre EB-Punkte behandeln.

Sie nahm gut ab, und nach vier Monaten war sie die 25 Kilos los. Auf mein Anraten hin machte sie mit dem Goldenen Dreieck weiter, auch während der Mahlzeiten (sie stand dann auf und zog sich einige Minuten lang zurück, um dies zu tun, bevor sie weiteraß). Nach einem Jahr hatte sie ihr Gewicht noch immer gehalten. Sie hatte mit den Punkte-Übungen aufgehört und keinerlei Probleme mehr damit, bei ihrem Gewicht zu bleiben. Sie war frei!

## 10. Fixiertheit (Dickdarmmeridian)

Der Dickdarmmeridian ist interessant, weil er Einfluss auf die Schleimhäute des Körpers hat. Darunter fallen die Nebenhöhlen (Kieferhöhlen), die Lungen und der Darm. Es ist ein Meridian, der bei Allergien, aber auch bei Unruhe (Hyperaktivität) eine große Rolle spielt, wenn wir uns nicht eingewöhnen können, wenn wir uns an einem Ort nicht zu Hause fühlen und uns im Kreise drehen, ohne voranzukommen. Die Energie stagniert, und wir suchen Halt in Strukturen (Regeln, Absprachen, oder wie es sein sollte). Die Emotionen, die zu diesem Meridian gehören, sind: Fixiertheit oder mangelndes Anpassungsvermögen, Inflexibilität, Dogmatismus, Verteidigungshaltung, Festhalten an Regeln, Besessenheit in Bezug auf Ordnung und Sauberkeit, Perfektionismus, Schuldgefühle (weil wir uns nicht an die Regeln gehalten haben). Wir können uns ohne Halt total verloren fühlen, weil wir dann keine Struktur haben, die uns vorgibt, wie wir weitermachen sollen. Ein Großteil unseres Verhaltens hat mit der Programmierung unseres 'mind' und der Empfindsamkeit der Seele zu tun, die mit ihren eigenen Programmierungen daherkommt.

Bei uns in der Familie waren die Regeln meines Vaters ganz deutlich. Er war Polizeioffizier, ein Mann der Ordnung und von wenig Worten.

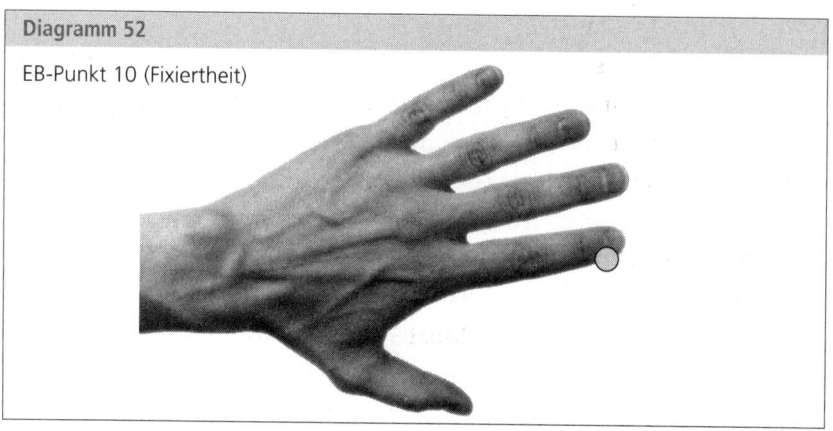

Diagramm 52

EB-Punkt 10 (Fixiertheit)

Er wusste, wann wir einen Fehltritt gemacht hatten, und darüber gab es keine Diskussion. Mein ältester Bruder war jemand, der die Regeln recht genau befolgte. Er besaß Verantwortungsbewusstsein und fand es prima, dass die Absprachen so deutlich waren. Er wurde später ebenfalls Polizeioffizier und ist immer noch ein Mann der Regeln, der nach dem Motto lebt: 'Schwarz ist schwarz, und weiß ist weiß'. Ich stelle fest, dass es durchaus Menschen gibt, die mit seiner Ordnung und Struktur und der Tatsache, dass er meint, alles aufschreiben zu müssen, Mühe haben. Doch ich finde es prima, dass es so ist, denn ich bin immer das schwarze Schaf gewesen, derjenige, der am flexibelsten war, neue Ideen hatte und auf kreative Weise mit den Regeln umging.

Das hat mein ganzes Leben bestimmt. Heute noch bin ich derjenige, der immer wieder neue Wege geht. Daher ist es prima, jemanden zum Bruder zu haben, der nicht so flexibel ist. Manchmal ist es freilich etwas lästig, weil ich mich oft viel schneller verändere, als ich nachkommen kann...

Der Nachteil der Fixiertheit ist, dass sie krank machen kann. Man kann sich maßlos über Menschen wie mich ärgern, die auf sämtliche Regeln pfeifen und ständig auf neue Ideen verfallen. Das hat meinen Bruder beinahe das Leben gekostet. Seine Lektion lautet, flexibler zu werden, sich selbst mehr Vergnügen zu gönnen, nicht an alten Sachen hängen zu bleiben, einsehen, dass das Leben sich verändert, dass man ständig einen neuen Standpunkt evaluieren und immer wieder erneut den Überblick suchen muss. Das ist sehr lästig und für viele Menschen das Schwierigste, was es gibt. Ohne ihre Struktur sind sie nichts, und sie können nicht betrügen. Sie sind nicht verspielt genug, um Dinge richtig auszuhandeln, und in vielen Berufen können sie nicht funktionieren. Wir leben in Zeiten, die für Perfektionisten immer schwerer werden. Alles verändert sich so schnell. Informationen, die heute noch korrekt und neu sind, sind vier Wochen später bereits wieder überholt. Die Informationsmenge verdoppelt sich beinahe alle drei Monate, und das Internet wird nur immer größer und unpraktischer. Wir müssen immer flexibler und opportunistischer werden, um unseren Stand zu halten. Das Wassermannzeitalter ist eine Zeit der schnellen Veränderungen und erfordert großes Anpassungsvermögen. Wenn wir das nicht können, werden wir zum Opfer des Burnout-Syndroms, chronischer Müdigkeit und kommen mit dem normalen Alltag nicht mehr mit.

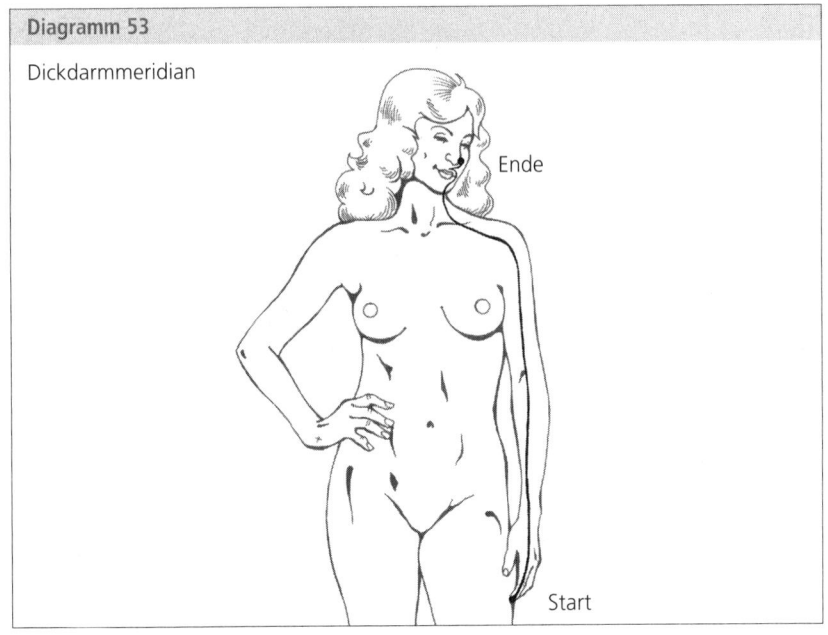

**Diagramm 53**

Dickdarmmeridian

Ende

Start

■ **Aufgabe:**

Erstellen Sie, bevor Sie mit der Meditation beginnen, eine Liste der Dinge in Ihrem Leben, die Sie mit Widerstand tun. Was kostet Sie Mühe? Woran können Sie sich schwer anpassen? Worin sind Sie am unflexibelsten? Auf welchen Gebieten sind Sie am perfektionistischsten, am geordnetsten (halten an den Regeln fest)? Lesen Sie die Liste gut durch, und denken Sie darüber nach, wie die Fixiertheit Ihnen die Lebensfreude raubt, Sie in einer Struktur gefangen hält, aus der Sie sich nicht herauswagen. Wie sollte es sein, damit Sie dies doch wagen? Was würde es Ihnen geben? Schließen Sie, während Sie darüber nachdenken, gleich die Augen. Während Sie Ihre Zeigefinger mit den Fingerspitzen immer im Wechsel gegeneinander klopfen, beginnen Sie, ruhig ein- und auszuatmen und Ihren Körper zu entspannen. Sie visualisieren, dass Sie ganz flexibel sind, völlig offen für Veränderungen, und perfekt funktionieren, auch wenn es keine Regeln gibt. Versetzen Sie sich mit diesen Qualitäten in die Situationen, in welchen Sie am unflexibelsten oder am stärksten ordnungsorientiert sind. Erfahren Sie, wie es mehr Kreativität gibt, um für andere Lebensweisen offen zu sein. Entspannen Sie sich, und atmen Sie weiter ruhig ein- und aus. Stellen Sie sich vor, dass Sie so kreativ wie möglich sind. Wiederholen Sie folgende Affirmation einige Male:

"Ich akzeptiere mich und fühle mich gut, auch wenn ich keiner Struktur, folge, ich erfahre maximale Kreativität und Anpassungsfähigkeit in allen Situationen, in welchen die Regeln nicht deutlich sind. Ich fühle mich wohl und entspannt."

Führen Sie diese Übung regelmäßig jeden Tag mindestens sieben- bis zehnmal durch, um Ihre Fixiertheit in Flexibilität umzuwandeln und Zugang zu Ihrer Kreativität zu erhalten.

■ **Thema: Fixiertheit und die Seele**

Fixiertheit entspringt voll und ganz dem sterblichen 'mind', der darauf konditioniert ist, sich an den Normen, Werten und Regeln der Gesellschaft und der Religion festzuhalten. Damit kreieren wir eine ordentliche Gesellschaft, die brav den Regeln folgt, wenig kreativ ist, anständig ihre Schulden bezahlt und ihre Pflichten erfüllt. Der Staat und die Kirche waren darüber froh. An sich ist das auch gar nichts Verwerfliches. Doch dieser Zwang von höherer Hand kann in vielen Fällen die Seele blockieren. Wir lernen ja, dass wir schlecht sind und eine Strafe verdienen, wenn wir von den Regeln abweichen. Viel Schaden an der Seele entspringt aus Leben, in welchen wir – manchmal auf grausame Weise – dafür bestraft wurden, weil wir nicht perfekt waren. Wenn wir nicht den richtigen Glauben hatten oder an gar nichts glaubten, waren wir Ketzer oder Heiden, die nicht zu retten waren. Manche Religionen sind noch immer so rigide und drohen noch immer mit der Verdammnis, wenn wir die Regeln nicht befolgen. Wir werden verstoßen, wenn wir unverheiratet schwanger werden, und auch, wenn wir uns in jemanden verlieben, der einen anderen Glauben hat. Intuition und Hellsichtigkeit werden als Hexerei betrachtet – mit allen entsprechenden Folgen. Die Seele hat hierdurch enormen Schaden erlitten.

Manche Seelen haben daher Todesangst, von den Regeln und der Struktur abzuweichen, weil das traumatische Folgen hatte. Diese Seelen sind hier, um das zu heilen und um zu erfahren, dass Kreativität und Flexibilität Qualitäten der Seele sind, die man richtig zu schätzen wissen muss. Man verfängt sich so lange und so oft in einer Struktur, dass man früher oder später wohl oder übel einsehen muss, dass das nicht der selig machende Weg ist. Mein Vater ist nun 84 Jahre alt. Von seinem alten Charakter ist nicht mehr viel übrig. Er ist flexibler geworden und stört sich viel weniger an allem. Mein Bruder wird langsam aber sicher lockerer – zwar noch zögerlich, aber er kann nicht anders.

Fixiertheit erzeugt Blockaden in uns, die die Seele ersticken lassen und immer zu Krankheit führen. Der Krug wird so lange zum Wasser getragen, bis er bricht, und das kann schmerzhaft sein. Manchmal ist es der Tod, und Sie gehen zurück auf 'Los' (lies: 'nach Hause'), um sich auf das Spiel 'Mensch ärgere dich nicht' neu vorzubereiten. Es stellt sich die Frage, ob Sie dann mit dem Spiel wieder ganz von vorn beginnen müssen. Wenn Ihre Antwort 'Nein' lautet, dann ergreifen Sie jetzt Ihre Chance! Sie können sich jetzt noch verändern und flexibel werden, anstatt noch starrer und verbitterter.

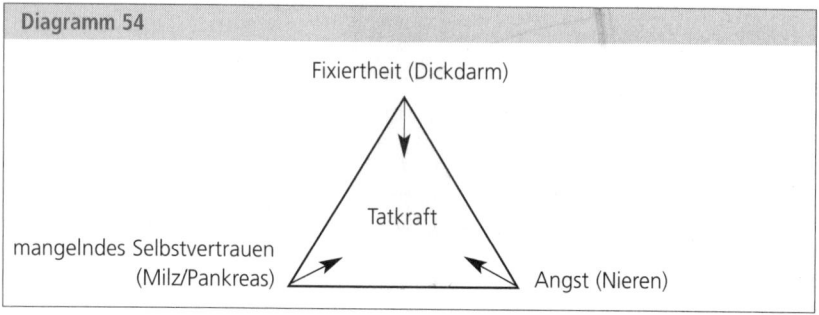

**Diagramm 54**

Fixiertheit (Dickdarm)

Tatkraft

mangelndes Selbstvertrauen
(Milz/Pankreas)

Angst (Nieren)

Dieses Goldene Dreieck verleiht Flexibilität, Selbstvertrauen und Freiheit. Dies führt zu Tatkraft, um Ihr Leben in die Bahnen zu lenken, die Sie selbst wollen.

Ein Beispiel:

Christopher (23 Jahre) hatte sich in seinem Leben völlig festgefahren. Er wollte sein Universitätsstudium nach vier Jahren abbrechen (sein Traum war es, Wasserbauingenieur zu werden). Er konnte nicht ohne Struktur sein, und das Studentenleben war zu chaotisch für ihn. Auf der Mittelschule war er immer ein hervorragender Schüler gewesen. Sein Vater war streng, und zu Hause gab es feste Regeln. Seitdem er nach aber Delft umgezogen war, lief alles schief. Mit Mühe konnte er sich im zweiten Jahr halten. Er war nervös, erschöpft und brach oft in Tränen aus. Er wollte so gern, doch er konnte nicht. Seine Mutter war bei mir im Kurs gewesen, doch er selbst war nicht offen für ihr 'Getue'. Schließlich hatte sie mich um Rat gefragt und gebeten, mit ihm zu sprechen. Er hatte mich bei einem Vortrag, den ich über Integration im Betriebsleben und in der Studentenwelt gegeben hatte, kennen gelernt, der jedes Jahr von den Studenten organisiert wurde. Er fand, dass ich o.k. war und nicht so nebulös wie seine Mutter. Also kam er zu mir. Ich gab ihm schnell etwas Hausaufgaben mit (er wohnte noch immer in seiner Studentenbude). Er sollte viermal am Tag die CD 'Loslassen' anhören und an den Themen

Fixiertheit, Angst und Selbstvertrauen arbeiten und immer visualisieren, dass er imstande war, sein Studium trotz des Chaos um ihn herum zu Ende zu führen. Er sollte auch visualisieren, dass er sowohl regelmäßig studieren als auch am Studentenleben teilnehmen konnte, das keine Struktur aufwies. Er führte sein Goldenes Dreieck zwölf Mal am Tag durch. Nach vier Wochen war er voll und ganz aus seiner depressiven Stimmung heraus. Nach acht Wochen war er voller Energie und begann, sich auf das Examen vorzubereiten, durch das er bereits zweimal gefallen war. Nach vier Monaten hatte er nicht nur bestanden, sondern sein Examen auch mit einer ausnehmend hohen Punktzahl gemacht. Er hatte einen kleinen Club aus sechs Studenten gegründet, die den gleichen Studiengang besuchten wie er und sich gegenseitig unterstützten. Ich weiß mit Sicherheit, dass er sein Studium beenden und einen Neubeginn starten wird, indem er sein Leben aus eigener Kraft und Kreativität heraus führen wird.

## 11. Unterdrückte Sexualität (Kreislaufmeridian)

Der Kreislaufmeridian beginnt am Herzen und verläuft bis zum Mittelfinger. Er wird 'Kreislauf' oder auch 'Pericardium' genannt – 'der sich rund ums Herz befindet'. Beim Konzeptionsgefäß geht es hauptsächlich um unterdrückte Emotionen. Der Kreislaufmeridian hat das auch, doch er ist speziell empfindsam für die Unterdrückung von weiblicher oder männlicher Energie. Wenn eine Frau sich sexuell nicht wohl fühlt, wird sie ihre weibliche sexuelle Energie unterdrücken und ihre Weiblichkeit sozusagen verbergen. Viele Frauen verbergen ihre Weiblichkeit. Es gibt zudem eine zweite Kategorie Frauen, die über ihre Kleidung und ihr Auftreten vielmehr eine männliche Energie zur Schau stellen. Sie sind viel extrovertierter und viel selbstbewusster. Sie tragen beispielsweise, wie Männer in der Geschäftswelt, Anzüge und kurzes Haar.

Bei Männern erleben wir es ebenfalls, dass sie ihre männliche Energie unterdrücken, oder dass ihre weibliche Energie mehr nach außen tritt.

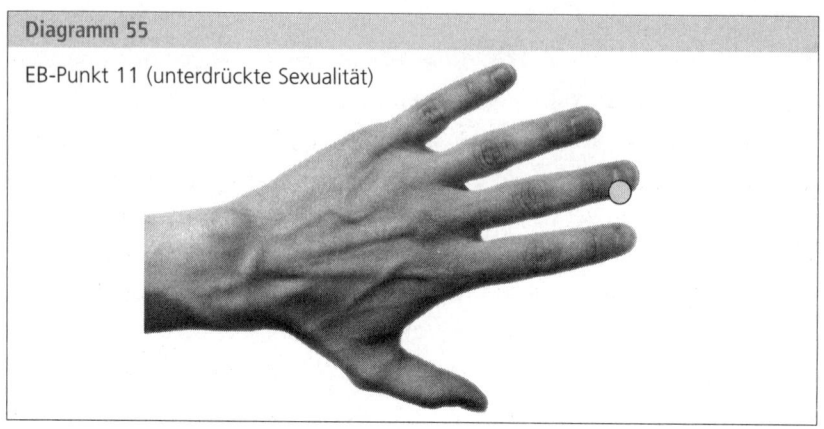

Diagramm 55

EB-Punkt 11 (unterdrückte Sexualität)

Wenn in der Balance von Yin und Yang das Gleichgewicht gestört ist, hat das Auswirkungen auf das Herz, das Drüsensystem und letztendlich auch auf das Sexualleben. In der energetischen Wissenschaft ist nichts absolut. Es geht um subtile Veränderungen. Oft ist es so, dass wir selbst nichts bemerken, dass jedoch auf energetischer Ebene bereits weit reichende Veränderungen stattgefunden haben.

Wenn Sie sich sexuell nicht frei fühlen oder unangenehme oder traumatische Erfahrungen gehabt haben, dann kann das Auswirkungen auf Ihren Energiehaushalt haben. Solange Sie Ihr Thema liegen lassen, wird dies früher oder später körperliche Folgen haben. Diese können auch 20, 30, 40 oder 50 Jahre später noch auftreten. Beim Kreislauf betrifft das vor allem Myome, Eierstockzysten, Gebärmutterkrebs, Prostatavergrößerung, Prostatakrebs, Schilddrüsenprobleme.

Emotional erkennen wir beim Kreislaufmeridian unterdrückte Sexualität, unterdrückte Emotionen, Apathie, sexuellen Unfrieden (Frustration), es nicht genießen können, es nicht zu spüren wagen, Selbstbedauern, Schamgefühl, Reue, wiederkehrende negative Gefühle, sich gebraucht oder missbraucht fühlen, sich blamiert, gedemütigt oder erniedrigt fühlen. Kurzum: jemand, der sich schnell verraten fühlt und das Gefühl hat, dass man seine Gutmütigkeit missbraucht. Dadurch ist man schnell argwöhnisch. Was schön zu sein schien, kann durch eine als falsch interpretierte Handlung in negative Gefühle, Bedauern, das Gefühl, missbraucht zu werden usw. umschlagen.

Wenn man so tief verletzt ist, kostet es viel Energie, sich wieder gut zu fühlen. Es ist unheimlich wichtig, diese Seelenverletzung zu heilen, weil es letztendlich auch ein körperliches Tribut fordern wird. Um uns in unserer Sexualität wirklich frei zu fühlen, müssen wir unsere 'mind'-Konditionierungen, die oft auf religiösen Prinzipien und kulturellen Normen und Werten basieren, stark verändern.

Wir leben auch heute noch in einer Zeit, in der Millionen von Frauen unterdrückt und niemals frei sein werden, selbst wenn sie ihr - meist nicht westliches - Land verlassen. Außerdem gibt es Millionen von Frauen, die sich für ihre Weiblichkeit schämen, obgleich sie in einer westlichen Kultur aufgewachsen sind.

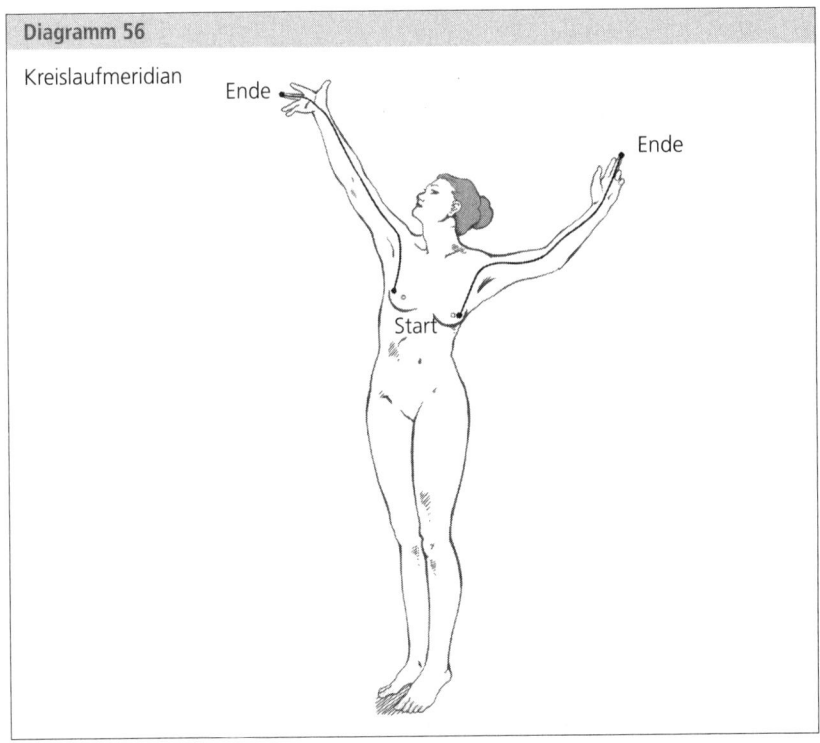

**Diagramm 56**

Kreislaufmeridian

Ende

Ende

Start

Bei Männern finden wir verwandte Probleme, weil sie oft nicht gut aufgefangen werden, wenn ihre Sexualität erwacht und sie ihren Weg finden müssen, indem sie immer wieder hinfallen und erneut aufstehen.

Unsere sexuellen Gefühle sind oft tabu. Sogar in Beziehungen wird meist nicht offen darüber gesprochen, weil die Betroffenen sich nicht frei fühlen, sich nicht wirklich offen geben und ihre wahren Gefühle lieber für sich behalten.

Wir begegnen auch Problemen, die damit zu tun haben, dass sich in den Sexualorganen die zunehmende Verunreinigung unserer Umwelt mit Petrochemikalien niederschlägt und dort anreichert, die eine östrogene Wirkung haben (Östrogen ist ein weibliches Hormon). Dadurch wird die Entstehung von Krebs und anderen Tumoren um ein Vielfaches beschleunigt, und es ist eine zunehmende Epidemie festzustellen, vor allem bei Frauen.

■ Aufgabe:

Beginnen Sie, die Fingerspitzen der Mittelfinger im Wechsel rhythmisch gegeneinander zu klopfen (an den Nagelkanten). Atmen Sie tief und ruhig ein und aus, und zwar soweit möglich aus dem Bauch, und so langsam, dass es sich für Sie noch angenehm anfühlt. Entspannen Sie Ihren Körper. Beginnen Sie am Kopf, und wandern Sie langsam ganz bis zu Ihren Füßen und Händen. Wenn Sie sich völlig entspannt fühlen, richten Sie Ihre Aufmerksamkeit darauf, wie Sie sich als Mann oder Frau fühlen. Fühlen Sie sich ganz frei, so, wie Sie sind, wie Sie Ihrer Sexualität Ausdruck verleihen? Fühlen Sie sich auf sexueller Ebene frei oder gehemmt? Schämen Sie sich für Ihren Körper, Ihre Wünsche? Spüren Sie, dass Sie sich nicht ganz frei darüber äußern können? Fahren Sie fort, das Gebiet Ihrer Sexualität zu erkunden, und stellen Sie fest, wo Sie unter Anspannung stehen. Wie würden Sie sich fühlen wollen, wenn Sie ganz Sie selbst sein könnten, ohne sich für irgendetwas schämen zu müssen? Wo erfahren Sie Blockaden? Gab es auf diesem Gebiet schmerzhafte Vorfälle in Ihrem Leben? Was haben Sie noch nicht verarbeitet?

Richten Sie Ihre Aufmerksamkeit auf den Bereich, der die größte Spannung, den stärksten Schmerz oder Widerstand hervorruft, und beginnen

Sie nun ganz bewusst, ein- und auszuatmen und sich selbst zu einer ganz langsamen Atmung zu zwingen. Machen Sie folgende Affirmation mindestens zwölf Mal oder solange, bis Sie spüren, dass Sie zur Ruhe kommen:

"Ich liebe mich ganz intensiv und akzeptiere mich und meine Sexualität bis in die tiefste Tiefe meines Körpers. Ich lasse allen Schmerz und alle negativen Konditionierungen diesbezüglich los und fühle mich vollkommen zu Hause und sicher, wenn ich meiner Sexualität, mir selbst und meinem Körper Ausdruck verleihe, jetzt und für immer."

Es ist recht gut möglich, dass Sie diese Übung einige Monate lang hintereinander machen müssen, um sich ganz sicher und frei zu fühlen. Es ist freilich mehr als die Mühe wert, alle Blockaden auf diesem Gebiet zu heilen, so dass dieses Thema jetzt und für alle Zeiten geklärt ist.

### ■ Thema: Sexualität und die Seele

Nichts auf unserer Reise durch die dritte Dimension der Materie ist dem Zufall überlassen. Alle Entscheidungen, wie Körper, sexuelle Neigung, Verwandtschaft, Religion, Kultur und Land, haben die Funktion, der Entwicklung unserer Seele zu dienen. Wir sind hierher gekommen, um spezifische Themen anzugehen. Wir können beispielsweise einen Körper mit homophiler Neigung wählen. Ein möglicher Grund hierfür ist, dass wir lernen wollen, wie es ist, zu einer Minderheit zu gehören, die herabgewürdigt, abgelehnt, verachtet wird usw., um uns dann zu vergegenwärtigen, dass wir einen anderen Menschen niemals mehr so behandeln wollen. Es ist sehr gut möglich, dass die Menschen, die durch die Konditionierung ihres 'mind' am weitesten von ihrer göttlichen Essenz entfernt sind und beim Ablehnen solch einer Minderheit ganz vorne dabei sind, im nächsten Leben beschließen, zu eben solch einer Minderheit zu gehören, um zu erfahren, wie sich das anfühlt. Wir können uns gut denken, dass sie das nur ein einziges Mal mitmachen müssen, um sich nicht mehr so zu verhalten.

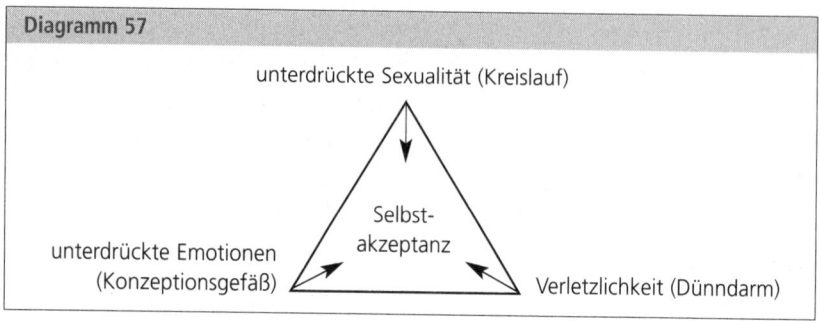

**Diagramm 57**

unterdrückte Sexualität (Kreislauf)

Selbst-
akzeptanz

unterdrückte Emotionen
(Konzeptionsgefäß)

Verletzlichkeit (Dünndarm)

Ich habe mich an meine Absprachen gehalten und das Thema Sexualität wieder in Ihr Blickfeld gerückt. Es ist nun an Ihnen, dieses Thema anzugehen. Es ist ein mit Tabus belastetes Gesprächsthema, mit dem so viel verbunden ist, dass es manchmal unmöglich scheint, es zu durchbrechen, wenn man jahrelang in einer Beziehung steckt. Der erste Schritt besteht darin, es überhaupt ansprechen zu können und sich frei zu fühlen, darüber mit Ihrem Partner und mit Freunden zu reden. Beginnen Sie damit, das Thema zu erkennen, so dass Sie alle Spannungen, darüber zu reden, loslassen. Wichtig ist es, Ihr Goldenes Dreieck zu diesem Thema zu üben und immer wieder aufs Neue die Offenheit zu suchen. Lesen Sie darüber, und behalten Sie das Thema immer im Blick. Schritt für Schritt werden Sie sich auch auf dem sexuellen Gebiet frei machen und immer mehr in Ihre Kraft kommen. Bewerten Sie die Sache immer wieder, und verarbeiten Sie alle Spannungen mit Hilfe unserer Techniken, bis Sie sich völlig frei fühlen. Damit machen Sie mit Ihrer Seele einen Quantensprung auf die nächste Ebene. In körperlicher und energetischer Hinsicht werden Sie sich um ein Vielfaches glücklicher, vitaler und gesünder fühlen, wenn Sie diese Blockaden ausgeräumt haben.

Dieses Goldene Dreieck bewirkt, dass man sich bei sich selbst völlig zu Hause fühlt und sich selbst vollkommen akzeptiert. Es ist eine Basis, an der Sie Ihr Leben lang Ihre Freude haben werden. Sie sind sich selbst gegenüber auf Ihrer spirituellen Reise verpflichtet, letztendlich bei sich selbst zu Hause anzukommen und in Frieden als der zu leben, der Sie sind. Ohne Selbstakzeptanz wird jeder Weg früher oder später zur Selbsterniedrigung und zur Flucht führen.

Selbstakzeptanz hat mit der Akzeptanz unseres Körpers, unserer Situation, unseres gegenwärtigen Seinszustandes und mit dem Ziel zu tun, darin Frieden zu finden. Wenn wir mit unserem Körper, unserer Sexualität, unserem Wohlbefinden und unserem Wohlstand im Frieden sind, kehrt Ruhe ein. Aus dieser Ruhe können wir Schritte gehen, die geradewegs auf unser Ziel gerichtet sind, ohne uns selbst zu sabotieren oder über die eigenen Füße zu stolpern.

Ein Beispiel:

Bertie (27 Jahre) war Weltmeister im Ringen. Er war ein Koloss von einem Mann, der Prototyp der Männlichkeit und mit Muskeln bepackt, die einschüchternd wirkten. Er suchte mich auf, weil er an Depressionen litt und seine drei letzten Wettkämpfe verloren hatte, weil er sich nicht gut fühlte und den Druck nicht aushielt. Sein Leben drehte sich um Sport, Spiel und Sex. Seine Beziehung lief nicht gut, und er fühlte sich verloren. Aufgrund der Untersuchung ergab sich, dass er gerade dabei war, sich mit einer völlig falschen Persönlichkeit zu identifizieren. Er glaubte, diese Identität gehöre zu einem Wettkampfmeister dazu. Seine intuitive, weibliche, sanfte Seite hatte er in dieser Macho-Welt vollkommen verloren. Er war weder er selbst noch in seinem Gleichgewicht.

Seine Hausaufgabe lautete: Akzeptanz aller Aspekte seiner menschlichen Existenz, im Frieden damit sein, dass er auch eine intuitive Seite besaß, die er auch weiterentwickeln würde. Er musste lernen, all seine Emotionen zuzulassen und wieder verletzlich sein zu können. Innerhalb weniger Wochen war Bertie verändert. Einige Monate später besiegte er einen seiner meist gefürchteten Gegner mit Leichtigkeit. Er war wieder in seiner Kraft und arbeitete erfolgreich an sich selbst. Das Wichtigste war, dass seine Depressionen aufgehört hatten, und dass er wieder Lust hatte zu leben und seinen Sport auszuüben.

## 12. Instabilität (Dreifacherwärmer)

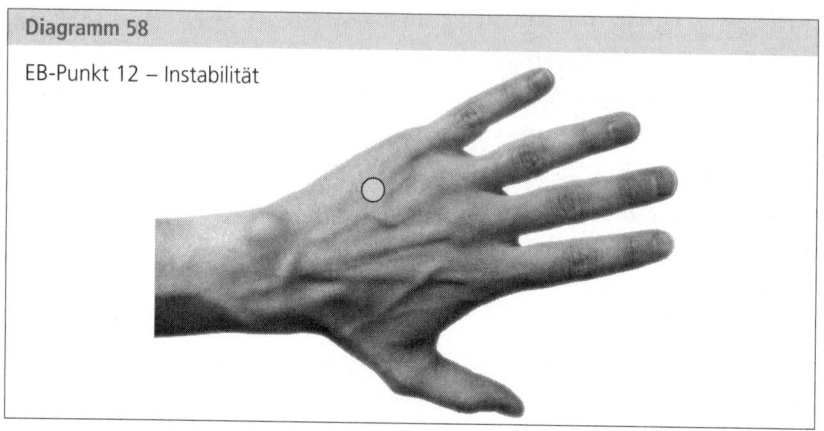

**Diagramm 58**

EB-Punkt 12 – Instabilität

Der Dreifacherwärmer heißt so, weil er drei Energiereservoirs (auch als 'Dan Tien' bezeichnet) miteinander verbindet. Der unterste Erwärmer hat mit den Nebennieren und den Sexualdrüsen zu tun. Der mittlere Erwärmer steht mit dem Herz und der Schilddrüse in Verbindung. Der oberste Erwärmer betrifft die Hypophyse und andere Hormondrüsen sowie den Kopf – Bereiche, die den ganzen Organismus steuern. Man könnte sagen, dass die drei Erwärmer unseren Stoffwechsel und unser Anpassungsvermögen regeln. Der Meridian selbst verläuft vom Ringfinger über die Außenkante des Ellbogens, den Oberarm, die Schultern und den Hals bis zum Ohr.

Er ist ein wichtiger Meridian, der großen Einfluss auf unser Zentralnervensystem und unsere Gehirnfunktionen hat. Wenn Störungen vorliegen, verlieren wir den Kopf (unsere Orientierung im Leben). Wir werden schwermütig, instabil, verwirrt und hilflos. Dies stellen wir bei Menschen mit Gehirndegeneration fest, wie etwa bei Parkinson und Alzheimer. Weitere Emotionen sind Argwohn, Misstrauen, Unruhe, Hilflosigkeit, Paranoia, Verzweiflung, Unentschlossenheit, Unvernunft, Einsamkeit, emotionale Schwankungen, Ohnmacht und das Gefühl, wertlos zu sein. Wir sind verwirrt und kennen den Weg nicht mehr. Wir wagen es nicht, tätig zu werden, weil wir kein Vertrauen mehr in uns und in die Menschen um uns herum haben. Man scheint uns den Boden unter den Füßen weggezogen zu haben. Regelmäßig beobachten wir dies weniger extrem im täglichen Leben: Menschen, die nicht mehr wissen, wo sie stehen und welche Richtung sie einschlagen sollen. Sie haben zwar Energie, doch sie sind unentschlossen geworden, weil sie sich selbst oder anderen nicht vertrauen. Sie isolieren sich immer mehr. Sie sind misstrauisch gegenüber anderen und leiden oft unter Stimmungsschwankungen.

Wir beobachten dies oft bei Managern mit Burn-out-Syndrom. Ihre Reserven sind aufgebraucht. Sie haben die Signale ihres Körpers und Unterbewusstseins lange Zeit ignoriert und sich mit Hilfe von Willenskraft, Zigaretten, Alkohol, Kaffee und Zwang weitergeschleppt. Sie haben sich in der Euphorie ihrer Stresshormone supergut gefühlt, und glaubten, die Welt aus den Angeln heben zu können. Manche stürzen plötzlich in einen Abgrund, den sie nicht kommen sahen, und sind zu nichts mehr

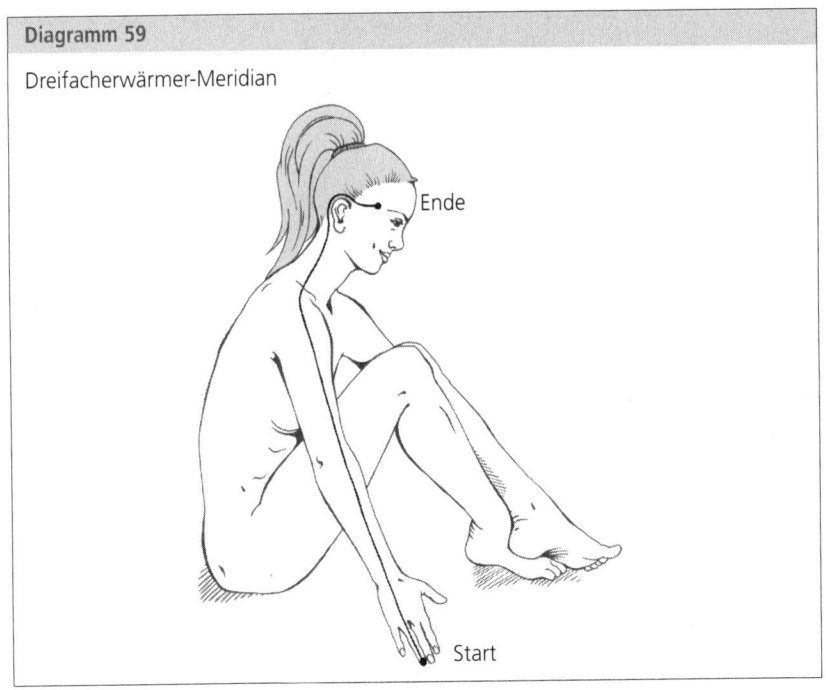

**Diagramm 59**

Dreifacherwärmer-Meridian

Ende

Start

fähig. Andere erholen sich von einer kleinen Grippe oder Krankheit nur ganz schwer. Sie glauben, es käme von der kleinen Grippe. Doch diese war nur der letzte Tropfen, der ihr Fass zum Überlaufen brachte. Die Zeitbombe war schon viel früher gelegt worden und tickte bereits seit Monaten, vielleicht Jahren, ohne dass sie bemerkten, dass sie an sich selbst vorbeiliefen. Indem sie ständig ihre eigenen Grenzen überschritten, und nicht mit ihrer Verletzlichkeit und ihren Ängsten in Kontakt waren, höhlten sie sich selbst aus.

Geschieht dies schleichend, erfolgt der Einbruch oft, wenn man aufhört zu arbeiten und in Pension geht. Dann fällt die Stimulierung über die Nebennieren (Stress) weg. Man kann beobachten, wie diese Menschen sehr schnell verfallen und altern. Beim 'Workaholic' kommt der große Knall schon früher.

Toxine sind eine andere Möglichkeit, um unsere emotionalen Reserven zu erschöpfen: Insbesondere (Schwer-) Metalle wie Quecksilber, Aluminium, Blei, Cadmium und Silber greifen das Zentralnervensystem an. Laut Untersuchungen besteht ein Zusammenhang zwischen der Ansammlung von (Schwer-) Metallen im Gehirn und degenerativen Erkrankungen wie Alzheimer, Parkinson und Multipler Sklerose. Die Hauptübeltäter sind Amalgamfüllungen (Quecksilber), Drinks in Blechdosen (Aluminium), Kochgeräte (Kupfer und Aluminium), Fisch (Quecksilber), Deodorants (Aluminium) und Impfungen (Aluminium). Alles ist relativ. Die eine Person scheidet (Schwer-) Metalle leichter aus als die andere. Doch weshalb sollte man ein unnötiges Risiko auf sich nehmen? Quecksilberzahnfüllungen sind schädlich. Zähne und Backenzähne mit Amalgam zu füllen ist einer der größten Fehler, den die moderne Heilkunde machen konnte. Der unschuldige Laie ist der Leidtragende. Wer sich hierdurch gewarnt fühlt, lässt mit der Zeit all seine Amalgamfüllungen durch Komposit oder Glasionomer ersetzen.

Zurück zum Dreifacherwärmer. Es gibt spezielle Übungen, die dafür sorgen, dass wir diese Energiereservoirs wieder füllen können. Diese finden wir im Qi Gong. Ich habe hierfür gemeinsam mit Mayana die Zhen-Chi-Methode entwickelt. Dadurch kann man präventiv an seiner Vitalität, Gesundheit und einem langen Leben arbeiten. Diese Übungen sind leicht zu erlernen. Mit 15 bis 20 Minuten am Tag kann man in kurzer Zeit wieder völlig in Balance kommen. Die Zhen-Chi-Methode ist eine Kombination von Intention, Meditation, Tai Chi, Qi Gong, Atemtechniken, Mantren und Visualierung. Sie ist um ein Vielfaches intensiver als alle Methoden, die ich in der Vergangenheit studiert habe. Wenn Sie Interesse haben, kontaktieren Sie uns für weitere Informationen (Kontaktadresse im Anhang!)

Die 'Dan Tien' sind sehr wichtige Reservoirs, die uns mit Energie versorgen, so dass wir alles im Leben bewältigen können und trotz aller Herausforderungen unsere Stabilität beibehalten.

■ Aufgabe:

Die Übungen mit dem Dreifacherwärmer unterscheiden sich von den vorhergehenden. Man kombiniert im Prinzip die Angstpunkte (EB 6) mit dem Punkt EB 12. Am einfachsten ist es, den Zeigefinger der einen Hand (beispielsweise der rechten Hand) zwischen den Ringfinger und den kleinen Finger der anderen Hand (linke Hand) zu stecken. Dort, wo die Fingerspitze der rechten Hand den Handrücken der linken Hand berührt, liegt der EB-Punkt 12. Nun bringen Sie die rechte Hand an der linken Hand nach außen. Diese berührt jetzt mit dem linken Daumen und Zeigefinger die Angstpunkte. Also: Die linke Hand liegt mit dem Daumen und dem Zeigefinger auf den Angstpunkten (EB 6), der rechte Zeigefinger massiert den EB-Punkt 12 auf dem linken Handrücken.

Ist Ihnen dies gelungen, schließen Sie die Augen, bringen Ihre Atmung zur Ruhe und visualisieren, was Sie in Zukunft erreichen möchten. Sie schmücken diese Vorstellung mit so vielen Einzelheiten, Farben, Düften und Geräuschen wie möglich. Je spezifischer, desto besser. Sehen Sie auch geistig vor sich, welche Qualitäten Sie in Ihrem Inneren integriert haben, um dorthin zu kommen, wohin Sie gelangen möchten, und spüren Sie, wie Sie sich fühlen werden, wenn Sie das erreicht haben. Hören Sie auch, was Sie dann zu sich selbst sagen, welche Glaubensüberzeugungen Sie dann über sich selbst haben, und visualisieren Sie Ihr Selbstbild, Ihr Selbstwertgefühl usw. Schicken Sie nun all dies mittels Bildern an

Ihr Gehirn, holen Sie tief Atem und beginnen Sie, beide Ohren zu massieren, wie Sie es weiter vorn in diesem Buch gelernt haben. Dabei visualisieren Sie, dass alle synaptischen Verbindungen, die hierfür nötig sind, bereits hergestellt sind. Atmen Sie nun mehrfach schnell ein und aus, wie es Menschen tun, die hyperventilieren, während Sie Ihre Ohren weitermassieren, und kommen Sie anschließend zur Ruhe. Die Übung ist beendet. Wiederholen Sie dies regelmäßig, um Ihre Ziele tief in Ihr Zentralnervensystem zu integrieren.


■ Thema: Instabilität und die Seele

Instabilität kommt in verschiedenen Phasen unserer Entwicklung vor. In unserer Kindheit, wenn wir unser neurologisches System noch trainieren müssen. In der Pubertät, wenn die Hormone aktiv werden und wir damit beschäftigt sind, unsere Identität abzugrenzen. Später, wenn wir unseren Weg in der Gesellschaft finden müssen und unsere berufliche Laufbahn schaffen. Wenn wir den Übergang ins Elternsein machen müssen. Wenn die Kinder aus dem Haus gehen. Wenn unsere Karriere zu Ende geht. Dies sind die instabilen Momente, und es gibt noch einige weitere: den Tod der Eltern oder des Liebsten, Scheidung, eine Karriere, die abrupt endet, Umzug, Besitzverlust, eine Behinderung, die man erleidet, usw. Die Engpässe in unserem Leben testen uns auf unverarbeitete Themen in unserer Seele, und ob wir unsere Lektionen gelernt haben oder ob wir uns nachträglich ans Heilen machen müssen, um diese Lektionen bis in unsere tiefste Ebene zu integrieren. Darüber hinaus ist es für viele ausschlaggebend, inwieweit es ihnen gelingt, ihre Grenzen kennen zu lernen und zu ziehen. Lernt man diese Lektion nicht, kann dies ins Verderben führen, denn es handelt sich hier um eines der Grundthemen, die jeder beherrschen lernen muss.

Es gibt hierbei zwei Extreme. Es gibt Menschen, die eine sehr gute Konstitution haben und so stark sind, dass es den Anschein hat, sie könnten alles bewältigen. Dies rührt daher, weil manche gelernt haben, sich effektiver zu entspannen (beispielsweise durch den Schlaf) und sich dadurch immer wieder aufladen können. Andere können sich ganz schnell aufladen, indem sie ein kurzes Nickerchen machen und meditieren. Wieder andere haben für sich die perfekte Balance zwischen Anspannung und Entspannung gefunden und können ein scheinbar mörderisches Tempo ganz lange durchhalten.

Ich habe für mich persönlich solch einen Rhythmus gefunden. Ich habe bereits zweimal einen 'Burn-out' gehabt. Den ersten erlitt ich, als ich gerade eine Praxis für Akupunktur eröffnet hatte. Ich war damals 28 Jahre alt. Nach sechsmonatiger Therapie begann ich, ruhiger zu arbeiten. Meinen zweiten Anfall bekam ich fünf Jahre später, als ich wieder rückfällig war und meine Grenzen nicht zog. Damals schloss ich meine Praxis und ging auf die Suche nach meinem Lebensweg. Heute habe ich einen Rhythmus, bei dem ich drei Wochen Nonstop arbeite und dann zehn Tage Ruhepause einlege. Ich habe gelernt zu meditieren, und erholsame Nickerchen zu halten. Außerdem habe ich CDs mit geführten Meditationen aufgenommen, um mich in sieben bis zehn Tagen wieder völlig zu regenerieren. Es gelingt mir besser, in diesem Rhythmus zu leben, als im Rhythmus einer Fünf-Tage-Woche mit zwei Tagen Wochenende und zwei Urlauben im Jahr. In dem Rhythmus, den ich für mich persönlich gefunden habe, kann ich jahrelang weitermachen und durch die Welt fliegen, ohne einen 'Burn-out' zu bekommen. Ich habe es auch gelernt, meine Seminare völlig entspannt zu halten, so dass sie mich nicht ermüden, sondern mir vielmehr Energie geben.

Es ist wichtig, dass Sie Ihren eigenen Rhythmus finden, den Rhythmus, der Ihnen den maximalen Nutzeffekt bringt, um sich zu regenerieren und Ihre 'Dan Tien' bei guter Verfassung zu halten. Ich glaube, dass Zhen Chi dabei eine wichtige, bereichernde Rolle spielen kann, weil Sie dabei lernen, Ihre 'Dan Tien' bewusst aufzufüllen.

Das andere Extrem bilden die Menschen, die so paranoid werden und so weite Grenzen stecken, dass sie niemals aus ihrer Komfortzone herauskommen. Sie sind zu vorsichtig geworden. Persönlich glaube ich, dass wir uns nur in Herausforderungen selbst wirklich begegnen, und dass wir, wenn wir Herausforderungen meiden, Gefahr laufen, nicht zu wachsen. Ich möchte hierbei ausdrücklich anfügen, dass ich selbst glaube, dass das so ist - abweichende Meinungen sind erlaubt. Jeder wird letztendlich seinen Weg selbst wählen und alle Konsequenzen diesbezüglich tragen müssen.

Dieses Goldene Dreieck ist für Menschen wichtig, die aktiv werden möchten. Während man die Angstpunkte und die Punkte der Instabilität (EB 6 und EB 12) kombiniert, visualisiert man, was man will. Anschließend integriert man dies auch über die Ohren (siehe EB 12) und visualisiert die neuen synaptischen Verbindungen. Danach macht man die Technik der wechselnden Faustschläge (EB 14) mit folgenden Affirmationen: "Ich will es. Ich kann es. Ich mache es." Und "Ich bleibe in meiner Kraft und nehme alle Herausforderungen an!" Abwandlungen zu diesen Themen sind o.k.

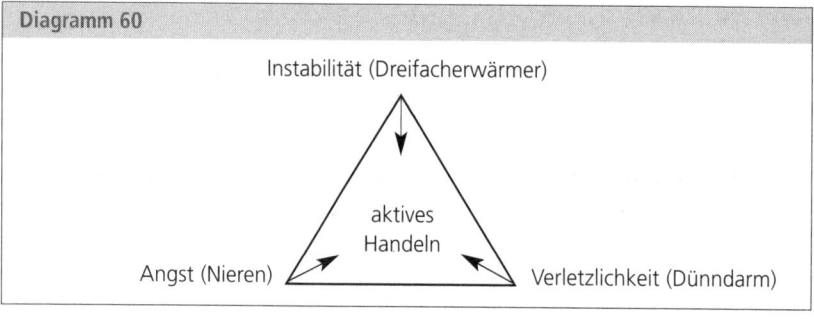

Diagramm 60

Instabilität (Dreifacherwärmer)

aktives
Handeln

Angst (Nieren)          Verletzlichkeit (Dünndarm)

Dies bewirkt, dass man schneller aktiv wird und motiviert bleibt, wobei man seine Aufmerksamkeit auf das Ziel gerichtet hält, das man vorhat.

Ein Beispiel:

Marianne (36 Jahre) war mit meinem Konzept zur emotionalen Balance über einen Vortrag in Kontakt gekommen und schrieb sich direkt an Ort und Stelle für einen Kurs ein. Sie war Mutter zweier Töchter (12 und 14 Jahre), seit vier Jahren geschieden und hatte nun einen neuen Freund. Sie fühlte sich durch diese neue Beziehung verwirrt. Ihre Ehe mit Ihrem Exmann hatte 14 Jahre gedauert und ziemlich schmerzhaft geendet. Er schien ein Verhältnis mit ihrer besten Freundin zu haben. Beide hatten ihr mehr als drei Jahre lang Sand in die Augen gestreut. Sie hatte ihrer Freundin selbst geholfen, die Babysachen auszusuchen, als diese schwanger war – und wusste nicht, dass sie von ihrem eigenen Mann schwanger war. Sie hatte in ihrer Unschuld alle Lügen brav geschluckt.

In den vier Jahren nach der Scheidung war sie durch die Hölle gegangen. Sie hatte schwere Medikamente gegen Depressionen genommen und war sogar zwei Wochen lang in einer psychiatrischen Einrichtung untergebracht. Es ging ihr gerade ein Jahr lang wieder gut, als sie diesem Mann begegnete, der ihr in kurzer Zeit gewissermaßen zum Seelenpartner geworden war. Je besser sie sich verstanden, desto mehr kam von den alten Dingen nach oben. Sie schwankte zwischen ihren Emotionen hin und her, von höchster Ekstase bis tiefer Verzweiflung. Sie war misstrauisch: Das konnte doch niemals wahr sein. Früher oder später würde sie wieder betrogen werden. Für ihren Freund war es sehr schwer, dass sie so instabil war. Er musste ganz bei sich bleiben, um sich nicht von ihrer Energie mitreißen zu lassen. Ab und zu musste er sich zurückziehen, um alles zu verkraften.

Ich gab Marianne als Hausaufgabe das Goldene Dreieck für aktives Handeln mit, nachdem ich ihr zuerst geholfen hatte, ihrem Exmann zu vergeben und alles loszulassen. Was sie wirklich wollte, war, den Knoten durchzuschlagen, mit ihrem Freund zusammenzuziehen, eine neue Familie zu bilden – und dies mit 100%-igem Erfolg. Nach der Vergebungssitzung war sie ganz verändert und fühlte sich ruhiger. Dann begann sie, mit der Kombination aus den Punkten Angst und Instabilität (EB 6 und EB 12) zu visualisieren und danach positive Affirmationen über das zu sprechen, was sie wollte, mit positiven neuen Glaubensüberzeugungen. Nach vier Wochen wohnten sie zusammen, nach acht Wochen hatten sie einen Hochzeitstermin festgesetzt, neun Monate später waren sie getraut.

Vom Wissen zum Handeln ist es für viele ein großer Schritt. Wir stecken so sehr in unseren Mustern von früher so fest, dass wir erst neue synaptische Verbindungen im Gehirn anlegen müssen, um den neuen Mustern eine Chance zu geben. Dieses Goldene Dreieck ist völlig auf die Erstellung der synaptischen Verbindungen ausgelegt, die letztendlich die zu ergreifenden Aktionen vereinfachen und erleichtern werden. Es ist für jede Veränderung ratsam, die wir in unserem Leben herbeiführen wollen.

# 13. Verletztheit (Herzmeridian)

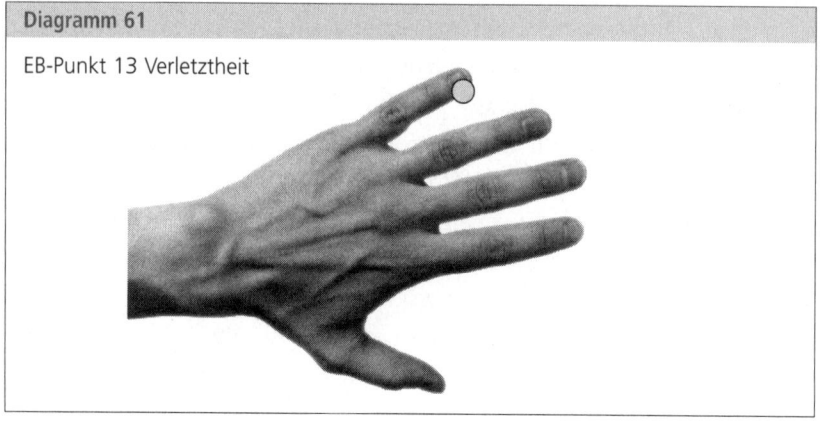

**Diagramm 61**

EB-Punkt 13 Verletztheit

Der Herzmeridian ist auch bei den Ärzten der Schulmedizin bekannt, weil der Schmerz bei Herzinfarkten oft am Herzmeridian entlang bis in die Finger ausstrahlt. Das Herz ist das Zentrum der Emotionen und der Liebe. Laut jüngsten wissenschaftlichen Forschungen scheint es, dass Menschen, die sich emotional isolieren (sich sozusagen verschließen) eine größere Chance haben, einen Herzinfarkt zu erleiden, als diejenigen, die das nicht tun. Wenn Menschen ihr Herz verschließen, fühlen sie sich weniger verletzbar, doch in Wirklichkeit handelt es sich um eine Unterdrückung der Emotionen. Das führt früher oder später zu großen Problemen oder zu einer blockierten Seelenentwicklung.

Die Emotionen, die mit dem Herzen zu tun haben, sind: Verletztheit, sich beleidigt fühlen, Enttäuschung, sich abgelehnt fühlen, Liebeskummer, unterdrückter Liebesschmerz, Leugnung von Emotionen und Gefühlen, sich verletzlich fühlen, Vertrauensverlust, sich missbraucht fühlen, sich nicht hinzugeben oder zu öffnen wagen, Angst vor Intimität. Wir stellen auch fest, dass die Verleugnung auf die andere Seite umschlägt: Man gibt vor – und beginnt manchmal, es selbst zu glauben – dass nichts ist und ist optimistisch, oberflächlich (mangelnder Tiefgang), überglücklich, euphorisch, lacht, um den Schein aufrechtzuerhalten, redet zu viel, um die eigenen Emotionen zu verbergen, ist sich selbst und anderen gegenüber nicht ehrlich.

Unser Herz zu heilen wird dann zum Paradox. Trotz der schmerzhaften Themen aus der Vergangenheit müssen wir uns immer wieder öffnen und verletzbar sein können. Um dies zu können, müssen Herz und Verstand auf einer Linie sein. Über unseren Verstand können wir begreifen, dass jeder aufgrund des Niveaus seiner eigenen Erfahrungen, aufgrund der Konditionierung seines 'mind' und der Entwicklung seiner Seele handelt. Wir begreifen, dass jeder tut, was er tut, als sei er Teil eines Musters, in dem er selbst feststeckt, und dass er mit seiner eigenen, einzigartigen Entwicklung beschäftigt ist. In einem bestimmten Moment reagiert jemand so, weil er nicht anders kann. Was geschieht, ist die Folge all dessen,

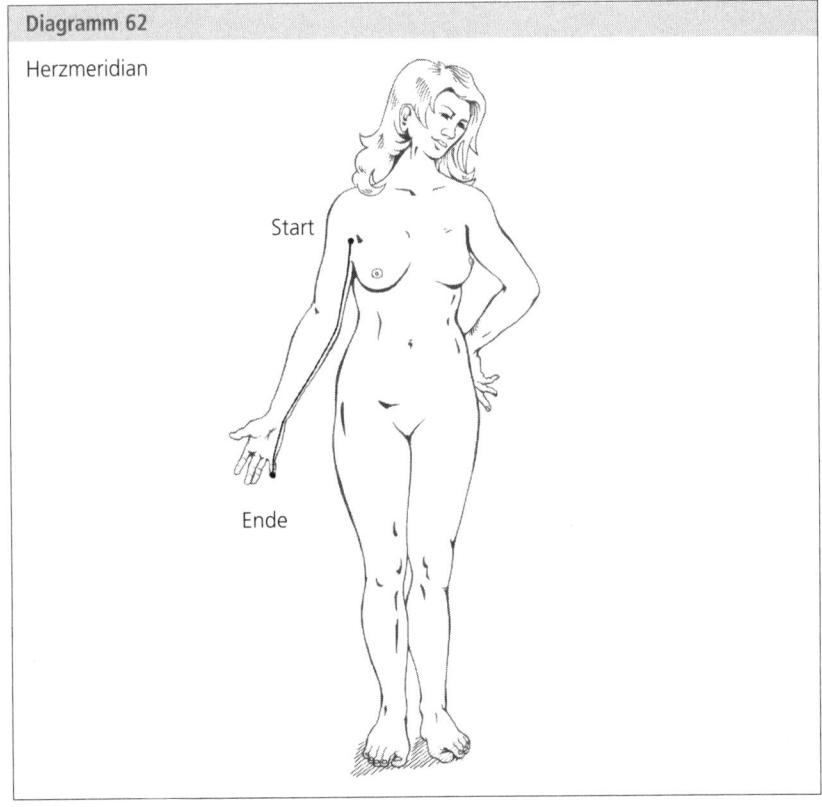

**Diagramm 62**

Herzmeridian

Start

Ende

was dem vorausgegangen war. Nichts anderes. Mit anderen Worte: Unsere Verletzlichkeit wird durch den Grad unserer eigenen Entwicklung, unserer 'mind'-Konditionierung und unseres emotionalen Zustands in jenem Moment bestimmt.

Ein Beispiel: Wenn Sie eben einen schweren Tag mit viel Stress in der Arbeit hinter sich haben, und dieser Tag folgt einigen Wochen mit vielen Sorgen, die Sie sich um Ihre Mutter gemacht hatten, die mit einem bösartigen Tumor ins Krankenhaus eingeliefert wurde, und die Sie jeden Tag besucht haben, wobei Sie nebenbei noch drei kleine Kinder versorgten, die ebenfalls Ihre Aufmerksamkeit brauchten, werden Sie am Abend eines solchen Tages auf Zwischenfälle ganz anders reagieren, als wenn Sie eben erst zwei Wochen Erholung in einer herrlichen Umgebung hatten.

Unser Grad an Verletzlichkeit hat unter anderem auch mit unserer Energie, mit unserer Vitalität und dem zu tun, was in unserem Leben im Augenblick vor sich geht. Es gibt Momente, in welchen wir viel empfindlicher sind, beispielsweise vor oder während der Menstruation, bei einem bestimmten Mondstand (Vollmond), wenn wir mit anderen Herausforderungen auf emotionaler oder körperlich-geistiger Ebene konfrontiert sind, wenn wir stundenlang am Computer gesessen waren, eine lange Reise gemacht haben (Jetlag), an einem heißen Sommertag vier Stunden im Stau gesessen haben, sechs Stunden in der Schlange gestanden haben, um gesagt zu bekommen, dass die Karten für den Wettkampf unseres Lieblingsfußballteams oder für den Auftritt unseres Lieblingssängers ausverkauft sind.

Unsere Verletzlichkeit wird durch die Tatsache mitbestimmt, ob unsere Verteidigungsmechanismen 'auf Alarm' stehen, ob wir genug Energie haben, und ob andere Dinge in unserem Leben gut laufen. Es kann auch sein, dass wir emotional viel in jemanden investiert haben. Dann sitzt der Schlag viel tiefer, als wenn wir durch jemanden verletzt werden, den wir eben erst kennen gelernt haben. Auch Vertrauen spielt eine Rolle. Wir haben die Neigung zu dem Motto 'Alles oder nichts', wenn es um Vertrauen geht. Vertrauen ist jedoch natürlich nicht etwas, was Hundert Prozent oder Null ist. Wir können jemandem auf bestimmten Gebieten manchmal gut vertrauen, auf anderen Gebieten weniger. Vertrauen geht gut, solange der andere konsequent ist. Doch der Mensch unterliegt fortwährend der Veränderung. Was heute für Sie wahr ist, kann morgen schon anders sein. Heute lieben Sie jemanden innig, und morgen können Sie für diese Person ganz andere Gefühle haben. Mein ältester Sohn formulierte es mir gegenüber einmal ganz schön: "Papa, ich liebe dich sehr. Aber es gibt Momente, da kann ich dich nicht ausstehen und mag dich gar nicht." Und das aus dem Mund eines zehnjährigen Jungen!

Er sagte es genau so, wie es ist: Wir vermischen Liebe mit anderen Gefühlen. Wir glauben, dass Gefühle immer gleich bleiben, so wie Glaubensüberzeugungen – und dem ist nicht so. Wenn wir hiermit nicht umgehen können, wenn wir nicht begreifen, dass unsere Empfindsamkeit angibt, inwiefern wir uns an selbst arbeiten müssen, suchen wir die Schuld in der Außenwelt, oder wir kapseln uns ab.

Indem wir verstehen, wie die Welt funktioniert, und indem wir erkennen, dass wir uns selbst Schaden zufügen, wenn wir in der Vergangenheit stecken bleiben, entdecken wir früher oder später, dass Vergebung die beste Medizin für unser Herz ist. Kopf und Herz kommen dann zusammen, denn dann wissen wir, dass wir nicht um des anderen willen, sondern für uns selbst vergeben. Wir wissen dann auch, dass Vergebung nicht bedeutet, dass der andere im Recht ist. Es bedeutet nur das Durchbrechen unserer karmischen Verkettungen. Dadurch wenden wir uralte Prozesse ab und kehren zurück in das 'Sanctuarium' (Heiligtum) unseres Herzens. Vergebung bedeutet, das Gift aus unserem System auszuleiten und wieder Liebe strömen zu lassen. Vergebung üben wir aus Liebe zu uns selbst. Vergebung bedeutet, Respekt vor uns selbst zu haben und uns für Fortschritt anstatt Stagnation zu entscheiden. Vergebung bedeutet, ein Kapitel abzuschließen, das noch nicht beendet war. Nicht zu vergeben bedeutet, sich für das Leiden zu entscheiden, uns selbst Schaden zuzufügen und unsere Energie mit toxischen Emotionen zu vergiften.

Letztendlich bezahlt nur einer den Preis dafür – und das sind Sie selbst.

**▪ Aufgabe:**

Erstellen Sie eine Liste der Menschen, welchen Sie vergeben möchten. Gehen Sie Ihr ganzes Leben durch, und betrachten Sie alle schmerzhaften Momente in Ihrem Leben, Momente, in welchen Sie sich verletzt, abgelehnt, benutzt, missbraucht, verleugnet, erniedrigt, klein oder beleidigt gefühlt haben. Machen Sie Ihre Liste so vollständig wie möglich.

Legen Sie die Hand auf Ihr Herz, schließen Sie die Augen, beginnen Sie langsam ein- und auszuatmen, und lassen Sie Liebe und Dankbarkeit über Ihr Herz durch den ganzen Körper strömen. Gehen Sie in Gedanken zurück in die Zeit vor Ihren Inkarnationen, und stellen Sie sich vor, Sie wüssten, dass Sie mit all diesen Menschen auf Ihrer Liste eine Absprache getroffen haben, um in diesem Leben eine ganze Menge nicht abgeschlossener Dinge zu heilen; dass Sie miteinander abgesprochen haben, sich gegenseitig zu 'triggern', so dass die alten Wunden hervorgeholt werden und Sie diese letztendlich heilen und loslassen können. Spüren Sie wieder Liebe und Dankbarkeit in Ihrem Herzen, und nehmen Sie sich jetzt die Zeit und die Energie, um diese heilige Absprache mit sich selbst zu ehren und ihr nachzukommen. Beginnen Sie dann damit, sich selbst dafür zu vergeben, dass Sie diesen Schmerz oder diese Wunde so lange mit sich herumgetragen haben und so lange weder sich selbst noch den anderen vergeben haben. Lassen Sie die Liebe und Dankbarkeit durch sich hindurchströmen und Sie zur Ruhe bringen. Vergeben Sie anschließend den anderen, dass sie Ihnen Schmerz zugefügt haben, und schicken Sie ihnen Liebe und Dankbarkeit, weil auch sie ihre Aufgabe erfüllt und Ihnen auf diese Weise die Chance gegeben haben, Ihre Seele zu heilen. Sie wünschen ihnen das Beste, und dass auch sie Liebe, Glück und Heilung in ihrem Leben erfahren mögen. Danach kehren Sie zurück in die einzelnen Situationen und spüren, ob Sie alles neutral, ohne Anspannung oder Emotion, betrachten können. Wenn Sie noch Spannungen oder Stress spüren, dann ist es gut, das Goldene Dreieck der Liebe durchzuführen und danach diese Aufgabe zu wiederholen. Dies tun Sie so lange, bis die Vergangenheit für Sie ganz neutral geworden ist und Sie daraufhin in Liebe weitergehen und Dankbarkeit für alles, was Sie mitgemacht haben, spüren können.

# ■ Thema: Verletztheit und die Seele

Wie mit diesem Buch deutlich geworden ist, hat die Seele als Pflicht-aufgabe, die nicht geheilten Verletzungen nachträglich zu heilen, und sie ergreift jede Gelegenheit, um uns an unseren Schmerz zu erinnern. Seele und Herz werden als Einheit gesehen, weil auch das Herz die Verletzt-heit speichert. Der 'mind' will vom Schmerz weg und kann die Pflicht-erfüllung der Seele stören, indem er den Schmerz unterdrückt, leugnet oder betäubt. Die Seele sieht keinen anderen Ausweg, als Krankheit zu erzeugen, um den Schmerz wieder zu schüren. Herzinfarkte sind interes-sant, denn es stand zu lesen, dass emotionale Isolierung ein Risikofaktor für einen Herzinfarkt ist.

Bei einem Herzinfarkt besteht die 50%-ige Chance, dass das erste Symptom zugleich auch das letzte ist, und dass man stirbt. Das be-zeichne ich als 'Recycling-Prinzip'. Die Seele erkennt das Leben als einen Weg, der sich totläuft, und beschließt, wieder auf 'Los' zurückzukehren, sodass man wieder von Null anfangen kann, mit einer Zwischenpause, um einige Dinge noch besser zu programmieren. Neben Krankheit kann die Seele auch noch für Unglücksfälle sorgen. Damit ist auch das Risi-ko verbunden, dass es schief läuft, dass man stirbt, anstatt nur körper-lichen Schaden zu nehmen. Die Seele arbeitet eben mit Emotionen, doch sie ist nicht emotional. Ihre Logik besteht einfach im Ausführen ihrer Pflicht.

Wenn wir Verletzlichkeit benutzen, um Aufmerksamkeit zu bekom-men (oder andere Grundbedürfnisse zu erfüllen) oder in einer Opferrolle stecken bleiben, missbrauchen wir die Intention der Verletzlichkeit. Ver-letzlichkeit bedeutet, dass wir uns klar werden, dass wir auf einigen Ge-bieten Wunden haben, und dass das einzige Ziel darin besteht, diese Wunden zu heilen. Wenn die Wunden geheilt sind, sind wir in diesem Bereich nicht mehr verletzlich.

Verletzlich zu sein muss auch geschehen, ohne dass wir Erwartungen an einen anderen Menschen stellen. Verletzlich zu sein bedeutet, sich selbst nicht etwas anderes vorzuspielen, als man ist. Verletzlich zu sein bedeu-tet, dass Sie Verantwortung für Ihre Verletzlichkeit übernehmen müssen. Damit steht und fällt Ihre Seelenheilung. Wenn Sie die Verantwortung nicht übernehmen, sind Sie sich Ihrer Seelenreise nicht richtig bewusst. Dann drehen Sie sich im 'mind' nur im Kreis. Sie können meditieren und Yoga üben, so lange Sie wollen, Sie können Vegetarier werden und Engelsmusik anhören – solange Sie Ihre verletzte Seele (bzw. Ihr Herz) nicht heilen, streichen Sie um den heißen Brei herum. Sie, und Sie allein, sind verantwortlich dafür, Ihr verletztes Herz in Liebe und Dankbarkeit zu verwandeln. Solange dies nicht geschieht, werden Sie im Spiel 'Mensch ärgere dich nicht' mitspielen, ohne auch nur den leisesten Hauch einer Ahnung davon zu haben, worum es geht.

Ich denke, dass ich deutlich genug und zum Kern vorgedrungen bin, was die Seelenheilung betrifft: Verletzlichkeit ist das Tor zur Heilung. Heilung ist das Tor zur Authentizität. Authentizität öffnet uns das Tor, um aus der Illusion dieser dreidimensionalen Welt auszubrechen, und macht uns die emotionale Balance zugänglich. Emotionale Balance (Gelassenheit) ist das Tor zur Erleuchtung. Erleuchtung ist das Tor zur Meisterschaft. Meisterschaft ist das Tor zu unserer göttlichen Essenz. Unsere göttliche Essenz ist das Tor zum 'ALL-SEIN' (Gott).

Wie wir sehen können, haben wir noch einen langen Weg zu gehen. Indem wir unsere Aufmerksamkeit stets auf Anmut, Freude und Leichtigkeit richten, machen wir den Weg interessant und schön. Die Reise braucht nicht schwer zu sein. Es macht nichts aus, ob sie einen Tag, eine Woche, ein Jahr, ein Leben oder zehn Leben dauert, um unser ALL-SEIN zu erreichen, solange wir unsere Aufmerksamkeit stets auf das ausgerichtet halten, warum wir es tun. Die Symptome auf dem Weg zur Erleuchtung sind folgende: uns leichter fühlen, weniger Stress und mehr Liebe erfahren, mehr Frieden, mehr Glück, mehr Synchronizität, mehr Vergnügen, mehr Anmut, mehr Wunder und mehr wir selbst sein. Der Weg ist wichtig, das Ziel kommt von selbst, wenn wir unserer Lebensintention – also uns selbst – treu bleiben.

Der Kern besteht darin, immer wieder neu zu vergeben und in die Liebe und Dankbarkeit zurückzukehren. Wie tief der Schmerz auch sein mag, wie groß die Ablehnung, kehren Sie immer wieder zurück zu Ihrer Essenz, in Ihr Herz. Immer wieder loslassen und darum bitten, dass Sie weiser werden, besser auf Ihre Intention lauschen, bessere Entscheidungen

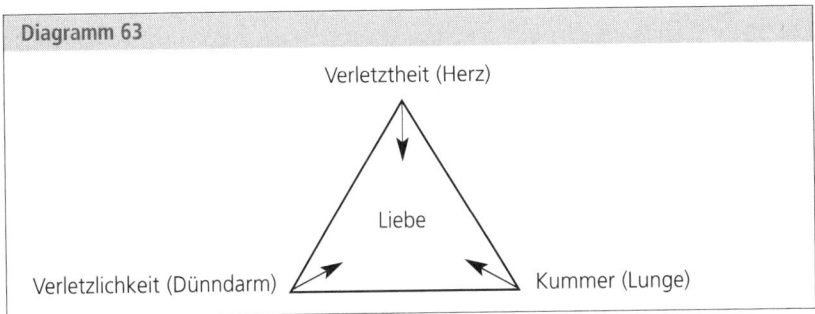

Diagramm 63

Verletztheit (Herz)

Liebe

Verletzlichkeit (Dünndarm)          Kummer (Lunge)

treffen und Ihre eigenen Grenzen immer besser ziehen. Visualisieren Sie es, integrieren Sie es.

Mit diesem Goldenen Dreieck erfahren wir, dass wir es wieder wagen dürfen, Liebe zu spüren, wenn wir unsere Verletztheit loslassen. Wenn wir dabei auch unsere Verletzlichkeit angehen, sind wir wieder freier, um Menschen näher an uns heranzulassen. Wenn wir außerdem noch unseren Kummer loslassen und nicht mehr fürchten, jemanden zu verlieren, dann wagen wir es, uns zu 100% hinzugeben, ohne uns selbst zu hemmen.

Ein Beispiel:

Sophie (48 Jahre), geschieden, keine Kinder, war eine Karrierefrau, die sich bis zur Direktorin einer Bankfiliale emporgearbeitet hatte. Sie hatte alles, was ihr kleines Herz begehrte: ein herrliches Haus, ein schönes Auto, Geld. Aber keine Liebe. Sie hatte in den letzten acht Jahren sogar kein einziges Mal mehr ein Rendezvous mit einem Mann gehabt. Sie sah prima aus, war elegant gekleidet und gut ausstaffiert. Sie hätte sich nichts lieber gewünscht, als dass ein Mann sie ansprechen würde. Beim Kurs 'Emotionale Balance', an dem sie teilgenommen hatte, saßen in ihrer Gruppe zwei nette Männer, die ebenfalls nicht verheiratet waren und sie nett fanden, doch sie luden sie nicht ein, mit ihnen auszugehen. Schließlich kam sie zu mir und fragte, was sie falsch machte. Ich testete sie und stellte Fragen an ihr Unterbewusstsein. Es stellte sich ganz schnell heraus, dass sie es nicht wagte, sich verletzlich zu zeigen, und dass sie noch immer Kummer über ihre misslungene Ehe empfand. "Aber das habe ich doch schon seit 12 Jahren hinter mir gelassen", sagte sie. Es schien jedoch, als hatte sie ihren Exmann nicht vergessen. Er war nach fünf Jahren Ehe impotent geworden, schien später homophil zu sein und war inzwischen in einen anderen Mann verliebt. Dies hatte sie als Frau tief verletzt. Sie hatte alles verdrängt und sich auf ihre Karriere konzentriert. Sie bekam als Hausaufgabe das Goldene Dreieck für Liebe (sechsmal am Tag) und die CDs 'Loslassen' und 'Freiheit'.

Drei Monate später sah ich sie in einem anderen Kurs wieder. Sie lachte ein wenig schelmisch und sagte: "Ich bin von allen beiden eingeladen worden und finde sie beide nett. Also entscheide ich mich vorläufig noch nicht – ich finde es prima so!" Sie genoss deutlich die männliche Aufmerksamkeit. Es hatte sich auch etwas an ihrer Ausstrahlung verändert. Sie war spielerischer geworden und lächelte und flirtete mehr. Menschen reagieren auf unsere Ausstrahlung – auf das, was wir weder sehen noch messen können. Das ist so und wird auch immer so bleiben. Das Wichtigste war, dass sie ihrem Exmann und sich selbst vergeben hatte. Damit hatte sie endlich das Kapitel abgeschlossen und konnte ein neues Kapitel beginnen.

Liebe beginnt mit der Erkenntnis, dass alles vergänglich ist, und dass wir – trotz der Risiken, die mit dieser Vergänglichkeit verbunden sind – dennoch den Mut haben müssen, zu 100% verletzlich zu sein und mit offenem Herzen eine neue Beziehung zu beginnen oder eine Beziehung zu vertiefen, ohne jegliche Garantie, dass sie ewig halten wird. Das ist Liebe. Das ist auch Heilung, denn das bedeutet, die Vergangenheit ganz hinter uns zu lassen und unser Herz immer wieder neu zu öffnen.

# 14. Verletzlichkeit (Dünndarmmeridian)

Der Dünndarm ist recht beweglich, enorm empfindsam für Energien und schnell überempfindlich für allerlei (Nähr-) Stoffe. Was wir essen, hat direkten Einfluss auf unsere emotionale Energie. Der Magen hat mit dem Zwölffingerdarm die Nahrung vorbereitet, die Leber, Gallenblase und Bauchspeicheldrüse haben ebenfalls ihre Finger mit im Spiel. Doch es liegt am Dünndarm zu entscheiden, was in Ordnung ist und was nicht, was aufgenommen wird und was nicht. Dies zeigt sich auch emotional.

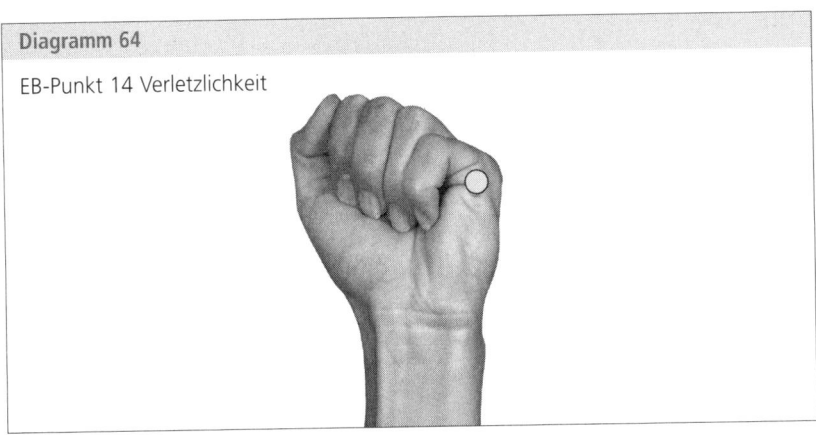

**Diagramm 64**

EB-Punkt 14 Verletzlichkeit

Wir sind sehr verletzlich, was Einflüsse aus unserem Umfeld betrifft, und wir müssen beschließen, worauf wir reagieren und worauf nicht.

Die Emotionen, die bei einer Störung im Dünndarm eine Rolle spielen, sind: verletzlich (empfindlich) sein, sich verloren fühlen, Unsicherheit, Überempfindlichkeit, das Gefühl, im Stich gelassen worden zu sein (niemand macht sich etwas aus uns), unterdrückte Liebe, Scham, Schüchternheit, Zurückgezogenheit, mangelndes Selbstbewusstsein. Wenn wir unter einer starken Störung leiden, fühlen wir uns nicht gut genug und haben das Gefühl, dass wir niemandem wirklich etwas bedeuten. Wir spüren, dass unsere Liebe und Freigebigkeit nicht beantwortet werden. Das kommt häufig bei Menschen vor, die immer für andere bereitstehen.

Beispielsweise Mütter, die sich immer aufopfern und stets ein Fels in der Brandung für jeden sind. Dann kommt ein Tag, an dem sie nicht ganz in Topkondition sind. Weil sie nicht der Typ sind, der um Hilfe bittet, erwarten sie, dass jeder von sich selbst aus Hilfe anbietet, aber das geschieht nicht. Wenn man fragt, wie es geht, sagen sie, dass alles o.k. ist. Aber innerlich fühlen sie sich im Stich gelassen. Sie sind schwer niedergeschlagen, leiden still und werden oft apathisch. Ich denke, dass manche Leser dieses Bild in all seinen Variationen nur zu gut wieder erkennen.

Liebe ist ein schwieriges Thema. Denn wenn wir über die Liebe sprechen, meinen wir dann ihre höchste Form – die bedingungslose Liebe?

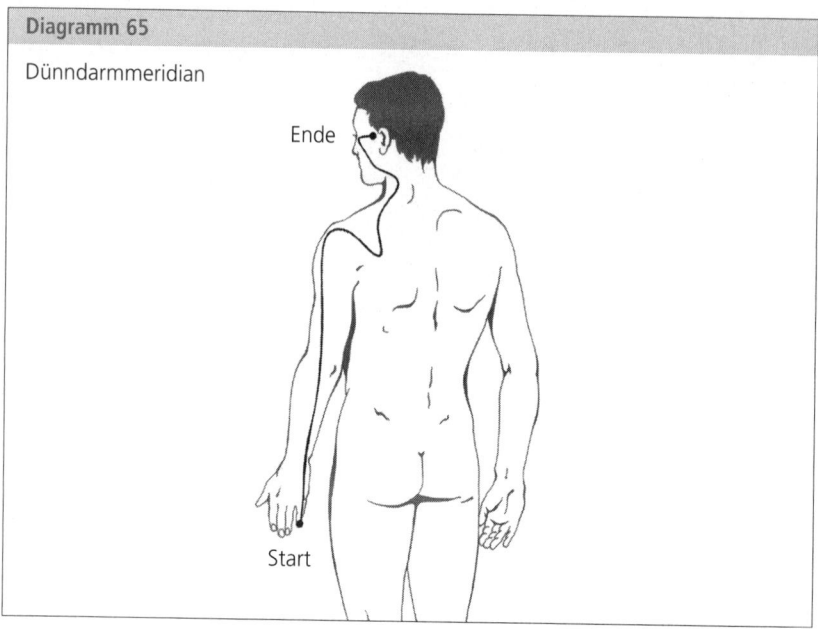

**Diagramm 65**

Dünndarmmeridian

Ende

Start

Oder fassen wir sie als die normalere, gängige Liebe auf, die sehr wohl Bedingungen stellt? Denn in unserem konditionierten 'mind' sind wir immer mit der Liebe beschäftigt, die Bedingungen stellt. Die Mutter-Kind-Liebe kommt manchmal der Bedingungslosigkeit der höheren Liebe sehr nahe. Wir geben dann um des Gebens willen. Es fühlt sich gut an zu geben. Zu geben ist bereits die Erfüllung an sich. Es gibt nichts Höheres.

Die Kehrseite der Fähigkeit, Liebe geben zu können, ist, Liebe empfangen zu können. Auch das ist für viele Menschen entsetzlich schwer. Das hat mit der Tatsache zu tun, dass wir oft glauben, nicht gut genug zu sein, um Liebe zu verdienen. Viele Menschen 'müssen' etwas zurückgeben, wenn jemand etwas für sie tut, sonst fühlen sie sich schlecht.

Dann gibt es noch eine Kategorie Liebe, bei der wir es wagen müssen, um etwas zu bitten, wenn wir in Not sind. Das bedeutet, dass wir uns verletzlich zeigen müssen, weil wir riskieren, eine Abfuhr zu bekommen. Für viele Menschen ist eine Abfuhr eine solche Erniedrigung, dass sie lieber um nichts bitten und still leiden. Dies sind alles Themen, die wir um den Gedanken der Liebe entfalten müssen.

■ **Aufgabe:**

Denken Sie gut über das nach, was Sie eben gelesen haben, sowie darüber, was das Thema Verletzlichkeit und Liebe für Sie bedeutet. Was begegnet Ihnen? Wo spüren Sie Widerstand? Was bereitet Ihnen Stress? Wann fühlen Sie sich abgelehnt, Ihre Liebe unbeantwortet? Wenn Sie soweit sind, schließen Sie die Augen und atmen ruhig ein und aus. Lassen Sie alles in sich hochkommen. Fühlen Sie, wie es ist, wenn Sie das, was Sie wollen oder erwarten, nicht bekommen. Was es bedeutet, verletzlich zu sein. Atmen Sie weiterhin tief ein und aus, und sprechen Sie folgende Affirmation:

"Ich bin ganz im Frieden damit und fühle mich sicher, wenn ich verletzlich bin und erfahre, was es bedeutet, abgewiesen und daran erinnert zu werden, dass alle Liebe in mir ist."

Atmen Sie weiter, und wiederholen Sie das, bis es ganz in Ordnung ist, bis in Ihnen Ruhe und Akzeptanz für alle Situationen aufkommen, in welchen Sie Schmerz erlitten oder sich verletzlich fühlten, und Sie letztendlich die Liebe in sich selbst spüren. Danach sprechen Sie mindestens 24-mal folgende Affirmation, während Sie so schnell wie möglich die Technik der abwechselnden Faustschläge durchführen:

"Ich liebe und akzeptiere mich und kann alle Herausforderungen meistern. Ich stehe in meiner Kraft, ganz gleich, was auf mich zukommt."

Es ist enorm wichtig, diese letzte Übung mit der Technik der wechselnden Faustschläge öfter am Tag zu machen. Üben Sie sie in freien Momenten, im Auto, auf der Toilette, gleich nach dem Aufstehen. Je öfter und je länger Sie dies tun (mindestens 24-mal), desto intensiver wird es in Ihr Gehirn integriert und desto eher wird es für Sie Realität. Sie erzeugen Ihre eigene Realität. Sie halten buchstäblich Ihre Zukunft in Händen!

## ■ Thema: Verletzlichkeit und die Seele

Es ist kein Zufall, dass dies das letzte Thema dieser Serie ist. Wie wir wissen, ist alles Synchronizität und unterliegt den spirituellen Gesetzen, die die formgebende Energie betreffen.

Die Seele zeigt sich über unsere Verletzlichkeit, mit dem Ziel, Heilung zu erlangen. Verletzlichkeit hat Heilung als Sinn und Intention, ansonsten ist sie kaum von Bedeutung. Verletzlichkeit, auf die keine Heilung folgt, ist emotionaler Masochismus und meiner Meinung nach völlig sinnlos. Es gibt Scharen von Menschen, die sich als eine Art Lebenseinstellung verletzlich zeigen. Oft bekommen sie dadurch ihre Grundbedürfnisse erfüllt und wenden sich von den Menschen ab, die ihre Verletzlichkeit nicht respektieren. Viele Menschen benutzen ihre Verletzlichkeit, um Dinge durchzusetzen und bleiben in ihrer Komfortzone des Verletzlichseins. Bei vielen Menschen wurde ihr 'mind' leider auch so konditioniert, dass Verletzlichsein Schwäche bedeutet. Ich glaube, dass Männer eher an Herzinfarkt sterben, weil die Seele findet, dass sie durch diese 'dumme' Konditionierung den Weg zur Heilung versperrt haben.

Es erfordert eben Kraft, uns verletzlich zu zeigen. Es erfordert freilich eine bestimmte Technik, um unsere Verletzlichkeit zu nutzen, so dass wir heil werden können. Dafür war die Übung (Aufgabe) äußerst gut geeignet, und auch das Goldene Dreieck, mit dem wir lernen sollen, unsere Verletzlichkeit in Dankbarkeit zu verwandeln. Das ist Heilung. Wenn wir unsere Verletzlichkeit heilen und uns so zeigen, wie wir sind, sind wir authentisch.

Authentizität bedeutet, ehrlich gegenüber sich selbst und seinem Umfeld zu sein, ohne heimlichen Terminkalender – einfach so zu sein, wie man ist. Sie geben sich nicht netter als Sie sind, Sie quälen sich nicht ab. Sie sind nicht da, um einen guten Eindruck zu machen. Sie sind ganz entspannt Sie selbst. Es kümmert Sie wirklich kein bisschen, was andere denken. Ob Sie einen guten Eindruck machen oder nicht, soll allein Ihre Sorge sein. Das ist die Kraft und Reinheit der Authentizität. Sie sind dankbar dafür, dass Sie Sie selbst sind und akzeptieren, dass andere ihren eigenen Schmerz, ihre eigenen Ideen und Glaubensüberzeugungen auf Sie und die Welt projizieren. Wenn Sie Lust haben, darüber zu sprechen, tun Sie dies aus Ihrer Kraft heraus und nicht aus dem Bedürfnis heraus, sich selbst zu verteidigen. Sie sind liebevoll, weil Sie es sind, nicht, weil Sie nett sein wollen. Sie haben Konfrontationen um der Konfrontationen willen, und nicht, um ein Ziel zu erreichen. Es ist, wie es ist, und so ist es.

Das ist meine Auslegung der Authentizität, wie ich sie sehe. Wie Sie feststellen, ist dies für viele Menschen weit hergeholt. Authentizität ist die Basis der emotionalen Balance. Um diese zu erreichen, werden Sie alles, was bei Ihnen Anspannung und Stress verursacht, überwinden müssen. Eben dazu dient die Verletzlichkeit. Die Seele will ohne die Hirngespinste des 'mind' authentisch sein. Das gelingt nur, wenn wir die Verletzlichkeit ganz überwinden und Authentizität und emotionale Balance erreichen.

Das Schöne daran ist, dass jeder dies lernen kann, und dass es so viel Erleichterung gibt. Sie können sich ganz entspannen. Es gibt nichts, weshalb Sie sich selbst unter Druck setzen müssen. Sie leben in dem Wissen, dass Sie alles bewältigen, was Ihnen auf Ihrem Weg begegnet.

Seitdem das für mich deutlich geworden ist, und ich mir die Zeit genommen habe, um mich verletzlich zu zeigen und immer wieder zu fühlen und zu heilen, hat sich mein Leben verändert. Jede Nacht, wenn ich im Bett liege und mich auf den Schlaf vorbereite, mache ich einen 'Scan' vom Tag und prüfe, ob etwas geschehen ist, was mich berührt bzw. gestresst hat oder meinem bewussten Radar entgangen ist. Ich bewerte meinen Tag und korrigiere über die Techniken der emotionalen Balance allen Stress, bis es sich völlig gut anfühlt.

Mein Leben ist in den letzten vier Jahren trotz des stärkeren Drucks, trotz mehr Aktivitäten und mehr Arbeit, im Inneren viel ruhiger geworden. Ich fühle mich friedlich und entspannt, arbeite weiterhin stetig an den Verletzungen und erzeuge selbst die Herausforderung, zu schauen und zu spüren, wo meine Grenzen liegen. Ich bin mittlerweile überzeugt davon, dass ich mir zu viel aufgeladen habe und zu weit gegangen bin. Ich habe mich selbst mehrere Male zurückpfeifen müssen. Ich schreibe mehrere Bücher im Jahr und entwickle jedes Jahr zwei völlig neue Kurse. Darüber hinaus reise ich in der ganzen Welt herum und gebe Seminare in verschiedenen Ländern. Mein Terminkalender ist bereits ganz voll, und ich kann ihn auch für die nächsten drei Jahre noch füllen. Ich habe jedoch beschlossen, dass ich das nicht mehr länger brauche. Dort liegen meine Herausforderungen nicht mehr. Meine Herausforderung ist, meine Verletzlichkeit noch tiefer zu testen, nicht, indem ich mehr tue, sondern indem ich mehr 'bin'. Ich werde mich in der kommenden Zeit langsam zurückziehen und mehr Reisen nach innen tun. Auf der Suche nach der tiefsten Essenz in mir selbst, um mich mehr und mehr mit dem Allerhöchsten in mir zu verbinden. Es ist kein leichter Weg. Die Herausforderung liegt nicht im Tun, sondern im 'einfach sein', 'einfach fühlen' und 'im Fühlen bleiben'. Jedes Mal, wenn ich das tue, entdecke ich mehr in mir selbst. Ich muss nun lernen, meine Zeit damit zu verbringen, pur zu fühlen, pur verletzlich zu sein. Hiermit werde ich meiner Seele dienen und noch mehr Heilung finden.

Für jeden von uns wird der Weg anders sein. Meine Absicht ist es nicht, Ihnen den Weg zu weisen – das kann ich nicht. Mein Ziel ist es, Ihnen Werkzeug mit auf den Weg zu geben, das Sie auf Ihrer Reise gebrauchen können, so dass Sie auf jede Herausforderung vorbereitet sind. Lesen Sie also meine Geschichte nicht als *den* Weg, sondern als *meinen* Weg, und schreiben Sie Ihre eigene Geschichte. Spüren Sie, was für Sie wichtig ist. Seien Sie so klug, und kommen Sie aus Ihrer Komfortzone heraus – werden Sie aktiv. Wie Sie lesen können, wirken diese einfachen Techniken.

Viele Menschen sind in spiritueller Hinsicht arrogant. Sie denken, dass solche simplen Dinge bei ihnen nicht wirken. Sie haben schon so vieles gemacht, es muss schon komplexer und esoterischer sein. Ich beobachte diese Haltung oft um mich herum und muss darüber lachen, denn ich sehe die Menschen, die auf mein einfaches, unnötiges Leid herabblicken. Sie nehmen sich selbst zu wichtig. Ich genieße mein Leben und meine Herausforderungen. Meine Ideen haben mich in alle entlegenen Winkel der Welt gebracht. Ich komme an Orte, von welchen viele nur träumen können, und begegne den 'Großen' der Welt, weil meine Techniken wirken. In dem Maße, wie ich sie weiter anwende, werden sie immer mehr verfeinert, effektiver und schneller.

Ich wünsche Ihnen ein Leben, in dem Sie Ihre Seele heilen. Was ich Ihnen über die Seelenreise gezeigt habe, ist so, wie es ist. Jede Religion kann ihre eigenen Ideen haben. Aber was ist, das ist. Die Beweise sind geliefert, und Sie werden es erfahren, wenn Sie die Techniken anwenden. Sie haben genug Zeit verloren, es ist Zeit zu handeln!

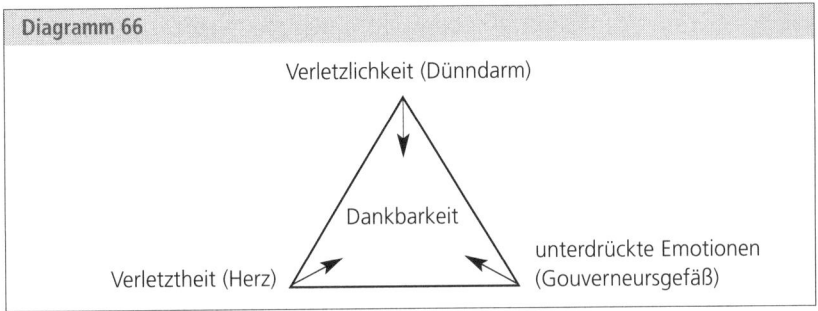

Diagramm 66

Verletzlichkeit (Dünndarm)

Dankbarkeit

Verletztheit (Herz)

unterdrückte Emotionen (Gouverneursgefäß)

Dieses Goldene Dreieck wirkt auf den Dünndarm (Verletzlichkeit), bei Empfindlichkeit auf das, was sich um uns herum abspielt und was auf uns zukommt, und erzeugt Ruhe von innen. Es wirkt weiterhin auf unsere Verletztheit, die Dinge, die uns in der Vergangenheit Schmerz bereitet und die wir noch nicht losgelassen haben. Über die Vergebung werden wir von der Vergangenheit befreit. Außerdem wirkt sie auf die Umwandlung unserer Neigung, unsere Emotionen zu unterdrücken, in Akzeptanz all dessen, was wir fühlen. Wenn wir von der Vergangenheit befreit sind, für alle Erfahrungen offen sind und die Emotionen zulassen, erfahren wir tiefe Dankbarkeit für das Leben, für die Schwierigkeiten, die für uns entstehen. Wir spüren Dankbarkeit für die Anmut, die Freude und die Leichtigkeit, mit welchen wir das Leben in eine einzigartige, individuelle Erfahrung umwandeln, die unsere Seele heilt und uns näher an unsere Lebensintention bringt. Dankbarkeit ist die große Umwandlung vom Erkennen, warum wir hier sind, in das Erfahren, dass wir hier sind, und wie viel es gibt, worüber wir dankbar sein müssen. Dankbarkeit richtet unsere Aufmerksamkeit auf alle kleinen Einzelheiten, die uns in den Schoß fallen und für die wir absolut nichts tun müssen. Es ist da. Wir haben ein gutes Leben. Wir leben in Wohlstand. Wir leben in einem herrlichen Land. Wir haben prächtige Menschen um uns herum, die uns daran erinnern, dass die Liebe in uns selbst sitzt, und dass wir sie dort suchen müssen. Wir lesen tolle Bücher. Wir sehen eine schöne Natur. Wir genießen die Vernunft des Menschen, der Autos, Computer, Handys und noch vieles mehr kreiert. Es gibt so vieles, um dankbar dafür zu sein.

Es geht einfach darum, dass wir unsere Aufmerksamkeit auf das richten, was in unserem Leben alles gut und perfekt ist. Die meisten von uns sind viel zu fixiert auf das, was nicht gut ist und was in Zukunft falsch laufen könnte. Auch für unsere Gesundheit und Vitalität ist es unerlässlich, niemals aus den Augen zu verlieren, was alles gut ist, was wir alles kreiert haben und was uns völlig 'frei' von Anspannung zufällt. Es ist bereits kreiert.

Ein Beispiel:

Es hat ganz lange gedauert, bis ich dahinter kam, dass mein größter Antrieb, erfolgreich zu sein, meiner Glaubensüberzeugung entsprungen ist, nicht gut genug zu sein. Ich musste mir unbewusst stets noch mehr beweisen. Ich erkannte in einem bestimmten Augenblick, dass mich diese 'Streberenergie' krank machte. Ich verlor den Kampf an vielen Fronten. Ich war kein guter Ehegatte und konnte meine bessere Hälfte nicht glücklich machen. Ich war kein guter Vater, denn ich musste ganz hart arbeiten, um unseren Lebensstandard aufrechtzuerhalten. Ich wurde von meinen Geschäftsfreunden betrogen und geprellt. Je mehr ich mein Bestes gab, desto tiefer versank ich im Morast von harter Arbeit, dem Abbezahlen von Schulden und dem Aufnehmen neuer Schulden, um neue Projekte zu starten. Ich hatte mich völlig verfahren. Ich aber tat, was ich immer tat: noch härter arbeiten. Dann wurde ich krank. Ich bekam die Grippe und lag erstmals seit Jahren im Bett, zu schlapp, um nachzudenken.

Ein Freund von mir kam zu Besuch, erschrak und sagte: "Roy, was siehst du nicht?" Ich begriff die Frage nicht, und er sprach weiter:

"Du siehst nicht, dass das, was du gerade tust, dich zwar zu einem bestimmten Erfolg gebracht hat, dass es sich jetzt aber gegen dich wendet. Wenn du deine Strategie nicht veränderst, machst du dich selbst kaputt!"

Das kam wie ein Faustschlag an. Ich hatte mich noch niemals so klein und verloren gefühlt. Ich habe zwei Tage geheult und getrauert. Dann fasste ich einen Entschluss. Ich brauchte Hilfe, denn ich konnte meinen eigenen blinden Fleck nicht sehen. Es war enorm schwer, vor mir selbst zuzugeben, dass ich einen Coach brauchte, sowohl im geschäftlichen als auch im emotionalen Bereich.

Ich erkannte, dass ich so viele Emotionen unterdrückt hatte, meine Sorgen über die Finanzen, meine Ängste, dass es wieder schief gehen könnte, und die Tatsache, dass ich immer so tat, als sei alles perfekt. Ich war zornig darüber, dass zwei Menschen, denen ich vertraut hatte, mich betrogen hatten. Ich musste erst zugeben, dass ich dumm gewesen war und nicht aufgepasst, nicht auf meine Intuition gehört hatte. Daraufhin musste ich mit mir selbst ins Reine kommen, vergeben und loslassen.

Ich bin nun fünf Jahre weiter und dankbar dafür, dass ich diesen Menschen begegnet bin. Ich habe viel von ihnen gelernt. Dank ihnen bin ich heute viel weiter als jemals zuvor. Ja, sie haben von meiner unternehmerischen Naivität profitiert. Doch ich habe enorme Quantensprünge in meiner Entwicklung gemacht und mich noch nie so gut gefühlt wie jetzt. Ich bin in den letzten fünf Jahren in vielerlei Hinsicht gewachsen und habe vieles, wofür ich dankbar sein kann. Ich wünsche ihnen wirklich viel Glück und Wohlstand und hoffe für sie, dass sie noch glücklicher sein mögen als ich und dass es ihnen finanziell, emotional und körperlich prächtig geht. Ich fühle mich nur dankbar, dass ich so viel in mir selbst aufräumen konnte. Es war nicht leicht, und vielleicht die schwerste Zeit meines Lebens. Doch ich bin nun bereit, alles, was nicht erledigt ist, zu Ende zu bringen. Ich habe jetzt einen Geschäftspartner, dem ich wirklich vertrauen kann und mit dem mich eine ganz tiefe Freundschaft verbindet. Ich bin von feinen Menschen umgeben, die treu sind. Ich habe eine fantastische Beziehung, die heilend für meine Seele ist, und ich spüre, dass ich der Welt gewachsen bin. Ich wäre nicht an dieser Stelle, wenn diese Menschen mir nicht geholfen hätten, indem sie meine Unkenntnis auf dem Unternehmenssektor ausnutzten. Durch das, was geschehen ist, konnte ich viel mehr erreichen.

Ich hoffe, dass ich damit zeigen konnte, dass alles, was in unserem Leben passiert, letztendlich seinen Sinn hat und uns dienen kann. Selbst die Dinge, die uns zutiefst treffen.

Ziehen Sie daraus Ihren Nutzen. Ich habe alles, was in diesem Kapitel beschrieben ist, in den vergangenen fünf Jahren selbst angewendet, und es hat viel Heilung, Frieden, Liebe und Ruhe in mein Leben gebracht. Es ist kein leichter Weg. Sie werden etwas dafür tun müssen. Aber das wussten Sie ja, bevor Sie auf diese Erde hier kamen. So lautete die Abmachung! Vielleicht haben Sie diese vergessen. Doch jetzt wissen Sie es wieder. Es ist noch nicht zu spät. Ich würde nicht zu lange warten.

## Zusammenfassung – energetische Fitness

Es ist wichtig, nochmals das Stück über energetische Fitness durchzulesen und zu spüren, womit Sie sich am meisten identifizieren. Mit welchen Themen gehen Sie in Resonanz? Auf dieser Grundlage erschaffen Sie Ihre persönliche Strategie: Welche Goldene Dreiecks-Kombination werden Sie vorübergehend einsetzen, nachdem Sie Ihren 'mind' umprogrammiert haben?

Ich lasse die 14 Kombinationen hier nochmals Revue passieren. Bei jedem Goldenen Dreieck nenne ich die Affirmation des zentralen EB-Punktes (die Spitze des Dreiecks), die beiden anderen Affirmationen können Sie finden, indem Sie nachsehen, wo diese beiden Punkte jeweils der zentrale Punkt sind.

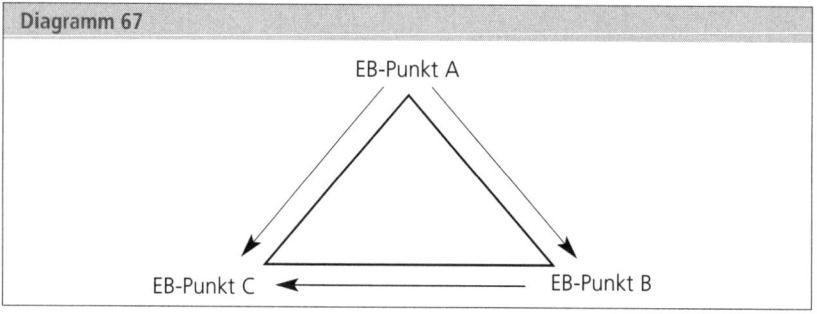

Diagramm 67

Indem Sie diese Dreierpunkt-Kombination mehrmals täglich durcharbeiten (Reihenfolge, im Uhrzeigersinn, siehe Diagramm 68) stärken Sie sich in Bezug auf dieses Thema.

Man beginnt mit der Affirmation von EB-Punkt A in Kombination mit dem Aktivieren von EB-Punkt A, danach dasselbe mit B, danach mit C. Man endet wieder bei Punkt A (jede Affirmation dreimal wiederholen, bevor Sie zum nächsten Punkt übergehen). Diesen Kreis übt man mindestens dreimal am Tag.

Es ist wichtig, mindestens dreimal den Kreis entlangzugehen und jedes Mal dreimal die Affirmation jedes Punktes zu sprechen, um mit demselben Punkt zu enden, mit dem man begonnen hatte.

Wir arbeiten an vielen Fronten gleichzeitig: an den Energieströmen im Körper, am Nervensystem, am Selbstbild, am Unterbewusstsein, an der Seele und an den Bewusstwerdungsprozessen. Dies hat einen enorm tiefen Einfluss auf unser Sein. Normalerweise erfährt man nach zwei bis vier Wochen Veränderungen in Bezug darauf, wie man sich fühlt.

• **EB-Punkt 1 Unsicherheit**
Affirmation zum EB-Punkt 1 (Unsicherheit)

"Ich akzeptiere und respektiere mich, auch wenn ich mich unsicher fühle. Ich liebe mich bis in die allertiefste Ebene und lasse meine Unsicherheit zu vollen 100% ab dem allerersten Moment los, in dem ich diese erfahren habe. Ich beschließe, mich ab sofort und für immer unter allen Umständen sicher, in meiner Kraft und voller Selbstvertrauen zu fühlen."

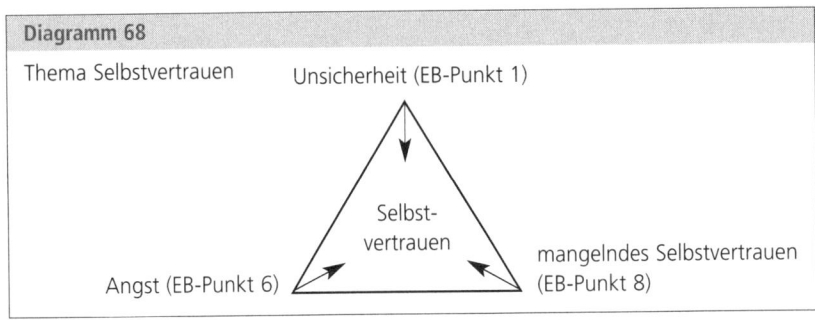

**Diagramm 68**

Thema Selbstvertrauen — Unsicherheit (EB-Punkt 1)

Selbst-vertrauen

Angst (EB-Punkt 6)

mangelndes Selbstvertrauen (EB-Punkt 8)

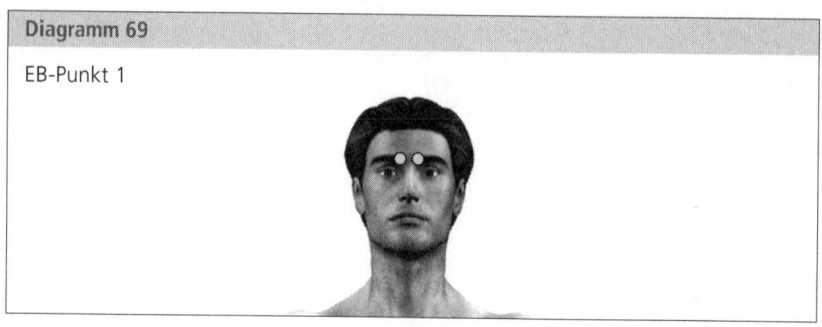

Diagramm 69

EB-Punkt 1

Atmen Sie nach jeder Affirmation tief ein und aus. Wiederholen Sie die Affirmation noch zweimal, während Sie rhythmisch auf den EB-Punkt 1 klopfen. Anschließend arbeiten Sie am EB-Punkt 8, danach am EB-Punkt 6 und zum Abschluss wieder am EB-Punkt 1. Die Affirmationen zum EB-Punkt 8 und EB-Punkt 6 finden Sie dort.

- EB-Punkt 2 Frustration
  Affirmation zum EB-Punkt 2 (Frustration):

"Ich schätze und respektiere mich mit meinen Frustrationen und meiner Gereiztheit. Ich akzeptiere mich bis in die allertiefste Ebene und ab dem allerersten Moment, in dem ich diese Gefühle jemals erfahren habe. Ich beschließe, diese ab sofort loszulassen, unter allen Umständen in meiner Kraft zu bleiben und die Verantwortung dafür zu übernehmen, wie ich mich fühle, jetzt und für immer."

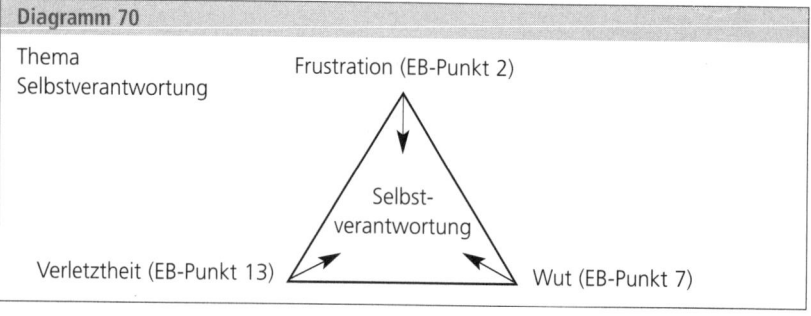

Diagramm 70

Thema
Selbstverantwortung

Frustration (EB-Punkt 2)

Selbst-
verantwortung

Verletztheit (EB-Punkt 13)

Wut (EB-Punkt 7)

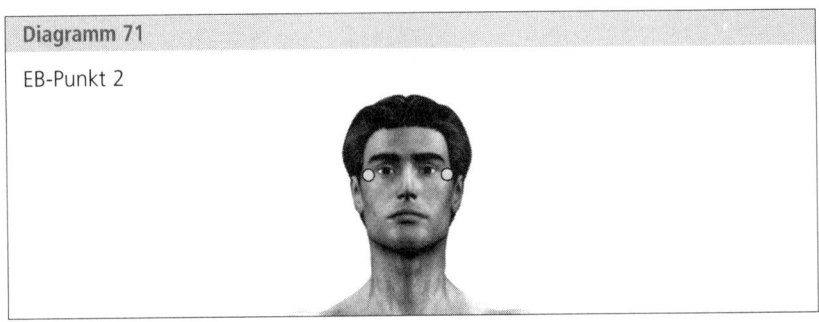

**Diagramm 71**

EB-Punkt 2

Atmen Sie tief ein und aus. Wiederholen Sie dies noch zweimal, während Sie rhythmisch auf den EB-Punkt 2 klopfen. Anschließend arbeiten Sie am EB-Punkt 7, danach am EB-Punkt 13 und zum Abschluss wieder am EB-Punkt 2.

- EB-Punkt 3 Sorgen
  Affirmation zum EB-Punkt 3 (Sorgen):

"Ich akzeptiere mich bis in die allertiefste Ebene, auch wenn ich kein Vertrauen habe oder mir Sorgen über etwas mache, und lasse das Bedürfnis, mit Widerstand zu leben, ab dem allerersten Moment, als ich dieses erfahren habe, voll und ganz los. Ich beschließe stattdessen, ab jetzt und für immer darauf zu vertrauen, dass mit mir alles gut endet, und dass ich unter allen Umständen in meiner Kraft bleibe."

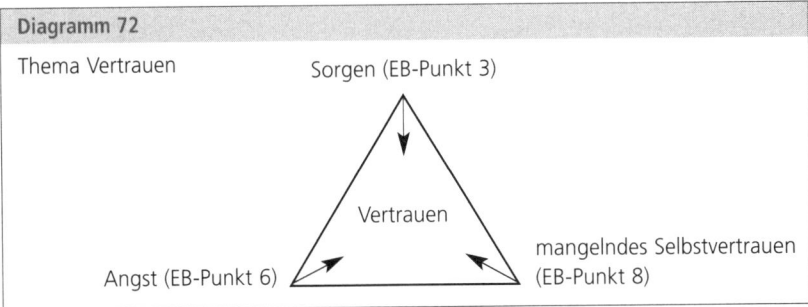

**Diagramm 72**

Thema Vertrauen    Sorgen (EB-Punkt 3)

Vertrauen

Angst (EB-Punkt 6)    mangelndes Selbstvertrauen (EB-Punkt 8)

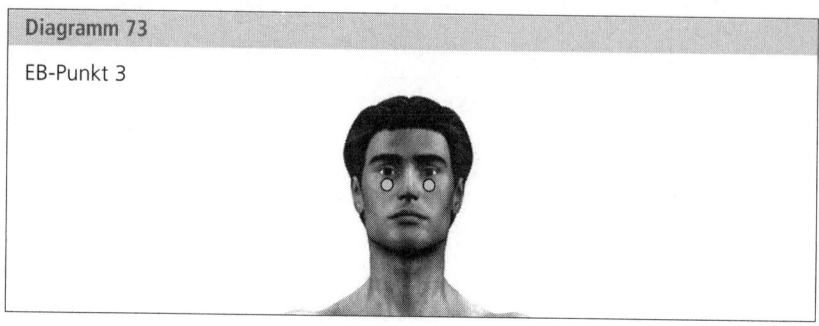

Diagramm 73

EB-Punkt 3

Atmen Sie tief ein und aus. Wiederholen Sie dies noch zweimal, während Sie rhythmisch auf den EB-Punkt 3 klopfen. Anschließend arbeiten Sie am EB-Punkt 8, danach am EB-Punkt 6 und zum Abschluss wieder am EB-Punkt 3.

• **EB-Punkt 4 Stress**
  Affirmation zum EB-Punkt 4 (Stress)

"Ich entspanne mich und fühle mich unter allen stressigen Umständen sorglos, friedlich und stark. Ich genieße diese Umstände jetzt und lasse das Bedürfnis, inneren Stress zu erfahren, bis in die allertiefste Ebene völlig los und fühle mich fähig, alle stressigen Situationen bewältigen zu können, jetzt und für immer."

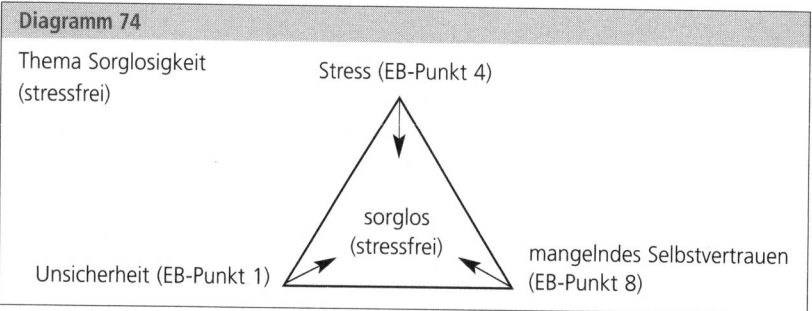

Diagramm 74

Thema Sorglosigkeit (stressfrei)

Stress (EB-Punkt 4)

sorglos (stressfrei)

Unsicherheit (EB-Punkt 1)

mangelndes Selbstvertrauen (EB-Punkt 8)

Atmen Sie tief ein und aus. Wiederholen Sie dies noch zweimal, während Sie rhythmisch auf den EB-Punkt 4 klopfen. Anschließend arbeiten

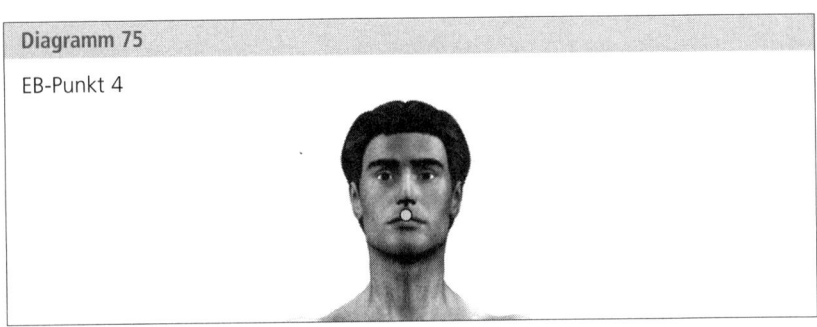

Diagramm 75

EB-Punkt 4

Sie am EB-Punkt 8, danach am EB-Punkt 1 und zum Abschluss wieder am EB-Punkt 4.

• EB-Punkt 5 unterdrückte Emotionen
Affirmation zum EB-Punkt 5 (unterdrückte Emotionen)

"Ich akzeptiere meine Verletzlichkeit voll und ganz bis in meine allertiefste Ebene. Ich lasse ab jetzt das Bedürfnis, meine Emotionen und deren Ausdruck zu unterdrücken, ganz los. Ich beschließe stattdessen, voll und ganz und unter allen Umständen ich selbst zu sein, jetzt und für immer."

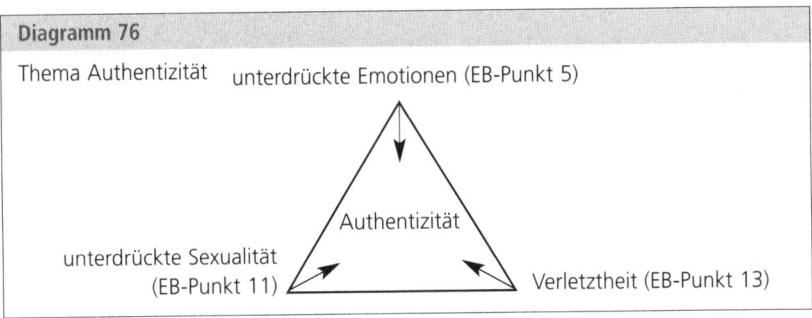

Diagramm 76

Thema Authentizität   unterdrückte Emotionen (EB-Punkt 5)

Authentizität

unterdrückte Sexualität
(EB-Punkt 11)          Verletztheit (EB-Punkt 13)

Atmen Sie tief ein und aus. Wiederholen Sie dies noch zweimal, während Sie rhythmisch auf den EB-Punkt 5 klopfen. Anschließend arbeiten Sie am EB-Punkt 13, danach am EB-Punkt 11 und zum Abschluss wieder am EB-Punkt 5.

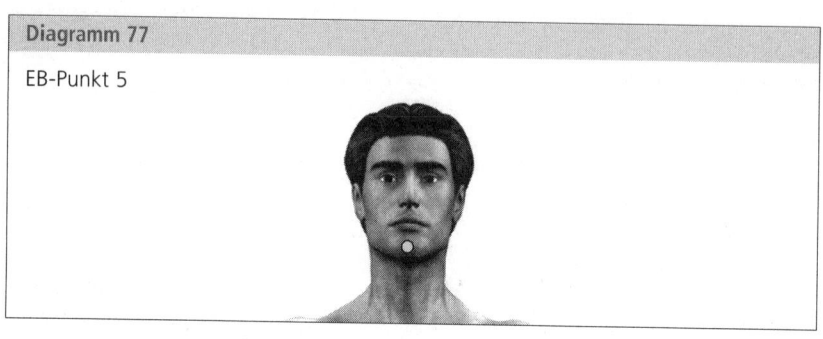

Diagramm 77

EB-Punkt 5

- **EB-Punkt 6 Angst**
  Affirmation zum EB-Punkt 6 (Angst):

"Ich liebe mich mit meinen Ängsten bis in meine allertiefste Ebene und respektiere mich selbst dafür, dass ich diese erfahre. Ich beschließe von jetzt ab, Freiheit auf allen Ebenen und Liebe zu erfahren, all meine Ängste zu überwinden und loszulassen und ab jetzt Frieden und Liebe, Konfrontationen und Abweisungen zu erfahren, in dem Wissen, dass dieses Leben ein Ende haben wird."

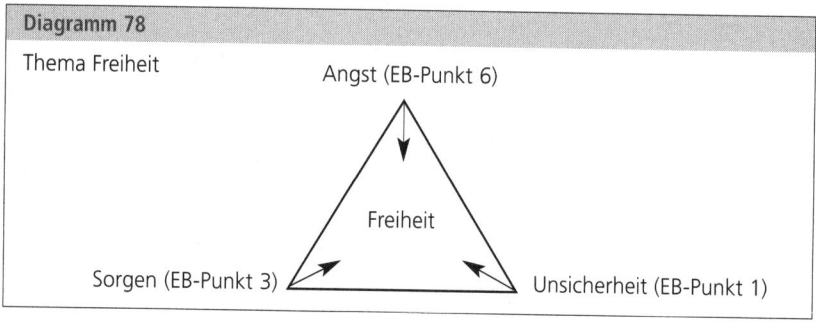

Diagramm 78

Thema Freiheit

Angst (EB-Punkt 6)

Freiheit

Sorgen (EB-Punkt 3)

Unsicherheit (EB-Punkt 1)

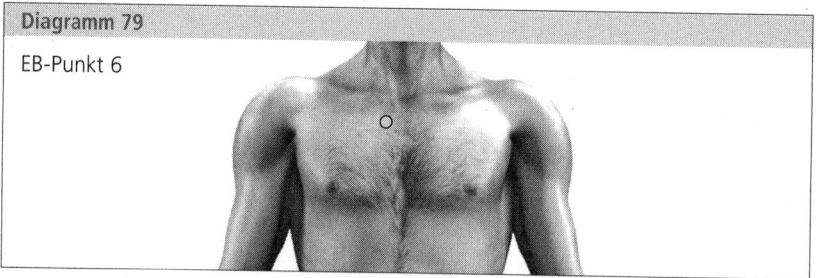

Diagramm 79

EB-Punkt 6

Atmen Sie tief ein und aus. Wiederholen Sie dies noch zweimal, während Sie rhythmisch auf den EB-Punkt 6 klopfen. Anschließend arbeiten Sie am EB-Punkt 1, danach am EB-Punkt 3 und zum Abschluss wieder am EB-Punkt 6.

- **EB-Punkt 7 Wut**
  Affirmation zum EB-Punkt 7 (Wut):

  "Ich akzeptiere und liebe mich bis in die tiefste Ebene meiner Seele voll und ganz mit meiner Wut. Ich akzeptiere, dass meine Wunden meine Wut reizen. Ich beschließe, mir und dem anderen zu vergeben und meine Wut in Heilung und Liebe zu verwandeln."

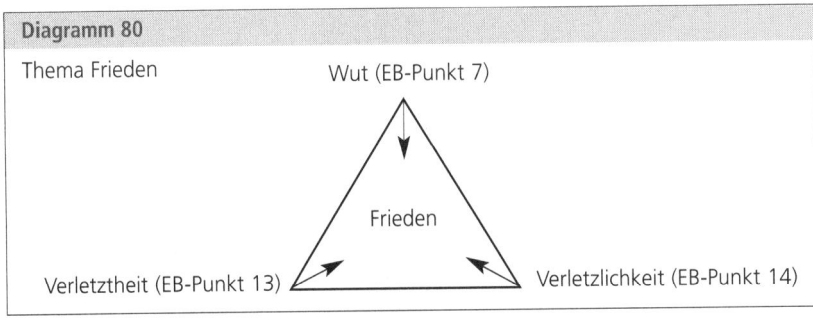

Diagramm 80

Thema Frieden

Wut (EB-Punkt 7)

Frieden

Verletztheit (EB-Punkt 13)

Verletzlichkeit (EB-Punkt 14)

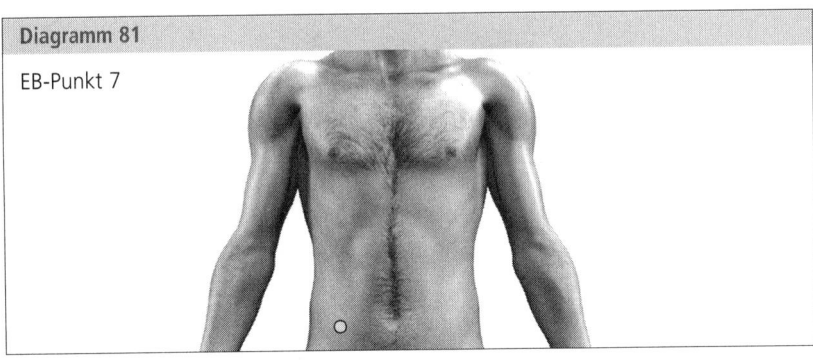

Diagramm 81

EB-Punkt 7

Atmen Sie tief ein und aus. Wiederholen Sie dies noch zweimal, während Sie rhythmisch auf den EB-Punkt 7 klopfen. Anschließend arbeiten Sie am EB-Punkt 14, danach am EB-Punkt 13 und zum Abschluss wieder am EB-Punkt 7.

- **EB-Punkt 8**

Affirmation zum EB-Punkt 8 (mangelndes Selbstvertrauen):

"Ich liebe und akzeptiere mich unter allen Umständen. Jeden Tag wachse ich mehr und mehr in meinem Selbstwertgefühl und Selbstrespekt. Ich beschließe jetzt, in meiner Kraft zu bleiben und meine Grenzen immer besser und mit immer mehr Leichtigkeit zu setzen, jetzt und für immer."

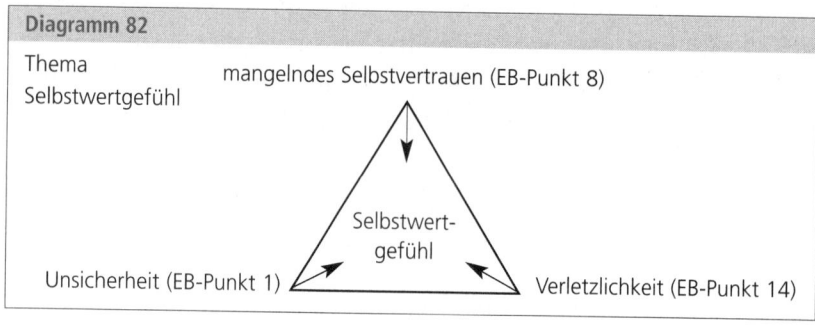

Diagramm 82

Thema Selbstwertgefühl

mangelndes Selbstvertrauen (EB-Punkt 8)

Selbstwertgefühl

Unsicherheit (EB-Punkt 1)

Verletzlichkeit (EB-Punkt 14)

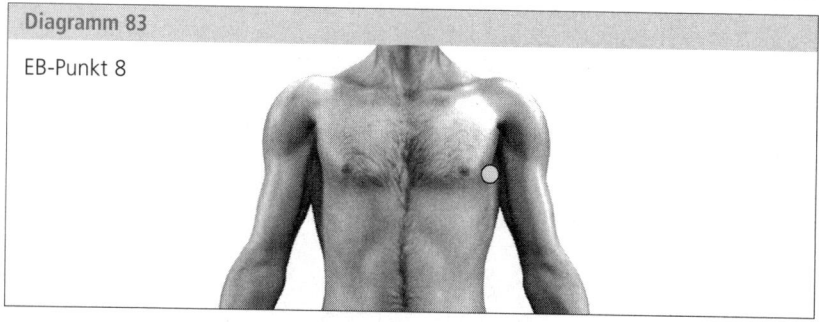

Diagramm 83

EB-Punkt 8

Atmen Sie tief ein und aus. Wiederholen Sie dies noch zweimal, während Sie rhythmisch auf den EB-Punkt 8 klopfen. Anschließend arbeiten Sie am EB-Punkt 14, danach am EB-Punkt 1 und zum Abschluss wieder am EB-Punkt 8.

- **EB-Punkt 9 Kummer**
  Affirmation zum EB-Punkt 9 (Kummer)

"Ich akzeptiere mich mit meinem tiefsten Kummer. Ich lasse das Bedürfnis, diesen Kummer festzuhalten und zu hegen, voll und ganz los. Ich beschließe nun zu akzeptieren, was ich nicht ändern kann und meine Verspieltheit und meine Freude im Leben zuzulassen."

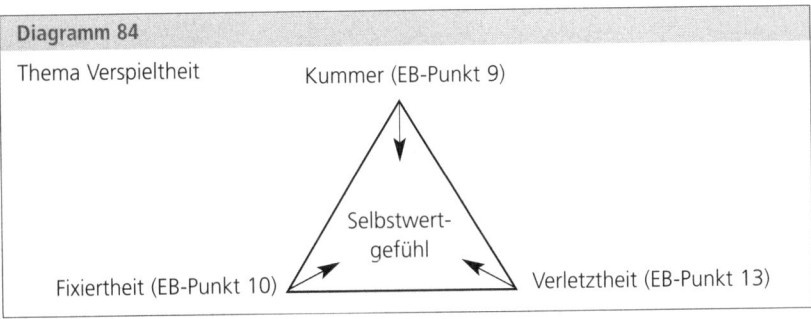

Diagramm 84

Thema Verspieltheit          Kummer (EB-Punkt 9)

Selbstwert-
gefühl

Fixiertheit (EB-Punkt 10)          Verletztheit (EB-Punkt 13)

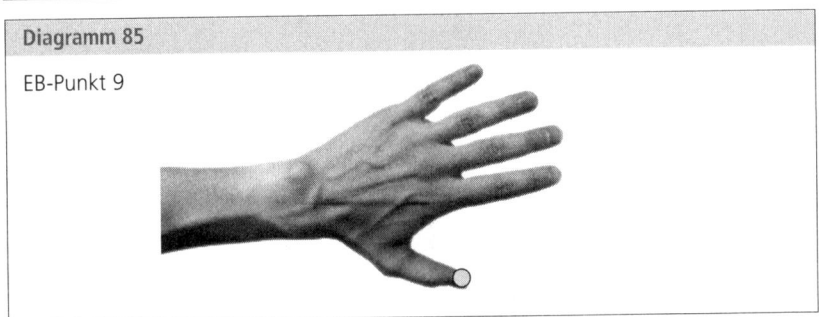

Diagramm 85

EB-Punkt 9

Atmen Sie tief ein und aus. Wiederholen Sie dies noch zweimal, indem Sie die Daumen mit den Nagelkanten im Wechsel aneinander klopfen. Anschließend arbeiten Sie am EB-Punkt 13, danach am EB-Punkt 10 und zum Abschluss wieder am EB-Punkt 9.

- **EB-Punkt 10 Fixiertheit**
Affirmation zum EB-Punkt 10 (Fixiertheit):

"Ich liebe mich ganz innig und fühle mich gut, auch wenn ich keiner Struktur folge oder keine Struktur habe und erfahre maximale Kreativität und Tatkraft in allen Strukturen, auch wenn die Regeln nicht deutlich sind. Ich fühle mich dann wohl und entspannt und voller Lebensenergie."

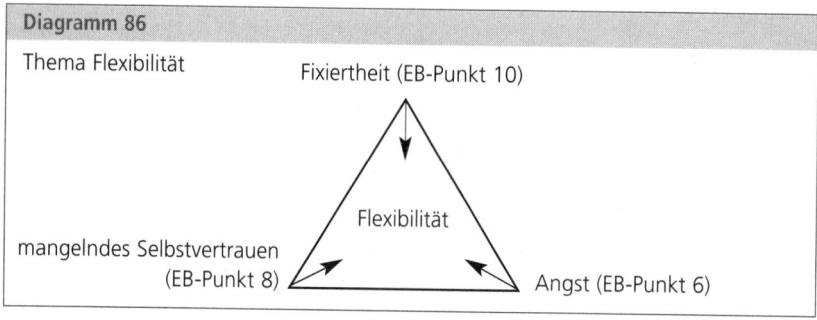

**Diagramm 86**

Thema Flexibilität

Fixiertheit (EB-Punkt 10)

Flexibilität

mangelndes Selbstvertrauen (EB-Punkt 8)

Angst (EB-Punkt 6)

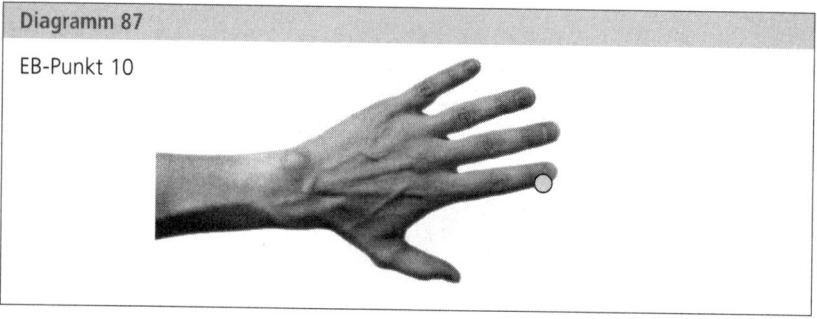

**Diagramm 87**

EB-Punkt 10

Atmen Sie tief ein und aus. Wiederholen Sie dies noch zweimal, indem Sie die Zeigefinger mit den Nagelkanten im Wechsel aneinander klopfen. Anschließend arbeiten Sie am EB-Punkt 6, danach am EB-Punkt 8 und zum Abschluss wieder am EB-Punkt 10.

• **EB-Punkt 11 unterdrückte Sexualität**

Affirmation zum EB-Punkt 11 (unterdrückte Sexualität):

"Ich liebe mich ganz intensiv und akzeptiere meinen Körper, mich und meine Sexualität bis in die tiefste Tiefe meiner Seele. Ich lasse allen Schmerz und alle negativen Konditionierungen diesbezüglich los und fühle mich vollkommen zu Hause und sicher, um meiner Sexualität, mir selbst und meinem Körper Ausdruck zu verleihen, jetzt und für immer."

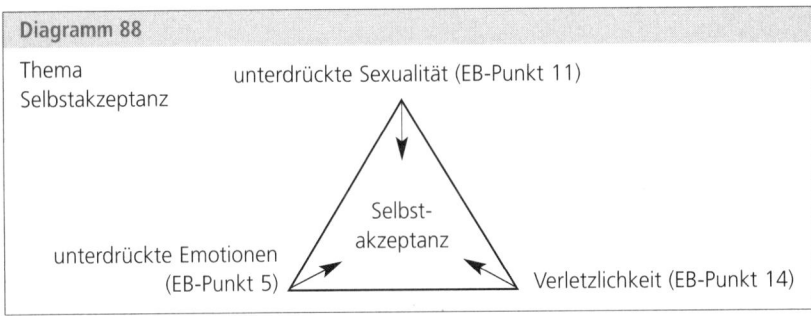

Diagramm 88

Thema Selbstakzeptanz — unterdrückte Sexualität (EB-Punkt 11)

Selbst-akzeptanz

unterdrückte Emotionen (EB-Punkt 5) — Verletzlichkeit (EB-Punkt 14)

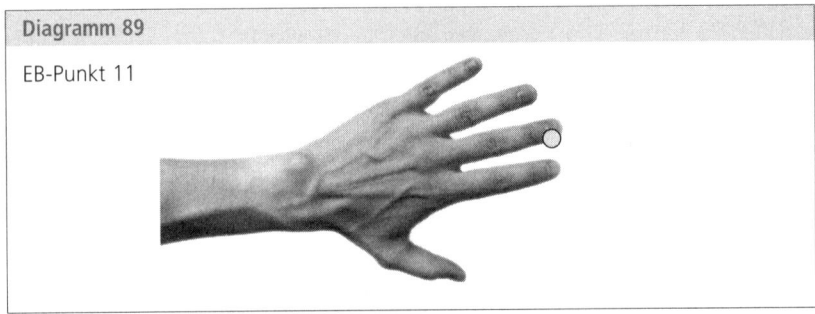

Diagramm 89

EB-Punkt 11

Atmen Sie tief ein und aus. Wiederholen Sie dies noch zweimal, indem Sie die Mittelfinger mit den Nagelkanten im Wechsel aneinander klopfen. Anschließend arbeiten Sie am EB-Punkt 14, danach am EB-Punkt 5 und zum Abschluss wieder am EB-Punkt 11.

- **EB-Punkt 12 Instabilität**
Übung zum EB-Punkt 12:

Klopfen Sie mit einem Finger auf den EB-Punkt 12, während Sie mit dieser Hand auf den EB-Punkt 6 (Angst) drücken. Visualisieren Sie Ihre Ziele unter Einsatz all Ihrer Sinnesorgane in so vielen Spezifikationen und Einzelheiten wie möglich. Sehen und spüren Sie auch, welche Qualitäten Sie in sich integriert haben, um Ihre Ziele zu erreichen und alle Herausforderungen zu bewältigen, welche Glaubensüberzeugungen Sie haben, Ihr Selbstbild, Ihr Selbstwertgefühl. Massieren Sie nun beide Ohren und visualisieren Sie die synaptischen Verbindungen im Gehirn, die dies möglich machen. Atmen Sie schnell ein und aus und wenden Sie die Technik der wechselnden Faustschläge an (EB-Punkt 14). Sprechen Sie dazu folgende Affirmation:

"Ich verdiene es. Ich bin es wert. Dies ist mein Geburtsrecht. Es steht mir zu. Ich bewältige alle Herausforderungen. Ich genieße diesen Prozess. Ich bin dankbar für all dies."

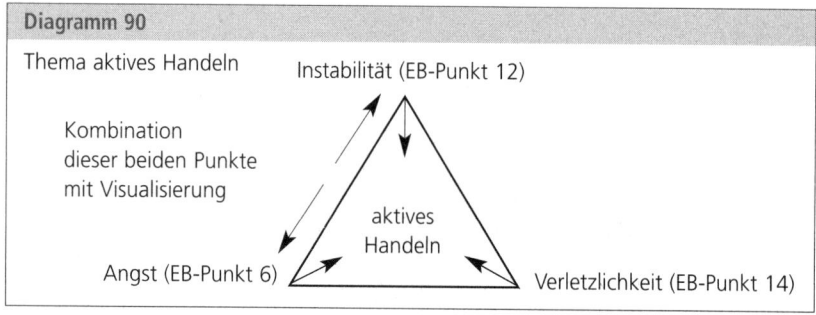

**Diagramm 90**

Thema aktives Handeln     Instabilität (EB-Punkt 12)

Kombination
dieser beiden Punkte
mit Visualisierung

aktives
Handeln

Angst (EB-Punkt 6)     Verletzlichkeit (EB-Punkt 14)

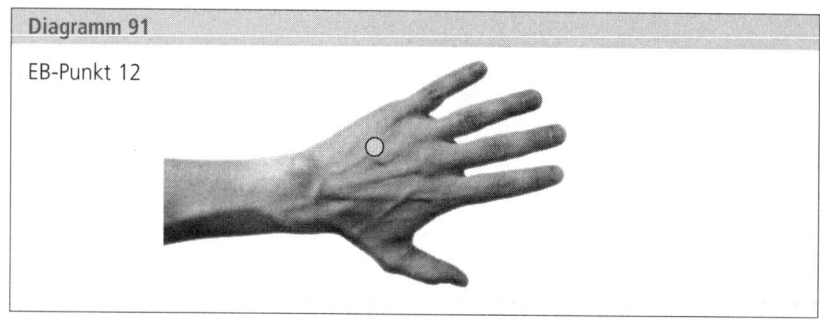

**Diagramm 91**

EB-Punkt 12

Atmen Sie tief ein und aus. Wiederholen Sie diesen Ablauf noch mindestens zweimal.

- **EB-Punkt 13 Verletztheit**
  Affirmation zum EB-Punkt 13 (Verletztheit):

"Ich bin ganz im Frieden damit und fühle mich sicher, wenn ich verletzlich bin und erfahre, was mich bei Ablehnung, Unverständnis, Mangel an Anteilnahme gut fühlen lässt. Ich fühle mich gut, wenn ich daran erinnert werde, dass alle Liebe in mir ist, jetzt und für immer."

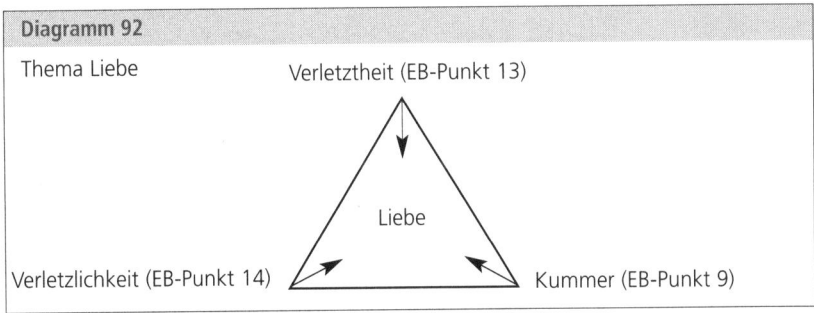

Diagramm 92

Thema Liebe   Verletztheit (EB-Punkt 13)

Liebe

Verletzlichkeit (EB-Punkt 14)   Kummer (EB-Punkt 9)

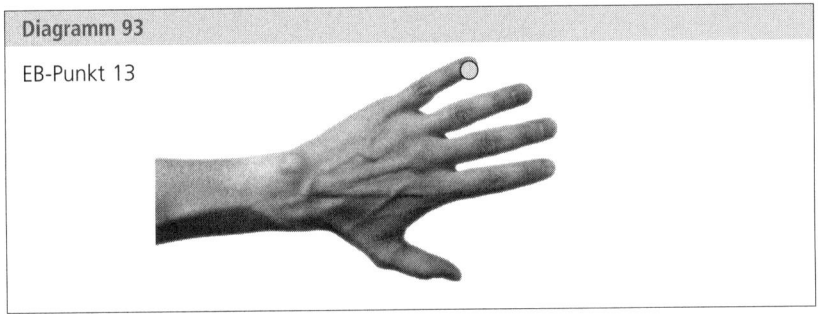

Diagramm 93

EB-Punkt 13

Atmen Sie tief ein und aus. Wiederholen Sie dies noch zweimal, während Sie rhythmisch auf den EB-Punkt 13 klopfen. Anschließend arbeiten Sie mit der zugehörigen Affirmation am EB-Punkt 9, danach am EB-Punkt 14 und nochmals am EB-Punkt 13.

Anschließend machen Sie eine Vergebungssitzung für sich und diejenigen, von welchen Sie verletzt wurden, so lange, bis Sie mit den schmerzhaften Vorfällen der Vergangenheit im Frieden sind.

• **EB-Punkt 14 Verletzlichkeit**
Affirmation zum EB-Punkt 14:

Den EB-Punkt 14 bearbeiten Sie mit der Technik der wechselnden Faustschläge, wobei Sie schnell wechseln, um rhythmisch mit geschlossener Faust die Handkante mit dem EB-14-Punkt auf die offene Handfläche der anderen Hand zu klopfen; nach einigen Malen die Seiten wechseln. Machen Sie Ihre Schultern gerade, und tun Sie es so schnell wie möglich, während Sie tief ein- und ausatmen. Sprechen Sie dabei folgende Affirmation:

"Ich bin ganz im Frieden mit mir, um allem in mir Ausdruck zu verleihen und verletzlich zu sein. Ich kann alle Herausforderungen meistern und nehme nichts persönlich. Ich bin Meister im Loslassen, jetzt und für immer."

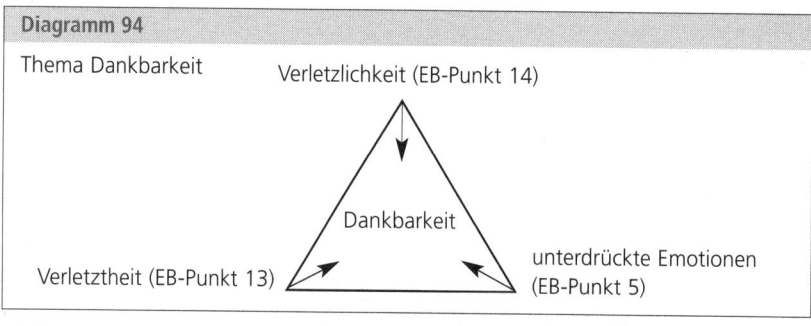

**Diagramm 94**

Thema Dankbarkeit    Verletzlichkeit (EB-Punkt 14)

Dankbarkeit

Verletztheit (EB-Punkt 13)    unterdrückte Emotionen (EB-Punkt 5)

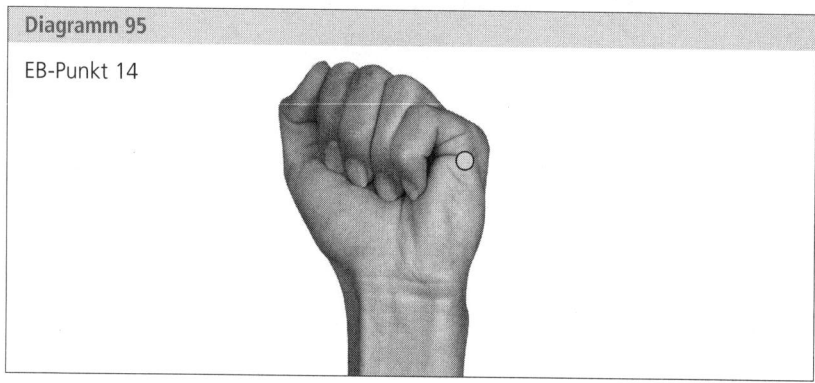

**Diagramm 95**

EB-Punkt 14

Atmen Sie tief ein und aus. Wiederholen Sie dies noch mindestens elfmal, ohne zu stoppen, mit der Technik der wechselnden Faustschläge. Arbeiten Sie dann am EB-Punkt 5, danach am EB-Punkt 13 und schließlich wieder am EB-Punkt 14.

## Zwillingsthemen

Indem man die Goldenen Dreiecke kombiniert, entstehen synergetische Energien, die viel schneller wirken und im emotionalen Bereich zu großen Durchbrüchen führen.

Ich habe hier die Kombinationen, die ganz schnell wirken, aufgelistet:

1. Die Kombination 'Selbstvertrauen & Selbstverantwortung' erzeugt eine enorme Bewusstwerdung und ist die Grundlage der Heilung der Seele – ratsam für alle Anfänger!

2. Die Kombination 'Vertrauen & Dankbarkeit' erzeugt Demut und Respekt für das Fruchtbare und öffnet Sie für die Botschaften des Kosmos.

3. Die Kombination 'Stressfreiheit (Sorglosigkeit) & Liebe' ist die schönste Kombination, um wieder Energie für die Heilung von Seele und Körper freizusetzen.

4. Die Kombination 'Authentizität & aktives Handeln' ist die Kombination für die Menschen, die in tiefen Mustern ihrer Vergangenheit feststecken und sich nicht stark genug fühlen, diese zu durchbrechen.

5. Die Kombination 'Freiheit & Selbstakzeptanz' ist das Fundament, um dem spirituellen Weg zu folgen.

6. Die Kombination 'Frieden & Tatkraft' erzeugt aus der Ruhe das, was getan werden muss. Immer in Bewegung, aber aus der Kraft des Friedens heraus.

7. Die Kombination 'Selbstwertgefühl & Verspieltheit' verleiht wieder Anmut, Glück und Freude am Leben, daran, sich selbst wertzuschätzen und dennoch nicht zu verkrampfen. Diese ist eine schöne Kombination.

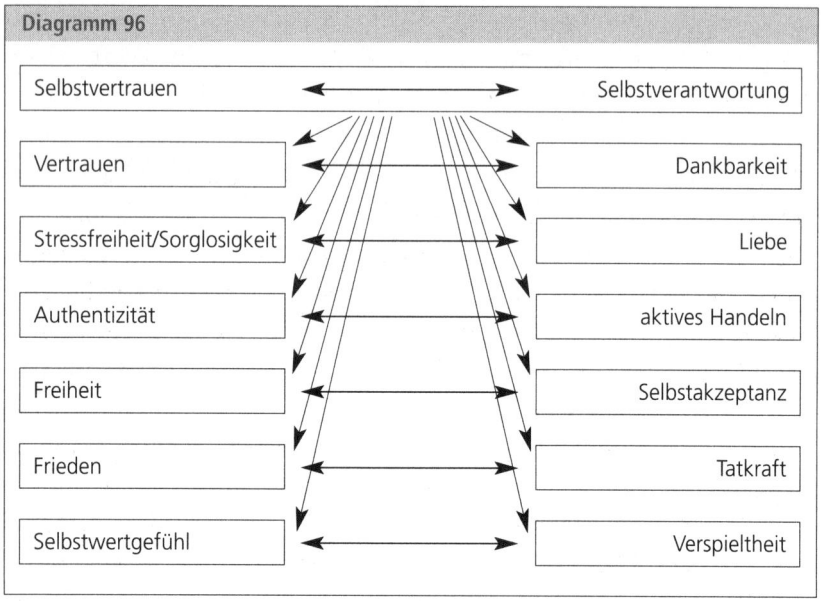

Diagramm 96

| | |
|---|---|
| Selbstvertrauen | Selbstverantwortung |
| Vertrauen | Dankbarkeit |
| Stressfreiheit/Sorglosigkeit | Liebe |
| Authentizität | aktives Handeln |
| Freiheit | Selbstakzeptanz |
| Frieden | Tatkraft |
| Selbstwertgefühl | Verspieltheit |

Dies sind lediglich Anregungen. Natürlich können Sie Ihre eigenen Zwillingsthemen ganz nach Bedarf kreieren. Beispielsweise 'Authentizität & Liebe', wenn Sie mit diesen beiden gerade ein Problem haben und sich in Beziehungen immer aufopfern. Oder 'Vertrauen & aktives Handeln', wenn Sie stark unter der Angst zu fallen leiden und dadurch auf der Stelle treten. Oder 'Dankbarkeit & Liebe', wenn Sie zwei starke, positive Energien in sich erwecken möchten, die positive Energie aussenden und anziehen.

Ihr Körper ist ein Spielfeld vieler unsichtbarer Kräfte. Ihre körperliche und energetische Fitness wird von einer ganzen Skala an Faktoren bestimmt. Es ist kein Zufall, dass dies das längste Kapitel in diesem Buch ist. Es enthält wertvolle Informationen, um dieses Spielfeld kennen zu lernen und es selbst zu beeinflussen, u.a. mit der Technik der emotionalen Balance.

Der Weg zur Leichtigkeit führt über die Anwendung dieser Energien und das Erringen der Meisterschaft über Ihre eigene Energie. Um

Meister zu werden, werden Sie nicht nur auf Ihre körperliche Fitness, sondern auch auf den emotionalen Bereich achten und dort aktiv werden müssen.

Mit diesem Kapitel haben Sie 14 Punkte, 14 Themen, 14 Affirmationen, 14 Goldene Dreiecke und sieben 'Zwillingsthemen' in Händen, mit welchen Sie enorm viel bewirken können. Das Wissen darüber schenkt Ihnen viel Heilkraft. Heilung bedeutet, Dinge nicht zu unterdrücken, sondern wieder zu erkennen, zu verstehen, zu erfahren, die Lektion zu lernen, zu akzeptieren und loszulassen.

Das können Sie nun, wenn Sie das wollen. Was Sie mit diesem Wissen anfangen, hängt von Ihrem Selbstverantwortungsgefühl, Ihrer Tatkraft, Ihrem Vertrauen und Ihrem aktiven Handeln ab. Der Anfang ist schwer. Wenn Sie schlau sind, haben Sie bereits mit der Umprogrammierung Ihres 'mind' begonnen (siehe Kapitel 7). Dies ist der nächste Schritt beim Tiefseelentauchen: Die Emotionen führen Sie zu den Wunden Ihrer Seele. Ihr aktives Handeln heilt Ihre Seele auf tiefster Ebene.

Ich wünsche Ihnen ein wunderschönes, tiefes Eintauchen und eine Heilung Ihrer Seele.

# Teil III

# Der Weg zur Gelassenheit –
# der Weg nach innen

## 10. Kapitel

# Das unsichtbare Helferteam – bittet, so wird euch gegeben

Wenn Sie mit Gewissheit folgende Dinge wüssten:

• Sie sind unsterblich. Sie können niemals sterben, nur Ihre Form verändern. Ihren Intellekt, Ihre Erfahrungen und wer Sie sind, behalten Sie.

• Sie können keine Fehler machen. Sie können höchstens Erfahrungen machen, die Sie letztendlich dorthin bringen werden, wo Sie sein sollten. Indem Sie stets nach vorn gehen, lernen Sie, was funktioniert und was nicht.

• Sie werden aufs Äußerste und bedingungslos geliebt. Sie sind als Seele aus Liebe geboren und werden in die reine Liebe zurückkehren. Auch wenn Sie Dinge tun, die Sie selbst missbilligen – Sie als Seele werden niemals getadelt werden, weil Sie einzigartig sind. Genauso, wie es von Ihren Fingerabdrücken nur einen einzigen Satz gibt, so verhält sich das auch für Ihre gesamte Persönlichkeit. Es gibt von Ihnen nur ein Exemplar. Sie allein können Ihr Leben erfahren, wie Sie es erfahren. Diese Erfahrung allein macht Sie einzigartig.

• Sie haben Talente, von welchen Sie nicht einmal wissen, dass es sie gibt. Es ist eine Frage der Zeit, bis Sie wirklich durchschaut haben, dass Sie ein gigantisches Potenzial mit enorm vielen Möglichkeiten besitzen.

- In Ihnen steht eine große Menge an Weisheit und Intellekt mit mehr Wissen als in allen Computern der Welt gespeichert ist. Sie können es lernen, wie man Informationen aus dieser Datenbank abruft.

- Ihnen steht ein Team unsichtbarer Helfer zur Verfügung. Gerade so viele, wie Sie brauchen. Tausende, wenn es sein muss, und für alles, was Sie sich nur vorstellen können. Sie brauchen nur darum zu bitten und Anweisungen zu geben. Sie sind in der Tat niemals allein. Diese unsichtbaren Helfer sind genauso real und echt wie Sie selbst.

Was würden Sie tun, wenn Sie dies mit absoluter Sicherheit wüssten? (Unsterblichkeit – keine Fehler – bedingungslos geliebt – einzigartig – schlummernde Talente – Intellekt und ein unsichtbares Helferteam). Wie würden Sie sich fühlen?

Zwei Drittel der Weltbevölkerung glauben an die eine oder andere Form der Reinkarnation. Es gibt auch Menschen, die das oben Dargelegte als völligen Unsinn, als nebulös, unbewiesen und 'Larifari' abtun. Von diesen Menschen gibt es eine große Anzahl. Manche von ihnen gehen treu und brav jeden Sonntag in die Kirche und beten zu einem unsichtbaren Gott, den sie noch niemals gesehen haben. Warum glauben so viele Menschen an Gott? Und ist dieser Gott, an den sie glauben, echt? Ich kann jedenfalls Folgendes sagen: Gott ist nicht so, wie die meisten glauben, dass Gott ist. Die Bibel ist nicht das Buch der Wahrheit. Alles, was wir über Gott wissen, wissen wir von anderen. Wir haben keine persönliche Erfahrung mit Gott. Dies rührt daher, weil die göttliche Energie so stark und allumfassend ist, dass es enorm viel Energie kosten würde, diese Kraft zu konzentrieren, mit allen Kettenreaktionen auf allen möglichen Ebenen. Also hat Gott sich in eine unendliche Menge an Teilchen und Bewusstseinsebenen aufgespalten. Er ist buchstäblich die liebevolle Energie, die schöpft, geschaffen hat und immer schöpfen wird. Indem er auf so viele verschiedene Bewusstseinsebenen verteilt ist, haben sich die enorme Kraft und das enorme Potenzial Gottes um ein Unendliches vergrößert, und es sitzt göttliches Bewusstsein in allem, was existiert.

Folglich hat Gott nicht nur ein Gesicht. Gott ist alle Gesichter, die es jemals gab, die es gibt und die es geben wird.

Gott kann und will sich nicht selbst verurteilen. Der Mensch in seiner dreidimensionalen Form wird durch die enorme Konditionierung des 'mind' beeinflusst. Er verurteilt sich selbst und glaubt, dass Gott dabei seine Hand im Spiel hat. Es ist der gleiche Gedanke wie der eines 'primitiven' Volkes, das von Naturkatastrophen heimgesucht wird: Es glaubt, dass die Götter zornig sind und Opfer sehen wollen. Viele Menschen haben ihr Leben wegen dieser wilden Fantasien der dritten Dimension gelassen.

Gott ist die Energie, die jedes Molekül in Bewegung versetzt. Er ist auch das Licht, das in jeder Zelle scheint. Wenn Menschen etwas 'Böses' tun, dann deshalb, weil die Seele in menschlicher Gestalt von dem Wissen, das sie hat, getrennt ist.

Unsere Reise zur Erde ist erst beendet, wenn wir völlig erwacht sind. Das bedeutet, wenn kein Unterschied mehr im Denken als Seele und als Mensch besteht. Dann sind wir ganz nach Hause gekommen und brauchen diese irdische Erfahrung nicht mehr. Wie in dem Film 'Matrix' haben wir dann die Illusion durchschaut und wissen, dass die Realität nur ein Hirngespinst; wir lassen uns dadurch nicht mehr ablenken.

Diese Reise unternehmen Sie, weil Sie diese Form des Lernens gewählt haben. Es ist für eine Seele eine gewaltige Herausforderung, zur Erde zu kommen. Um einen Vergleich herzustellen: Es ist vergleichbar damit, wenn Sie darum bitten würden, im afrikanischen Dschungel mit einer Sonnenbrille abgeworfen zu werden, die Sie nicht ablegen können. Sie können damit nur Schatten wahrnehmen. Sie tragen Ohrstöpsel und können nur 10-20% der Geräusche in Ihrem Umfeld hören. Stellen Sie sich dann auch noch vor, dass im Urwald giftige Schlangen und wilde Tiere sowie andere Menschen sind, die, koste es, was es wolle, ihre eigene Haut retten möchten. Diese werden Sie, wenn sie die Gelegenheit erhalten, berauben, bedrohen und in die falsche Richtung schicken. So sieht die Welt für die Seele aus. Ein Dschungel mit dem Ziel, dass Sie ungeachtet aller Beschränkungen früher oder später lernen werden, dass Ihnen der Dschungel nicht weiterhilft, dass alles, was Sie brauchen, in Ihnen ist. Dass der

Dschungel verschwindet, sobald Sie an sich selbst glauben, und dass Sie dann erkennen können, dass es eine Illusion war. Wenn Sie nicht an sich selbst glauben, werden Ihre eigenen Wahnvorstellungen Sie verrückt machen und zu unnötigem Elend führen.

Zu Ihrer Unterstützung stehen Ihnen Hilfstruppen zur Verfügung, soviel Sie benötigen. Sie brauchen diese nur darum zu bitten.

Es ähnelt sehr stark dem unsichtbaren Netzwerk, das derzeit auf der Erde durch die Technologie am Entstehen ist. Wir können erstmals in der Geschichte der Menschheit ständig in Kontakt miteinander stehen. Im Wassermannzeitalter, in dem wir jetzt leben, wird das, was bereits existierte, in Form eines Netzwerks von weltweiten Kommunikationssystemen nachgeahmt und materialisiert. Noch vor 20 Jahren hatten wir keine Ahnung davon, was uns erwarten würde. Wir hatten damals noch nie etwas von Internet gehört und waren abhängig von der Festnetz-Telefonleitung. Für die meisten ist das Leben heute ohne Handy nicht einmal mehr vorstellbar. Früher besaßen es nur Politiker, Geschäftsleute und Menschen aus dem 'Show Business', die mit jedem Kontakt halten mussten. Das Handy hat unsere Erreichbarkeit radikal verändert – in stärkerer Hinsicht, als wir glauben. Es gibt auch Geräte wie 'BlackBerries', die Minicomputer, Telefon und Kamera in einem sind und Zugang zum Internet haben.

Wir haben uns durch die Technologie verändert. Es ist eine starke Abhängigkeit entstanden, die uns von unserem Weg wegbringen oder im Gegenteil gerade helfen kann, unsere Seele zu entwickeln. Viele schüchterne Menschen, die sich früher im Hintergrund hielten, haben durch die Technologie eine andere Persönlichkeit entwickelt, die viel mehr Selbstvertrauen und Selbstbewusstsein ausstrahlt. Wir können Fremde über SMS und Internet kennen lernen und mit ihnen Beziehungen aufbauen, die intimer sind, als mit 'echten' Menschen, mit welchen wir eine Beziehung haben. Man traut sich über die indirekten Kommunikationswege mehr von sich selbst zu zeigen.

Durch all dies entsteht die reelle Gefahr, dass wir in unserer direkten Kommunikation viel weniger direkt sind und Technologien einsetzen, um niedrige Selbstwertgefühle zu kompensieren und unsere Grundbedürfnisse nach Aufmerksamkeit und Bestätigung ausleben zu können. Im Leben dreht sich alles um die Balance zwischen dem Lob von anderen und dem schrittweisen Verschieben in den Bereich des Eigenlobs mit minimaler Offenheit für Feedback, das uns unsere blinden Flecken erkennen lässt.

Die größte Gefahr der Technologie besteht darin, dass wir so besessen davon werden, dass wir unsere eigene Meisterschaft über die innere Kommunikation vernachlässigen und den Kontakt zu unserem persönlichen, unsichtbaren Helferteam verlieren, für das keine Technologie erforderlich ist. In den letzen 15 Jahren habe ich mich darin vertieft, immer besser auf diese Form der Kommunikation zu vertrauen und meine Entscheidungen immer mehr aus einer anderen Intelligenz als meinem logischen Verstand heraus zu schöpfen.

In diesem Kapitel möchte ich Sie in die Grundlagen einführen, wie Sie mit Ihrem unsichtbaren Helferteam in Kontakt treten können. Ich habe keine Ahnung, was es alles an unsichtbaren, vierdimensionalen Intelligenzen um uns herum gibt. Ich beschränke mich auf das, was ich weiß. Mit der Zeit nehmen mein Wissen und meine Erfahrung zu. Ich rate auch Ihnen, sich auf das zu beschränken, wozu Sie sich hingezogen fühlen, und Ihr Wissen und Ihre Erfahrung Schritt für Schritt durch Studien, Kurse und Workshops zu erweitern. Ich halte jedes Jahr einen einwöchigen Kurs 'Tiefseelentauchen', in dem ich mein Wissen weitergebe. Tausende von Menschen haben dadurch gelernt zu erkennen, welche die Grundbedürfnisse sind sowie diese Energie anzuwenden.

Es ist einerlei, ob Sie etwas glauben oder nicht. Es ist jedoch nicht einerlei, ob Sie das nutzen, was vorhanden ist. Niemand braucht zu glauben, dass es möglich ist, über einen kleinen Apparat, der nicht größer als eine Zigarettenschachtel ist, mit jemandem zu sprechen, der sich auf der anderen Seite der Weltkugel befindet. Wenn Ihnen jemand nur erklärt, wie man so ein Telefon benutzen muss, kann das jeder. Die Technologie hat nichts mit Glauben zu tun. Es geht einfach darum, die richtigen Schritte zu tun, und es funktioniert. Mit Ihrem unsichtbaren Helferteam verhält es sich ganz genauso: Wenn Sie wissen, was Sie tun müssen, klappt es! Sie brauchen kein abgehobener Typ zu sein, um das zu nutzen, was da ist.

Ich bin mir durch meine Erfahrungen der letzten 15 Jahre meiner Sache so sicher, dass ich es ganz normal finde, dass mein Team für mich bereitsteht. Ich setze mein Team für alles im Leben ein: für Heilung, für Finanzen, für Hilfe von außen, für Beziehungen, Schutz, Energie, Gesellschaft, Wissen, wenn ich Bücher schreibe, geführte Meditationen entwickle, Seminare halte und noch vieles mehr.

Ich fälle keine einzige wichtige Entscheidung, ohne es vorher mit meinem Team zu überlegen. Ich bitte ständig um Tipps, Rat und Inspiration. Tagein, tagaus. Es ist mir dadurch gelungen, mein bisheriges Leben in ein Leben umzuwandeln, in dem ich mich ständig glücklich fühle, ganz gleich, welche Entscheidung ich fälle und wann ich aktiv werden muss – und wann nicht. Ich sprudele nur so über vor neuen Ideen und begegne immer den richtigen Menschen genau in dem Moment, in dem ich sie brauche. Mein Leben besteht aus einer Verkettung synchroner Ereignisse, die immer rascher aufeinander folgen. Ich kann Tausende von Beispielen dafür anführen, wie bizarr es ist, und wie es abläuft. Ich werde mich jedoch auf einige Ereignisse aus jüngster Zeit beschränken.

Ich habe in den 50 Jahren meines Lebens hier viel gesehen und noch mehr gehört. Ich bin mit Jasmuheen befreundet, einer Frau aus Australien, die von Energie (Prana) lebt und seit acht Jahren nichts gegessen hat. Ich habe ihr Buch gelesen, bin ihren Anregungen gefolgt, habe eine Woche ohne Wasser oder ohne Nahrung gelebt und sechs Wochen lang nur von einem kleinen Glas Wasser am Tag. Ich werde im passenden Moment mehr darüber erzählen. Ich habe mit den Techniken, die ich entwickelt habe, Wunder erlebt. Ich habe Meister des Qi Gong gesehen, Mönche vom Shaolin-Tempel, die übermenschliche Dinge tun können, Yogis, die es überleben, vier Wochen lang ohne Sauerstoff und Nahrung unter der Erde begraben zu liegen.

Ich habe kürzlich von einem einzigartigen Heiler in Brasilien erfahren, der mit einem unsichtbaren Team von etwa 30 Entitäten (Seelen von Menschen, die einmal auf der Erde gelebt haben) zusammenarbeitet, und den an die Tausend Patienten pro Tag besuchen. Er führt ohne Betäubung mit Küchenmessern Operationen aus und hat in den vergangenen 30 Jahren etwa elf Millionen Menschen behandelt. Er hat Hunderttausende von Menschen, die von der Schulmedizin bereits aufgegeben worden waren, geheilt, darunter Blinde, Lahme, Aidspatienten (rund 140 bewiesene Fälle), Menschen mit Krebs im Endstadium. Er operiert mehr Menschen am Tag als ein Krankenhaus in einem Monat, ohne Betäubung, ohne Blutvergießen.

Die Geschichte von diesem brasilianischen Heiler war wieder so eine Story, von der ich dachte: Das will ich auch sehen und erleben. Dieser Mann wird 'Der Wundermann' genannt, weil es Tausende von Fällen gibt, in welchen die Schulmedizin nicht helfen konnte und die bei ihm – bewiesenermaßen – sehr wohl genesen sind. Manche schnell, andere mit der Zeit. Er ist der größte Heiler unserer Zeit und heißt 'Joao Teixeira Da Faria' auch 'Joao te Deus' ('Johannes von Gott') genannt. Er ist das stärkste Medium unserer Zeit. Ein Medium ist jemand, der als Sprachrohr für Menschen (Seelen) fungiert, die bereits gestorben sind. Mit anderen Worten: Ein Medium kann zwei Welten miteinander verbinden: die Welt der Toten (besser ist: die ins Jenseits hinübergegangen sind, denn wir sterben nicht wirklich) und die der Lebenden.

Joao kommuniziert nicht mit den Seelen, doch sie übernehmen seinen Körper und führen über ihn 'direkte' Operationen aus. Er selbst verliert das Bewusstsein. Wenn er wieder zu sich kommt, kann er sich an nichts von dem erinnern, was geschehen ist. Seine Gabe hat er nicht vererbt bekommen. Es handelt sich nicht um eine Technik, die man lernen kann. Er ist eine Persönlichkeit, die speziell hierzu benutzt wird. Als er 16 Jahre alt war, hatte er die lebenslange Aufgabe auf sich genommen, dies zu tun, um den Seelen zu helfen. Er verlangt kein Geld dafür. Man kann geben, was man will. Er hat die Elite der Welt gesehen und viele geheilt, unter anderem die Schauspielerin Shirley MacLaine.

Ich sah ein Video von ihm, während er operierte (jede Operation wird auf Video aufgenommen), und ich beschloss, dass ich selbst erfahren wollte, wie es ist, ohne Betäubung von ihm operiert zu werden. Ich bin soeben wieder von dieser Erfahrung zurück und kann nur sagen, dass es mich zutiefst in meiner Seele berührt hat.

Wir kamen an einem Dienstag an, nachdem wir von Miami nach Sao Paulo in Brasilien geflogen und dann noch eineinhalb Stunden mit einem Taxi in ein kleines Dorf mitten im Nirgendwo gefahren waren: Abediania.

Am folgenden Morgen war ich Nummer 'Dreihundertirgendwas' in der Reihe der Wartenden. Beinahe jeder war auf Bitten der Entitäten in Weiß gekleidet. Joao arbeitet, wie gesagt, mit etwa 30 verschiedenen Entitäten, darunter König Salomo, Dom Inacio de Iopola (ein spanischer Edelmann, der in seinem späteren Leben eine Vision von Christus hatte, die sein Leben veränderte), Ärzte, Chirurgen, der heilige Franziskus und Jesus.

Endlich war ich an der Reihe. Ich hatte drei Dinge aufgeschrieben, woran ich arbeiten wollte: meine Augen (insbesondere mein rechtes Auge), mein linkes Knie, das vom vielen Joggen auf Curacao schmerzte, und mein Zahnfleisch, das an einer Stelle gereizt war. Er schaute mich an und sagte: "Operation heute Nachmittag um zwei Uhr". Das war es. Also stand ich nachmittags wieder in der Reihe, jetzt mit Menschen, die mit einem Messer oder einem anderen Instrument, ohne Betäubung, ohne Handschuhe oder irgendeine andere Form von Hygiene operiert werden sollten. Doch niemand hatte in den vergangenen 30 Jahren durch ihn eine Infektion erlitten. Das ist verglichen mit einem Krankenhaus, in dem täglich Infektionen mit Bakterien erfolgen, die gegen Antibiotika resistent sind, schon ein Wunder für sich.

Ich war als Erster an der Reihe und sollte entscheiden, wo ich die unsichtbare Operation wünschte. Ich sagte: "An meinen Augen." Das empfand ich als das schlimmste Problem, denn ich kann nicht einmal Kontaktlinsen tragen, weil meine Augen so empfindlich sind. Ich sollte mich auf einen Stuhl setzen. Joao schob meinen Kopf nach hinten und zog meine Augenlider mit einer Hand kräftig auseinander. Mein ganzer Körper stand unter Schock. Ich geriet in Panik. Was hatte ich denn da für eine Dummheit begangen? Was war, wenn die 'Betäubung' nicht wirkte? Was war, wenn er mein Auge unwiederbringlich verstümmelte? Diese Gedanken und noch vieles mehr gingen mir durch den Kopf. Mein Auge begann schnell zu tränen. Ich versuchte zu blinzeln, doch das ging nicht.

Dann hörte ich ihn in einer Kiste mit Instrumenten rumoren, und er ergriff eine Art chirurgisches Messer. In dem Augenblick, als ich von meinem linken Auge aus das Messer gefährlich nahe herankommen sah, überkam mich plötzlich eine tiefe Ruhe. Ich zuckte und fühlte mich unmittelbar völlig entspannt und spürte, dass ich in eine Art Energiefeld reiner Liebe kam. Ich fühlte Wärme von innen in mir aufkommen, so, wie man sich fühlt, wenn man an einem kalten Wintertag warmen Tee trinkt. Alles wurde ruhig. Alle Geräusche verstummten. Vor meinen Augen entstand ein schwarzer Schleier, und ich sah beinahe nichts mehr. Wenn ich mich anstrengte, konnte ich aber noch durch den schwarzen Schleier hindurchblicken. Ich konnte spüren, dass er mit dem Messer über mein Auge schabte und es an meinem Hemd abwischte. Wie aus weiter Ferne hörte ich ihn sagen: "Es ist getan, die Operation ist beendet." Er schnitt noch ein wenig an meinem Auge ab. Davon spürte ich gar nichts. Danach wurde ich ins Verbandszimmer gebracht. Dort legte man einen Verband mit kaltem, von den Entitäten bestrahlten Wasser auf mein geschlossenes Auge. Ich fühlte mich herrlich entspannt und genoss die Operation und das medizinische Wunder, das geschehen war. Nach einer Viertelstunde verspürte ich einen starken Schmerz, der noch den ganzen Tag und die Nacht über andauerte. Mein Auge war eine knappe Woche lang ganz rot. Nach ein paar Tagen konnte ich damit wieder sehen. Das ist nun zehn Tage her, und ich merke, dass ich viel besser sehen und lesen kann. Es ist herrlich, und ich bin überglücklich darüber, dass ich dies erleben durfte.

Einer meiner Freunde, der mitgegangen war, bekam ein langes, pinzettenartiges Instrument tief in sein Nasenloch geschoben, weiter, als anatomisch möglich ist. Er hatte ein Taubheitsgefühl und hörte ein krachendes Geräusch. Zwei Tage lang hatte er Blut geschnäuzt (kleine Blutpfropfen). Doch er spürte keine Schmerzen und schnarchte nicht mehr, was er jahrelang getan hatte.

Ich habe selbst gesehen, wie Joao einem Mann einen Tumor aus dem Kopf entfernt hat - ohne Betäubung, ohne Blutvergießen. Außerdem habe ich in den fünf Tagen, die wir dort verbrachten, viele Menschen genesen sehen. Ich brauchte nicht von den unsichtbaren Energien überzeugt zu werden. Doch es ist immer wieder schön zu sehen, was in unserer Zeit möglich ist. Ich werde sicherlich wiederkommen, um mehr zu erfahren und um in dieser heilenden Energie zu sein.

Wenn Sie mehr über diesen Mann wissen möchten, besuchen Sie die Website www.johnofgod.com. Dort werden Sie nähere Informationen finden.

Wir wollen nun über unsere eigenen Möglichkeiten sprechen, um mit unserem unsichtbaren Helferteam zu arbeiten und zu erfahren, in welchem Umfeld wir uns befinden können.

### 1. Geistführer

Dies sind Seelen (Entitäten), die mit uns mitreisen, um uns zu beraten und zu begleiten. Das ist ihre Aufgabe. Je nachdem, in welcher Lebensphase wir uns befinden und womit wir beschäftigt sind, können sie mehr oder weniger stark involviert sein.

### 2. Mitgenossen

Dies sind Seelen, die mit uns mitreisen, um von unseren Erfahrungen zu lernen. Sie beschließen, nicht zu inkarnieren, oft, weil sie zu empfindsam sind. Sie haben uns gegenüber keine Aufgabe zu erfüllen. Sie leben unser Leben mit.

### 3. Parasitäre Entitäten

Dies sind Seelen, die mit uns mitreisen und versuchen, uns zu beeinflussen, so dass wir ihre ungelösten Dinge im Nachhinein auflösen. Sie werden oft als 'negative Seelen' umschrieben. Ich sehe es nicht so. Sie sind parasitär, und das kostet uns Energie. Oft können wir jedoch etwas von ihnen lernen, weil es im Universum keinen Zufall gibt. Dies kann freilich auch ernste Formen in Gestalt von Krankheit und Schizophrenie annehmen.

### 4. Lokale Entitäten

Diese sind ortsgebunden und können uns negativ oder positiv beeinflussen.

## 5. Naturgeister

Dies sind Entitäten aus der Natur, die in die Kategorie Elfen, Devas, Trolle usw. fallen. Ich habe damit persönlich nicht so viel Erfahrung, außer mit Devas.

## 6. Elementarkräfte

Erde, Licht, Wasser, Feuer. Wir bilden auch eine Einheit mit der Natur und können uns gegenseitig beeinflussen.

## 7. Engel

Mit diesen arbeite ich viel. Darüber werde ich auch noch einige Tipps einfließen lassen.

## 8. DOW (Divine One Within – 'Das Göttliche in uns')

Unser Höheres Bewusstsein, das mit allen anderen DOWs direkt verbunden ist.

## 9. Tiergeister

Wir können mit diesen auf verschiedene Weise in Verbindung stehen und kommunizieren.

## 10. Unsere Vorfahren (Klan- oder Stammesbewusstsein)

Unsere Ahnen haben noch immer Einfluss auf unser Leben.

## 11. Aufgestiegene Meister und Heilige

Es gibt eine ganze Reihe davon, unter anderem Quan Yin, Buddha, Mutter Maria, Nostradamus, der heilige Franziskus und Mutter Teresa.

## 12. Christusenergie

Diese betrachte ich etwas anders als die vorangegangenen Kategorien. Sie ist eine Klasse für sich.

### 13. Andere Energien

Es gibt Energien, mit welchen ich keine Erfahrung habe, von welchen ich jedoch hier und da etwas aufschnappe: Wale, außerirdische Wesen von den Plejaden, vom Orion, von Andromeda usw. Es gibt auch 'negative Energien', Menschen, die Teufel anbeten, Schlangengötter und noch vieles mehr. Davon weiß ich wenig, und darüber kann ich auch nichts erzählen. Wahrscheinlich gibt es noch vieles, was ich nicht weiß, und damit bin ich auch ganz im Frieden. Meisterschaft bedeutet nicht, alles zu wissen, sondern nach einem hohen Grad an Effizienz zu streben, um das eigene Potenzial zu nutzen.

Ich werde Ihnen einige Dinge zu diesem Thema hier näher erläutern und Ihnen Tipps geben, wie wir diese in unserem täglichen Leben einsetzen können, ohne jedoch einen Anspruch auf Vollständigkeit zu erheben.

Wir wollen mit dem wichtigsten Schritt beginnen: diese Energien anwenden und einsetzen. Die Voraussetzung hierfür ist, dass Sie Ihren 'mind' ausschalten. Der bewusste 'mind' will Interpretation und Logik. Der unbewusste 'mind' will sich in alles einmischen und hat für alles einen Kommentar. Die gebräuchlichste Methode, um den 'mind' still zu stellen, ist die Meditation. Meditation ist eine Übung, die nichts anderes ist als ein Training, bei dem man lernt, anders mit dem 'mind' umzugehen. Die schnellste Methode ist die geführte Meditation über CDs oder Tonbänder. Dabei erzählt Ihnen 'eine Stimme', was Sie tun müssen. Sie können sich also entspannen und dieser Stimme folgen. Ich habe auf diesem Gebiet selbst sehr viel Erfahrung und ungefähr 25 CDs entwickelt, zunächst für den Eigengebrauch. Doch mittlerweile sind es Tausende von Menschen, die diese CDs täglich anhören und ihren Nutzen davon haben. Die neueste CD heißt 'Stille'. Es ist eine hervorragende CD, um die Stille in sich selbst zu finden.

Ich werde auch einige Tipps zur Meditation selbst geben. Probieren Sie eine der folgenden acht Strategien aus.

Es ist gut, sich eine Eieruhr zu stellen, so dass Sie die Zeit nicht im Auge behalten müssen. Beginnen Sie mit zehn Minuten. Dehnen Sie die Zeitspanne allmählich auf 15 und später auf 30 Minuten aus.

## • 1. Sitzen

Wichtig ist, dass man entspannt sitzt. Das klingt einfach, doch 'einfach' bedeutet nicht automatisch 'bequem'. Sie werden merken, wie stark Ihr 'mind' ist, und dass er sein Bestes gibt, um Sie mit allerlei Gedanken und Gefühlen abzulenken.

Am bequemsten ist es, dazusitzen und zu beobachten. In der Tat tun Sie einfach gar nichts. Sie lassen alles geschehen und stellen sich vor, dass Sie alles betrachten, was in Ihnen vorgeht. Sehen Sie einfach, was geschieht. Sie dürfen nun zehn Minuten lang einfach einmal gar nichts tun. Kein Telefon abnehmen oder sich Gedanken darüber machen, was Sie morgen noch alles tun müssen. Nur dasitzen und Ihre Gedanken betrachten. Lassen Sie sie schnell wieder los, ohne zu viel auf sie einzugehen. Sobald Sie sich darüber bewusst sind, dass Sie wieder abgelenkt sind, lassen Sie es los und gehen wieder ins Beobachten über. Oft ist es sehr überraschend, wenn man merkt, wie schwierig es ist, zehn Minuten lang still dazusitzen, mit der Intention, gar nichts zu tun. Sie werden erkennen, wie ruhelos der 'mind' ist.

## • 2. Hören

Bei dieser Übung schließen Sie die Augen und hören auf die Geräusche in Ihnen und um Sie herum. Öffnen Sie Ihre Ohren, und lauschen Sie nur noch. Anfangs hören Sie, was Sie normalerweise auch hören. Aber nach einiger Zeit merken Sie, dass Sie tiefer dringen und andere, neue Geräusche auffangen. Hören Sie weiter hin, ohne an den Geräuschen hängen zu bleiben. Bleiben Sie im Hier und Jetzt, und lassen Sie alle Gedanken los.

## • 3. Fühlen

Bei dieser Übung schließen Sie die Augen und beginnen, Ihren ganzen Körper zu spüren. Entspannen Sie sich, lassen Sie alle

Anspannungen los. Sie fühlen sich selbst, spüren, ob Sie sich gut fühlen. Was spüren Sie wo? Lassen Sie alles, was Sie spüren, immer wieder los und spüren Sie aufs Neue. Spüren Sie Ihr Herz, spüren Sie Ihre Lungen, spüren Sie alle Organe. Beschließen Sie die Übung mit Liebe und Dankbarkeit für Ihren Körper.

- 4. Aufmerksamkeit

Werden Sie sich der Empfindungen des Augenblicks bewusst: Wärme, Abkühlung, Zugluft, wie Sie sitzen, Schwerkraft, Druck, Spannung, Atmung, Herzschlag. Welche Teile Ihres Körpers haben Kontakt mit Ihrem Stuhl, mit der Erde, mit Ihrer Kleidung? Wie verändert sich die Gestalt Ihres Körpers mit jedem Atemzug? Wie verändert sich Ihre Erfahrung, was die Zeit betrifft? Bleiben Sie wachsam für das, was im Hier und Jetzt geschieht, ohne daran hängen zu bleiben. Lassen Sie immer wieder los.

- 5. Mantra

Wählen Sie ein Wort, einen Sinnspruch, ein Gebet oder einen Teil eines Gedichts, und wiederholen Sie dies langsam. Immer wieder. Lassen Sie sich von seinem Rhythmus in einen entspannten Zustand Ihres 'mind' bringen. Wenn Sie sich wieder bewusst werden, dass Sie abgelenkt sind, kehren Sie einfach zu Ihrem Mantra zurück und beginnen erneut, dieses zu wiederholen. Dies ist eine ganz starke Methode, um Stille in Ihrem Inneren zu finden.

- 6. Liebe und Licht ausstrahlen

Während Sie ruhig dasitzen, beginnen Sie, Ihre Aufmerksamkeit auf jemanden zu richten, den Sie lieben, oder jemanden, der Liebe oder Heilung brauchen könnte. Senden Sie dieser Person in Ihrer Vorstellung Liebe und Licht. Lassen Sie es von Ihrem Herzen aus zu deren ganzem Wesen strahlen.

- 7. Atmung

Bei dieser Übung beobachten Sie nur Ihren Atem. Sie sind ganz neutral und tun weiter nichts. Wenn Ihr Körper einatmet, beobachten Sie, was geschieht. Das Gleiche tun Sie beim Ausatmen. Wenn Sie merken, dass Sie abgelenkt werden, kehren Sie mit Ihrer Aufmerksamkeit zu Ihrer Atmung zurück.

- 8. Entspannung

Bei dieser Übung entspannen Sie Ihren Körper. Sie beginnen beim Kopf und lassen Ihre Muskeln ganz los, so dass Ihr gesamter Körper entspannt ist.

Probieren Sie jede dieser acht Übungen aus, und spüren Sie, welche Ihnen am meisten zusagt, um tiefe Ruhe bei Ihnen zu bewirken. Üben Sie diese so lange, bis es Ihnen leicht fällt und von selbst geht.

Meditation ist ein Training, um Ihnen beizubringen, sich durch Situationen im Außen immer weniger ablenken zu lassen und allmählich immer besser im Spüren und Erfahren der Dinge zu werden, die sich in Ihrem Inneren abspielen, an Ihrem 'mind' vorbei. Sie werden sich dadurch Ihrer inneren Welt und all dessen, was Sie ablenkt, immer bewusster. Ihr höchstes Ziel ist es, Ihren 'mind' so zu trainieren, dass Sie stundenlang in Ihrer inneren Welt sein können. Dann wird es immer leichter, Ihr unsichtbares Team zu hören und mit ihm zu kommunizieren. Es ist absolut die Mühe wert, diesen Weg zu beschreiten. Sie werden nur davon profitieren.

Wir kehren nun zurück, um mehr über unser Umfeld in Erfahrung zu bringen.

■ 1. Geistführer

Unsere Geistführer sind Seelen so wie wir, die in ihrer Entwicklung etwas weiter sind und als Teil ihres Trainings inkarnierende Seelen zugewiesen bekommen, um diese zu begleiten. Manche kennen wir schon ganz lange, weil sie im Jenseits ebenfalls unsere Lehrer sind, und wir Lektionen von ihnen erhalten. Jeder von ihnen hat eine eigene Persönlichkeit, im Gegensatz zu Engeln, die mehr uniform sind, sich jedoch in der energetischen Resonanz unterscheiden, je nach den Aufgaben, die sie haben.

Die Geistführer wissen, welche unsere Intentionen hier auf Erden sind, was wir erreichen wollen. Sie haben keine leichte Aufgabe, wenn es darum geht, Meister in der Anwendung der verschiedensten Signale, Zeichen und Zufälle zu sein. Je aufmerksamer wir sind, desto mehr werden wir aber sehen. Wir können ihnen spezifische Fragen stellen, um eine Antwort oder Bestätigung zu erhalten. Ich selbst frage meine Geistführer ebenfalls ganz viel und kann über Visualisierungen direkt mit ihnen kommunizieren.

Ein Beispiel:

Ich schließe meine Augen, entspanne mich und stelle mir vor, dass ich eine Treppe von beispielsweise 25 Stufen hinabsteige. Bei jeder Treppe entspanne ich mich mehr und weiß, dass ich tiefer in mein Unterbewusstsein komme, immer tiefer und entspannter. Bei der 25. Treppe stehe ich vor einer Tür, die in einen herrlichen Garten führt. Dort suche ich mir eine ruhige Stelle aus. Ich setze mich dort in der Natur unter einen wunderbaren Himmel mit Vögeln, Blumen und rauschenden Wasserfällen um mich herum. Ich bitte dann meine Geistführer, sich in welcher Form auch immer zu erkennen zu geben. Normalerweise bitte ich drei Geistführer. Sie erscheinen als Person (meist Menschen, die ich nicht kenne) oder als Tier. Ein einziges Mal erhielt ich nur ein Symbol.

Wenn sie sich zu mir setzen, stelle ich allen Dreien dieselben Fragen. Oft erhalte ich Antworten zurück, die beide Seiten erfüllen. Manchmal herrscht auch Stille, und sie sagen nichts. Manchmal darf ich die erbetene Information nicht wissen. Manchmal erhalte ich Rätsel oder Worte oder Bilder. Manchmal stellen sie auch etwas für mich dar. Einmal erschien einer meiner Geistführer als junger Affe, der gerade spielte. Er schlug Purzelbäume und spielte mit einem Ball, doch er gab mir keine Antwort auf meine Frage. Am Ende kletterte er auf einen Baum. Kurz bevor er verschwand, sagte er: "Du hast es noch nicht verstanden, was?

Du musst dich entspannen und loslassen – du bist zu verkrampft und blockierst alles!" Er verschwand schnell, und ich wurde mir der Wahrheit schmerzlich bewusst, die ich soeben vorgespielt bekommen hatte.

Ich erörtere mit meinen Geistführern hauptsächlich grundlegende Dinge, aber auch Kleinigkeiten. Ob ich jemanden annehmen soll oder nicht, ob ich jemandem vertrauen kann oder ob ich auf einen Vorschlag eingehen soll. Es hat mich an Orte gebracht, wo ich sonst niemals gelandet wäre, und mich mit Menschen zusammengebracht, welchen ich sonst niemals begegnet wäre.

Auch geschäftlich hat es mir genutzt. Seitdem ich mit meinen Geistführern ganz aufmerksam überlege, geht alles viel besser, und ich begehe keine geschäftlichen Dummheiten mehr wie früher. Ich bin vor Kalamitäten verschont geblieben, und habe die Schäden, die ich mit meinem eigenen Verstand und meiner Logik angerichtet habe, nun beinahe wieder ganz beseitigt. Ich weiß, dass es mit der Tatsache zu tun hat, dass ich heute richtig empfänglich bin.

Meine Geistführer haben für mich auch ihre speziellen Zeichen. Wenn sie mit mir kommunizieren wollen, muss ich unvermittelt einmal niesen – ohne direkten Anlass. Dann weiß ich, dass ich in mich gehen muss, um zu überlegen. So haben sie mich auf ein Stück Land am Meer aufmerksam gemacht, das auf einer karibischen Insel zum Verkauf angeboten wurde, wo ich gerade tauchte. Ich sagte: "Ich habe im Augenblick kein Geld, um das zu kaufen." Sie sagten, dass ich mir keine Sorgen zu machen brauchte, es würde alles gut gehen. Das Ende vom Lied war, dass der Eigentümer mir anbot, selbst zu bestimmen, wie ich es abbezahlen wollte. Ich erwarte, dass dort in wenigen Jahren ein spirituelles Trainingszentrum entstehen wird. Dort herrscht eine starke, heilende Energie.

Ich bitte auch darum, wenn ich mir in einer Sache nicht sicher bin, mir innerhalb einer Woche zur Bestätigung ein Zeichen zu geben, beispielsweise durch ein bestimmtes Lied im Radio oder dass mich jemand Bestimmtes anruft oder anmailt. Ich bitte meine Geistführer außerdem, bestimmte Dinge für mich zu regeln. Das geht meist schneller, als wenn ich es selbst versuche zu forcieren.

Ich weiß mit Sicherheit, dass Sie hiermit etwas anfangen können. Wahrscheinlich tun Sie alle etwas in dieser Richtung.

## ■ 2. Mitgenossen

Mitgenossen können Sie ebenfalls um Hilfe bitten. Deren Energie kann die Ihre verstärken. Nicht jeder hat Mitgenossen, doch das macht nichts. Sie können auch die Mitglieder Ihrer spirituellen Familie, mit welchen Sie im Jenseits zusammenleben, um Hilfe bitten. Diese sind jederzeit bereit, sich einzusetzen, und können helfen, Ihre Wünsche zu erfüllen. Mitgenossen in dieser Welt oder im Jenseits können angenehm sein, wenn Sie sich allein oder bedroht fühlen. Sie leisten Ihnen Gesellschaft und können Sie vor Gefahr warnen. Sie können direkt mit ihnen sprechen und lernen, sie zu spüren. Es ist gleich, ob die Mitgenossen von dieser Welt oder aus dem Jenseits stammen. Sie erhalten immer deren Liebe und Aufmerksamkeit, wenn Sie sie darum bitten. Es ist wichtig, stets für alles, was Sie möchten, Ihr unsichtbares Team um Hilfe anzurufen.

## ■ 3. Parasitäre Entitäten

Diese gehören einer ganz anderen Kategorie an. 'Parasitär' drückt aus, dass sie uns Energie kosten. Wir müssen lernen, wie wir uns gegen Seelen abschirmen können, die nicht ins Jenseits hinübergegangen sind, sondern auf der irdischen Seite kleben bleiben und versuchen, ihre unverarbeiteten Situationen und Konflikte im Nachhinein über einen anderen zu verarbeiten. Manche sind auch nicht parasitär, sondern einfach verwirrt und brauchen Hilfe. Doch sie haben Angst davor, weiter zu gehen, weil sie glauben, dass sie bestraft werden (religiöse Konditionierung). Andere sind einfach noch mit dem irdischen Leben verhaftet und glauben nicht, dass sie tot sind. Die parasitären Seelen können unser Verhalten beeinflussen, zu uns sprechen, in unseren Träumen herumspuken oder uns emotional beeinflussen. Manchmal haben wir das Gefühl, dass wir nicht wir selbst sind, oder dass immer jemand bei uns, in unserem Energiefeld oder in uns ist.

Was Sie tun können, ist, vor dem Schlafengehen in die Stille zu gehen und zu fragen bzw. zu spüren, ob zu Ihnen Seelen gekommen sind, ohne Sie vorher gefragt zu haben. Haben Sie das Gefühl, dass dem so ist, dann können Sie diese nachdrücklich und liebevoll auffordern, Ihr Energiefeld zu verlassen und ins Licht oder anderswohin zu gehen. Sie erbitten bei Ihren Geistführern, Engeln und Erzengel Michael Hilfe, dass sie die nicht zu Ihnen gehörigen (parasitären) Seelen entfernen und ins Licht bringen. Sie brauchen keine Angst zu haben. Das kommt regelmäßig vor und ist eine Frage des aktiven Handelns. Meist spüren Sie es ganz deutlich, wenn sie weg sind. Es findet eine Art Energieverschiebung statt. Danach visualisieren Sie jede Nacht und jeden Morgen, dass Erzengel Michael hinter Ihnen steht und Sie mit seinen durchsichtigen Flügeln ganz umschlingt, so dass Sie sich in einer Art transparentem Energiefeld befinden, durch das nur Liebe hindurchdringen kann, parasitäre Seelen jedoch nicht. Das wirkt bei den meisten Menschen am besten. Außerdem können Sie Ihren 'mind' programmieren, dass er parasitären Seelen gegenüber wachsam bleibt und diese automatisch abwehrt und ins Licht schickt.

Wie ich bereits sagte: Das ist nicht unheimlich. Sie leben in einer multidimensionalen Welt, in der die Grenzen immer fließender werden. Sporadisch kommt es vor, dass jemand von einer parasitären Seele besetzt und psychotisch wird. Dies ist ein ganz außergewöhnliches Ereignis. Ich habe es selbst bereits zweimal in meinem Leben gesehen. Dann muss ein Experte ran, der weiß, wie man diese Seele entfernt und ins Licht bringt. Sollten Sie damit keine Erfahrung haben, dann müssen Sie die Finger davon lassen. Das sind keine schönen Umstände.

Auch wenn Sie nicht das Gefühl haben, dass parasitäre Seelen bei Ihnen sind, ist es dennoch gut, einmal eine Art 'Reinemachen' durchzuführen: ein paar Kerzen und Weihrauch entzünden, entspannende Musik auflegen und sich in eine Pyramide stellen, die oben eine Öffnung hat, so dass die Entitäten dort hinaus ins Licht treten können. Sie haben Tausende von Engeln bei sich, die liebevolle, himmlische Energie in Ihren astralen und physischen Körper ausstrahlen. Sie öffnen Ihr Herz und senden überall in Ihren Körper Liebe. Erzengel Michael ist zum Schutz bei Ihnen. Er steht neben Ihnen. Dann bitten Sie alle Seelen, die nicht Ihre Geistführer oder Familienmitglieder sind, Ihren physischen Körper (die physische und astrale Ebene) zu verlassen und ins Licht zurückzukehren. Es ist für sie an der Zeit, nach Hause zu gehen. Sie bitten die Engel um Hilfe dabei, alle parasitären Seelen ins Licht zu bringen. Wenn das getan ist, genießen Sie noch eine Weile lang die Liebe und das Licht, dankbar für alles.

### ■ 4. Lokale Entitäten

Lokale Entitäten können an irgendeinem Ort bleiben oder wohnen. Wenn sie lästig sind, nennt man sie 'Poltergeister'. Sie können sehr störend sein. Oft sind sie ermordet worden oder auf andere grausame Weise ums Leben gekommen und schwer frustriert. Sie sind wütend und unglücklich und wollen, dass jeder andere ebenfalls darunter leidet. Es können wirklich geradezu 'spirituelle Terroristen' sein. Sie genießen die Angst und wollen Ihnen einen Schreck einjagen.

Dann gibt es noch Entitäten, die nichts oder niemandem schaden, sondern nur an einem bestimmten Ort umhergeistern oder es dort schön finden. Manche werden auch durch Ihre Energie angezogen und sind gern in Ihrer Nähe. Es kann sich auch um Vorfahren aus Ihrer Verwandtschaft handeln, die nach dem Rechten sehen. Oder es kann eine Seele sein, die bei Ihnen inkarnieren möchte oder durch eine Fehlgeburt noch nicht bei Ihnen inkarnieren konnte.

Ein Beispiel: Ich habe mich nach der Geburt meines zweiten Sohnes sterilisieren lassen und habe eine Mädchenseele bei mir, die gern über mich ins Leben treten will. Sie bittet mich auf die verschiedensten Weisen, die Sterilisation wieder rückgängig zu machen. Wir werden sehen, ob ich das tue – ich bin noch jung.

### ■ 5. Naturgeister

Mit dieser Kategorie habe ich keine oder nur wenig Erfahrung. Ich weiß, dass es sie gibt, doch ich komme zu wenig in die Natur, um viel Kontakt mit ihnen zu haben. Ich bin ein richtiger Tropeninsel-Mensch.

Ich liebe das blaue, warme Meer und bin nicht so viel im Wald oder in den Bergen. Dort aber gibt es Elfen, Devas, Trolle, Baumgeister und andere Geister. Die meiste Erfahrung habe ich mit Devas. Es sind kleine, liebliche Wesen, die ein paar Zentimeter groß sind und zu Bäumen und Pflanzen gehören. Ich kann sie spüren, wenn ich still in der Natur sitze und sie auffordere, zu mir zu kommen. Sie fühlen sich wie das Prickeln von Schneeflöckchen auf meiner Haut an. Es ist eine ganz feine, höchst liebliche Energie.

Außerdem habe ich meist 'etwas' mit einem Baum. Ich lehne mich mit der Stirn an ihn. Ich halte den Baum locker fest und spüre, dass ich dann augenblicklich zur Ruhe komme. Die Bäume können auch zu mir sprechen und mir Ratschläge geben. Ich bin immer wieder überrascht über die Weisheit vor allem älterer Bäume, und über das, was sie zu erzählen haben. Wenn Sie können und wollen, sollten Sie es auch einmal ausprobieren. Laufen Sie durch den Wald, und suchen Sie einen Baum aus, bei dem Sie etwas spüren. Lehnen Sie sich an ihn, und kommen Sie in die Stille. Beobachten Sie nur, und schauen Sie, was geschieht.

## ■ 6. Elementarkräfte

Dies ist eine besondere Kategorie. Eigentlich arbeite ich nicht viel damit, außer wenn es nötig ist oder per Zufall.

Es war meiner Exfrau vor Jahren aufgefallen, dass etwas sich veränderte, wenn wir irgendwo hinkamen. Wir wohnten 1986 in Kalifornien, und seit Menschengedenken schneite es im November an dem Ort, an dem wir wohnten, in der Nähe von Los Angeles, zum ersten Mal. Zwei Jahre später geschah genau das Gleiche im Mai in Tokio!

Wenn ich in Holland ankomme, werde ich oft von Freunden angerufen, die sagen: "Heute brach die Sonne durch, zum ersten Mal seit Wochen. Und da wusste ich plötzlich, dass du im Lande bist." Das klingt ganz schön merkwürdig. Doch ich tue nichts dazu, nicht bewusst. Ich weiß es auch von meinen Workshops, die so genannte 'Joy-week' ('Vergnügliche Woche') oder 'IK-week' ('Innere-Kraft-Woche'), bei der wir immer einen Feuerlauf machen, d.h. über heiße Kohlen laufen. Es konnte morgens oder mittags Bindfäden regnen, doch es war noch niemals vorgekommen, dass ein Feuerlauf wegen Regen oder Schnee nicht stattfinden konnte. Es hörte immer auf, bevor wir begannen, Feuer zu machen. 2002 lief es zum ersten Mal schief. In dieser 'Joy-week' arbeitete ich zum ersten Mal mit den Elementen. Jeden Tag arbeiteten wir mit einem anderen Element. Am ersten Tag Erde, am zweiten Tag Wasser, am dritten Tag Luft (Wind), und wir wollten mit dem Feuer und einem Feuerlauf abschließen. Am Tag nach dem Wasser begann es zu regnen, den ganzen Tag lang. Abends bat ich Kailash, mich mit einem Indianerinstrument, das 'Windmacher' ('Schwirrholz') genannt wird, weil es eine Art Rauschen erzeugt, bei einer Meditation zu begleiten. "Das würde ich lieber nicht tun", sagte Kailash. "Ich rate dir davon ab." Ich fand es Unsinn. Kailash ist ein Musiker, der fantastische Naturmusik aus aller Welt macht: aus Australien, Peru, Nordamerika, aus dem Amazonasgebiet und noch vieles mehr. Jedes Jahr kommt er mit anderen Musikern zu meinen großen Seminaren. Ich bat Kailash, es doch zu tun, und bat auch noch zwei weitere Menschen, gemeinsam mit ihm den Windmacher einzusetzen, so dass ich bei der geführten Meditation eine Unterstützung hatte.

Am folgenden Tag stürmte es in ganz Holland mit Windstärke 12. Es war seit langer Zeit einer der ersten Stürme, und wir konnten zum ersten Mal in acht Jahren keinen Feuerlauf machen. Zufall? Wer das glauben will, muss es selbst wissen. Kailash ist ein Naturmensch, der mit Schamanen auf der ganzen Welt zusammengearbeitet hat.

A propos Schamanen. In Brasilien habe ich eine bemerkenswerte Geschichte gehört, die ich Ihnen nicht vorenthalten möchte. In der Stadt Tucurui werden die 'Eingeborenen-Spiele' abgehalten, eine Art 'Olympische Spiele' für Indianer, die noch so leben wie ihre Vorfahren vor Hunderten von Jahren. Es nahmen 500 Athleten aus 14 Stämmen daran teil. Diese Spiele haben viele interessante Unterkategorien, darunter Bogenschießen, Speerwerfen, Ringen, Schwimmen, Kanu fahren, Marathon laufen und Tauziehen. Das Interessanteste war, dass das Bogenschießen ein alter Mann gewann, Arikassu vom Stamm der Aikewara. Man musste auf ein Ziel schießen, das die Form eines Fisches hatte. Die Zielscheibe war das Auge des Fisches. Es schien leicht, doch der Abstand und das Geschrei hatten selbst auf die besten Schützen Auswirkungen. Nur einige wenige trafen das Ziel. Jeder erhielt drei Chancen, und beinahe niemand erreichte insgesamt mehr als vier Punkte. Nachdem er die schlechten Ergebnisse der jungen Bogenschützen der anderen Stämme gesehen hatte, nahm Arikassu, der alte Schamane (er war über 65 Jahre alt), seinen Platz ein. Er schloss seine Augen, murmelte etwas und schoss einen Pfeil ab, geradewegs in das Fischauge. Mit einem einzigen Pfeil hatte er acht Punkte geholt. Das war den anderen selbst nicht mit drei Pfeilen gelungen. Er war der Sieger. Er bekam 'standing ovations' und wurde gefragt, wie er das konnte. Er sagte mit seiner schamanischen Würde: "Es war leicht. Ich habe nichts getan. Ich wurde eins mit dem Pfeil, und es ist die Natur, die den Pfeil dorthin trug, wo ich wollte. Die Jüngeren waren abgelenkt. Ich nicht. Ich war eins mit dem Pfeil meiner Intention und bat um Unterstützung durch die Naturgeister."

Zufall? Das werden wir niemals wissen. Was wir aber sehr wohl wissen, ist, dass es nicht schadet, diese Energien für uns arbeiten zu lassen und sie mit Respekt zu behandeln. In der Stille finden wir alle Antworten, auch auf die Fragen, die wir noch gar nicht gestellt haben. In der Stille gibt es keine Zeit.

## ■ 7. Engel

Engel sind Botschafter göttlicher Energie. Ihre Aufgabe ist es, Ihren Weg angenehmer und leichter zu machen. Sie müssen aber schon darum bitten, denn sie respektieren das Gesetz des freien Willens. Setzen Sie sie also für alles ein, was Sie wünschen: um zu helfen, ein Traumhaus, einen Partner, einen Parkplatz, Schutz, Gesellschaft, Heilung usw. Ihre einzige Einschränkung ist Ihre Fantasie. Wenn Sie nicht bitten, wird Ihnen nichts gegeben. Ich schalte die Engel bei beinahe allem ein, was für mich von Bedeutung ist. Wenn ich krank bin, wenn ich den Weg nicht weiß, wenn ich finanzielle Schwierigkeiten habe, wenn ich zu spät am Flughafen ankomme und noch für vieles mehr. Es ist an der Zeit, dass Sie Tausende von Engeln in Ihrem Team aufnehmen. Es gibt doch Millionen von arbeitslosen Engeln. Je früher, desto besser.

■ **8. DOW**

Das DOW ist Ihre göttliche Essenz, Ihr Höheres Bewusstsein, dort, wo alles Wissen ist, der Teil von Ihnen, der sich nicht verändert, der alles weiß. Wann werden Sie Ihr DOW einschalten? Worauf warten Sie noch? Es geht darum, Aufträge (Befehle) zu geben und loszulassen. Das DOW ist unausgerichtete Energie, die durch Ihre Intention und Ihren Auftrag eine Richtung bekommt. Indem Sie diese Richtung klar und deutlich angeben, kann das DOW in der dritten Dimension materialisieren. Das kann schnell oder langsam gehen. Sie können es folgendermaßen unterstützen:

• Nicht verkrampfen.
• Sich sicher sein, dass es bereits geschehen ist.
• Glauben, dass Sie es wert sind.
• Es geschehen lassen.

■ **9. Tiergeister**

Hierüber wurden ganze Bücher geschrieben. Ich selbst habe auch einige Erfahrungen. In der Zeit, als ich noch an Judo- und Karatewettkämpfen teilnahm, brachte mir ein Lehrer bei, mich beim Kämpfen mit der Energie eines Panthers zu verbinden. Das gab mir mehr Kraft. Wenn jemand mich beim Judo fest im Würgegriff hatte, verband ich mich in der Tat mit einem Panther. Dann spürte ich, wie sich meine Kraft verdoppelte. In kurzer Zeit entkam ich jedem Erwürgen, indem ich knurrende Laute ausstieß. Ich wurde Jugendsieger auf Aruba, und später vielfacher Studentenwettkampfmeister in Holland. In Karate brachte ich es sieben Jahre lang zum Europameister, und ich wurde zweiter bei den panamerikanischen Spielen.

1988 war ich auf Hawaii und schwamm dort mit Delfinen. Danach erfuhr ich zum ersten Mal tiefe Gefühle und Emotionen. Ich vertiefte mich in die Sache und entwickelte eine neue Therapie für allerlei Arten von emotionalem Stress. Das NEI ('neuro-emotionale Integration') war geboren. Das Logo enthielt drei Delfine - symbolisch für die drei Delfine, die mich in Hawaii behandelt hatten, ohne dass es mir in jenem

Moment bewusst war. Seitdem identifiziere ich mich mit Delfinen, um mich gut zu fühlen. Ihre Energie öffnet förmlich meine Chakren und bringt mich näher zu mir selbst.

Spüren Sie, welches Tier die Qualitäten hat, die Sie in sich selbst entwickeln und zulassen möchten. Versetzen Sie sich in der Meditation ganz in die Energie dieses Tieres. Damit versetzen Sie sich dann in die Situationen, in welchen Sie diese Qualitäten erfahren möchten. Viele Menschen profitieren davon. Ich habe zu diesem Thema eine CD mit einer geführten Meditation herausgegeben: 'Die metaphorische Heilreise'.

### ▪ 10. Unsere Vorfahren

Wir tragen die Energien und die DNS unseres Stammbaumes in uns. Unsere Vorfahren haben ein Interesse daran, dass bestimmte karmische Verkettungen durchbrochen werden. Sie stehen an der Ziellinie, um Ihnen dabei zu helfen. Diese genealogische Energie ist enorm stark und wirkt unterstützend auf alles, was in Ihrem Leben von Bedeutung ist. Sie brauchen nur darum zu bitten und diese zuzulassen.

### ▪ 11. Aufgestiegene Meister und Heilige

Unter 'Meister' fallen Entitäten mit bestimmten Qualitäten, die Sie für spezifische Projekte einsetzen können. Wenn Sie sich mit der abstrakten Wissenschaft beschäftigen, können Sie die Hilfe von Einstein, Leonardo da Vinci, Kopernikus, Galilei, Sokrates, Pythagoras und anderen anrufen. Indem Sie diese herbeiholen, wird es leichter werden. Wollen Sie Frieden, dann bitten Sie Gandhi, Martin Luther King und andere. Sind Sie auf dem Kriegspfad, dann gibt es wieder andere, die Ihnen helfen können: Shaka Zulu, Sun Tzu (er schrieb das Buch 'The Art of War' – 'Die Kunst der Kriegsführung') und andere.

Die Meister stellen ihre Energie und Hilfe mit Liebe zu Verfügung. Wenn Sie keinen spezifischen Namen kennen, wenn Sie beispielsweise Chirurg sind, dann machen Sie einfach einen Versuch und lassen sich von den besten Chirurgen aus dem Jenseits helfen, die verfügbar sind.

Als ich eine Akupunkturpraxis hatte, bat ich immer um Assistenz der besten Akupunkteure, die jemals gelebt hatten. Manchmal spürte ich, dass meine Hände zu einem bestimmten Punkt geführt wurden. Ich führte sogar Techniken aus, die ich in meinem Studium gar nicht gelernt hatte, die mir jedoch eingegeben wurden.

### ▨ 12. Christusenergie

Ich finde die Energie und die Kräfte von Christus so besonders, dass ich ihn als eine Klasse für sich betrachte. Es ist eine enorm heilende und liebevolle Energie, in der man seine bedingungslose Liebe spüren kann. Auch die seiner Mutter Maria und die von Maria Magdalena sind stärkende Energien, die einen ungeheuren Einfluss auf das haben, womit wir uns beschäftigen.

### ▨ 13. Andere Energien

Andere als die oben erwähnten Energien erhalte ich nicht. Mit anderen Energien habe ich keine Erfahrung.

Ich benutze diese Energien manchmal kombiniert und manchmal einzeln. Ich betrachte sie als mein Helferteam, auf das ich jederzeit zurückgreifen kann. Sie lassen mich niemals im Stich. Ich brauche mich dafür nur zu öffnen, um sie zu spüren. Wenn ich sie nicht spüren kann, bedeutet das ganz einfach, dass ich nicht angebunden bin. Indem ich mich entspanne und eine der vielen Meditationstechniken einsetze, spüre ich, dass die Verbindung schnell wieder hergestellt wird, und ich fühle ihre Anwesenheit. Ich hoffe, dass Sie ebensoviel oder noch mehr von Ihrem unsichtbaren Helferteam profitieren werden. Es hat mein Leben enorm positiv beeinflusst. Ich will nicht ohne mein Team leben.

Für diejenigen, die nicht daran glauben, gilt, dass wir alles mit unserem 'mind' oder mit Emotionen blockieren können. Ich finde es amüsant, dass manche diese Art von Dingen abgehoben finden und als

Unsinn abtun. Für sie ist es in Ordnung, wenn sie ihr Ziel auf anderem Weg erreichen. Niemand verbietet es ihnen, ihre Lebensenergie durch harte Arbeit, viele Strapazen, Willenskraft und Durchsetzungsvermögen – oft sinnlos – zu vergeuden, um ihr Ziel zu erreichen. Persönlich kann ich das verstehen. Ich habe selbst viele Jahre so gelebt, ohne auf die Signale meines Körpers zu achten, und, wie gesagt, selbst zwei 'Burn-outs' hinter mir. Das ist es mir nicht mehr wert. Ich bin dabei zu lernen, ohne Widerstand zu leben, den Weg der Leichtigkeit zu gehen. Um dies zu erreichen, muss man sich bewusst werden, wann man nicht im Fluss ist, wann man aus seinem Energiefeld gerät. Denn das kostet uns Energie und einen Verlust der Lebenskraft. Indem Sie diese unsichtbaren Helfer einsetzen, erlauben Sie, dass Ihre Intentionen getragen werden, dass Ihre Kreationen auf fruchtbaren Nährboden fallen und eine Kette von Ereignissen in Gang gesetzt wird, die letztendlich das gewünschte Resultat weit übertreffen wird. Denken Sie an den alten Schamanen, der selbst zum Pfeil wird und diesen von unsichtbaren Kräften tragen lässt.

Für diejenigen, die mich abgehoben finden: Ich finde das prima. Ich liefere messbare Resultate in Form von Tausenden von Menschen ab, die eine bessere Lebensqualität erlangt haben oder die von chronischen Krankheiten geheilt werden, Ärzte, die ihre Arbeit mit mehr Freude verrichten, weil ihre Resultate besser sind als sie jemals erwartet hätten. Ich habe an die 40 Bücher geschrieben. Einige davon sind in viele Sprachen übersetzt worden. Seit mehr als zehn Jahren sind meine Workshops in Holland ein großer Erfolg. Für mich sind das greifbare Ergebnisse. Was ist daran also abgehoben? Das, was wir nicht messen können? Was wir messen können, ist unsere Lebensqualität: wie wir uns fühlen, wie gesund wir sind, wie vital, wie fit, wie gut wir uns in unserer emotionalen Balance befinden.

Was ist im Leben wichtiger als Gesundheit, Glück, Genuss und Wohlstand? Wenn Sie dieses Resultat erzielen können, sind Sie weiter als 80% der Menschheit, die das bei weitem nicht schafft. Ich erzähle Ihnen das alles nicht, um mich zu verteidigen, sondern um Ihrem Unterbewusstsein deutlich zu machen, worum es geht. Persönlich macht es mir nichts aus, was die Menschen denken, meinen oder als Kommentar abgeben.

Ich vertraue auf mein unsichtbares Team, und es ist das erste Mal, dass ich in einem Buch enthülle, wie ich dabei vorgehe. Eines ist mir bei diesem Buch jedoch wichtig, und das ist Folgendes: dass Sie Nutzen daraus ziehen, in der Gewissheit, dass ich Ihnen wertvolle Techniken vermittle, die auch noch praktisch und einfach genug sind, um in einem Buch dargestellt werden zu können, und die Sie verstehen können, ohne dass Sie zehn Kurse besucht haben müssen. Folglich liegt es bei Ihnen. Zeit zu handeln!

Abschließend einige Tipps, um diese Ideen in Ihr Leben zu integrieren.

Sie haben bereits einiges zu tun, bevor Sie schlafen gehen. Dem will ich eine kleine Technik hinzufügen. Nachdem Sie visualisiert haben, wie Sie am nächsten Tag aufstehen, visualisieren Sie, dass in dem Raum, in dem Sie schlafen, Tausende von Engeln sind, die Sie während des Schlafs mit himmlischer Energie bestrahlen und die helfen, jede Zelle zu regenerieren, alle Giftstoffe auszuscheiden und jede Krankheit zu heilen. Sehen Sie sich selbst in einer goldenen Pyramide transparenter, himmlischer Energie, die nur Liebe zulässt – jede Negativität prallt ab. Sehen Sie in dieser Pyramide Tausende von Engeln, die Ihnen Gesellschaft leisten. Ihre Geistführer sind ebenfalls da, um Sie während der Nacht zu beraten und Ihnen Ideen in den Kopf zu pflanzen. Erlauben Sie, dass sie Ihnen mit Rat und Tat zur Seite stehen. Legen Sie ihnen Probleme vor, für die Sie eine Lösung suchen, und geben Sie ihnen den Auftrag, dies zusammen mit anderen Teammitgliedern zu tun. Bitten Sie sie, diejenigen, die Ihnen nicht gut gesinnt sind, mit Liebesenergie zu bestrahlen. Schicken Sie Engel zu ihnen, um ihr Herz zu öffnen, und senden Sie Ihr DOW zu deren DOW – die perfekte 'win-win'-Situation. Laden Sie die Meister ein, zu Ihnen in die Pyramide zu kommen. Bitten Sie die Naturgeister, Ihnen beizustehen. Und bitten Sie zur Sicherheit darum, dass parasitäre Entitäten Sie verlassen. Wenn Sie ein medizinisches Problem haben, fordern Sie die besten Ärzte, Mediziner, Heiler und Schamanen auf, Sie zu heilen.

Zum Abschluss sprechen Sie ein Gebet der Dankbarkeit. Bedanken Sie sich zuerst bei allen Organen Ihres Körpers. Danach bedanken Sie sich bei all den Mitgliedern Ihres Teams, bei Ihrem DOW sowie bei allen, die Ihnen beistehen, bei all Ihren Lieben, Ihren Eltern, Ihren Beziehungen, bei allen Menschen, die einen Beitrag zu Ihrem Leben liefern, positiv oder nicht. Danken Sie der Welt für alle Chancen und schicken Sie jedem Liebe. Vergeben Sie allen, die Ihnen etwas angetan haben, und wünschen Sie ihnen das Beste. Dankbarkeit und Liebe erzeugen ein starkes Chi-Feld (Energiefeld) um Sie herum und leiten Ihren Körper zu Regeneration und Heilung an. Danach werden Sie angenehm träumen. Sie haben es sich mehr als verdient.

Ich wünsche Ihnen viele herrliche Nächte.

## 11. Kapitel

# Gehen Sie Ihre Themen an –
# Flucht ist das Letzte

Wir sind Meister darin, uns selbst zum Narren zu halten. Wie wir die Signale interpretieren, um in unserer Komfortzone zu bleiben, und uns selbst Sand in die Augen streuen. Es geht aber doch gut! Wir haben doch ein gutes Leben! Wir verdienen genug, die Kinder sind gut in der Schule. Wir können zweimal im Jahr in den Urlaub fahren, und seit kurzem haben wir auch ein zweites Häuschen in Frankreich oder in der Heide. Spiritualität betreiben wir auch ganz viel. Wir besuchen Yogakurse, wir lesen Bücher zu diesem Thema, wir spenden Geld an den Krebsfonds, und ein paar Mal im Jahr gehen wir zu besonderen Anlässen in die Kirche. Für viele ist das das Leben: in der 'Zufriedenheitszone' von Wohlstand und Wohlbefinden landen.

Der Schock kommt unerwartet: ein Unglück, ein kleiner Knubbel in der Brust, eine Scheidung usw. Das ist oft nicht die zweite Umkehr, sondern die echte Umkehr. Viele Menschen befinden sich im Tiefschlaf, ja sogar im Koma. Ohne es zu wissen schlittern sie mitten in eine Krise hinein – es tickt eine Zeitbombe in ihnen. Sie gehen ihre Konflikte nicht wirklich an, sondern verstecken sich hinter einer Art nicht-konfrontierender Liebe.

Wir sprechen von Akzeptanz der Partner oder Kinder, doch in Wirklichkeit tolerieren wir sie nur. Akzeptanz bedeutet, dass wir den anderen nicht verändern wollen, sondern voll und ganz so akzeptieren, wie er ist. Bei Toleranz hoffen wir auf Veränderungen oder Einswerden. Toleranz kostet Energie und zerfrisst uns von innen, denn insgeheim fällen wir sehr wohl unser Urteil. Nur sind wir jetzt so spirituell oder gebildet, dass wir es nicht mehr laut aussprechen. Wir lächeln demütig, um unseren Frust zu unterdrücken oder zu verbergen. Wir haben unsere Träume aufgegeben und gegen den Status Quo der Zufriedenheit eingetauscht. Wir torkeln auf unserem Weg nett vor uns dahin und vermeiden jede Form von Heftigkeit, denn das Leben ist schon stressig genug.

Ich habe folglich schlechte Nachrichten für Menschen, die zufrieden sind: "Sie befinden sich in einem tiefen Koma!" Natürlich müssen Sie mit mir nicht einer Meinung sein. Aber was ist, wenn ich jetzt aufgrund der Erfahrung spreche, die ich auf die Behandlung von mehr als 30.000 Patienten, auf Vorträge, die ich vor mehr als 100.000 Menschen gehalten habe, zahllose Coaching-Gespräche im Zuge von Trainings und auch individuellem Coaching gründe? Was ist, wenn ich etwas sehe, was Sie nicht sehen können, d.h., was wäre, wenn Sie einen 'blinden Fleck' hätten? Sind Sie offen dafür, in der Entwicklung Ihrer Seele wirklich zum Ziel zu gelangen, oder bevorzugen Sie es, Ihre Lebensintention zum großen Teil in eines Ihrer nächsten Leben zu verschieben?

Ich bin der Letzte, der vorgibt, die Wahrheit zu kennen. In meinem Vorwort habe ich über das große Geheimnis berichtet – wir kennen es nicht. Mein Ziel ist es nicht, Ihnen die Leviten zu lesen, sondern Sie in Ihrer Komfortzone aufzurütteln. Meine Komfortzone besteht darin, dafür zu sorgen, dass ich nicht in einer Komfortzone lande. Ich lerne, auf meinem Weg zu meinem Endziel ohne Widerstand zu leben. Widerstand ist das Feedback, dass ich nicht wachsam bin. Ich kann das nicht oft genug wiederholen. Wir sind so weit von unserem Weg abgekommen, dass wir beginnen zu glauben, dass dies der Weg ist, und dass Zufriedenheit glücklich sein bedeutet.

Gemäß der Yoga-Philosophie sind wir mit einem karmischen Erbe geistiger und emotionaler Muster geboren, die 'Samskaras' genannt werden. Dabei handelt es sich um Muster, um Themen, die wir in diesem Leben immer wieder wiederholen. Unsere Samskaras sind in unsere synaptischen Verbindungen eingebettet. Das macht es schwer, sie zu durchbrechen. Samskaras können positiv sein, beispielsweise die Selbstlosigkeit von

Mutter Teresa. Sie können auch negativ sein, wie etwa die geistigen Muster eines niedrigen Selbstwertgefühls und selbstzerstörerische Züge.

Unsere Aufgabe ist es, unsere negativen Samskaras durch positive zu ersetzen und dadurch unsere Seele auf höhere Ebenen zu entwickeln und unser Licht in der Welt immer stärker scheinen zu lassen. Wir sind Gewohnheitstiere. Das ist in unser System einprogrammiert. Viele kämpfen jahrelang, um diese Muster, die sie nach unten ziehen, zu durchbrechen.

Ein schönes Beispiel ist ein Ehepaar, dem es 'gut geht'. Sie sind zufrieden. Sie sagen, dass sie einander lieben, doch es ist mehr die Macht der Gewohnheit. Ihr Sexualleben ist erloschen. Sie hat das akzeptiert, denn ihre Freundinnen machen die gleiche Erfahrung. Er geht ab und zu fremd, weil er zu Hause nicht mehr zum Zuge kommt. Für die Außenwelt und die Kinder geben sie sich zufrieden und verbergen ihre stillen Konflikte. Sie hat Ringe unter den Augen und kränkelt etwas dahin. "Nichts Ernstes", sagte der Hausarzt. "Ein paar operable Myome." "Wir entfernen auch gleich die Eierstöcke, dann können Sie nichts mehr weiter kriegen", sagt der Gynäkologe, der auf diese Weise seine Form der Prävention anbringt. Geht es wirklich gut? Wen halten wir zum Narren? Unsere Samskaras anzugehen erfordert einiges, und wir müssen einen Schritt nach dem anderen tun, um uns zu verändern. Diese haben wir in Kapitel 7 gelernt – das Umprogrammieren unseres 'mind'.

In diesem Kapitel will ich mich darauf konzentrieren, die Themen wieder zu erkennen, so dass Sie wissen, woran Sie arbeiten können.

Um wirkliche, tief gehende Veränderungen zu erreichen, müssen Sie in den Spiegel Ihrer Samskaras schauen und den Mut haben, diese zuzugeben (wieder zu erkennen und anzuerkennen) und sie dann mit einer Strategie anzupacken. Wenn Sie das wollen und es angehen, werden Sie Ihr Leben tief greifend verändern und enorme Quantensprünge in Ihrer Entwicklung machen. Ich spreche aus persönlicher Erfahrung und aufgrund des Feedbacks von Tausenden von Kursteilnehmern.

Das beste System, um hinter Ihre Themen zu kommen, ist die Arbeit über die Chakren. Die Samskaras erzeugen über die Emotionen, mit welchen sie in Zusammenhang stehen, bestimmte Schwingungen, die wiederum Meridiane aktivieren, die ihrerseits wieder mit spezifischen Chakren in Resonanz stehen.

Die Chakren sind wiederum mit den Informationen in Ihrer Seele verbunden und tragen dazu bei, Situationen zu erzeugen, die Ihnen stets aufs Neue Chancen geben, Ihre Muster zu durchbrechen.

Gehen wir die Chakren einmal nacheinander durch. Ihre Aufgabe ist es, darauf zu achten, was mit Ihnen in Resonanz steht und auf dieser Basis die dazugehörigen Befehle und Affirmationen zu sprechen, während Sie das entsprechende Chakra mit Ihrer Intention aktivieren.

Ihre Intention ist ausreichend, um Ihre Chakren zu aktivieren – mehr ist nicht nötig. Sie brauchen nicht zu wissen, wo das Chakra sitzt. Sie brauchen nur den DOW mit dem beauftragen, was Sie spezifisch wollen.

Ich bespreche die Chakren jeweils nach vier Aspekten:

1. Aspekt: das Gefühl, das zum jeweiligen Chakra gehört.

2. Aspekt: die zu durchbrechenden Muster in positiven Formulierungen, d.h., stagnierende Lernprozesse in Gang bringen.

3. Aspekt: die Qualitäten, die Sie entwickeln müssen, um den Teufelskreis zu durchbrechen.

4. Aspekt: die Meditationen, Intentionen und Befehle, die Sie mit Ihrem DOW tun müssen.

Es geht um das, was Sie wieder erkennen, was mit Ihnen in Resonanz steht oder was Sie berührt. Im Zweifelsfall entscheiden Sie sich für das Thema. Seien Sie froh über jedes Thema, das Sie angehen können. Flucht ist das Letzte und total sinnlos. Sie werden es dosieren müssen, denn es können viele Themen mit Ihnen in Resonanz stehen. Das ist weder gut noch schlecht. Es sagt allein aus, woran Sie arbeiten müssen. Versuchen Sie nicht, nur das Minimalste zu tun, sondern streben Sie nach dem Maximalen – nach der Heilung Ihrer Seele.

## ■ Chakra 1 – Wurzelchakra

Schlüsselworte:
- Liebe für das Leben auf Erden.
- Respekt für die gemeinsamen Prozesse.
- Erde, Materie, Sterblichkeit, Sicherheit.
- Nach Hause kommen, Heimweh nach zu Hause (oder nach der spirituellen Familie), in der Gegenwart leben.

Engel der Heilung: Michael (Schutz)

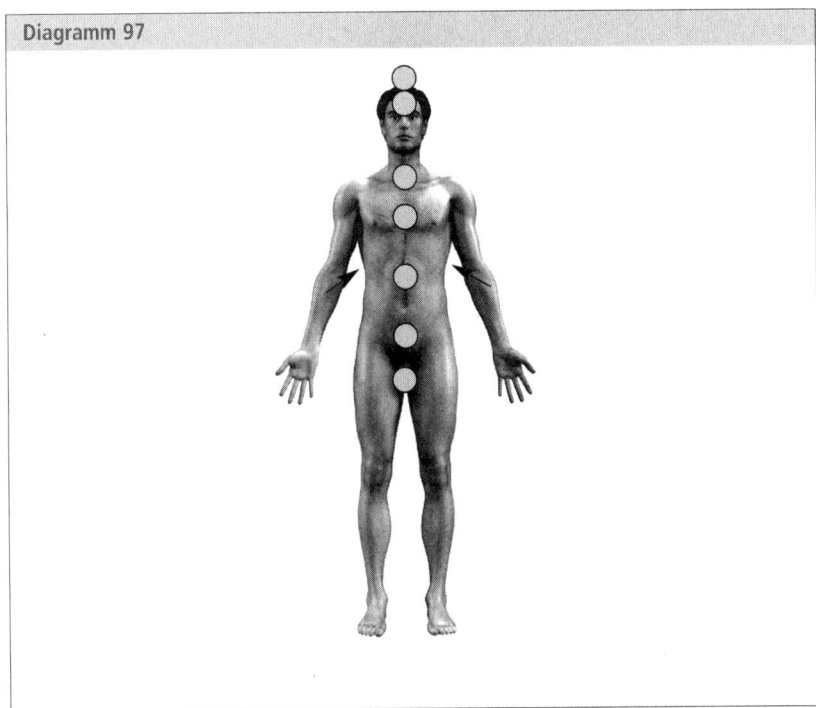

Diagramm 97

Gefühle:
- Sich auf Erden nicht geliebt oder akzeptiert fühlen.
- Sich auf Erden nicht zu Hause fühlen.
- Das Gefühl haben, dass es auf Erden ungerecht zugeht.

- Die Grausamkeit des Bewusstseins der Erde spüren.
- Die Erde ist ein Ort ohne Herz oder Gefühl – mitleidlos und hart.
- Sich missbraucht oder gebraucht fühlen.
- Sich verloren fühlen (ohne Richtung).
- Das Gefühl haben, Struktur, Religion, Glauben, eine Gruppe, einen Lehrer und Guru zu brauchen.
- Sich klein und verloren fühlen, machtlos.
- Immer wieder auf die Frage zurückkommen: "Was mache ich hier?"
- Das Gefühl haben, dass Sie es nicht schaffen.
- Das Gefühl haben, dass Sie keine Sicherheit, keinen Halt, keine Aufmerksamkeit oder Liebe haben.
- Sich nicht gut genug fühlen.

Stagnierende Prozesse:
- Lernen, die eigenen Schattenseiten und die der anderen zu sehen und Geld, Materie, Gesellschaft, Beziehungen, Intimität und Liebe zu akzeptieren.
- Lernen, Liebe und Neutralität gegenüber Ihrem Körper, dem Geld und der Materie zu spüren.
- Lernen, Folgendes zu akzeptieren: die Liebe, die Eltern, die Verwandtschaft, die Familie, die eigene Herkunft, die Kultur, die Gemeinschaft, die Stadt, das Dorf, das Umfeld, den eigenen Körper.
- Lernen Sie, das Leben auf Erden zu schätzen, zu akzeptieren und gern zu haben.
- Lernen Sie, Ihren Körper, Krankheit, Beschwerden, Lektionen und Herausforderungen in Positives zu verwandeln.
- Lernen Sie, ohne Sicherheit, Schutz, Liebe und Struktur zu leben und sich dabei entspannt zu fühlen.

Zu entwickelnde Qualitäten:
- Den Mut haben zu glauben, dass alles im Augenblick so ist, wie es sein soll.

- Den Mut haben, Ihr Leben durch Willenskraft, Disziplin und Durchsetzungsvermögen zu verändern.

- Den Mut haben, Menschen zu lieben, über die Sie ein Vorurteil haben. Es akzeptieren, dass dieses Leben Ihre eigene Wahl ist und dafür die volle Verantwortung übernehmen.

- Liebe für die Vergangenheit empfinden, auch für schmerzhafte Erfahrungen und für sich selbst.

- Andere Meinungen, Glaubensüberzeugungen und Weltbilder in Frieden akzeptieren.

- Den Mut haben, die Abhängigkeit von Materie und Sicherheit loszulassen.

- Den Mut haben, die Diskussion und Konfrontation mit anderen anzugehen, ohne auf das Ergebnis fixiert zu sein oder ohne Recht haben zu wollen.

Bewertung:

Lesen Sie alles nochmals durch. Lassen Sie es in sich eindringen, und streichen Sie an oder schreiben Sie auf, was mit Ihnen in Resonanz geht, wie wenig es auch sein mag. Es ist jetzt ein guter Moment, um es in ein Tagebuch einzutragen, um es in ein paar Monaten zu bewerten, wenn Sie weiter sind und an sich selbst gearbeitet haben. Warten Sie nicht ab, bis Sie alle Chakren durchgenommen haben, tun Sie es lieber jetzt.

Meditation/Intention/Bewusstwerdung

Dies funktioniert wie folgt: Sie schließen die Augen und bitten Erzengel Michael um Beistand, um Ihre Chakren und Themen in Balance zu bringen. Lassen Sie Revue passieren, wie diese Themen sich auf Sie auswirken, welche die Samskaras sind - die Muster, in denen Sie sich verstrickt haben - und wie viel Energie Sie dies kostet (beispielsweise die stetige Suche nach finanzieller Sicherheit). Rufen Sie auch Ihr unsichtbares Helferteam an und bitten Sie eventuell um Rat, Hilfe oder die Richtung. Welche Qualitäten brauchen Sie, um diese Themen zu durchbrechen? Stellen Sie sich vor, dass Sie diese Qualitäten nun besitzen. Benutzen

Sie die 5-Elemente-Punkte (siehe Kapitel 7), um diese in Ihren 'mind' zu integrieren. Danach sprechen Sie die Affirmation (siehe unten) mit der Intention, dass diese in Ihr Chakra, in Ihren Körper, in Ihre Identität integriert wird. Wiederholen Sie die Affirmation solange, bis es sich gut anfühlt, kein Widerstand mehr spürbar ist und es sich für Sie ganz natürlich anfühlt. Schreiben Sie die Affirmation ab, so dass Sie diese bei sich tragen und täglich mehrmals wiederholen können.

**Affirmation:**
"Mein Herz ist offen und mit Liebe erfüllt. Ich bin sicher in einer unsicheren Welt. Ich bin ein unsterbliches Wesen auf einer spirituellen Reise in einer materiellen Welt. Ich fühle mich glücklich, zu lieben, zu weinen, mich reich oder arm zu fühlen – und dies alles mit offenem Herzen, frei von Vorurteilen, zu erfahren. Ich übernehme die Verantwortung, alle unerledigten Dinge anzupacken."

Hier folgt noch eine zweite Affirmation. Benutzen Sie alle beide. Wählen Sie eine, aus oder wechseln Sie ab.

"Ich respektiere und schätze alle Menschen jeden Tag mehr und bin hier auf Erden, um zu lernen, jeden zu lieben, auch diejenigen, die mich herausfordern und Situationen, die ich schwierig finde. Ich bin nun voll und ganz bereit, liebevoll im Leben zu stehen, meine Liebesfähigkeit zu vergrößern und eine magnetische Anziehungskraft auf Wohlbefinden, Wohlstand, Glück und Positives auszuüben."

Machen Sie diese Affirmationen und die Übung mindestens vier Wochen lang. Sie können verschiedene Chakren gleichzeitig behandeln, doch ich würde in Anbetracht der Zeit, die dies erfordert, nicht mehr als drei gleichzeitig angehen. Sie dürfen selbstverständlich so viel hintereinander machen, wie Sie möchten.

## ■ Chakra 2 – Sexualchakren

Chakra 2 ist ein Zwillingschakra. Es besteht aus zwei Chakren, die sich wie eines verhalten. Normalerweise wird das Yin (das weibliche Chakra) links und das Yang (das männliche Chakra) rechts platziert.

### Chakra 2a – Sakralchakra Yang (rechts)
Schlüsselworte:
- Sexualität.
- Liebe zum Körper und zur Sexualität.
- Lernen zu genießen.
- Man selbst sein.
- Liebe ohne Kontrolle.
- Sanftmut.
- Sinnesorgane.
- Tantra.
- Erkundung.
- Verspieltheit.
- Kreativität.

**Engel der Heilung:** Raphael (Vereinigung).

Gefühle:
- Das Gefühl haben, großtun zu müssen.
- Sich schuldig fühlen, wenn es Ihnen gut geht, oder wenn Sie glücklich sind.
- Sich schuldig fühlen, wenn Sie etwas genießen.
- Sich nicht gut fühlen, wenn Sie nicht alles 'unter Kontrolle' haben.
- Sich für Ihre Wünsche, Ihre Vergangenheit, Ihre Gedanken, Fantasien, Ihre Sexualität und Ihre Gefühle schuldig fühlen.
- Sexuelle Fixiertheit, Besessenheit, Frustration, Minderwertigkeitsgefühle, Scham, Unterdrückung, Dominanz, Unterwürfigkeit,

Unzufriedenheit, Verkrampfung, Überschätzung, Verleugnung, Aggression, Wut oder posttraumatischen Stress empfinden.

## Stagnierende Prozesse:

- Lernen, Ihre Sexualität und Ihren Körper zu akzeptieren.
- Lernen, Liebe ohne Gegenerwartungen zu schenken.
- Lernen, Ihren Körper ohne Schuldgefühle zu genießen.
- Lernen, andere nicht zu verurteilen, weil sie anders sind.
- Lernen, die Kontrolle loszulassen und die Hingabe zu genießen.
- Sanftmütigkeit und Hingabe anstelle von Dominanz, Aggression oder Egozentriertheit lernen.
- Lernen, sich selbst gegenüber und anderen ehrlich zu sein, was Ihre Wünsche, Gefühle, Fantasien, Sexualität, Frustrationen und Schattenseiten betrifft.
- Lernen, spielerisch zu sein und zu flirten.

## Bewertung:

Lesen Sie das Obige nochmals in Ruhe durch, und schreiben Sie alles in Ihr Tagebuch, was mit Ihnen in Resonanz steht.

## Meditation/Intention/Bewusstwerdung:

Bitten Sie Raphael um Beistand. Lesen Sie bei Chakra 1 nach, wie man das tut. Danach sprechen Sie die beiden folgenden Affirmationen. Schreiben Sie sie ab, und tragen Sie sie bei sich, so dass Sie sie tagsüber wiederholen können.

## Affirmationen:

"Ich liebe es, ohne Erwartungen verletzlich und offen zu sein und mit vollem Vertrauen im Herzen zu leben und zu akzeptieren, dass andere Schmerz und Kummer erfahren. Ich spüre die Essenz jedes Menschen in meinem Umfeld und erfahre dessen Göttlichkeit. Ich verwandle Aggressionen, die auf mich gerichtet sind, in Liebe und Geduld und fühle mich vollkommen wohl dabei, die Kontrolle loszulassen."

"Ich öffne mich jeden Tag mehr für meine intuitive Seite. Ich lerne, immer mehr auf andere und mich selbst zu vertrauen und das Gute in anderen zu sehen und zu erfahren und dadurch völlig offen zu sein. Ich genieße meinen Körper, meine Sexualität und meine Verletzlichkeit, jetzt und für immer."

Diese Affirmationen und Übungen mindestens vier Wochen lang durchführen, bis sie sich ganz natürlich anfühlen und ein Teil von Ihnen geworden sind.

### Chakra 2b – Sakralchakra Yin (links)
Schlüsselworte:
- Liebe ohne Gegenerwartungen schenken.
- Den Mut haben, selbstbewusst zu sein.
- Es lernen zu genießen.
- Sinnesorgane.
- Verspieltheit.
- Kreativität.

**Engel der Heilung:** Gabriel (neues Leben).

Gefühle:
- Sich ausgeliefert, ohne Kontrolle, machtlos, als Opfer, schwach, nicht stark genug, sich den Dingen nicht gewachsen fühlen.
- Scham empfinden für Ihren Körper, Ihre Sexualität, Ihre Gedanken, Wünsche, Gefühle, Fantasien.
- Sich in Ihrer Sexualität unsicher fühlen, um im Intimleben empfangen zu können, um Komplimente entgegenzunehmen, um völlig offen zu sein, um Aufmerksamkeit zu erhalten, um gleichwertig zu sein, um Ihre eigenen Grenzen zu setzen, um selbstbewusst zu sein, um völlig Sie selbst zu sein.

## Stagnierende Prozesse:

• Lernen, Ihre Kraft, Schönheit, Sexualität, Ihren Körper, Ihre Verletzlichkeit, Unabhängigkeit und Spiritualität zu akzeptieren und damit im Frieden zu sein.

• Lernen denjenigen, die Ihre Unschuld, Ihre Schwäche oder Ihren Körper missbraucht haben, zu vergeben und diese loszulassen.

• Lernen, die Vergangenheit loszulassen und im Hier und Jetzt zu sein.

• Wieder lernen zu geben, verletzbar zu sein, Intimität einzugehen.

## Zu entwickelnde Qualitäten:

• Den Mut haben, unabhängig zu sein.

• Liebe ohne Gegenerwartungen schenken.

• Den Mut haben zu genießen und sich ganz gehen zu lassen.

• Den Mut haben, Grenzen zu ziehen und sich dabei gut zu fühlen.

• Den Mut haben, neutral zu bleiben, auch wenn ein anderer aggressiv und dominant ist, und aus der eigenen Kraft heraus Ihre Grenzen setzen.

• Mit Menschen umgehen können, die manipulieren oder in einer Opferrolle feststecken, ohne sich selbst darin zu verlieren.

• Selbstbewusst und notfalls aggressiv sein. Den Mut haben, Ihre Forderungen zu stellen und dafür zu kämpfen.

## Bewertung:

Lesen Sie es noch einmal durch, und lassen Sie es in sich eindringen. Schreiben Sie alles auf, was mit Ihnen in Resonanz steht.

## Meditation/Intention/Bewusstwerdung:

Bitten Sie Erzengel Gabriel um Beistand. Lesen Sie bei Chakra 1 nach, wie man das tut. Anschließend sprechen Sie die beiden folgenden Affirmationen. Schreiben Sie sie ab, und tragen Sie sie bei sich, so dass Sie sie tagsüber wiederholen können.

Affirmationen:
"Ich genieße meinen Körper und bleibe in meiner Kraft. Ich bin völlig damit einverstanden, verletzlich zu sein. Ich lasse eine Verletztheit und Wut los und vertraue auf mein DOW, dass alles gut wird und dass ich auf dem richtigen Weg bin."

"Ich lebe vollkommen im Hier und Jetzt, habe die Vergangenheit voll und ganz losgelassen und schicke Licht, Liebe und Engel zu allen Menschen, die mir Schmerz angetan, mich verletzt oder missbraucht haben und vergebe ihnen und mir selbst. Ich bin zutiefst dankbar für alle Lektionen, wie schmerzhaft sie auch sind."

Diese Affirmationen und Übungen mindestens vier Wochen lang durchführen, bis sie sich für Sie ganz natürlich anfühlen.

## ■ Chakra 3 – Solarplexus

Schlüsselworte:
- Liebe für die Launen des Lebens.
- Authentizität.
- Empfindsamkeit (Umfeld).
- Abschirmung.
- Balance zwischen innen und außen.

**Engel der Heilung:** Raziel (Neutralität).

Gefühle:
- Zu viel spüren.
- Offen sein für die Energien anderer Menschen.
- Sich nicht abschirmen können.
- Alles lange bei sich behalten und nachfühlen.

- Sich verletzlich und überempfindlich fühlen (alles dringt ungefiltert ein).
- Ihre eigenen Gefühle nicht mehr von denen anderer Menschen unterscheiden können.
- Sich nicht sicher fühlen, was die Richtung in Ihrem Leben angeht.
- Sich unruhig fühlen, nicht bei sich selbst bleiben können.
- Selbstbestätigung brauchen, um sich gut fühlen zu können.

Stagnierende Prozesse:
- Lernen, aus der eigenen Komfortzone zu kommen und Risiken auf sich zu nehmen. Lernen, die Meinungen anderer neutral und unpersönlich aufzunehmen und selbst zu bewerten, welche Informationen für Sie nützlich sind.
- Lernen, Ihre Gefühle neutral zu äußern und die Verantwortung für das zu tragen, was Sie persönlich berührt und wofür Sie Gefühle empfinden.
- Lernen, andere frei zu lassen, und sie nicht steuern oder beeinflussen, sondern ihre Wahl akzeptieren.
- Lernen, die Meinungen anderer loszulassen.

Zu entwickelnde Qualitäten:
- Den Mut haben, seine Grenzen mit Nachdruck und neutral zu setzen.
- Den Mut haben, zu erbitten, was Sie zu brauchen glauben.
- Den Mut haben, sich selbst abzuschirmen und Ihre Grenzen kennen zu lernen.
- Den Mut haben, sich zu öffnen und Mitgefühl für andere zu empfinden, auch wenn diese eine ganz andere Meinung haben.
- Kongruent sein damit, dass Sie Ihre Grenzen ziehen und bewachen – klar und deutlich und mit Nachdruck, ohne Zweifel.
- Die Meinung anderer nicht persönlich nehmen.

**Bewertung:**

Lesen Sie alles noch einmal in Ruhe durch (dieses Mal kommt es mehr von innen), und schreiben Sie alles auf, was mit Ihnen in Resonanz steht.

**Meditation/Intention/Bewusstwerdung:**

Bitten Sie den Engel Raziel um Beistand. Lesen Sie bei Chakra 1 nach, wie man das tut. Anschließend sprechen Sie die beiden folgenden Affirmationen. Schreiben Sie sie ab und tragen Sie sie bei sich, so dass Sie sie tagsüber wiederholen können.

**Affirmationen:**

"Ich liebe es, der kreative Schöpfer meines Lebens zu sein und aus dem zu lernen, was ich kreiert und mitkreiert habe. Ich vertraue meiner göttlichen Führung und meinem Lebensweg. Ich brauche nur mir selbst und anderen Liebe zu schenken."

"Ich stehe in meiner Kraft und nehme die Meinungen und Urteile anderer nicht persönlich. Ich lasse das Bedürfnis, andere zu kontrollieren, zu steuern oder zu beeinflussen, vollkommen los und fühle mich mit meinen Entscheidungen, meinem Leben und meinem Lebensweg ganz sicher, jetzt und für immer."

Diese Affirmationen und Übungen mindestens vier Wochen lang durchführen, bis sie sich für Sie ganz natürlich anfühlen.

## ■ Chakra 4 – Milz

**Schlüsselworte:**

- Liebe dafür, wie Sie sich selbst sehen.
- Positives Selbstbild.
- Christusbewusstsein.

- Der Liebe würdig sein.
- Bedingungslosigkeit.
- Selbstverantwortung.

**Engel der Heilung:** Remkel (Erwachen):

**Gefühle:**
- Sie fühlen sich minderwertig.
- Sie fühlen sich nicht gut/nicht würdig/nicht stark/nicht mutig/nicht fähig/nicht klug/nicht schön/nicht stark genug.
- Sie fühlen sich nicht wirklich glücklich und wissen nicht, ob Sie es bewältigen/Sie empfinden sich als nicht liebevoll genug.
- Sie fühlen sich erschöpft/ausgelaugt/müde/depressiv/schwach/unfähig/ungeliebt.

**Stagnierende Prozesse:**
- Lernen, sich selbst kräftig, stark, würdig, mutig, anmutig, fähig, klug, schön, gut zu finden/fühlen.
- Lernen, die Verantwortung dafür zu übernehmen, wie Sie sich fühlen und was Sie von sich selbst und der Welt denken.
- Lernen, das Positive an Herausforderungen und Hindernissen zu sehen. Lernen, sich Zeit für sich selbst zu nehmen, um sich aufzuladen.

**Zu entwickelnde Qualitäten:**
- Den Mut haben, sich selbst würdig, gut, klug, schön, kräftig, mutig, anmutig zu fühlen und sich entsprechend zu verhalten.
- Den Mut haben, Sie selbst zu sein und sich nicht mehr länger klein, minderwertig, hässlich, dumm, schwach zu geben oder im Hintergrund zu halten.
- Den Mut haben zu glauben, dass Sie geliebt/liebevoll/voller Kraft/mutig/schön/klug sind.

• Sich selbst akzeptieren und das Bedürfnis loslassen, sich selbst beweisen zu müssen.

**Bewertung:**
Lesen Sie alles noch einmal durch, und lassen Sie es in Ruhe auf sich wirken. Schreiben Sie auf, was mit Ihnen in Resonanz steht.

**Meditation/Intention/Bewusstwerdung:**
Bitten Sie den Engel Remkel um Beistand. Lesen Sie bei Chakra 1 nach, wie man das tut. Anschließend sprechen Sie die beiden folgenden Affirmationen. Schreiben Sie sie ab, und tragen Sie sie bei sich, so dass Sie sie tagsüber wiederholen können.

**Affirmationen:**
"Ich liebe es, durch das Göttliche in mir inspiriert zu werden. Ich akzeptiere meine Größe und Göttlichkeit voll und ganz. Das Göttliche ist meine Inspiration und der Quell meiner Vitalität, jetzt und für immer."

"Ich liebe mich selbst so, wie ich bin. Ich sehe meine Kraft, mein Licht, meine Göttlichkeit und weiß, dass ich es verdiene, geliebt, glücklich, im Wohlstand, gesund und erfolgreich zu sein und akzeptiere dies von nun an voll und ganz."

Diese Affirmationen und Übungen mindestens vier Wochen lang durchführen, bis sie sich für Sie ganz natürlich anfühlen.

## ▪ Chakra 5 – Herz

**Schlüsselworte:**
• Liebe und Dankbarkeit für sich selbst.
• Liebe und Konfrontation.

- Selbstakzeptanz.
- Leben in Liebe, Dankbarkeit und Demut.

**Engel der Heilung:** Hadraniel (Liebe).

**Gefühle:**
- Sich leicht verletzt oder abgelehnt fühlen.
- Sich verletzlich fühlen.
- Sich abhängig von anderen fühlen.
- Sich isoliert, einsam, verlassen, abgeschlossen fühlen.
- Die Vergangenheit nicht loslassen oder nicht vergeben können.
- Menschen nicht vertrauen können.
- Sich enttäuscht fühlen.
- Sich gleichgültig fühlen (mangelndes Mitgefühl, mangelnder Enthusiasmus, mangelnde Freude, mangelnde Aufgewecktheit, mangelnder Optimismus).
- Sich für andere nicht öffnen können.

**Stagnierende Prozesse:**
- Lernen, sich selbst zu lieben und Zeit und Raum für sich selbst zu schaffen.
- Lernen, sich selbst und anderen zu vergeben.
- Lernen, in jeder Beziehung in der eigenen Kraft zu bleiben.
- Lernen, anderen Gegenüber 'Nein' zu sagen, anstatt sich selbst aufzuopfern oder Dinge mit Widerstand zu tun.
- Lernen, immer wieder Ihr Herz zu öffnen und weiter zu gehen, ganz gleich, was in der Vergangenheit geschehen ist.
- Lernen, sich im Intimleben wohl zu fühlen und sich immer wieder dafür zu öffnen.
- Lernen, andere zu lieben, ohne sich selbst aufzuopfern.

## Zu entwickelnde Qualitäten:

* Den Mut haben, in jeder Beziehung man selbst zu sein und gut für sich selbst zu sorgen.
* Alle Konsequenzen auf sich nehmen, die die Folge dessen sind, dass man sich selbst liebt, für sich selbst sorgt und seine Grenzen zieht.
* Den Mut haben, andere abzuweisen, auch wenn es diese schmerzt.
* Sich selbst und anderen gegenüber ehrlich, klar und konfrontierend sein.
* Allen vergeben, auch denjenigen, die Ihnen viel Schmerz zugefügt haben.

## Bewertung:

Lesen Sie alles noch einmal durch, und lassen Sie es in Ruhe auf sich wirken. Schreiben Sie auf, was mit Ihnen in Resonanz steht.

## Meditation/Intention/Bewusstwerdung:

Bitten Sie den Engel Hadraniel um Beistand. Lesen Sie bei Chakra 1 nach, wie man das tut. Anschließend sprechen Sie die beiden folgenden Affirmationen. Schreiben Sie sie ab, und tragen Sie sie bei sich, so dass Sie sie tagsüber wiederholen können.

## Affirmationen:

"Mein Herz ist völlig geöffnet und genießt die Liebe und Intimität, die jeden Tag tiefer und weiter gehen, mit Anmut, Glück und Leichtigkeit. Ich erfahre bedingungslose Liebe für mich selbst und andere, jetzt und für immer."

"Ich liebe mich selbst immer bedingungslos und fühle mich gut dabei, meine Grenzen zu setzen und zu bewachen. Ich akzeptiere, dass andere dadurch Schmerz erleiden oder sich hieran stoßen oder mich deshalb ablehnen oder mich nicht nett finden. Ich bin mit mir selbst glücklich. Meine Entwicklung ist mein Weg."

Führen Sie diese Affirmationen mindestens vier Wochen lang durch, bis Sie sich damit ganz wohl fühlen.

## ■ Chakra 6 – Thymusdrüse

Schlüsselworte:
- Liebe gegenüber Veränderungen.
- Leben ohne Widerstand.
- Leben in Verspieltheit.
- Flexibilität.
- Immunität.
- Die Struktur loslassen.
- Freiheit.
- Neue Wege einschlagen.

**Engel der Heilung:** Nisroc (Weisheit).

Gefühle:
- Widerstand spüren.
- Blockiert sein.
- Sich starr fühlen, abhängig von Anhaltspunkten und Regeln.
- Kein Vertrauen in das eigene Können spüren.
- Halt, Struktur, den Glauben, die Richtung, die Regeln brauchen, um sich gut zu fühlen.
- Heimweh nach früheren Zeiten.

**Stagnierende Prozesse:**
- Flexibilität und Anpassung lernen.
- Lernen, mit den Veränderungen, die ständig stattfinden, umzugehen.
- Lernen, ohne Widerstand zu leben.

- Lernen, verspielt und frei zu sein.
- Lernen, Regeln, Strukturen und Dogmen loszulassen und auf Ihr eigenes Können zu vertrauen.
- Lernen, im Jetzt zu leben.

## Zu entwickelnde Qualitäten:
- Flexibilität
- Verspieltheit.
- Freiheit.
- Ungebundenheit.
- Die Vergangenheit loslassen.
- Sich entspannen und sich wohl fühlen bei Veränderungen, oder wenn man Strukturen loslässt.

## Bewertung:
Lesen Sie es noch einmal durch, und schreiben Sie auf, was mit Ihnen in Resonanz steht.

## Meditation/Intention/Bewusstwerdung:
Bitten Sie den Engel Nisroc um Beistand. Lesen Sie bei Chakra 1 nach, wie man das tut. Anschließend sprechen Sie die beiden folgenden Affirmationen. Schreiben Sie sie ab, und tragen Sie sie bei sich, so dass Sie sie tagsüber wiederholen können.

## Affirmationen:
"Ich liebe meine Fähigkeit, mich schnell und leicht an Veränderungen anzupassen und die Vergangenheit loszulassen. Ich liebe es, fröhlich und verspielt zu sein und meine Flexibilität und Spontaneität immer weiter zu entwickeln."

"Ich genieße Veränderungen, die mich dazu herausfordern, Strukturen loszulassen und unbefangen, verspielt, kreativ und flexibel zu sein."

Führen Sie diese Affirmationen sooft wie möglich durch, mindestens vier Wochen lang oder so lange, bis Sie sie voll und ganz integriert haben.

## ■ Chakra 7 – Kehle

Schlüsselworte:
* Die Liebe dafür, sich selbst Ausdruck zu verleihen.
* Talente entwickeln.
* Entfaltung.
* Kommunikation mit Eleganz.
* Kreativität.
* Meisterschaft.
* Disziplin.
* Kunstsinn.
* Sich wieder an sich selbst erinnern.

Engel der Heilung: Ongkanon (Kommunikation).

Gefühle:
* Angst, anderen Schmerz zuzufügen, sie zu verletzen oder abzuweisen.
* Das Gefühl, nicht richtig verstanden zu werden, sich nicht gut ausdrücken zu können.
* Frustration beim Entwickeln von Talenten.
* Das Gefühl, nicht verstanden zu werden.
* Das Gefühl, dass andere auf Sie herabschauen, Sie fremd oder komisch finden, Sie nicht mögen.

Stagnierende Prozesse:
* Die Disziplin, zu lernen, die eigenen Talente zu entwickeln.
* Lernen, für Ihre Träume zu kämpfen anstatt in die Komfortzone abzurutschen.

- Lernen, aus Neutralität, Liebe und Kraft heraus zu kommunizieren.
- Lernen, Konfrontationen liebevoll und neutral zu begegnen.
- Ehrliche und klare Gespräche führen, ohne die eigenen Interpretationen und Annahmen auf andere zu projizieren.

## Zu entwickelnde Qualitäten:
- Die eigenen Träume durchsetzen können und daran festhalten.
- Talente zeigen und weiter entwickeln.
- Geduld und Disziplin haben, um die Meisterschaft zu erlangen.
- Den Mut haben, ehrlich, deutlich und konfrontierend zu sein.
- An sich selbst, an die eigenen Talente, die eigene Kreativität und die eigenen Träume glauben.
- Den Mut haben, anders, einzigartig, authentisch und kreativ zu sein.
- Den Mut haben, an das eigene Potenzial und die eigenen Talente zu glauben.

## Bewertung:
Chakra 7 ist enorm wichtig, um im Leben die Meisterschaft zu entwickeln. Disziplin, Durchsetzungsvermögen und Übungen sind von wesentlicher Bedeutung. Inwieweit haben Sie Ihre Träume aufgegeben? Ihre Talente nicht weiterentwickelt? Was haben Sie davon, wenn Sie Ihr Potenzial brachliegen lassen? Welche sind Ihre Entschuldigungen – keine Zeit, das bringt kein Geld, ich bin nicht gut genug? Erstellen Sie eine gründliche Analyse dessen, was Sie in Ihrem Herzen haben einschlafen lassen, und wecken Sie unerkannte Fähigkeiten. Wenn Sie sich für Kurse und Workshops einschreiben möchten – tun Sie es. Jetzt ist die Zeit gekommen, um in uns selbst zu investieren. Sind Sie ehrlich, deutlich, klar und konfrontierend? Falls nicht, dann wird es Zeit, sich daran zu machen. Schreiben Sie alle Träume auf, die Sie verloren haben.

## Meditation/Intention/Bewusstwerdung:
Bitten Sie den Engel Ongkanon um Beistand. Lesen Sie bei Chakra 1 nach, wie man das tut. Anschließend sprechen Sie die beiden folgenden

Affirmationen. Schreiben Sie sie ab, und tragen Sie sie bei sich, so dass Sie sie tagsüber wiederholen können.

**Affirmationen:**
"Ich kommuniziere von nun an fortwährend auf Erwachsenenniveau und verleihe meinen Grenzen und meiner Kreativität deutlich Ausdruck. Ich spreche vor anderen ohne Tadel, ohne Annahmen oder Interpretationen. Ich rede liebevoll, jedoch voller Kraft und Klarheit und sage über mich selbst und andere nichts Negatives mehr."

"Ich bin voll und ganz damit einverstanden, andere abzuweisen und weiterhin an mich selbst zu glauben, auch wenn andere mein Potenzial, meine Kreativität oder meine Talente nicht sehen. Ich werde mich weiter entfalten und mein Durchsetzungsvermögen und meine Disziplin mit Anmut, Glück und Freude weiterentwickeln."

■ **Chakra 8 – Hinterhauptchakra (kosmischer Übergang)**

**Schlüsselworte:**
• Liebe zur Natur und zur Erde.
• Stille und Meditation in der Natur.
• Fähigkeit, sich an die Naturkräfte anzubinden.
• Devas.
• Bewusst leben und sich bewusst bewegen.

**Engel der Heilung:** Uzziel (Vertrauen).

**Gefühle:**
• Nicht spüren, dass Sie mit Ihren Geistführern in Kontakt sind.
• Sich nicht wohl fühlen, wenn Sie allein sind oder wenn es still ist.
• Sich mit der Natur nicht verbunden fühlen.

* Sie spüren subtile Energien nicht.
* Sie spüren kein Vertrauen in das Unsichtbare.

**Stagnierende Prozesse:**
* Lernen, sich Zeit zu nehmen, um in die Natur zu gehen.
* Lernen, Verantwortung für die Prävention von Krankheiten und Selbstheilung zu übernehmen.
* Lernen, im Hier und Jetzt zu leben, sich Ruhe zu gönnen und sich der Schönheit um uns herum bewusst zu werden.
* Lernen, sich auf die kosmischen Energien einzustimmen.

**Zu entwickelnde Qualitäten:**
* Den Mut haben, Abstand von der Arbeit und der Familie zu nehmen. Den Mut haben, Verantwortung für sich selbst zu übernehmen und sich Zeit für sich selbst zu nehmen, um in der Natur zu sein.
* Den Mut haben, täglich Zeit frei zu halten, um in Stille (Meditation) zu sein und sich selbst zu erfahren.
* Den Mut haben, allein in der Natur zu sein und allein Reisen an Orte der Stille zu unternehmen.
* Den Mut haben, die subtile Intention und Energie der kosmischen Energie zu spüren und dieser zu folgen.

**Bewertung:**
Dieses Chakra nimmt eine Sonderstellung ein, weil es uns auffordert, in Stille in der Natur zu sein. Dies ist wichtig, um uns von aller Negativität und Disharmonie dieser chaotischen, technologischen Welt zu entladen und uns zu erden. Das Erdmagnetfeld ist für unsere Heilung und geistige Gesundheit essenziell und beschleunigt die Regenerationsfähigkeit des Körpers. Es ist unerlässlich, dass Sie regelmäßig aus der Betonwelt ausbrechen und Zeit in der Natur verbringen. Nehmen Sie sich vor, das mindestens dreimal pro Woche zu tun.

**Meditation/Intention/Bewusstwerdung:**
Bitten Sie den Engel Uzziel um Beistand. Lesen Sie bei Chakra 1 nach,
wie man das tut. Anschließend sprechen Sie die beiden folgenden Affirmationen. Schreiben Sie sie ab, und tragen Sie sie bei sich, so dass Sie
sie tagsüber wiederholen können.

**Affirmationen:**
"Ich liebe es, mich selbst und andere zu heilen, indem ich die göttliche Energie durch mich hindurchströmen lasse und mich Tag
und Nacht mit kosmischer Energie auflade. Ich verjünge und re-
generiere mich während meines Schlafs."

"Ich genieße es, mir der Schönheit um mich herum bewusst zu
sein und mir die Zeit zu nehmen, mich selbst zu heilen und zu
regenerieren."

Diese Affirmationen so oft wie möglich sprechen und danach streben, einige Male pro Woche ans Wasser oder in Wald und Flur zu gehen, bis es zur Gewohnheit geworden ist.


## ■ Chakra 9 – Zirbeldrüse (Epiphyse)

**Schlüsselworte:**
• Liebe zur Spiritualität und das Fühlen der eigenen Göttlichkeit.
• Die Verbindung mit den körperlichen Sinnesorganen entwickeln
  (Hellsichtigkeit, Hellhörigkeit, Hellfühligkeit, Telepathie).

**Engel der Heilung:** Shekinâh (Einheit).

**Gefühle:**
• Angst, abgehoben zu werden und nicht nüchtern oder realistisch
  zu sein (Angst, 'es' zu verlieren und nicht mehr mit der Realität
  verbunden zu sein).

- Sich mit dem Unsichtbaren, nicht Greifbaren oder nicht Messbaren nicht wohl fühlen.
- Sich unter dem Schutz einer Haltung gut fühlen, die geprägt ist von Nüchternheit, Realismus, Zynismus, Skepsis, Sarkasmus und Oberflächlichkeit.

**Stagnierende Prozesse:**
- Lernen, im Frieden mit der eigenen spirituellen Seite zu sein und sich dort völlig zu Hause zu fühlen.
- Lernen, der Spiritualität Priorität einzuräumen und Zeit und Geld in sie zu investieren.
- Lernen, Ihre nicht-körperlichen Sinnesorgane zu benutzen und zu entwickeln: Intuition, Ihre Geistführer und Ihr unsichtbares Helferteam zu hören und mit diesen zu kommunizieren.
- Lernen, sich subtiler Zeichen und Signale bewusst zu werden und dafür aufmerksam zu sein.
- Lernen, dass Sie zuerst an Dinge glauben müssen, bevor Sie sie in Ihrem Leben materialisieren können.

**Zu entwickelnde Qualitäten:**
- Zu dem stehen und für das eintreten, woran Sie glauben, mit Respekt vor dem Weltbild der anderen.
- Den Mut haben, Ihrer Berufung zu vertrauen und zu folgen.
- Den Mut haben, Ihrer Intuition/Ihrem unsichtbaren Helferteam zu folgen.
- Den Mut haben, Ihre Spiritualität zu erleben, ohne sich etwas daraus zu machen, was andere darüber denken.

**Bewertung:**
Wichtig ist hier, dass Sie Ihrem spirituellen Leben mehr Priorität einräumen: lernen, täglich zu meditieren, Ihr Leben zu öffnen und Kurse zu besuchen, die Sie zum nächsten Quantensprung bringen werden. Zeit, Geld und Energie sind die Schlüsselworte. Wo stehen Sie, welche faulen

Ausreden haben Sie (keine Zeit, kein Geld, keine Verkehrsmittel usw.) Schreiben Sie Ihre Blockaden und andere Dinge, die bei Ihnen Resonanz erzeugen, auf.

Meditation/Intention/Bewusstwerdung:
Bitten Sie den Engel Shekinâh um Beistand, um dieses Chakra zu integrieren und Ihnen die Kraft, die Disziplin und den Enthusiasmus zu geben, um Zeit, Energie und Geld in Ihre Spiritualität zu stecken. Lesen Sie bei Chakra 1 nach, wie man das tut. Anschließend sprechen Sie die beiden folgenden Affirmationen. Schreiben Sie sie ab, und tragen Sie sie bei sich, so dass Sie sie tagsüber wiederholen können.

Affirmationen:
"Ich öffne mich jeden Tag mehr für das Spirituelle und für den Dienst am Nächsten. Ich vertraue darauf, dass für mich im Leben und Tod von höherer Hand gesorgt werden wird und dass ich alles, was ich brauche, im Göttlichen finden werde. Ich schaffe Rituale, um mich mit meinem DOW zu verbinden."

"Ich genieße es und liebe es, meinem spirituellen Weg zu folgen, meine Spiritualität zu erfahren. Ich vertraue in die höhere Führung durch mein unsichtbares Helferteam und mein DOW."

Diese Affirmationen so oft sprechen, bis sie sich authentisch anfühlen.

## ■ Chakra 10 – Drittes Auge

Schlüsselworte:
- Liebe für den gewählten Weg.
- Sich für das Unsichtbare öffnen.
- Intuition.
- Universelle Liebe.
- Das Irdische transzendieren.

**Engel der Heilung:** Pashar (Höheres Bewusstsein).

**Gefühle:**
- An Ihrer eigenen Intuition zweifeln.
- Angst, die Realität loszulassen, alles mit Gewissheit wissen wollen, Angst spüren, sich von der Materie zu befreien.
- Sich ohne Halt nicht wohl fühlen.

**Stagnierende Prozesse:**
- Lernen, anderen zu dienen und Interesse an ihnen zu haben.
- Lernen, auf die eigene Intuition zu vertrauen.
- Lernen, auf die subtilen Signale zu vertrauen und die Antworten in sich selbst zu finden.
- Lernen, andere nicht zu beeinflussen oder zu manipulieren, weil Sie weiter sind.
- Lernen, eins zu werden (Herz und Kopf).

**Zu entwickelnde Qualitäten:**
- Den Mut haben, Ihrer Intuition voll und ganz zu folgen.
- Alle Antworten in sich selbst finden.
- Den Mut haben, voll und ganz auf Ihre Geistführer und auf Ihr Höheres Selbst zu vertrauen.
- Den Mut haben, jeglichen Halt vollkommen loszulassen.

**Bewertung:**
Intuitiv zu sein ist eine Eigenschaft, die Sie früher oder später entwickeln müssen. Es erfordert die Risikobereitschaft, nicht 'auf Nummer Sicher' zu gehen. Dadurch können Sie neue Wege einschlagen. Es wird ein Gegenschlag kommen, und Sie werden zweifeln. Tun Sie es, das ist der Weg. Ihre Intuition führt Sie zu neuen Erfahrungen. Die Interpretation dieser Dinge erfolgt über Ihren 'mind'. Ziel ist es, die positiven Seiten zu sehen und zu wissen, dass Entwicklung nicht ohne diese Erfahrungen

geschehen kann. Schauen Sie, was Sie dazu brauchen, um dies zu entwickeln.

**Meditation/Intention/Bewusstwerdung:**

Bitten Sie den Engel Pashar um Beistand, um Ihr Drittes Auge zu öffnen und Sie sehen zu lassen, was Sie mit Ihren Augen nicht sehen können. Lesen Sie bei Chakra 1 nach, wie man das tut. Anschließend sprechen Sie die beiden folgenden Affirmationen. Schreiben Sie sie ab, und tragen Sie sie bei sich, so dass Sie sie tagsüber wiederholen können.

**Affirmationen:**

"Ich bin mir zu 100% der Prozesse bewusst, die ich erfahre. Demütig akzeptiere ich meine Lektionen. Jeden Tag wird es mir deutlicher, wer ich bin und wohin ich gehe."

"Ich genieße meine innere Welt und fühle mich wohl dabei, völlig auf meine Intuition zu vertrauen und dieser zu folgen, auch wenn mein Gefühl oder mein Verstand etwas anderes sagen."

Machen Sie sich diese Affirmationen zu eigen, indem Sie sie einige Male wiederholen.


## ■ Chakra 11 – Scheitel- oder Kronenchakra

**Schlüsselworte:**
- Verbindung zum Höheren Selbst.
- Heilung mit universeller Energie.
- Mitgefühl für die Mitmenschen.
- In der eigenen Realität leben.

**Engel der Heilung:** Zadkiel (Intention).

## Gefühle:

Sich ohne Ihre Macht(-position), ohne Ihren Einfluss, ohne Ihre Materie, ohne Ihre Überlegenheit, ohne Ihren Sarkasmus, ohne Ihre Dominanz, ohne Ihre Isolation von Ihrem Gefühl, ohne Ihre Abschirmung, ohne Ihr Vortäuschen, es zu wissen, ohne Ihre Betäubung, ohne Ihren Stolz, ohne Ihre Arroganz, ohne Ihre Gleichgültigkeit, ohne Ihr Desinteresse verloren fühlen.

## Stagnierende Prozesse:

• Lernen, dass es einem selbst mehr gibt als dem anderen, wenn man ohne Bedingungen gibt.

• Lernen, unter allen Umständen von tiefem Mitgefühl erfüllt, liebevoll und sanftmütig zu sein.

• Lernen, den Mitmenschen näher zu stehen und hilfsbereit und zu Diensten zu sein.

• Lernen, dass Mildtätigkeit den Einsatz Ihrer persönlichen Energie erfordert und nicht mit Geld zu kaufen ist.

## Zu entwickelnde Qualitäten:

• Den Mut haben, auf das DOW zu vertrauen.

• Bedingungslos lieben und Liebe schenken.

• Den Mut haben, sich Ekstase und Glück ganz hinzugeben.

• Den Mut haben, sich selbst ganz zu zeigen.

• Den Mut haben, voll und ganz zu vergeben, es zu vergessen und wieder von neuem zu beginnen.

## Bewertung:

Hier geht es darum, bedingungslose Liebe und Akzeptanz zu erreichen – eines der am schwersten zu integrierenden Themen. Es erfordert einen fortwährenden Bewusstseins- und Selbstheilungsprozess, um Ihre Erwartungen loszulassen. Sie können es als eine Art Training betrachten, um Sie zur höchsten Form der Liebe zu bringen, zur vollkommenen Selbstakzeptanz und zur Akzeptanz anderer. Womit stehen Sie in Resonanz?

Meditation/Intention/Bewusstwerdung:
Rufen Sie den Engel Zadkiel, um Sie zu unterstützen und Ihnen beizustehen, um sich selbst gegenüber bedingungslose Liebe zuzugestehen. Lesen Sie bei Chakra 1 nach, wie man das tut. Anschließend sprechen Sie die beiden folgenden Affirmationen. Schreiben Sie sie ab, und tragen Sie sie bei sich, so dass Sie sie tagsüber wiederholen können.

Affirmationen:
"Ich fühle mich gesegnet und ekstatisch. Ich bin dankbar für meine Kraft, meine Weisheit und dafür, dass ich in meinem Leben bedingungslose Liebe zulassen kann. Ich liebe das Leben, die göttliche Weisheit und alles, was geschieht. Ich bitte um Frieden und Harmonie für die Menschheit."

"Ich werde jeden Tag besser darin, anderen meine bedingungslose Liebe entgegenzubringen und mein Herz für das Leid, die Unwissenheit oder Arroganz anderer zu öffnen."

Sprechen Sie diese Affirmationen so lange, bis Sie davon träumen.

## ■ Chakra 12 – Transformation

Schlüsselworte:
• Karma in bedingungslose Liebe und Mitgefühl verwandeln.
• Synchronizität.
• In jeder Hinsicht auf das DOW vertrauen – Hingabe, die Vergangenheit loslassen.

Engel der Heilung: Micah (spirituelle Entwicklung).

Gefühle:
• Widerstand, sich dem Allerhöchsten voll und ganz hinzugeben.

- Sich verletzlich und ohne Schutz fühlen, wenn Sie sich ganz öffnen.
- Widerstand gegenüber Autoritäten und gegen das Aufgeben der Kontrolle spüren.
- Angst vor dem DOW.

## Stagnierende Prozesse:

- Lernen, dass das DOW vollkommen neutral ist und alle Macht (den freien Willen) an Sie abgegeben hat.
- Lernen, dass die Entwicklung immer weiter und tiefer geht und immer komplexer wird.
- Lernen, dass der einzige Weg zum Wachstum darin besteht, 'Fehler' zu begehen.
- Lernen, dass dieses Leben und diese Erfahrungen unsere eigene freie Entscheidung gewesen sind.

## Zu entwickelnde Qualitäten:

- Den Mut haben, Fehler zu machen, Risiken auf sich zu nehmen, allen Halt loszulassen.
- Den Mut haben, Ihrer Lebensintention zu folgen.
- Den Mut haben, Spiritualität zu Ihrer absoluten Priorität zu machen und Ihr altes Leben loszulassen.
- Den Mut haben, den Schritt aus der Komfortzone der Oberflächlichkeit heraus zu tun und in die Tiefe zu springen.

## Bewertung:

Spiritualität ist die einzige Berufung, die es gibt. Sie ist auf der höchsten Ebene reine Liebe. Die Vergangenheit ist Geschichte. Wie Sie in der Gegenwart sind, ist die Praxis. Alles ist vergeben und losgelassen. Es gibt nur noch Liebe und Mitgefühl. Inwieweit haben Sie dies bereits in Ihr Leben integriert? Woran möchten Sie arbeiten? Aus welcher Komfortzone müssen Sie herauskommen? Was wollen Sie wirklich in Ihrem Leben?

Meditation/Intention/Bewusstwerdung:

Rufen Sie den Engel Micah, um Sie dabei zu unterstützen, die Vergangenheit loszulassen und voll und ganz in Ihre Spiritualität zu gehen und alles, was Sie davon abhält, zu durchbrechen. Lesen Sie bei Chakra 1 nach, wie man das tut. Anschließend sprechen Sie die beiden folgenden Affirmationen. Schreiben Sie sie ab, und tragen Sie sie bei sich, so dass Sie sie tagsüber wiederholen können.

Affirmationen:

"Mein Herz steht völlig offen dafür, meine Lebensintention zu verändern und auf meinem Weg so viel wie möglich zu lernen, um mit der göttlichen Weisheit, Kraft und Liebe eins zu werden."

"Ich genieße meine Lernprozesse und die Tatsache, dass ich mir meiner Unsterblichkeit und meiner Lebensintention bewusst werde. Ich lasse mein Bedürfnis nach Halt und Komfort voll und ganz los."

Diese Affirmationen sind sehr stark, und ganz gewiss, wenn Sie den Engel Micah anrufen. Machen Sie sie zum Bestandteil Ihrer Identität.

## ■ Chakra 13 – Transmutation

('Transmutation' umfasst Quantensprünge in der Energie und der Materie. Dadurch können wir kosmische Energie nutzen, um uns zu nähren, zu heilen und wieder zu regenerieren.)

Schlüsselworte:
• Loslösung vom Materiellen.
• Völlige Hingabe an das DOW.
• Völlige Öffnung dafür, die DOW-Energie zu verwenden.

**Engel der Transmutation:** Hamied (Wunder/Magie).

Gefühle:
- Angst, die Realität ganz loszulassen und die Spiritualität voll und ganz als neue Realität zu sehen.
- Widerstand und Wut zu spüren, wenn es darum geht, alles, was Sie aufgebaut und gelernt haben und woran Sie glauben, loszulassen.
- Angst vor der völligen Hingabe.

Stagnierende Prozesse:
- Lernen, dass die beste Kontrolle darin besteht, keine Kontrolle zu haben.
- Lernen, dass der Tod die Rückkehr nach Hause ist und bedeutet, allen Schmerz, alles Leid, alle Illusionen und Abhängigkeiten loszulassen.
- Lernen, dass die Welt so beschaffen ist, dass Sie stets auf Kongruenz und Ihren Glauben hin gestestet werden.
- Lernen, voll und ganz sowie blindlings auf das DOW zu vertrauen.

Zu entwickelnde Qualitäten:
- Völlige Hingabe und Vertrauen.
- Mit Sicherheit wissen, dass alles gut ist, so wie es ist.
- Die Fixiertheit auf die Materie vollkommen loslassen.
- Überfluss und Wohlstand ohne Abhängigkeit erschaffen.
- Von der Meinung anderer ganz frei sein.

Bewertung:
Das 13. Chakra bedeutet, den Schritt zum DOW zu nehmen. Ein schwieriger Schritt, der uns herausfordert. Sie könnten ihn vielmehr als einen Prozess betrachten, den Sie brauchen. Sie arbeiten daran, indem Sie Ihre Themen angehen und diese überwinden. Die Kunst besteht darin, so in die Prozesse zu gehen, dass Sie Freude dabei erleben und dass Sie der Prozesse nicht müde werden, weil es scheint, als würden sie niemals enden, wie es so vielen Menschen ergeht. Wenn Sie Ihre Lektionen

lernen können und gleichzeitig Freude erfahren, macht es nichts aus, wie lange es dauern wird. Die allerwichtigste Qualität besteht darin, ein unerschütterliches, felsenfestes Vertrauen zu entwickeln, so dass Sie niemals am Weg zweifeln. Schreiben Sie auf, was mit Ihnen in Resonanz steht.

Meditation/Intention/Bewusstwerdung:
Rufen Sie Hamied, den Engel der Wunder und der Magie, an, und lassen Sie diesen jeden Tag das unerschütterliche, felsenfeste Vertrauen darauf, dass alles gut ist, in Ihr Herz strahlen und auch in jede Zelle, so dass Sie es auch spüren können. Lesen Sie bei Chakra 1 nach, wie man das tut. (Greifen Sie stets auf Hamied zurück, sobald Zweifel in Ihnen aufkommen). Anschließend sprechen Sie die beiden folgenden Affirmationen. Schreiben Sie sie ab, und tragen Sie sie bei sich, so dass Sie sie tagsüber wiederholen können.

Affirmationen:
"All meine Kraft, Weisheit und Liebe kommen vom DOW. Ich diene mit Genuss, Leichtigkeit und Anmut. Ich bin die Inkarnation reiner Liebe."

"Ich werde jeden Tag besser im Loslassen aller Formen von Kontrolle und all dem, was andere sagen oder meinen. Ich fühle mich dabei gut und voller Vertrauen."

Diese Affirmationen sind Ihnen auf den Leib geschrieben. Sie sind es der Mühe wert, sie zu Ihrem täglichen Mantra zu machen. Rufen Sie regelmäßig den Engel Hamied an, wenn Sie eine Sackgasse durchbrechen möchten und etwas Magie gebrauchen können!

## Zum Abschluss

Ich nehme an, dass Sie beim Durchlesen dieser Themen ungeheuer viel wieder erkannt haben. Wenn Sie mehr darüber wissen möchten, lesen Sie mein Buch 'Chakren im Wassermannzeitalter'. Darin gehe ich tiefer auf diese Themen ein.

Der Titel dieses Kapitels drückt es perfekt aus: Flucht ist das Letzte. Die 'Vogel-Strauß-Politik' funktioniert nicht mehr. Nun, da Sie es wissen, werden Sie täglich mit diesen Themen konfrontiert werden, bis Sie diese wirklich angehen und Ihre Meisterschaft darin entwickeln, Ihre Samskaras zu überwinden.

Ich rate Ihnen auch, in Workshops und Kurse zu investieren, die Sie diesbezüglich weiter bringen werden. Sie können sich auch einen Coach nehmen, der sich in dieser Materie auskennt und Kurse an der Roy Martina-Akademie gemacht hat. Ich weiß mit Gewissheit, dass Sie es nicht bedauern werden, wenn Sie Ihre Themen angehen. Dies ist nämlich der einzige Weg zu Gelassenheit und emotionaler Balance in Ihrem Inneren. Die Technik, die Sie dabei anwenden, kann unterschiedlich sein. Doch ob Sie nun diese oder andere Techniken benutzen, das ist egal. Einen Teil der Themen sind wir bereits in Kapitel 9 mit den Akupunkturpunkten angegangen. Die Kombination dieses Kapitels mit Kapitel 7 und Kapitel 9 bildet die Grundlage für enorme Durchbrüche und beschleunigtes Wachstum.
Die Frage ist natürlich, ob Sie sich so sehr selbst lieben und wirklich den Tiefgang Ihrer persönlichen Evolution erkennen und die Tiefseelentauchaktion zu Ihrer Priorität machen. Es führen ja viele Wege ins 'Nirwana' – andere Wege können ebenfalls zu Resultaten führen. Wollen Sie wirklich schnell den Durchbruch schaffen und in 'Sieben-Meilen-Stiefel' schlüpfen, dann rate ich Ihnen, meine CDs anzuhören und meine Kurse zu besuchen. Es gibt auf CD auch Übungen für den 'mind', so dass Sie diese zu Hause durchführen können.

Im folgenden Kapitel werden wir noch einen anderen Kurs fahren und zu der Erkenntnis kommen, dass es subtilere Möglichkeiten gibt, um zu tief gehenden Einsichten zu gelangen.

## 12. Kapitel

# Im Hier und Jetzt ist alles perfekt – die Hingabe

Wir werden ständig mit Werbeaufrufen bombardiert. Darüber hinaus gibt es auch noch die spirituellen Aufrufe, die wir täglich auf den Tisch bekommen: 'Leben Sie im Hier und Jetzt', 'Loslassen', 'Bedingungslose Liebe', 'Öffnen Sie Ihr Herz', 'Sie sind pures Potenzial' und noch vieles mehr. Vielen gelingt es, den Kontakt mit der Realität zu verlieren und in eine Fantasiewelt einzutreten, in der sie mit Engeln, Geistführern und außerirdischen Wesen sprechen. Andere werden zum Medium und beginnen zu channeln.

Ich habe schon so gut wie alles erlebt und neige zur praktischen Spiritualität. Ich bin ein Fan von Wayne Dyer und Louise Hay. Diese Menschen gehen in die Richtung, in die ich selbst auch gehen möchte. Ich kenne die Werke von Deepak Chopra gut und bewundere sein Wissen, seine Erkenntnisse und seinen Ansatz. Seine Grundlage ist das Ayurveda und die indische Tradition. Er ist darin ganz konsequent und hat den modernen Wissenschaften einen hübschen Seitenhieb verpasst. Ich selbst bin eher Eklektiker. Ich kombiniere mein Wissen über Akupunktur, Qi Gong, universelle Energie, Heilkunde, Reflexzonentherapie und alles andere zu einer neuen 'Alphabetsuppe', in der alles nahtlos miteinander verbunden ist und sich alles gegenseitig verstärkt. Ich glaube nämlich, dass alles Wissen universell ist, und dass Menschen durch die Kultur eines Landes und dadurch, dass sie mit diesem Land in Resonanz gingen, zu Spezialisten wurden. Jedes Land, jede Kultur, hat dem Mosaik der

Menschheit etwas hinzuzufügen. Sie haben sich Ihr Heimatland und Ihren Geburtsort oder Wohnort selbst ausgesucht. Das wird zu Ihrem persönlichen Mosaik beitragen. Sie haben in vielen Ländern gelebt, verschiedene Sprachen gesprochen, verschiedene Religionen und verschiedene Hautfarben gehabt und ganz unterschiedliche Prägungen (Eindrücke) in Ihre Seele bekommen. Dies alles hat seinen Stempel auf Ihnen hinterlassen. Wo Sie sich jetzt befinden, ist ebenfalls Ihre eigene Entscheidung, um das nächste Teilchen in Ihr Puzzle einzusetzen. Ich selbst bin auf den niederländischen Antillen geboren und habe auf vier verschiedenen Inseln gelebt. Ich finde das Meer, die Wärme, den Strand und 'Seenahrung' fantastisch. Mein Organismus lechzt geradezu danach. Ich kann beispielsweise nicht in Holland, in der Schweiz oder in Deutschland wohnen. Jedenfalls würde ich mich nicht dazu entschließen, dort auf Dauer zu wohnen. Ich wohnte fünf Jahre in Kalifornien, zog in die Schweiz und verließ diese nach sechs Monaten wieder, wohnte dann in Holland, ging zurück auf die Antillen und wohne seit 12 Jahren in Florida. Ich arbeite überall auf der Welt, doch ich bin jeden Monat acht bis zehn Tage schön in der Wärme. Das tut meinem gesamten Organismus gut.

Die andere Möglichkeit ist, dass Sie, wenn Sie nicht dort sind, wo Sie sein möchten, entweder einen Plan machen, um wegzugehen oder es akzeptieren und dort, wo Sie sind, Frieden finden. Eine gute Freundin von mir ist freie Journalistin. Sie wohnt in Holland und arbeitet neun Monate im Jahr knochenhart, so dass sie im Winter drei Monate in ein tropisches Land reisen kann.

Die Realität ist, dass die Perfektion in Ihnen sitzt. Wenn Sie es sich erlauben können, das zu erleben, was Sie wollen, müssen Sie es auch tun. Im Widerstand zu leben, zu nörgeln und zu klagen ist negative Energie, die auf Kosten Ihrer Lebensqualität geht. Nörgler ziehen sich ihre Lebensenergie selbst ab. Dadurch wird ihr Immunsystem geschwächt. Es kann sogar sein, dass dies das Entstehen von Krebs fördert. Was Sie also auf die Welt projizieren, projizieren Sie auch auf sich selbst. Wenn Sie ständig die Affirmation sprechen: "Ich genieße mein Leben und die Prozesse, die ich mitmache", und Sie sagen dies mit einem Lächeln, dann wird das absolut zur Wahrheit. Jede Zelle wird mit dieser Affirmation in

Resonanz gehen. Wenn Sie dann auch noch tief einatmen, sozusagen die Energie tief in jede Zelle bringen, dann kommt es wirklich zu Hause an. So ist es.

Der Nachteil der Folgen einer bestimmten Disziplin besteht darin, dass jederzeit Hoffnung auf Veränderung besteht. Die Tatsache, dass Sie dieses Buch lesen, bedeutet, dass Sie auf der Suche nach etwas im Außen sind – nach etwas, was alles in Ihrem Inneren verändern soll. Wenn Sie so weit gekommen sind, dass Sie lesen, was hier steht, dann haben Sie sich entweder schon für eine ganze Reihe von Dingen interessiert und Übungen gemacht, oder Sie haben gedacht: "Ich lese erst alles. Dann werde ich es machen." Und einige unter Ihnen wissen dabei auch schon, dass sie sich selbst zum Narren gehalten haben. Die Kunst besteht darin zu wissen, dass Sie im Prinzip gar nichts verändern müssen, weil alles schon existiert. Sie brauchen es nur noch zuzulassen.

Alles ist bereits in Ihnen. Wenn Sie eine nette, angenehme Möglichkeit finden können, dann ist der Weg zu sich selbst gar nicht lästig und nicht schwer. Ziele geben die Richtung an und verleihen Motivation. Ihre Ziele bestehen einfach darin, sich selbst immer mehr zu manifestieren und in dieser Welt Ihren Platz zu definieren, indem Sie Ihren Talenten Ausdruck verleihen. Die Kunst besteht darin, nicht zu verkrampfen und spastisch zu werden, wenn es darum geht, Ihre Ziele zu verwirklichen. Sie müssen einfach genau das Gegenteil tun, und das bedeutet, sich zu entspannen und nach Möglichkeiten zu suchen, um Ihre Reise intensiv und entspannt zu gestalten.

Unsere Konditionierung ist natürlich schwer zu durchbrechen. Wir sind so indoktriniert, dass alles gut wird, wenn wir hart arbeiten, heiraten und Karriere machen. Die meisten von uns sind mittlerweile dahinter gekommen, dass das nur ein Spruch ist, und dass wir oft in Desillusion, Scheidung, Krankheit und Vitalitätsverlust enden.

Dieser Weg scheint mir nicht der Weg zu uns selbst zu sein. Diese Art von Leben ist zu sehr auf das ausgerichtet, was die Gesellschaft von uns erwartet. Mein Ziel ist es, mit diesem Buch Optionen zu bieten, um diesen Schleier beiseite zu ziehen, den Teufelskreis der Erwartungen zu durchbrechen und zum Kern dessen zurückzukehren, worum es geht.

Die tiefste Erkenntnis, die Sie erlangen können, ist die Entdeckung, dass Sie ja schon sind, wenn Sie alles so lassen, wie es ist, all Ihre Sorgen und Vorfälle, und einfach nichts anderes tun, als in die Stille zu gehen. Sie empfinden Frieden, Sensibilität, Liebe, Ruhe, Loslösung, Bedingungslosigkeit und noch vieles mehr. Sie sind bereits derjenige, den Sie suchen. Auch wenn Sie auf der Suche nach weiß Gott was sind – das Ergebnis, das Gefühl, das Sie haben werden, ist bereits in Ihnen. Alles, was Sie brauchen könnten, alle Qualitäten, alle Gefühle, das gesamte Potenzial, alles Wissen – all das ist bereits in Ihnen.

Das klingt abgehoben, aber so ist es. Die Frage ist, ob Sie es schaffen, sich von dem loszusagen, woran Sie glauben, und ob Sie zu sich selbst nach Hause kommen können. Können Sie alles loslassen? Können Sie aufhören, sich Sorgen darüber zu machen, was alles bevorsteht? Können Sie Ihre Ängste und Unsicherheiten jetzt durch emotionale Balance ersetzen? In der Gegenwart gibt es nichts, worüber Sie sich Sorgen machen müssten. Es gibt keine Ängste und Unsicherheiten. Es ist einfach so, wie es ist. Die Gegenwart gibt Ihnen alle Antworten. Wenn Sie gerade nicht zufrieden sind, bedeutet das, dass Sie Widerstand gegen Ihre eigene Schöpfung haben. Das bedeutet wiederum, dass Sie noch mehr von dem erzeugen werden, was Sie nicht wollen. Widerstand projiziert Ihre Unzufriedenheit auf die Welt. Was Sie projizieren, ziehen Sie auch wieder an. Daher ist es so wesentlich, dankbar zu sein.

Lächeln Sie, und sagen Sie jetzt, in diesem Augenblick, laut: "Ich genieße mein Leben und die Prozesse, die ich mitmache." Dies projizieren Sie mit Ihrer Atmung nach innen und nach außen. Visualisieren Sie, dass Sie mit einem Foto von sich selbst (einem Hologramm) in die Welt entsenden, wie Sie das Leben und alle Prozesse, die dazugehören, genießen.

Was Sie projizieren, ziehen Sie an – und davon erleben Sie in Ihrem Leben noch mehr. Was wäre, wenn Sie sagen würden: "Aber so fühlt sich das nicht für mich an." Das ist wahr, solange Sie nicht im Hier und Jetzt sind, sind Sie mit der Interpretation beschäftigt, welche Bedeutung Sie den Prozessen zuschreiben könnten, anstatt im Hier und Jetzt zu genießen, dass Sie leben und die Prozesse mitmachen. Jede Erfahrung ist in Gottes Wahrnehmung nun einmal ohne jede Bedeutung.

Wenn Sie arm und obdachlos sind, können Sie das positiv oder negativ erleben. Armut und Obdachlosigkeit können für manche Menschen höchste Freiheit bedeuten – keine Bindung, keine Sorgen, wo Sie schlafen, ist Ihr Zuhause. Für den anderen ist es ein Alptraum: sich andauernd Sorgen darüber machen zu müssen, wie Sie überleben sollen, wie Sie an einen Schlafplatz kommen, wie Sie an Essen kommen – und Sie fühlen sich erbärmlich.

Wir schreiben als Mensch unseren Erfahrungen selbst jeweils die Bedeutung zu. Für das DOW gibt es ja keine Bedeutung, es gibt nur die Beobachtung der Erfahrung. In der Erfahrung lernen wir uns selbst kennen und begegnen uns selbst. Indem wir durch eine Erfahrung erkennen, wer wir sind, entdecken wir gerade, wer wir nicht sind. Die Reaktionen auf die Erfahrungen sind infolge der unverarbeiteten Erfahrungen aus der Vergangenheit entstanden.

Was wir nicht verarbeitet haben, sind Teile von uns, die durch frühere Erfahrungen Schaden genommen haben und nur anzeigen, dass sie Heilung wünschen. Gelingt es uns, das, was um Heilung bittet, zu heilen, dann verändert das die Erfahrung unmittelbar.

Lassen Sie mich ein einfaches Beispiel anführen. Meine Herkunft ist buntgemischt: kreolisch, halb weiß, halb schwarz, ein Mischmasch. Mein Selbstwertgefühl lag früher unter dem Gefrierpunkt. Wenn jemand eine Bemerkung über mein Äußeres und meine Herkunft machte, die ich als diskriminierend interpretierte, wurde ich aggressiv und sarkastisch oder, wenn das nicht möglich war, fühlte ich mich mindestens eine Woche lang persönlich getroffen. Wenn mich jemand beispielsweise ablehnte oder kritisierte, dann war ich mir sicher, dass er mich diskriminierte, und auch das führte zu heftigen Reaktionen. Die Zeit, in der ich so heftig reagierte, dauerte von meinem 16. (als ich in Holland ankam) bis zu meinem 21. Lebensjahr an. In der Zeit um meinen 21. Geburtstag erhielt ich den schwarzen Gürtel in Karate und Judo. Ich begann, darin selbst Unterricht zu geben und wurde auch mehrfacher Champion von Holland. Mein Selbstvertrauen und mein Selbstwertgefühl waren zu Proportionen herangewachsen, die Wolkenkratzern gleichkamen. Ich lief anders, sprach

anders und sah mich selbst anders. Dieselben Situationen, die vorher Anlass zu heftigen Reaktionen gaben, bedachte ich nun mit einem Lächeln.
Ich fand Menschen, die andere diskriminierten, dumm und unzivilisiert
waren – und schaute auf sie herab. Es fiel mir auf, dass ich damals dann
auch viel weniger 'diskriminiert' wurde. Die Welt las an mir ab, dass ich
jemand war, mit dem nicht zu spaßen war. Viele Jahre später, als ich begann, mich spirituell ordentlich zu entwickeln, veränderte sich wieder
alles. Nun empfinde ich Mitgefühl und Liebe für die Menschen, die andere diskriminieren. Persönlich fühle ich mich überhaupt nicht mehr
angesprochen. Ich stehe vollkommen darüber, und es hat keinerlei Auswirkungen auf meinen emotionalen Zustand. Ich bin, was dieses Thema
betrifft, zu 100% in der emotionalen Balance. Die Teile, die verletzt waren, sind zu 100% geheilt. Dies ergeht nicht jedem so. Manche Menschen können ihr gesamtes Leben lang in einem negativen Samskara ver-
harren.

> Ich bin bereits, was ich suche.
> Alles ist bereits in mir.

Durch die emotionale Heilung meiner verwundeten Teile erfahre ich
die Welt anders und bin weniger verletzlich. Die Illusion von Trennung,
Angst, Scham, Schuld und Interpretation führt Sie weg von dem, wer Sie
sind. Jede Emotion führt Sie weg, bis Sie diese voll und ganz als eine Erfahrung Ihrer Seele erleben, die um Heilung bittet.

Wenn Sie vollkommen im Hier und Jetzt versinken und bei sich selbst
landen, dann erfahren Sie Erleuchtung, Freiheit, Einheit, Nirvana, Frieden, Segen, Befriedigung und noch vieles mehr. Dies ist nichts, wofür
Sie etwas tun müssen. Es bedeutet nur, vom Tun ins Erfahren überzuge-
hen, ins reine Sein. Der Sinn des Seins besteht darin, das Leben zu erfahren und in der Leidenschaft dafür förmlich aufzugehen. Das Leben
zu erfahren ist eine natürliche Regung ohne Widerstand.

Sie können sich nicht selbst zur Erleuchtung hocharbeiten. Sie können Sie nicht erreichen – sie ist bereits da. Sie schlummert in Ihnen. Ab und zu können Sie einen Hauch davon erhaschen, wie ein Aufblitzen in der Ferne.

Wir müssen den Gedanken loslassen, dass wir etwas suchen und auf dem Weg zu etwas sind. Das erzeugt die Illusion des Nicht-Seins und die Entfremdung von dem, wer wir sind.

Wir brauchen nichts zu erreichen, nur zu erfahren, wer wir sind, in Kontakt mit uns selbst zu bleiben, Erfahrungen ohne Widerstand zu machen.

Ich dachte immer, es sei Ziel des Lebens, so hart und so lange an sich selbst zu arbeiten, bis man erleuchtet ist. Jetzt begreife ich, dass es Erleuchtung bedeutet, wenn man ohne Widerstand arbeitet, also der Weg dorthin.

Der Weg ist die Erleuchtung. Diese findet bereits dann statt, wenn wir das Wörtchen 'müssen' weglassen und einfach im Augenblick sind. Dann sind wir unmittelbar. Erleuchtung bedeutet begreifen, dass es keine Erleuchtung gibt. Erleuchtung ist kein Ziel. Es bedeutet einfach, zu erkennen, dass man ist und nirgendwo hin muss. Erleuchtung bedeutet, alles 'Müssen' von sich ablegen und nur Liebe und Dankbarkeit dafür empfinden, dass man so viele Optionen und Wahlmöglichkeiten im Leben hat. Sie brauchen nur zu wählen, was Ihnen am meisten liegt, Ihnen dient oder am schwierigsten für Sie ist – egal was.

Menschen, die glauben, einen Zustand der Erleuchtung erreicht zu haben und gern vermitteln möchten, wie sie es getan haben, werden unbewusst 'Guru-Kraft-Meister' spielen und immer Menschen anziehen, die glauben, solche Menschen zu brauchen.

Nach einiger Zeit zeigt sich, dass der Weg des 'Meisters' dessen eigener Weg ist und nicht ein Weg, der für jeden 'fix & fertig' ist! Viele von uns sind auf der Suche, um sich selbst zu beweisen, dass es einen Weg gibt. Dass es eine Möglichkeit gibt, 'dorthin' zu gelangen.

Wie wissen Sie, dass Sie sich im Hier und Jetzt befinden? Das Hier und Jetzt ist dann, wenn Sie keine Emotionen haben. Emotionen sind die Verbindungen zur Vergangenheit, die Erinnerungen an den Schmerz, den Sie hatten (nach akuten Unglücksfällen). Wenn Sie mit Ihrem wahren Selbst verbunden sind, sind auch Ihre Gedanken weg. Von diesen Gedanken haben Sie bereits 99% gedacht. Sie sind ein Echo der Konditionierung Ihres 'mind'. Sind die Emotionen weg, sind die Gedanken weg, dann kommen Sie zu sich selbst und finden dort Liebe (ohne Bedingungen), Mitgefühl, Stille und Freude ohne Ursache von außen. Im Hier und Jetzt steht die Zeit still, und Sie kommen in Fluss: Sie fließen, Sie sind mit Ihrer Kreativität verbunden.

Ein Beispiel: Das Schreiben dieses Buches bringt mich ins Hier und Jetzt. Ich stehe morgens früh auf und setze mich mit dem Stift in der Hand hin. Die Worte fließen über meinen Stift aufs Papier, und das geht über Stunden Nonstop so. Ich habe jegliches Zeitgefühl verloren. Indem ich im Hier und Jetzt bin, bin ich mit dem Strom an Informationen verbunden, der von meinem Höheren Bewusstsein kommt. Oft vergesse ich meinen restlichen Körper und merke erst später, dass mein Fuß oder mein Bein eingeschlafen ist.

Ich schreibe meine Bücher mit der Hand. Der Grund hierfür ist, dass ich so mehr im Fluss bin, als wenn ich mit einem Computer schreibe. Ich kann nicht schnell tippen, mache viele Fehler und muss das Getippte immer wieder korrigieren und nachlesen. Die Bücher, die ich mit der Hand geschrieben habe, lese ich selten oder nie nochmals nach. Ich schreibe alles in einem Zug auf. Danach bekommt es jemand vorgelegt, der es abtippt. Dann kommt es zu jemanden, der es lektoriert, danach zu jemandem, der das Lay-out macht. Dann erst bekomme ich es zu sehen. Wenn ich dann mein Buch endlich Wochen - manchmal auch Monate - später lese, stehen in diesem Moment für mich oft neue Dinge darin, die ich gar nicht zu wissen scheine. Woher kommen diese Informationen, die ich dann nicht parat habe? Genau - vom Höheren Bewusstsein.

Im Hier und Jetzt steht alles still. Dadurch kann das DOW durch uns strömen, und alles strömt in einer fließenden, natürlichen Bewegung. Wir sind dann präsent (anwesend).

Anwesenheit ist unser natürlicher Seinszustand, der oft durch unsere Erwartungen an die Zukunft, durch unsere Interpretation dessen, was geschieht (anstatt es zu 'erfahren') und durch unseren Einsatz (Motivation, um 'etwas' zu erreichen) unterbrochen wird. Wir sind beständig am Planen. Das Planen bringt uns aber aus dem Hier und Jetzt heraus. Während wir dabei sind, etwas zu erfahren, sind wir schon damit beschäftigt, dem eine Bedeutung zu geben (es zu interpretieren). Jemand tut oder sagt etwas, und wir sind schon dabei zu reagieren. Dadurch gehen wir aus dem Erleben heraus und sind nicht mehr in der Gegenwart.

Wie oft haben Sie nicht schon etwas falsch interpretiert, was jemand zu Ihnen sagte, und reagierten so, dass Sie ganz daneben lagen, weil Sie falsch verstanden hatten, was er meinte? Wenn Sie präsent sind, bitten Sie erst um mehr Klarheit und sind sich der Reaktionen in Ihrem Körper bewusst. Sie beobachten sie und bleiben außerhalb. Sie wissen, dass diese Reaktionen aufgrund früherer Vorfälle und Konditionierungen erfolgen, die nichts mit der Gegenwart zu tun haben. Sie steigen unmittelbar aus und erfahren jegliche Form der Reaktion, bis es für Sie deutlich ist, worum es geht. Sie sehen beispielsweise, dass der andere ebenfalls aufgrund seiner Vergangenheit reagiert und es Ihnen versagt, mitzumachen. Sie kommen nicht mit Annahmen, Sie geben keine Interpretationen, die die Sache jetzt persönlich werden lassen. Sie lassen Ihre Emotionen umgehend los und kehren immer wieder aus der Vergangenheit oder der Zukunft zurück zur Gegenwart.

Es ähnelt der Meditation. Dabei konzentrieren Sie sich beispielsweise auf Ihre Atmung – Sie beobachten, wie Sie atmen. Wenn Sie einatmen, beobachten Sie, dass der Körper einatmet, beim Ausatmen ebenso. Plötzlich merken Sie, dass Ihre Aufmerksamkeit ganz woanders ist. Sie sind mit einem Gedanken mitgegangen, der Sie aus dem Hier und Jetzt geholt hat. In dem Augenblick, in dem das geschieht, sind Sie sich bewusst, dass Sie nicht in der Gegenwart sind und lenken Ihre Aufmerksamkeit wieder zurück zur Atmung. So lernen Sie es auch, im Hier und Jetzt zu bleiben. Es ist eine herrliche Form, um aus Ihrem Leben eine Meditation zu machen. Immer wieder zurückkehren, um 'präsent' zu sein. Das Hier und Jetzt, in dem es keine Emotionen gibt, keine Gedanken, nur Aufmerksamkeit gegenüber dem, was geschieht, ohne Interpretation, ohne

Urteil. In jedem Chaos finden Sie Ihre Mitte, Ihren perfekten Punkt der Stille. Schwierig? Ist es schwierig zu laufen, oder ist es eine Frage der Übung? Ist es schwierig, Fahrrad zu fahren? Ist es schwierig zu reden? Ist es schwierig, mit Messer und Gabel zu essen? Mit dem Computer umzugehen? Auto zu fahren? Alles hängt davon ab, ob Sie sich dafür Mühe geben möchten, außer es gibt Gründe dafür, weshalb Sie solche Dinge nicht tun können, wie etwa eine Körperbehinderung. Manche Menschen haben es mit ihrem Sprechen (Kommunikation) oder mit Radfahren oder Kochen oder Teekochen zur Meisterschaft gebracht. Wo ist Ihre Aufmerksamkeit? Wo wollen Sie hin? Wenn Sie den Fluss, Glück, Erleuchtung, Freude und Vitalität erfahren möchten, dann sind Sie bereit, Zeit und Energie in Ihr Inneres zu investieren und sich in einem Zustand der Aufmerksamkeit zu üben, bis dieser dem Zustand der Meisterschaft nahe kommt.

Nur im Sein, in dem, 'was ist' (was Sie gerade im Moment erfahren) liegt die Freiheit von Ihrem Selbstbild. Dann sind Sie zu Hause, gegenwärtig in dem, 'was ist'. Sie werden dann zeitlos.

Wenn wir das wagen (diese neue Qualität in uns zuzulassen), dann entdecken wir plötzlich, dass in uns der Quell aller Dinge ist. Wir sind das Alpha und das Omega, der Beginn und das Ende, die Interpretation (emotional oder gedanklich) oder die Stille der Erfahrung. Gegenwärtig zu sein bedeutet nicht einfach, im Hier und Jetzt zu sein. Gegenwärtig zu sein ist die Qualität des 'es' (die Erfahrung) Zulassens, offene Aufmerksamkeit für das, was ist. Es ist kein Urteil, keine Analyse, kein Bedürfnis, eine Schlussfolgerung zu ziehen, ein Ziel zu haben oder nach irgendetwas zu streben, es ist keine Erwartung. Alles, was uns antreibt, ist losgelöst von uns. Frei sein, am Erfahren dessen sein, was ist, um im Hier und Jetzt zu sein. Ein Teil von uns fühlt, tröstet, riecht, sieht – auch das lassen wir los und kehren zurück, um in der Gegenwart zu sein, um alles ohne Interpretation zu erfahren.

Sie können das nicht *tun*. Tun bedeutet, von einem bestimmten Punkt zum anderen zu gehen. Sein bedeutet anwesend sein, einfach erfahren.

Sie können Dinge im Tun erfahren, beim Laufen, beim Sprechen, beim Fühlen. Das alles ist eine Form, bei der Sie 'es' durch sich strömen lassen, ohne Interpretation, so wie ein Buch durch eine fließende Bewegung geschrieben wird, die nicht interpretiert wird, sondern einfach ist, was sie ist. Es ist die Leichtigkeit, die Sie überkommt, weil kein Widerstand da ist. Ihr Herzschlag ist leicht, Ihr Atem ist leicht, Ihre Verdauung ist leicht.

Sein ist ein Zustand der Leichtigkeit. Es geschieht, es strömt über Sie nach draußen. Es kommt nicht von Ihrem Kopf, sondern über Ihren Kopf. Es kommt nicht von Ihrem Herzen, sondern über Ihr Herz. Gegenwärtig zu sein lassen Sie zu, indem Sie das andere aufgeben. Ich merke gerade, dass mein rechter Fuß einschläft. Ich erfahre meinen Fuß und verschiebe ihn etwas, so dass er in eine andere Position kommt und das Blut wieder frei fließen kann. Wie ist es mit Ihrem Körper? Werden Sie sich Ihres Körpers bewusst, ohne aufzuhören zu lesen. Wer lernt, und wer ist sich seines Körpers bewusst? Lenken Sie nun Ihre Aufmerksamkeit wieder zurück auf die Worte. Was spüren Sie, wenn Sie sie lesen? Sind Sie im Hier und Jetzt? Sind Sie anwesend, können Sie mich, der schreibt, über die Worte in diesem Buch erfahren? Ich bin in diesen Worten gegenwärtig, und Sie, der Leser, sind mit diesen Worten, die Sie lesen, gegenwärtig. Ich bin gegenwärtig, und Sie sind gegenwärtig.

Wir sind der Quell unserer einzigartigen Erfahrung. Wenn wir nicht im Hier und Jetzt gegenwärtig sind, besteht eine Trennung von dem, wer wir sind, und dem, der wir zu sein glauben. Wir sind dann manipulierbar. Man kann in uns Reaktionen provozieren, weil die Vergangenheit die Macht über uns hat. Wir werden in unseren eigenen Erwartungen, in unseren Interpretationen, unseren Emotionen, unseren Gefühlen oder unseren Gedanken gefangen. Wir filtern die Welt durch die Brille unserer Vergangenheit.

> Wir filtern die Welt durch die Brille
> unserer Vergangenheit.

Indem wir gegenwärtig sind, machen wir den Schritt aus der Zukunft und der Vergangenheit heraus. Wir lassen alles los. Wir brauchen nur noch zu sein. Wenn wir sind, wissen wir nichts, denn alles Wissen ist Vergangenheit. Wir erfahren, und jede Erfahrung ist einzigartig. Wie jede Meditation immer wieder eine neue Erfahrung ist, so ist das Leben im Hier und Jetzt immer wieder einzigartig und neu. Wir sind nicht mehr getrennt – wir sind eins geworden. Wir empfangen und projizieren nicht, die Erfahrung wirkt so, als ob wir ganz andächtig essen würden: Wir probieren und genießen den Geschmack und den Duft der Mahlzeit. Das Essen wird zur einzigartigen Erfahrung, auch wenn wir dasselbe schon Hunderte von Malen vorher gegessen haben. Jeder Happen ist ein kleines Geschenk, das wir auspacken. Wir sind eins mit dem Essen. Der Koch ist in uns über die Speisen gegenwärtig, die Natur ist eins mit uns, und das Leben ist eins mit uns. Wir sind eins mit allem.

Wenn wir so im gegenwärtigen Augenblick aufgehen, verschwindet das Individuum, das Ego, die Notwendigkeit zu überleben, und es kommen Anbindung und Freiheit.


Gegenwärtig zu sein bedeutet, dass wir in allem Licht und auch Schönheit sehen, selbst im Sterbeprozess. Weil es keine Interpretation gibt, können wir es einfach erfahren und uns des Übergangs, der Befreiung der Seele und des Beginns der Heimreise bewusst sein. Alle Prozesse im Leben werden anders erfahren, wenn wir sie neutral zulassen, anstatt sie zu interpretieren.

Die Freiheit ist immer da. Die Frage ist, ob wir in dieser Freiheit sein wollen oder lieber in der Illusion der Vergangenheit. Wollen wir Schmerz erfahren oder lieber die Freude, wir selbst zu sein? Wollen wir auf den Schmerz von anderen reagieren oder in der Freude von uns selbst sein?

Wir haben jederzeit die Wahl. Wir haben wirklich die Entscheidungsfreiheit, Schmerzen, Ablenkung, Geschrei, Scham, Stress, Bequemlichkeit und Eile zu erfahren oder im Chaos, in der Panik, im Geschrei, in der Emotion, beim Beobachten von Stress, Vorurteilen und Bequemlichkeit nur gegenwärtig zu sein.

Ich gab kürzlich einen Workshop in Deutschland. Eine Frau - sie schien Ärztin zu sein - kam mit der Frage zu mir, ob man die Musik etwas leiser stellen könne. Ich sagte: "Nein." Sie wurde wütend und begann, mir eine ganze Geschichte zu erzählen. Dass harte Musik schlecht sei, dass sie das Gehör schädige und ungesund sei. Ich hörte ihr lächelnd zu und beobachtete, wie sie dabei war, sich unter Druck zu setzen. Genau so viel Druck, wie sie sich wahrscheinlich immer machte, wenn sie etwas wurmte oder wenn sie ihren Willen nicht bekam. Ich sagte zu ihr: "Nicht die Musik ist das Problem, sondern Sie machen aus der Musik ein Problem. Solange Sie das tun, werden Sie mehr darunter leiden, als die Musik jemals verursachen kann. Entspannen Sie sich, und genießen Sie es. Seien Sie in der Gegenwart, und die Musik wird Ihnen keinen Schaden zufügen, sondern im Gegenteil sogar helfen!" Sie wollte eine Diskussion mit mir anfangen, und ich sagte: "Dies ist das Ende dieses Gesprächs. Suchen Sie ein paar Menschen, die es auch schlimm finden, und sitzen sie dann gemeinsam herum, um zu jammern und wütend zu sein!" Sie lief zornig und aufgebracht weg. Ich fand es toll. Ich hatte das in meinen 20 Jahren, in welchen ich Vorträge hielt, oft erlebt und es in allen Varianten mitgemacht. Viele Menschen finden immer etwas, um sich zu ärgern und treten dann angeblich für sich selbst ein, indem sie das Erlebte - oder auch das Versäumte - auf böse Weise auslegen.

Manche werden höchst aggressiv, andere verlassen wütend das Seminar, um niemals wieder zurückzukommen und mich für den Rest ihres Lebens auf die schwarze Liste zu setzen, wo ich auch niemals mehr herunter gestrichen werde. Für sie bin ich die Verkörperung all dessen, was in ihrem Leben schlecht ist. Diejenigen, die dennoch bleiben, verwandeln sich, wenn sie es sich gestatten, in die Erfahrung anstatt in den Widerstand zu gehen. Indem sie es zulassen und nur gegenwärtig sind, verwandelt sich das Erlebte.

Am folgenden Tag kam die Ärztin zurück. Ich hatte zu ihrem Coach gesagt (dieses Seminar ging über emotionale Balance, dabei hat jeder einen Coach, der ihn begleitet), ihr bei ihrer Wut zu helfen (nicht beim Problem), so dass sie ihre Emotion verarbeiten konnte. Sie sagte: "Ich fühle mich nun bei harter Musik gut. Ich bin zu der Erkenntnis gekommen, dass mein Vater, der Ingenieur ist, mir das eingeredet hat. Mein ganzes Leben lang musste ich mir anhören, dass Lärm schlecht ist. Er entwickelt nämlich Hörgeräte." Sie fühlte sich von diesem Druck völlig befreit und tanzte und genoss es. Dieses wurde das beste Seminar von allen Seminaren, die sie jemals besucht hatte.

Gegenwärtig zu sein ist die Befreiung von der Vergangenheit. Wir können jederzeit eintauchen. Zu sein ist nicht spirituell oder etwas anderes, und es ist spirituell und alles, was anders ist. Wir können nicht spirituell handeln, wir können nur spirituell sein, indem wir uns mit unserem Geist (engl. 'spirit') verbinden.

Gegenwärtig zu sein ist ein Geschenk. Machen Sie sich selbst das Präsent, präsent zu sein. Beim 'Präsentsein' entspannen Sie sich und kehren in Ihren natürlichen Zustand zurück. Sie brauchen nichts zu tun, Sie müssen nichts tun, Sie sind einfach nur.

Ich bin ein echter Macher, und mein Terminkalender füllt sich schnell und leicht. Doch meine Partnerin und ich planen 'Seinstage' ein. An diesen Tagen wird in unsere Terminkalender nichts eingetragen. Wir sehen dann schon, was es wird. Wir entspannen uns in der Anwesenheit des anderen und lassen den Tag sich entwickeln, wie er sich entwickelt. Er bringt uns von selbst dorthin, wo er uns hinbringt, und wir fühlen uns total entspannt. Wir haben die volle Aufmerksamkeit für den anderen. Es sind herrliche Tage, an die ich mich immer gern erinnere, und es geht niemals schief. Wenn wir gegenwärtig sind, herrscht totale Intimität, und unsere Sinnesorgane sind auf einer anderen Ebene im Einsatz. Wir nehmen das wahr, was uns meist entgeht. Alles ist anders, wenn wir ihm Aufmerksamkeit schenken und uns die Ruhe nehmen, es zu erfahren. Alles erscheint neu. Eine Wanderung wird eine ekstatische Erkundungstour. Kälte, Regen und Sonnenschein zu erleben ist anders, wenn wir gegenwärtig sind, als wenn wir es ertragen. Alle Illusion fällt weg, und die Erfahrung wird eine Erfahrung von Reinheit, Vitalität und Leidenschaft. Das ist das Leben, wie es ist, ohne Filter.

Ich bin glücklich mit mir, so wie ich bin, und ich bin dankbar für mein Leben. Es ist eine einzigartige, besondere Erfahrung, so, wie jedes Leben eine einzigartige, besondere Erfahrung ist. Jeder ist speziell und einzigartig. Jeder hat die Chance, seine persönliche Einzigartigkeit zu erfahren oder ihr die Interpretation zu verleihen, die die Illusion seiner Realität erzeugt.

Die Illusion ist folglich die Interpretation – was Sie aus dem machen, was ist. Sie filtern, Sie urteilen, und auch das macht es zu einer einzigartigen Erfahrung. Wenn es Ihnen nicht zusagt, haben Sie die Wahl zwischen drei Möglichkeiten:

1. Verändern Sie die Art und Weise, wie Sie filtern und geben Sie Ihrem Leben eine andere Interpretation.

2. Verändern Sie Ihr Leben, indem Sie beginnen, etwas anders zu machen, so dass es Ihnen zusagt.

3. Akzeptieren Sie, was ist, und nehmen Sie es als eine Erfahrung, ohne sie zu interpretieren.

Alle drei dieser Systeme funktionieren. Auch die vierte Option funktioniert: Ihr Leben weiterleben und sich unglücklich fühlen, klagen, jammern, Zynismus, Sarkasmus. Auch das ist eine Erfahrung. Sie haben die freie Wahl, mit Ihrem Leben zu machen, was Sie wollen. Was wollen Sie? Die Lektionen Ihrer Seele, Ihre Samskaras, finden Sie überall – die Welt ist Ihr Spiegel.

Die Frage lautet: Haben Sie den Mut, die Vergangenheit und die Interpretation der Zukunft loszulassen? Dann kommen Sie in die perfekte Einzigartigkeit des gegenwärtigen Seins. Sie geben sich dem Sein hin, während Sie auf dem Weg nach 'wohin auch immer' sind. Es ist nicht relevant, was Sie tun. Welche Arbeit, wie viel Luxus, wie viel Macht Sie haben – dies alles sind Illusionen mit Interpretationen. Ihre Interpretation oder die anderer.

Ich erfahre mein Leben nicht als intensiv, sondern als eine Verkettung von Momenten, die mich immer wieder zu mir selbst zurückführen. Was will ich? Was kreiere ich? Ich bin mit einem kontinuierlichen Strom an Informationen, des Lernens und des Erfahrens verbunden und erlebe eine immer größere Hingabe an das DOW. Ich lerne, um mich immer besser in Hingabe zu üben, im Hier und Jetzt zu sein. Leben von einem Moment zum nächsten, indem ich mir keinen Druck mache, wenn einige Dinge liegen bleiben. Dieses Buch beispielsweise hätte schon vor sieben Monaten fertig sein 'müssen'. Das 'Müssen' war durch mich und meinen Herausgeber bestimmt. Ich habe zum ersten Mal die Abgabefrist nicht eingehalten. Das war o.k. und nicht o.k. Für meinen Herausgeber war es eine kleine Katastrophe, weil meine Bücher nach einem Schema geplant werden. Ein Buch, das nicht herausgebracht wird, bedeutet Umsatzeinbußen. Für ihn also ärgerlich und eine neue Erfahrung. Er ging ganz gut damit um. Er blieb ruhig und ganz bei sich selbst – ein Beispiel dafür, wie es ist, in der Erfahrung zu sein und diese nicht zu interpretieren.

Ich habe nun die Wahl, es anders zu machen, und das will ich auch. Ich will mein Leben aus der Freiheit heraus leben und nicht aus dem 'Müssen'. Ich möchte jede Entscheidung ohne Widerstand erfahren. Dass ich die vergangenen Monate heil durchgekommen bin, trotz allen Drucks, geht darauf zurück, dass ich mich in der Intensität der Erfahrung entspannen konnte. Das hat mir gut getan. Doch ich habe nun die Wahl, hart zu arbeiten, clever zu arbeiten oder mich für die Leichtigkeit zu entscheiden – die Hingabe an das Hier und Jetzt, die Perfektion, in der Erfahrung zu sein.

Ich bin der Autor meiner eigenen Biografie, meiner Hintergrundmusik, meines Erlebens der Wirklichkeit. Ebenso, wie Sie der Produzent Ihres eigenen Films sind. Auch wenn ich zurückblicke, sehe ich, wie ich meinen Film gedreht habe, und ich erkenne die Synchronizität meiner bewussten und unbewussten Intentionen dieses Lebens und auch schon vorher. Sie haben mit diesem Buch die Möglichkeit, die Interpretation Ihrer Erfahrung selbst ins Neutrale oder Positive zu verändern, insbesondere in Ihr wirkliches Sein.

Wenn Sie zu Kapitel 9 zurückkehren 'Ihr Körper als Spielfeld unsichtbarer Kräfte', stellen Sie fest, dass ich dort mit Themen gearbeitet habe – mit den Goldenen Dreiecken. Dabei handelt es sich um Befreiungen von Ihrer Vergangenheit. Sie lernten, Ihre unverarbeiteten Emotionen in positive Samskaras zu verwandeln: Muster, die Sie bereits in sich tragen.

Die 14 positiven Samskaras waren folgende:
- Selbstvertrauen
- Selbstverantwortung
- Vertrauen
- Sorglosigkeit
- Authentizität
- Freiheit
- Frieden
- Selbstwertgefühl
- Verspieltheit
- Tatkraft
- Selbstakzeptanz
- aktives Handeln
- Liebe
- Dankbarkeit

Bis auf 'aktives Handeln' sind dies alles Seinszustände. Aktiv handeln müssen wir, um in den Zustand des Seins zurückzukehren, wenn wir nicht 'sind', indem wir loslassen, was wir nicht sind. Dann erfahren wir wieder Liebe, Dankbarkeit, Tatkraft, Freiheit und Frieden.

Dann haben wir in Kapitel 11 gelernt, unsere Themen anzugehen und in welchen Samskaras wir steckenbleiben können. Über die Chakren erhalten wir eine weitere Möglichkeit, die Vergangenheit (die Samskaras) loszulassen und wieder in das Sein zurückzukommen. Diese Techniken und Konzepte machen uns bewusst, was wir nicht sind und helfen uns, in unseren ursprünglichen Seinszustand zurückzukehren. Aktives Handeln und Tatkraft, die uns von den Verkettungen der Vergangenheit befreien, die wir auf die Zukunft projizieren und wodurch wir etwas vorwegnehmen.

Ein guter Coach weiß, wie er das Beste im anderen nach oben holt. Das macht Beziehungen so interessant. Sind Sie in Ihren Beziehungen ein guter Coach? Eine Beziehung hat doch nichts mit Coachen zu tun? Eben gerade schon – Sie möchten in jeder Beziehung das Beste im anderen und in Ihnen selbst nach oben holen. Der andere ist Ihr Spiegel. Wenn ich Not leidend bin, ziehe ich jemanden an, der ebenfalls Not leidend ist – ein prächtiger Spiegel für mich. Wenn ich Ablehnung erfahren will, werde ich mir jemanden anziehen, der Meister darin ist, mich abzuweisen.

Wir agieren gemeinsam in einem Komplott. Dabei halten wir uns gegenseitig den Spiegel vor und zeigen, in welchem Bereich wir gecoacht werden müssen. In einer guten Beziehung ist Raum füreinander, um in Bezug auf folgende Aspekte zu wachsen: in Bezug auf Intimität, auf die Sicherheit, man selbst zu sein und die Sicherheit, alles ohne Angst vor der Interpretation durch den anderen zu zeigen. Beziehungen sind interessant, denn sie geben uns die Möglichkeit, uns selbst besser kennen zu lernen, weil wir immer in den Spiegel unserer Seele schauen.

Wenn ich dem anderen durch meine Interpretation ein Etikett aufdrücke, dann kann ich das Etikett dort kleben lassen, solange ich will, und dadurch meine Illusion von der Beziehung erzeugen. Ich kann das Etikett auch ein bisschen anpassen. Doch indem ich es kleben lasse, halte ich mich selbst in einer Komfortzone gefangen, denn ich brauche nicht in meinen eigenen Spiegel zu blicken. Ich sehe nur meine Interpretation des anderen und nicht, wer dieser wirklich ist.

Ich will es heute erfahren – ohne Interpretation. Beziehungen sind herrlich, um sich selbst zu erfahren und um zu lernen, wer wir nicht sind. Manche Menschen erfahren dies durch eine einzige Person, mit der sie immer zusammenbleiben. Super, wenn dem so ist. Andere erfahren es, indem sie wieder neu beginnen und sich neu öffnen müssen. Super, wenn dem so ist. Jede Erfahrung ist einzigartig und urteilsfrei, denn wenn

Sie sterben, gibt es kein Urteil, nur die Bewertung Ihrer Erfahrungen. Bewertung oder die Intention, mit der Sie begonnen haben, hat zu den Erfahrungen geführt, die Sie machen wollten. Durch die Hingabe an das Hier und Jetzt kommen Sie in das, 'was ist', dort, wo es kein Urteil gibt, nur die Erfahrung.

Zum Abschluss dieses Kapitels: Ich bin nicht meine Gedanken, meine Emotionen, meine Traumata, mein Beruf, mein Erfolg, meine Niederlagen, meine Identität. Das ist alles, was ich nicht bin. Ich bin nicht meine Herkunft, mein Körper, meine Krankheit, mein Mitgefühl, meine Frustrationen. Ich bin auch nicht, wonach ich auf der Suche bin.

Indem ich immer wieder zu meiner Essenz von Frieden, Liebe und Glück zurückkehre, werde ich mir bewusst, wann ich nicht mehr bei mir selbst bin. Wenn ich nicht die Qualitäten von Liebe, Frieden und Glück erfahre, dann habe ich mich von mir entfernt, dann bin ich nicht mehr in der Gegenwart. Was ich erfahre, entspricht nicht dem, was ich bin. Was ich wahrnehme, ist nicht der, der ich bin. Ich bin derjenige, der beobachtet und derjenige, der erfährt - und dieser ist alles, sowohl die Erfahrung als auch das, was die Erfahrung erzeugt.

Wenn Sie hierdurch durcheinander gebracht wurden, dann sind Sie viel zu beschäftigt, um es auszuprobieren und zu verstehen, und werden 'es' niemals erfassen. Das Geheimnis liegt darin, dass es Sie gar nicht kümmern kann, ob Sie es verstehen, sondern dass Sie das Konzept erfahren. Dann erfahren Sie, dass das Einzige, was von Belang ist, darin besteht, ob Sie spüren, dass es von innen brodelt. Was dort brodelt, ist Frieden, Liebe und ein Glücksgefühl - und das ist, was Sie wirklich sind. Alles andere ist Ablenkung, Verführung und ein Weg, der Sie von sich selbst wegführt.

# Nachwort: Was nun?

Ich beginne nun das letzte Stückchen dieses Buches. Welche Reise haben wir hinter uns! Ich habe begonnen, Ihnen bewusst zu machen, welche Ihre Intention bei der Lektüre dieses Buches war. Ich habe Ihnen vom 'Großen Geheimnis' erzählt, und dass die meisten Experten 'es' nicht kennen, dass ich Sie nur wachrütteln kann, sodass Sie selbst wissen wollen, was Sie mit dem Dargebotenen anfangen können. Ich bin kein Experte. Ich bin jemand, der seine Erfahrungen teilt, indem ich Konzepte und Techniken anbiete, die mir als Bereicherung erscheinen, um Ihre Reise ein wenig effizienter und angenehmer zu machen.

Wir haben über die Leichtigkeit gesprochen, und wie man mit der Reise der Seele zurück nach Hause beginnt, sowie, was nach dem Tod geschieht. Wir haben uns sodann mit der Vorbereitung auf dieses Leben und die Begegnung mit unserem zukünftigen Körper befasst. Für viele wird es das erste Mal gewesen sein, dass sie sich klarmachten, dass der Körper eine andere Entität mit einer ganz anderen Denkweise ist, als wir – die Seelen auf Reisen – sie haben.

Danach kamen wir auf die Erde. Nach der Sicherheit der Gebärmutter war die Geburt eine kalte Dusche, und wir begannen, uns in der konditionierten Illusion des 'mind' zu verirren, die von Generation zu Generation weitergegeben wird, so, wie 'primitive' Völker alte Gewohnheiten weitergeben, um im Dschungel zu überleben. In der Tat scheinen wir primitiver und durch unseren Reichtum und unsere Technologie ärmer zu sein als die Naturvölker. Folglich begriffen wir, dass es sich um eine Phase der Bewusstwerdung handelt, hoffentlich gefolgt von einer Umkehr, von der Auflösung unverarbeiteter Dinge. Wir haben begriffen, dass der 'mind' ein Computer ist, den wir neu programmieren können. Wir haben Techniken gelernt, um Kapitän unseres eigenen Schiffes zu werden.

Wenn es gut ist, haben Sie bereits damit begonnen oder Sie halten sich selbst zum Narren, indem Sie glauben, dass Sie nach der Lektüre dieses Buches damit beginnen werden. Ihren 'mind' können Sie zu einem Instrument machen, das Ihnen dient und für anstatt gegen Sie arbeitet.

Anschließend haben wir über unsere Seele und unsere Verletzlichkeit gesprochen. Wir entdeckten, dass die 'alten' Wunden unserer Seele unsere Empfindsamkeit auf 'Trigger' diktieren, dass wir dies heilen können und dass wir dadurch weniger verletzlich und authentischer werden. Wir sahen auch, dass wir die Verletzlichkeit gebrauchen können, um unsere Grundbedürfnisse zu erfüllen.

Dann gingen wir tiefer auf die Meridiane und Emotionen ein und lernten 14 Punkte kennen, mit welchen wir wieder bestimmte Themen anpacken können.

Wenn alles gut ist, haben Sie auch damit begonnen, das in Ihr Leben zu integrieren, oder Sie hielten sich selbst zum Narren damit, indem Sie behaupteten, Sie wollten es später tun.

Wir erfuhren von unserem unsichtbaren Helferteam und wie wir dieses einsetzen können. Anschließend lernten wir die 13 Chakren und die 13 Erzengel kennen, bei welchen wir unsere Themen angehen können. Auch hier gab es viel Wiedererkennen, und wir haben begriffen, dass wir vor unseren Samskaras nicht flüchten können, sondern wir haben gelernt, wie wir diese am besten angehen können.

Auch hier hatten Sie die Wahl, es in Ihr Leben zu integrieren oder sich selbst zum dritten Mal zum Narren zu halten.

Abschließend konnten wir lesen, dass es eine Kunst ist, im Hier und Jetzt gegenwärtig zu sein. Das schönste Geschenk an uns selbst besteht darin, uns im Hier und Jetzt immer an die höhere Führung zu übergeben und Liebe, Frieden und Glück zu erfahren.

Wenn Sie das nicht erfahren, sind Sie nicht im Hier und Jetzt anwesend. Alles ist Friede und perfekt – so, wie es ist. Sie können einfach alles loslassen und voll und ganz Sie selbst sein.

Dieses Buch beinhaltet viel Wissen. Es ist auch für mich persönlich eine richtige Reise gewesen. Nun ist es an der Zeit, es wieder loszulassen und einen Teil meines Seins an diejenigen weiterzugeben, die das anziehen.

Nicht jeder, der dieses Buch besitzt, wird es lesen. Bei manchen wird es ein Buch mit Wissen im Bücherregal sein, das ist auch eine Art 'Wissen-schafft'. Für andere ist es ein Quell der Inspiration. Meine Aufgabe besteht darin, es loszulassen und abschließend nochmals nachdrücklich zu betonen, dass die Reise, die wir hier auf Erden tun, eine Entscheidung mit einer bestimmten Intention gewesen ist. Wir kamen mit einem Plan. Manche von uns sind vollkommen abgedriftet, andere befinden sich brav in der richtigen Richtung.

Ich habe mich an die Absprache gehalten, die wir getroffen hatten, bevor wir hierher kamen. Ich sollte Sie daran erinnern, wie wichtig es ist, Ihrer Seelenentwicklung Priorität einzuräumen, und dass das das Allerwichtigste ist. Sie *müssen* Zeit, Geld und Energie in sich selbst investieren und alle faulen Ausreden über Bord werfen.

Meine Erfahrung ist, dass ich es genieße, zu wachsen und die anderen erfahren zu lassen, was es bedeutet, sich zu öffnen. Entwickeln, entfalten, entdecken und erinnern Sie sich wieder, bis Sie ganz bei sich selbst sind und nichts mehr brauchen.

Sie sind hier auf Erden, um Ihre Liebesfähigkeit zu vergrößern. Wie Sie das tun, interessiert niemanden.

Ich hoffe, dass ich mit diesem Buch einen Beitrag hierzu habe leisten können. Was Sie auch tun - ich wünsche Ihnen ganz viel emotionale Balance!

# Über den Autor

**Roy Martina** ist holistischer Arzt, Autor, Ω (Omega)-NEI-Health-Coaching-Gründer präventiver Health Coach und Trainer. Seine Leidenschaft und seine Lebensmission ist das Kreieren von optimaler Gesundheit und Vitalität, sowohl emotional und mental als auch physisch. Er betreut Menschen so, dass sie das Maximum auf gesunde Weise aus sich selbst herausholen.

Mit seiner 30-jährigen Erfahrung als alternativer und präventiver Arzt ist es ihm gelungen, dies zu vermitteln. Roy Martina coached außerdem seit 35 Jahren Sportler. Sein Motto ist: "Be the best you can be!"

*"Das Leben muss kein Gefecht sein, an dessen Ende die Erlösung steht. Im Gegenteil! Das Leben ist eine perfekte Chance, die Seele zu heilen und nach einem höheren Plan zu streben.*
*Nur wenn du dich gegen negative Einflüsse wehrst, kannst du aus deinem Kern leben. Somit bist du absolut du selbst und vollständig in Balance."*

Weiterführende Informationen zu
Büchern, Autoren und den Aktivitäten
des Silberschnur Verlages erhalten Sie unter:
*www.silberschnur.de* oder durch
die Zusendung der beiliegenden *Postkarte*.

Ihr Interesse wird belohnt!

## Kazuo Murakami
# Der göttliche Code des Lebens
*Ein neues Verständnis der Genetik*

Dieses in viele Sprachen übersetzte Buch ist einer der besten Beiträge zur Frage der Interaktion zwischen Genen, Umwelt und Bewusstsein. Der japanische Biowissenschaftler Murakami geht der Frage nach, ob positive Gefühle Gene aktivieren können oder, anders ausgedrückt, ob der Geist etwas mit dem körperlichen Wohlbefinden zu tun hat.

152 Seiten, gebunden
€ [D] 14,90
ISBN 978-3-89845-226-7

Glück, Freude, Inspiration oder Dankbarkeit können nützliche Gene aktivieren - das ist das Ergebnis der Forschungen dieses Genetikers, der seine Erkenntnisse in diesem Buch in klarer und allgemeinverständlicher Form darlegt - und so endlich der weit verbreiteten These, das Schicksal sei bereits im Genom festgelegt, eine deutliche Absage erteilt.

## Brenda Barnaby
# Das Geheimnis hinter "The Secret"

Alle Geheimschlüssel der populären Botschaft, die Rhonda Byrne in ihrem Werk "The Secret – Das Geheimnis" verkündet, werden hier enthüllt, um jedem von uns Zugang zu seinem eigenen Weg zu vermitteln. Daneben enthält dieses Werk eine Sammlung von Tipps und Methoden zur Persönlichkeitsentwicklung, die von den bedeutendsten Experten unserer Zeit auf dem Gebiet des Positiven Denkens stammen. Sie halten hiermit zweifelsohne ein Buch von unschätzbarem Wert in Händen, das Ihr Leben verändern kann, wenn Sie bereit sind für ein Leben voller Erfolg, Wohlstand, Gesundheit und Harmonie.

184 Seiten, gebunden
€ [D] 17,90
ISBN 978-3-89845-242-7

## Vadim Zeland
# Transsurfing
*Die Realität ist steuerbar*

Dieses Buch löste in Russland eine wahre Revolution aus. Die Realität ist steuerbar! Wir alle glauben, wir seien abhängig von den äußeren Umständen – dabei ist es genau umgekehrt! Ihre innere Wirklichkeit kreiert die äußere Realität. So erfüllen sich Wünsche, Träume verwirklichen sich …
Transsurfing ist eine mächtige Technologie zur Realitätssteuerung. Alle, die sich mit Transsurfing beschäftigen, erleben eine Überraschung, die an Begeisterung grenzt. Die Umgebung eines Transsurfers verändert sich beinahe augenblicklich auf eine unbegreifbare Weise. Das hat nichts mit Mystik zu tun. Das ist real.

232 Seiten, broschiert
€ [D] 14,90
ISBN 978-3-89845-154-3

## Dr. Etienne Jalenques

# Die Glückstherapie

*Emotionen als Wegweiser zum Glück*

336 Seiten, broschiert mit Klappe
€ [D] 16,90
ISBN 978-3-89845-203-8

Ziel: Glück. In diesem Buch: keine Wunderrezepte, sondern ein Leitfaden, um dieses „gewisse Etwas" zu entdecken, das jeden von uns belebt und es uns ermöglicht, unsere Blockaden und Hemmungen zu überwinden. – Die Glückstherapie ist die Bilanz aus mehr als 15 Jahren der praktischen Analyse des Gefühlslebens der Menschen – Erfahrungswerte, die der Mediziner und Psychiater Etienne Jalenques im Laufe seiner langjährigen erfolgreichen Praxis gesammelt hat und die Ihnen bewährte Lösungen und Methoden vorstellen, die all jene interessieren dürften, die sich tatsächlich mit Beziehungsproblemen beschäftigen wollen – um endlich zu dauerhaftem Glück zu finden...

## Carmen Schüle

# Glücklichsein ist mehr als zufrieden sein

*Dem Glück auf der Spur*

288 Seiten, broschiert mit Klappe
€ [D] 14,90
ISBN 978-3-89845-212-0

Eigentlich sind Sie bisher gut auf Ihrem Weg vorangekommen – aber irgendein Element fehlt noch zu Ihrem Glück? Nur welches? Kann es sein, dass Ihnen noch alte Prägungen oder Verhaltensweisen unbemerkt wie kleine Teufelchen immer wieder ein Bein stellen? Oder reagieren Ihre Gefühle nicht so, wie Sie sich das wünschen? Möchten Sie mehr über Ihren urpersönlichen roten Faden erfahren, damit Sie in Zukunft Ereignisse bewusster in Ihr Leben einordnen und daran wachsen können? – Lernen Sie an mehreren spannend zu lesenden Fallbeispielen die größeren Zusammenhänge des Lebens kennen – und finden Sie von Zufriedenheit endlich zu dauerhaftem Glück...

## Franziska Krattinger

# Ein Wort genügt!

*... sich einfach umprogrammieren*

160 Seiten, broschiert
€ [D] 10,90
ISBN 978-3-89845-152-9

Schalten Sie einfach um! – Manchmal genügt ein einziges Wort, um verborgene Haltungen ans Licht zu bringen oder Einstellungen zu ändern. Dabei gibt es spezielle Worte, die gleichsam eine magische Wirkung haben, da sie die Schlüssel zu unserem Unterbewusstsein sind: Schaltworte.
„Schalten auch Sie einfach um" – und beobachten Sie die Veränderungen in Ihrem täglichen Leben, ohne dass Sie bewusst daran denken oder eine Vorstellung der Lösung haben müssen. Nutzen Sie die Kraft, eine Situation augenblicklich im besten und idealen Sinn zu verändern

## Franziska Krattinger
# Schaltworte
*Schlüssel zu unserem Unterbewusstsein*

72 farbige Karten in Stülpschachtel
€ [D] 12,90
ISBN 978-3-89845-199-4

Sind Sie bereit für das Wunder? Sie werden sich wahrlich wundern, denn schon ein Wort genügt, um das Wunder in Gang zu setzen... Spezielle Worte können gleichsam eine magische Wirkung haben, da sie die Schlüssel zu unserem Unterbewusstsein sind. Mit einem Wort öffnet sich die Türe zum wirklichen Geschehen, mit Code-Worten öffnet sich die Tür zur Schaltzentrale Ihrer Macht. Schalten auch Sie einfach um – und beobachten Sie die Veränderungen in Ihrem täglichen Leben... Nutzen Sie diese Chance!

## Claudia Rainville
# Metamedizin
*Jedes Symptom ist eine Botschaft*

498 Seiten, broschiert
€ [D] 24,90
ISBN 978-3-89845-196-3

Warum bin ich krank? - Dieser Frage geht die Autorin in diesem umfangreich dokumentierten Buch nach und kommt zu dem einfachen, aber weit reichenden Schluss, dass die Symptome einer Krankheit als Botschaften des Körpers zu verstehen sind. Dank der vielen Fallbeispiele aus ihrer über zwanzigjährigen Forschungs- und Therapiearbeit liest sich dieses Buch wie eine spannende Dokumentation zum Thema Gesundheit.

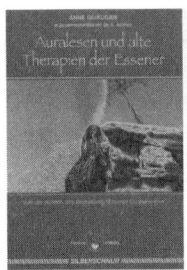

## Anne Givaudan & Dr. med. Antoine Achram
# Auralesen und alte Therapien der Essener
*Von der Autorin des Bestsellers »Essener Erinnerungen«*

238 Seiten, broschiert
€ [D] 13,90
ISBN 978-3-89845-194-9

Wenige Bücher über das Thema Heilen gehen so weit wie dieses im Bezug auf das Verständnis von Krankheiten, denn hier werden diese als eine Reaktion auf feinstofflicher Ebene interpretiert und auch auf dieser behandelt - ein bemerkenswerter Ansatz zum Verständnis der energetischen Medizin. Eine interessante Einführung in eine vergessene Heiltechnik, die von der Autorin seit vielen Jahren mit großem Erfolg angewandt wird.

# Be the Best you can Be!

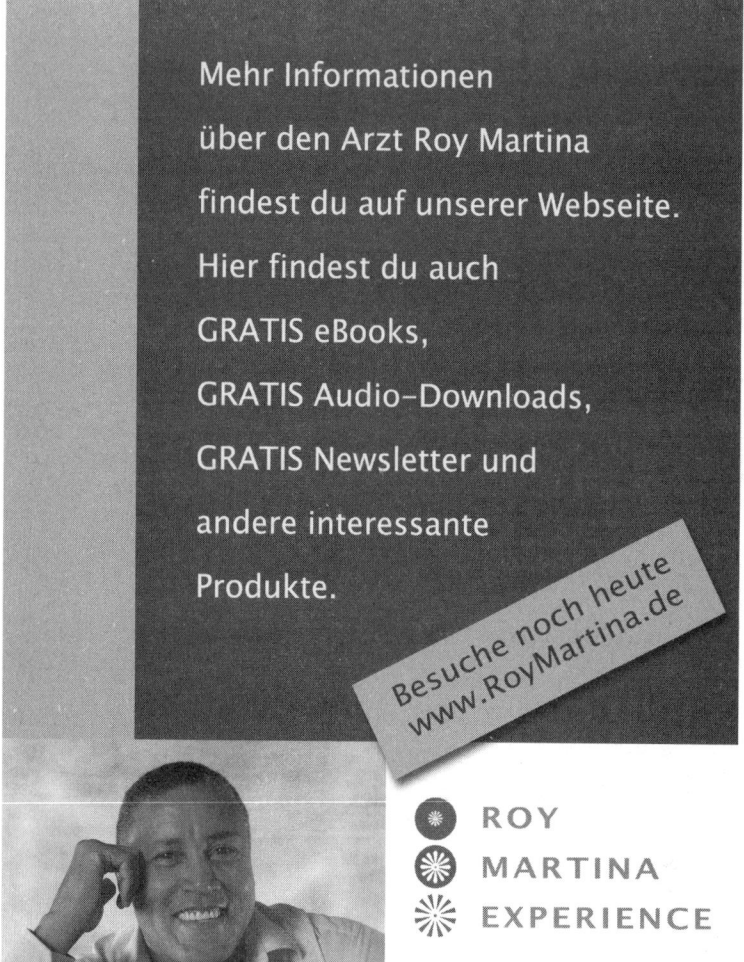